U0903579

公安实务指引丛书

侦查思维中的
推理方法

马前进 著

第2版

REASONING APPROACHES
IN CRIMINAL INVESTIGATION

中国法制出版社
CHINA LEGAL PUBLISHING HOUSE

再版说明

唐代青年才俊王子安是“初唐四杰”之一，有着“诗杰”之称，其《滕王阁序》有云：“闲云潭影日悠悠，物换星移几度秋。”拙著初版至今已经有三年了，真可谓是“光阴似箭催人老，日月如梭趱少年”。三年时间，放在以亿万年计数的历史长河或者宇宙生命中可能不过是白驹过隙，但是放在不过百年之多的人生中却是不容小觑的“一寸光阴不可轻”的一段时间。

自从初版起，笔者就觉得深有改版之必要，并且一直在断断续续地进行着相关的前期准备工作；适逢编辑王熹老师盛情邀请笔者着手对拙著进行改版，正中下怀。看来，王老师和笔者不约而同地想到一块儿去了。如果厚着脸皮说，这就叫“英雄所见略同”！于是，有点儿感觉“盛情难却”，又有点儿感觉“机不可失”的笔者果断答应并着手进行拙著的改版事宜。

改版的必要性，无非客观和主观两个方面。

就客观方面而言，这是公安事业特别是侦查业务发展的要求和相关学科理论发展的要求。一方面，这是公安事业特别是侦查业务发展的要求。在中国特色社会主义进入新时代的大背景下，公安事业特别是侦查业务的发展可谓日新月异，让人目不暇接。新的科技手段不断涌现并且被应用于侦查业务之中，诸如“互联网＋”技术、大数据与云计算技术、“VR（虚拟现实）＋”技术、警务建模、智慧警务管理平台，等等等等，不一而足。所谓实践决定认识，新的技术手段呼唤新的理念，侦查业务的新特点呼唤新的理论。作为反映侦查业务的侦查思维理论及其核心内容——推理方法自然应该顺应时代潮流，与时俱进，必须作出及时而深刻的调整。这实在是题中应有之义。另一方面，这是相关学科理论发展的需要。推理是逻辑学研究的主要内容之一。关于推理，不仅逻辑学进行研究，其他诸如心理学、脑科学、认识论乃至人工智能等新老学科也以其为研究对象，以至于推理理论的研究成果如雨后春笋，硕果累累。从某种意义上说，推理属于思维学研究的领域之一。近年来，伴随着侦查业务的发展，侦查思维学的内容、方法和体系也出现了新的变化。这些新变化、新成果也需要笔者及时对拙著中的某些内容进行调整。

就主观方面而言，这是笔者对相关问题进行更深更广思考和吸收相关专家合理建议的结果。一方面，这是笔者对相关问题进行更深思考的结果。一如笔者在第一版后记中所言，鉴于主客观因素，笔者对于诸多问题的观点可能不太成熟。为此，本着精益求精的工匠精神，笔者也无时无刻不在思考之中，以期相关的观点更趋成熟，正所谓“心之官则思”。特别是对相关的问题在深度上进行更加深刻的思考，在广度上进行更加全面的思考，形成一些相对成熟的观点。另一方面，这是笔者吸收相关专家合理建议的结果。所谓“他山之石，可以攻玉”“君子性非异也，善假于物也”，初版三年多来，笔者经常就拙著中的一些观点与业界的专家们、公安实战部门的同行们甚至笔者所授课程的那些学生们进行了比较详细、深入而全面的探讨，受益匪浅，所获良多。

改版的思路，无非在于内容和结构两个方面。

就内容方面而言，笔者遵循“删繁就简”“击实避虚”“取长补短”的三大基本原则，对拙著在内容方面进行了或增或删或改式的调整，并且适当更新了部分案例。就结构方面而言，本着“从侦查思维到侦查推理”“从侦查推理到侦查假说”“从侦查假说到侦查证据”的一脉相承的思路进行优化调整，以期更加贴近侦查思维的实际情形。结构方面的调整，可以浏览调整后的目录；内容方面的调整，可以参阅调整后的正文。

经过内容和结构方面的调整，说拙著经历了脱胎换骨式的调整可能有些危言耸听，但是调整的力度就算不是“绝后”，也可算是“空前”了。这绝非虚言，因为据笔者初步的粗略统计，拙著调整的内容已经接近60%了。

相信拙著再版后将会以崭新的面目出现在读者诸君的面前，相信读者诸君仔细审读之后会获得不同于初版的前所未有的新认识。当一缕轻风拂你面，一捧清泉濯你足之时，那种久违的惬意会悠然涌上你的心头！

马前进

2020年10月12日

凡 例

本书中出现的字母和符号的含义约定如下：

S 表示直言判断的主项；

P 表示直言判断的谓项；

M 表示两个直言判断中共同具有的那个项，即中项；

¬表示“否定”，读作“并非”，一元联结项，置于一个支判断之前；

∧表示“合取”，读作“并且”，二元联结项，置于两个支判断之间；

∨表示“析取”，读作“或者”，二元联结项，置于两个支判断之间；

→表示“蕴涵”，读作“如果……，那么……”，二元联结项，置于两个支判断之间，“如果”后面、“→”左边的支判断称为前件，“那么”后面、“→”右边的支判断称为后件；

⟷表示“等值”，读作“当且仅当……，才……”，二元联结项，置于两个支判断之间，“当且仅当”后面、“⟷”左边的支判断称为前件，“才”后面、“⟷”右边的支判断称为后件；

□表示“必然”，读作“必然”，一元联结项，置于一个支判断之前；

◇表示“可能”，读作“可能”，一元联结项，置于一个支判断之前；

⊢表示“推出”，读作“推出”，置于前提和结论之间；

≡表示“等于”，读作“等于”，置于两个能够互相推出的判断之间。

目　　录

Contents

绪 论

一、本书的主要内容和意义

本书的主要内容是从侦查思维的角度探讨侦查工作中的推理方法。侦查工作无疑需要动脑的方法——思维方法、动手的方法——操作方法和动口的方法——表达方法。在这三种方法中，思维方法是最重要的，它制约着或者影响着操作方法和表达方法。因此，本书着重从思维的角度探究方法。

本书第一章以一个真实典型的刑事案例为起点，探讨了侦查工作中运用思维的必要性；遵循从一般到特殊的限制方法，在考察思维及其特征、分类的基础上，考察了侦查思维的含义、特征及其分类问题。

侦查思维的主要方式是侦查推理，侦查思维也需要侦查推理，侦查推理服务于、服从于侦查思维。基于此，本书第二章在考察推理的基础上，进一步分析了侦查推理的定义、类型、基本特征和主要步骤。最终在探究侦查思维与推理方法之关系的基础上，对侦查思维中推理方法的含义、特征、类型及其要求进行了初步探索。

侦查人员对刑事案件认知的顺序基本上遵循从归纳到演绎、从或然到确然、从定量到定性的进程。因此，本书第三章至第十章也基本按照这个顺序分门别类地论述了侦查思维中的侦查推理。

侦查思维的核心问题是形成侦查假说，侦查思维需要侦查假说，整个侦查思维在某种程度上就是侦查假说的形成、推演和检验过程。此外，侦查推理的结论未经检验也表现为侦查假说。侦查假说是假说的一种，是假说在侦查思维中的具体运用。为此，本书第十章第二节着重探讨了侦查假说的特征、类型，侦查假说形成的要求、步骤和评价标准以及直觉思维在形成侦查假说中的作用。

侦查假说本身具有的一些属性决定了侦查假说必须接受检验，间接检验侦查假说的方法称为假说演绎法。能够支持侦查假说的案情事实称为侦查证据。为此，本书第十一章分别探讨了假说演绎法和侦查证据。

就理论意义而言，从侦查逻辑自身与侦查工作的紧密联系出发，系统探讨侦查思维中的各种推理方法，吸收、概括和借鉴国内外研究侦查推理方面的先进、优秀成果并加以整合。本书是从侦查思维的角度探究推理方法的，强调侦查思维与推理方法的相互关系，这有利于丰富和发展侦查逻辑和侦查思维乃至侦查推理的内容，促进这些学科的发展。

就实践意义而言，本书不仅总结和应用了广大侦查工作者在实践中形成的有益经验、建议和尝试，应用了大量鲜活、真实而典型的刑侦案例并加以提炼和归纳，而且从侦查思维的角度探究侦查推理，这有利于提高侦查人员的推理意识和推理能力。

二、本书的定位和研究对象

虽然本人才疏学浅，但是仍不揣冒昧，斗胆将本书定位于研究层面，以期力避教材式的弊病。既然定位于研究层面，那就必须在采纳百家之长的基础上，力求形成自己的哪怕很不成熟的观点。

以往关于逻辑学导论、法律逻辑学方面的教材很多，但是专著甚少；对于侦查思维方面进行研究的论文和教材也有不少，但是关于侦查思维的专著也不是很多；至于对侦查思维中的推理方法进行研究的则更是少见；而且，这些成果很少从学理的角度对侦查思维中的侦查推理进行深入的探究，难以让人知其所以然。

质言之，这种局面对于笔者而言，不啻一把“双刃剑”：一半是机遇，意味着大有可为；一半是挑战，因为没有太多的前人肩膀让你踩。事实上，笔者在构思乃至执笔过程中，确实因资料之匮乏而数度逡巡不前，犹豫不进。

但是既然已经定位于研究，那就必须强调学术性。为此，笔者梳理了一些相关的理论、观点，结合自身在公安机关挂职锻炼的经历，进行了一些可能还是不太成熟的思考。考虑到侦查工作的实际，笔者同时也兼顾了实用性。

本书的研究对象是侦查思维中的推理方法。问题是：何谓“方法”？当一个人基于某种原因而想完成一项任务或者从事一件工作时，他或她会进行三个方面的思考：第一，这样做的目的和要达到的目标；第二，哪些东西可以作为前提条件和辅助手段供其使用；第三，从前提到目标的路径选择。第三个方面即从前提到目标的路径选择就是“方法”。各门不同学科，甚至同一学科从不同视角对“方法”进行了不同的界定，使得“方法”至今没有获得一个统一的、公认的定义。在考察方法的各种含义和多重特点的基础上，笔者认为，方法是为了达到目的而采取的行动、手段和方式（包括原则、途径、方向、视角、策略甚至程序、步骤等）。原则是若干方法的概括性的简洁表述，方法的运用离不开辅助手段。方法具有统一性、普遍性和相对稳定性，同时又是发展变化的、多元的，应该与时俱进。

关于方法的分类也很复杂。笔者从侦查工作的实际出发，把侦查工作中的方法分为思维方法、操作方法和表达方法。根据是否运用或者包含推理，思维方法又可以分为推理方法和非推理方法。由于推理方法在侦查思维中起着至关重要的甚至不可或缺的作用，因此笔者主要探究侦查思维中的推理方法。

侦查思维中的推理方法作为方法，必然包括原则、程序和规则等内容。本书基本上是按照这个思路在布局谋篇。

三、本书的创新之处

本书的创新之处在于：

（一）主题上的创新：以侦查思维为统摄，系统探究侦查思维中的各种推理方法，在传统的将推理分为演绎推理和归纳推理的基础上，尝试根据侦查推理的作用范围和领域将侦查推理分为发现式侦查推理和检验式侦查推理。

（二）内容上的创新：由于侦查推理的主要作用在于发现、查明案情事实以期形成侦查假说，因此本书以发现式侦查推理为主要研究对象，并且将发现式侦查推理分为定量推理和定性推理。

（三）体例上的创新：由于归纳侦查推理在侦查思维乃至形成演绎侦查推理之大前提中的重要作用，笔者首先探究归纳侦查推理，按照类比推理、枚举推理、因果推理的内在顺序展开论述；其次探讨侦查思维中的三种定量推理方法；最后探究侦查思维中的演绎侦查推理。这体现了从归纳到演绎、从定量到定性、从或然到确然的认识顺序。

（四）观点上的创新：笔者力求博采众长，以求创新，在一些方面形成了一些可能不太成熟的观点。诸如：将侦查思维中的侦查推理的新分法、将溯因推理作为假言直言推理的特殊形态来考虑；在探究统计推理和概率推理的基础上，初步引进了模糊推理方法；等等。

总之，笔者力求结论之原创、体例之新颖、视角之独特和内容之实用。但是，鉴于笔者才疏学浅、初担大任，加之时间紧迫，可资参阅的材料有限，因此有些观点可能不太成熟。

第一章　刑事案件办理中的侦查思维

公安机关管辖范围内的刑事案件发生后，公安机关刑侦部门就需要侦查该案件。所谓侦查，简言之就是刑事调查活动，具体而言，侦查就是刑事诉讼中办理刑事案件的国家机关（公安机关、国家安全机关、检察机关、监狱管理机关、军队保卫机关等）为了查明犯罪事实、抓获犯罪嫌疑人，按照法定的职责、权限和程序，依法进行的专门调查工作，包括采取的与此有关的强制性措施。

侦查，实质上就是通过合法的、专门的刑事调查活动力求发现并证实所办理的刑事案件的真相：如果所办理的刑事案件的真相被发现并且被证实了，那么在一定程度上可以说，该刑事案件被侦破了，也就是所谓的“破案”；如果所办理的刑事案件的真相未被发现和证实，那么在一定程度上可以说，该刑事案件尚未被侦破。当然，一些案情事实直接暴露于侦查人员的感觉器官以及作为侦查人员的感觉器官之延伸的刑事科学技术手段等之下。对于这类刑事案件，侦查人员确实可以借助于自身的感觉器官以及刑事科学技术手段来直接发现案情事实。侦查人员借助于这种方式获得的关于刑事案件案情事实的认识称为感性认识，也称经验认识，它以感觉、知觉、表象为基本形态，具有直接性、直观性、丰富性等优势，但也具有表面性、肤浅性和片面性等不足之处。需要注意的是，刑事科学技术手段的大量应用极大地降低了侦查人员发现案情事实的难度，提高了侦查人员发现案情事实的效果和效率，这也是科技兴警的职能之一。

但是，在刑事案件侦查中，由于当今刑事犯罪的高科技化、隐蔽化、团伙化、网络化等特征，大量的刑事案件并不直接暴露于侦查人员的感觉器官以及刑事科学技术手段之下。对于这类刑事案件，仅仅依赖侦查人员的感觉器官以及刑事科学技术手段是难以甚至不可能发现案情事实的。那么，如何发现这类刑事案件的案情事实呢？方法是借助于人脑所具有的思维。侦查人员借助于思维获得的关于刑事案件案情事实的认识称为理性认识，也称知性认识，它以概念、判断、推理为基本形态，虽然不具有直接性、直观性、丰富性等优势，但是具有本质性、深刻性、全面性等优势，这在一定程度上克服了感性认识所具有的表面性、肤浅性和片面性等不足之处。毋庸置疑，相对于感性认识，理性认识更加高级，对侦查实践的指导作用也更大；感性认识虽然具有诸多不足，但是感性认识所依赖的载体，即所谓的感性材料是理性认识加工的对象。感性认识的主要方式是观察——包括自然观察和实验室观察、肉眼观察和技术观察等。

第一节　一个刑事案件的侦查与思维

一、一个刑事案件的侦查始末

让我们从已经侦破的一个刑事案件开始。①

2008 年 7 月 4 日上午，江苏省 S 县公安刑侦部门接到报警称：辖区发现被肢解的人体尸体。原来，当天早晨，家住 S 县的张老太太到离家不远的水杉林里种绿豆。张老太太还是这片水杉林的护林员，她边种田、边巡护，两不误。大概当天上午 7 时 30 分许，当张老太太巡视到高速出口向西约 4 公里处时，发现林中小道边有一堆白花花的东西。“是谁这么缺德！把死猪扔在这里。”张老太太随口抱怨着，继续去种绿豆。农活干完后，已是上午 9 点多，张老太太来到邻居小王家，请其帮忙将那堆死猪肉扔到黄沙港大河里去。小王满口答应。但是，小王一来到“死猪”跟前，立即尖叫起来：这哪是什么死猪，分明是一堆已经被肢解的尸体。惊恐万状、惊魂未定的小王立马报警。

接警后，警方经过初查，认定该案件属于恶性刑事案件，决定予以立案，并就此展开侦查工作。当地警方立即赶到了现场，并对案发现场进行详细勘查。经过初步勘查，这些组织器官属于人类，受害者的尸体被切割成了 9 块，里面并没有人头，没有下肢，也没有内脏。侦查人员据此断定犯罪嫌疑人作案时极其残忍。

就在侦查人员勘查现场的时候，法医也赶到了现场。法医先观察了一下尸块，发现这些尸块都是用水清洗过的。就这个细节，法医看出了不少问题：凶手

① 《一堆尸块背后的血案》，载《现代快报》2009 年 8 月 10 日。

的分尸地点有独立的水源，很有可能就是在厨房或者卫生间；凶手对尸块进行清洗，说明他在分尸的时候有充裕的时间，对现场的控制能力较强。从以上这些细节，法医又推断，凶手的年龄应该比较大，不会是一个毛头小伙子。

此外，现场没有发现裹尸的材料。原因可能是，包裹尸块的材料，如箱子等物品，上面应该有明显的标识，凶手害怕警方会循着这些标识找到他。警方由此推测这个凶手的反侦查能力很强。法医仔细观察了尸块上的切口，发现切口很均匀，而且切割的部位也基本是在关节口。这表明凶手有可能是厨师；如果不是，至少他厨艺熟练，对红案相当精通。

接着，法医开始按照人体解剖位置排列，把这些尸块一块一块拼起来，观察相同部位有无重复，两侧是否对称；断离部位是否连续，断离能否吻合……结果这些尸块全部吻合。这意味着，这些尸块属于同一个人。

法医发现尸块的皮肤相对光滑，骨骼也较细，而且手指上还有红色的指甲油，特别是对死者骨盆的检测，基本能确定这是个爱美的女性。从死者的手掌上没有老茧可以推断这名死者生前应该从事室内作业。

法医将死者的双手顺着肩膀平伸开来，测量两手指尖的距离，最终得出死者的身高在155厘米左右。

人出生后，骨骼不断生长发育，青春期后人体骨骼生长发育停止，但是骨骼的生理代谢仍在不断进行。一些关节面的形态变化特征，成为推断人年龄的基础。法医们综合了多种方法，测算出死者为年轻女性，年龄在30岁左右，而且有过生育史。

法医们在尸块上分拣出了蛆虫。通过昆虫学原理，确定这名年轻女子的死亡时间在24小时左右。

接着，协查通报发了出去，侦查人员重点排查7月3日前外出务工的年轻女性、旅馆业住宿人员、美容美发以及娱乐场所的服务人员。警方将查找尸源的通告通过电视台，移动、联通、电信等运营商向全县群众发布，悬赏征集尸源线索。一张网铺了开来。

2008年7月22日上午，L市的警方在组织侦查人员走访调查时获取了一条重要线索：一名出租车司机张某曾于2008年7月3日中午，送过一名携带一只大旅行箱的中年男子到S县境内。

据张某回忆：2008年7月3日中午1时许，他驾车兜客至L市一居民小区门前时，一名年龄在40岁左右的男子招手，称要去S县，张某报出600元的价格，该男子未还价就达成协议。随后，该男子将一只大旅行箱搬放到车子的后备厢里。在搬放时，张某看到该男子有些吃力，就想帮其一把，结果被该男子拒绝。

在驾车去S县途中，该男子接了一个电话，说到晚上要加班等事情时，张某随口问了一句："师傅在什么地方上班啊?"该男子说他在某集团下属的一个厂里烧水晶。

然而，当张某将车子开到距离高速出口三四公里处，该男子突然要求下车，并按照事先谈好的价格支付了600元的车费。该男子这一切反常的举动似乎欲盖弥彰地暗示着什么。

获取这条线索后，L市警方随即与S县警方取得了联系。虽然男子的职业和法医的推断有出入，但是根据以前的破案经验，这并非特例。因此，警方还是及时组织警力查找这名携带旅行箱乘车的男子。

经过两地警方的联手排查，于2008年7月25日下午确认了这名乘车男子的身份：施某，时年40岁，在L市某集团下属的一个工厂里打工，2008年7月10日后，因单位设备检修放假，施某应该在家中。

果然，2008年7月26日凌晨4时，正在家中睡觉的施某被警方抓获。施某被抓获后，对犯罪行为一概予以否认，审查工作一时陷入僵局。但下午4时许，从L市公安局刑侦技术部门传来喜讯：从施某身上提取的生物检材与案发现场提取的嫌疑人遗留下的微量物证比对，可以确认施某就是涉案的重要嫌疑人。

随即，警方加大了审查力度，在强有力的政策攻势和审查攻势下，嫌疑人施某不得不交代了杀人分尸的犯罪事实。

根据在讯问笔录中记录的施某所为的犯罪事实，警方还原了该凶杀案的基本过程。

原来，犯罪嫌疑人施某曾被判处有期徒刑三年六个月，刑满释放后一直在外打工。2006年，施某搭识了35岁的南通人李某，关系升温很快，最后发展到情人关系，开始姘居起来。2007年，施某到L市打工，与赋闲的李某租房姘居。2008年7月3日上午9时许，施某在租住房内与李某为经济问题发生争执时，将李某卡捂致死，并将其肢解，然后乘坐出租车至案发地抛尸。案件的结局印证了当初法医专家们的猜测。

结案后，警方按照法定的程序和权限将该案件移送检察机关起诉。

二、该刑事案件侦查中的思维

（一）该刑事案件侦破的剖析

在这起刑事案件中，侦查人员通过观察等手段获得的感性认识主要有：(1) 尸体的组织器官属于人类，受害者的尸体被切割成了9块，里面没有人头，没有下肢，也没有内脏；(2) 这些尸块都是用水清洗过的；(3) 切口很均匀，而且切割的部位也基本是在关节口；(4) 尸块全部吻合；(5) 死者皮肤相对光滑，骨骼也较细，而且手指上还有红色的指甲油；(6) 死者的手掌上没有老茧；(7) 将死者的双手顺着肩膀平伸开来，测量出了死者两手指尖的距离；(8) 关于死者骨骼关节面的变化的认识；(9) 在尸体上分拣出了蛆虫。

如果警方仅仅满足于或者停留于这些感性认识上，将永远无法侦破此案。很明显，侦查人员通过观察等方式获得关于此案案情事实的感性认识并非最终目的，最终目的是要对这些感性认识材料进行思维加工，以期获得理性认识，以利于最终侦破此案。如果不对感性认识进行思维加工以期形成理性认识，那么不仅感性认识失去了其最大的价值，而且对于侦查工作的指导价值也大打折扣。侦查人员深明此理，自然需要对这些感性认识材料进行思维加工。

通过对上述的感性认识材料进行思维加工，侦查人员分别形成了这些理性认识：(1) 犯罪嫌疑人作案时很残忍。(2) 凶手的分尸地点有独立的水源，很有可能就是在厨房或者卫生间；凶手在分尸的时候有充裕的时间，对现场的控制能力较强；凶手的年龄应该比较大，不会是一个毛头小伙子。(3) 这些尸块属于同一个人。(4) 死者是个爱美的女性。(5) 死者生前应该从事室内作业。(6) 死者的身高在155厘米左右。(7) 死者为年轻女性，年龄在30岁左右，而且有过生育史。(8) 死者的死亡时间在24小时左右。

（二）思维概述

理性认识是比感性认识更全面、更深刻、更本质的认识。如上所述，从感性认识材料中得出理性认识需要借助于思维加工。因此，在刑事案件侦查中，为了查明犯罪事实、抓获犯罪嫌疑人，公安机关必须而且必定运用思维。那么何谓思维呢？

在现代汉语中，“思维”一词是个多义词，作为动词，与“思考”“思索”等词义相同或相近。《现代汉语词典》对“思维”的解释有两种：一是指在表象、概念的基础上进行分析、综合、判断、推理等认识活动的过程，是人类特有的产生于社会实践的一种精神活动；二是指进行思索、思考活动。

那么，到底什么是思维呢？对于思维，诸如认识论、方法论、信息论、解题论、符号学、神经科学等不同领域运用不同方法给出了不同的定义。维基百科认为，思维是人脑对现实事物间接的、概括的加工形式，是在表象、概念的基础上进行分析、综合、判断、推理等认识活动的过程。这些定义各具特色，但是均有不足之处。比如，就维基百科对思维的定义而言，存在“定义过窄”的问题，因为思维的加工对象不都是现实事物，也不都在表象和概念的基础上进行，也不都表现为分析、综合、判断、推理等过程——实际上，维基百科对思维的该定义仅仅适合于思维的一个类型——抽象思维。

当今时代是大数据和信息化时代，因此从信息论的角度阐释思维更合理。从信息论的角度看，思维是指个体在组织信息、存储信息、加工信息、尝试理解信息，或者与他人交流信息时头脑中进行的心理活动。思维的本质就是信息加工的过程。

一般而言，思维具有下述特征。

1. 思维的对象性

从反映论的角度看，思维是对对象的属性的反映；从信息论的角度看，思维是对对象的信息的加工；从认识论角度看，思维是为了更深刻、更全面地认知对象。思维的对象也称思维客体。思维必须关注外部对象。当然，这里的外部是指思维的外部世界。正如莫里斯所言，集中注重符号显然不可能解释思维这一现象的所有问题。思维要反映外部对象，这正是思维的价值和功能所在。从这个意义上说，思维具有对象性。不仅如此，思维还要受到内部或者外部对象的制约。

2. 思维的概括性

思维的概括性是指思维能够从许多个别对象的各种属性中舍弃表面的、共有的、非本质的属性，把握一类对象的内在的、特有的和本质的属性。通过思维，思维主体可以通过感官提供的丰富而杂乱的信息，撇开各类对象的各种表面属性，把握同类对象之间的共性，把不同类对象之间的差异区分开，进而认识对象的特有属性甚至本质属性。思维可以反映一类对象的共同的、本质的属性，而不是个别对象的特点或者一类对象的非本质的属性。比如，醉驾行为就是对一类对象——所有驾驶机动车时每100毫升血液酒精含量大于80毫克的驾驶行为的反映。思维除了能够概括反映一类事物共同的本质属性之外，还能够把某事物的局部认识概括为整体认识。

3. 思维的间接性

思维的间接性是指思维主体能够根据已有的认识得出新的认识。也就是说，思维主体不必直接根据认识对象，而是根据感性材料甚至已有的理性认识去获得关于对象的更深刻、更全面、更真实的认识。思维不是通过感官直接感知对象的属性，而是通过思维的特有器官大脑对关于对象的感性认识信息进行再次加工。也就是说，思维主体通过思维间接地对对象的信息加工或者认知。此外，通过思维，思维主体可以穿越时空界限，探求自己的认识和实践活动尚未到达的未知领域或者未来世界，对未曾直接通过感官感知的对象作出正确的判断，掌握对象发展的趋势和规律。总之，通过思维所形成的理性认识必须以感性认识为基础。此外，对不能感知的知识必须通过思维中的推知方式获得。

不少学者提出思维还具有抽象性。这很明显是把思维与抽象思维混淆了，正如后文将要论述的那样，根据一定标准，思维可以三分为抽象思维、形象思维和直觉思维。抽象性仅仅是抽象思维的特征，而不是所有思维的特征。

三、思维的分类

（一）直线思维、曲线思维和逆向思维

直线思维就是根据事物的发展规律、人们的生活习惯、风俗习惯以及长期形成的意识形态等已知条件和已知现象，直接推得其结果的一种思维方式。每一个人所固有的思维方式首先就是直线思维方式，它可以帮助人们在已知的条件下获得未知的结果。它是人们在工作中、在总结经验的过程中长期使用的一种思维方式，特别是在对一些具有一定客观规律的事物的认识和判断时，更常使用这种思维方式。这种思维方式的优点是逻辑性强、推理性强、直观而间接；只要具备一定的逻辑思维能力，掌握相关的规律，再结合特定的现象或事实，就可以得出一个比较确定的结论。这种思维方式的缺点是过于依赖常理，忽略规律发挥作用的特殊条件和特殊表现形式，忽视现实情况的变化及其特殊性，得出的结论过于确定、单一乃至武断，因而具有较高的风险性。这种思维是一种常规思维和静态思维。

曲线思维就是根据事物的客观规律，人们的生活习惯、风俗习惯以及长期形成的一些意识形态等已知条件和现象，在思维过程中引入一些相关的变化、风险和不确定因素，对本应直接推得的结果加以否定或者对结果进行风险性的深化的一种思维方式。这种思维方式为了避免风险而显得保守，其推导出的结果具有多变性的特点。在思维中，现实情况不仅是复杂的，而且是多变的，因此应该不断根据发展变化的情况去否定或者修正结论。它体现了辩证法的精神，是一种辩证的、动态的思维方式。例如，在“扫黄打非”专项整治工作中，某人因为经常嫖赌被公安机关处理。根据直线思维方式，人们会认定该嫌疑人是坏人；但是，根据曲线思维方式，人们在认定该嫌疑人是坏人的同时，也会认定该嫌疑人在一定的时间、地点和场合下是一个好人。

逆向思维方式就是根据事物的客观规律、人们的生活习惯、风俗习惯以及长期形成的一些意识形态等已知条件和现象，在思维过程中摆脱传统观念、习惯等束缚，从另一个不同的思路、角度去推出事物结果的一种思维方式。在日常生活中，许多人常常只是习惯于相信某种公认的看法，这就不易形成自己的独立见解；相反，如果从大家都不注意的方面思考问题，那就可能发现某种大家都不注意的新观点。对于同一个事物、现象或者事件，从不同的甚至相反的方面进行思考，往往会得到意想不到的收获。进行逆向思维除了要看到与事物的有关方面，尤其是人们不太注意的一面之外，还要敢于怀疑。如某高速公路上夜间发生一起重大交通事故：一个女子被当场撞死，而肇事车辆则立马消失于黑暗之中，逃逸得不见踪影。经过现场勘查，只发现一只鞋子。有人认为这只鞋子是路人的，有人认为这只鞋子是死者的，有人认为这只鞋子是肇事司机的。而一位年长的侦查人员认为，肇事逃逸车辆是一辆运送鞋子的大货车，这只鞋子就是从该大货车上振动后落下的。侦查人员在详细地分析了这四种可能性后，认为这只鞋子从肇事大货车上掉落的可能性最大，最后侦查人员循此线索，终于侦破此案。

（二）水平思维和垂直思维①

所谓水平思维就是对对象的整体进行浅层次的分析，可以使得先后顺序的判断标准明确化，进而找到重要部分以进行先后顺序排列，保持思维的广阔性；所谓垂直思维就是对对象的特定部分进行有深度的分析，可以使得人们对排列靠前

① ［日］西村克己：《逻辑思考力》，邢舒睿译，中国人民大学出版社2013年版，第19～22页。

的重要部分进行深刻探究，保持思维的深刻性。很难说哪种思维更重要、更优秀，只能说应“首先进行水平思维，然后再进行垂直思维”，这是因为人们很容易一上来就进行垂直思考。之所以如此，并不是因为人们的水平思维较弱，而是人们固有的思维习惯和思维定式使然。这样做固然可以暂时对对象的某一特定部分进行深入分析，但是也会使得人们无法顾及对象中的其他内部因素以及与该对象相关的外部因素。所以，不与水平思维相结合的垂直思维无疑是鲁莽的。需要把水平思维和垂直思维相结合，先进行水平思维可以使得对象整体和部分之间的关系明确化；在进行垂直思维的时候也要不时地进行水平思维以便在注重细节的同时也能顾及整体。

（三）思维的其他分类方法[①]

1. 现代认知神经科学对思维的二分法

现代认知神经科学把思维分为外显思维和内隐思维。外显思维通常是受到意识控制的和自觉进行的，以反射式推理为主，它在问题解决和周密计划过程中运用较多，以精细严格为特征；内隐思维则大多是不受意识控制、自发进行的，以反身式推理为主，其过程难以用逻辑和语言加以刻画。

2. 格里高利对思维的四分法

美国心理学家理查德·格里高利（Richard Langton Gregory）根据是具体还是抽象以及是有序还是随机把思维分成四类：（1）具体而有序的思维。这种思维的主体以现实为基础，对信息进行有条理的、有序的、线性的加工。现实是由感官的感觉所能够感受到的东西组成的。这种思维擅长发现细节和把握具体的信息、公式和规则，对其思维主体而言，动手操作和学习示范性样例是训练其思维的较好路径。（2）具体而随机的思维。这种思维的主体大多擅长或从事实验工作。他们也以现实为基础，但是更愿意运用试错法，从而其思维常常出现直觉的跳跃。这种思维的主体擅长运用发散性思维，喜欢从不同角度看待问题，求变需要、发现动机以及按照自己的方式行动的愿望比较强烈，适当的压力有助于他们解决问题。（3）抽象而有序的思维。这类思维的主体偏爱理论和抽象思维的世界，喜欢用概念思维分析信息，很容易把注意力置于重要的东西上面，其思维方式是逻辑的、理性的，喜欢独立思考和一个人冷静地沉思，不喜欢集体思考和热情的、冲

---

① 张掌然、张大松：《思维训练》（第1版），华中理工大学出版社2000年版，第33~35页。

动型的思考。(4) 抽象而随机的思维。这类思维的主体通过深思来吸收和组织信息，他们在自由的、人际关系简单而和谐的工作、生活环境中能够更好地发展；在诸如公安机关这样的组织严密的环境中，他们会感到压抑。他们合作能力和沟通能力较强，喜欢集体思维和形象化思维。

3. 赫曼对思维的四分法

美国心理学家赫曼根据驱动思维的方式不同把思维分为四类：(1) 结果驱动的思维：逻辑分析、理性批判、喜欢量化；讲究实际、注重事实、运用事实说明重点；抓住重点、坚守底线；善于找出问题、界定问题、厘清问题、挑战问题；处事理智、不轻易动感情、以抽象方式表达感情。(2) 工作驱动的思维：按部就班、循规蹈矩、维持现状；沉稳、保守、矜持、自制；准时、仔细、爱好整洁；善于组织管理、有条理；凡事事先制定程序和计划、工作努力、善于处理细节；相信实力、注重方法；喜欢提出和解答能够找到具体答案的问题；说话喜欢用长句，但很完整。(3) 感觉驱动的思维：重视感官经验和人际关系；重视互动和团体协作，乐于助人；感情丰富、善于表达、善于非语言交流；喜欢音乐、喜欢说话、喜欢教学和训练，很在乎他人；擅长现象描述，喜欢用故事说明重点，学习时喜欢自言自语。(4) 未来驱动的思维：善于联想和想象；喜欢猜测、类比、隐喻、模拟和实验；善于综合、融贯和整合；思想开放、喜欢冒险和游戏、冲动、好奇心强；说话不连贯不完整，爱用成语；好问“为什么”和“怎么样”一类的问题、喜欢探寻新奇的和综合性的问题。

思维的作用在于认识。已经形成共识的是，思维是一种高级的、复杂的认知活动。人们可以从诸如逻辑学、数学、心理学、符号学和语言学、计算机科学、系统科学、哲学、文化人类学、社会学、生物学等多学科来研究人类整体和个体的思维；也可以从诸如描述性、规范性、思辨性、发生学等方式对思维进行研究。比如，心理学着重对思维进行描述性研究，了解思维是如何进行的；而逻辑学着重对思维进行规范性研究，规定思维应该如何进行。

第二节 侦查思维及其特征和类型

杜伦孟德说：一个不想思考的人是顽固者，一个不能思考的人是傻瓜，一个不敢思考的人是奴隶。在刑事案件侦查中，仔细观察案件的有关事实，无疑为进一步侦查提供了线索，但是当必要的事实材料收集完毕后，解决问题的方案却是通过一种智力活动即思维活动获得的。从已知的事实材料和相关的背景知识获得未知的案情必须有思维的介入和操作。

一、侦查思维的含义

所有公安工作都需要思维的参与，刑事侦查工作作为公安工作的一个重要组成部分，自然也需要思维的参与；在现实的刑事案件侦查中，无论是发现案情事实还是证实案情事实都需要借助思维。于社会转型期发生的刑事案件呈现出多种前所未有的特点，刑事案件侦办的难度与复杂性无疑增加了，这更加要求思维的积极参与。因此，当前的侦查工作不仅需要思维，而且相对于其他公安工作和以往相比更加需要思维参与。不严格地说，侦查工作中运用的思维可以称为侦查思维。此外，目前的刑侦工作出现了新的特征，以大数据技术为代表的信息化技术也对侦查工作提出了新的要求。刑事案件的办理是一个动脑、动口和动手相互结合的综合过程，是侦查人员的思维能力、语言表达能力和操作能力的综合体现。在这三种能力中，思维能力无疑是其中最基础、最核心和最重要的能力，而且制约、影响甚至决定着语言能力和操作能力。

国内著名侦查逻辑学者刘洪波教授认为，所谓侦查思维（criminal investigation thinking）“就是国家法定人员在侦查活动中，为查明犯罪事实、抓获犯罪嫌疑人所进行的脑力活动……其内涵就是侦查人员运用侦查手段、措施、对策来分析研判案情、收集证据、发现和查缉犯罪嫌疑人的智力活动”①。

侦查思维，简言之就是侦查人员的大脑对获取的刑事案件的相关信息进行加工的过程，广言之则是指所有与侦查人员办理的刑事案件的信息加工、理解、记忆和交流相关联的心理活动。也就是说，侦查思维是侦查人员在加工信息时大脑中正在进行的心理活动——组织信息、理解信息、与他人交流信息。侦查思维以逻辑方式或者非逻辑方式来创造概念、形成判断、进行推理和决策。

毋庸置疑的是，侦查思维是一个由诸多因素构成的复杂系统，它与经验、信息、事实、知识、符号、对象、问题、方法、能力、大脑神经活动等联系十分密切，贯穿着认知、情感、意志、行动四大领域。从结构上看，侦查思维涉及思维

---

① 刘洪波等：《侦查思维谋略》，中国政法大学出版社2016年版，第7页。

主体与思维客体、思维形式与语言表达形式、思维能力与思维方法等诸多因素。侦查思维有一个发生、发展和成熟的过程，与诸如情感、情绪等非理性因素密切联系，受诸如动机等多种心理因素的不同影响或驱动。

侦查人员在侦查破案的全过程中，都需要积极的思维活动。侦查人员的思维活动过程，是一个由感性认识到理性认识、由低级到高级螺旋式上升的过程。心理学研究表明，人们在解决问题时的思维过程，一般经历了发现问题、分析问题、提出假说和验证假说四个阶段；侦查破案的思维过程也经历了这样四个阶段，即发现犯罪事实、分析案情属性、提出侦查假说和验证侦查假说。发现犯罪事实是侦查人员产生破案动机的前提，没有案件的发生，侦查人员便不会产生破案动机，也就不会产生侦查思维活动。分析案情属性即根据现场勘查、调查访问等手段获取的信息资料，对案件有关情况进行分析判断，它是提出侦查假说的依据。提出侦查假说可使破案工作少走弯路，提高效率。验证侦查假说是通过一定的方法措施，对侦查假说进行验证。

侦查思维的本质是一种认识活动：刘洪波教授认为："具体地说，侦查思维是侦查员在案件侦查过程中对犯罪人和犯罪事件的认识活动，包括侦查员为实现侦查目的，对侦查途径、措施、对策、方法等内在的选择活动或者决策过程。也可以认为，侦查思维是侦查员在办案中，运用科学的思维方式，对案件中的人、事、物及有关信息进行的分析研判，以求达到对案件本质的认识。比较形象的描述是，'侦查思维是侦查员对案件真相的探求过程中，寻找和认识案件本质的思维艺术'。"① "它（侦查思维）贯穿于侦查活动的全过程，是一种对客观对象的认识活动。"②

二、侦查思维的特征

侦查思维除了具有前述的思维的一般特征之外，还具有下述特征。

（一）回溯性

日常思维的习惯是用由因到果的方式看待事物、处理事情，但是侦查工作却

---

① 刘洪波等：《侦查思维谋略》，中国政法大学出版社 2016 年版，第 7 页。

② 刘洪波等：《侦查思维谋略》，中国政法大学出版社 2016 年版，第 7 页。

与此相反，一般是从在案件发生之后，从案件形成的“已有结果”开始，倒回去寻求产生案件“已有结果”的原因、各要素和过程。因此，从认识论的角度看，侦查工作是对过去发生的案件进行的一种认识活动，是从结果推断原因的过程。侦查思维的回溯性是由侦查活动的回溯性决定的：从时间上看，侦查活动总是在犯罪活动之后。在刑事案件侦查中，侦查人员通常只能从犯罪所造成的犯罪现场出发，通过现场勘验得到的物品、痕迹和走访调查群众的反映入手，来追溯犯罪嫌疑人是谁等信息，了解案件的发生过程和方式等情况。无论是“由人到案”的侦查模式还是“由案到人”的侦查模式，都需要侦查人员从已知的案件结果出发，去追溯各种可能存在的案件因素，然后运用各种侦查措施，查明形成案件全部事实的各要素。在这个过程中，从最后的“结果”到开始的“因素”都是倒退式的，体现了侦查思维的回溯性。

（二）排除性

侦查过程是一个由不占有事实材料到占有事实材料、由占有较少事实材料到占有较多事实材料的过程。在侦查中，除了在极少数情况下能够凭借极少数占有的事实材料直接确定犯罪嫌疑人之外，在绝大多数情况下，由于侦查人员暂时占有的事实材料不太充分，这时只能确定一个关于犯罪嫌疑人的大致范围；接着在占有的事实材料越来越多的基础上，侦查人员根据犯罪嫌疑人大致范围中缺乏某个犯罪必要条件的某些嫌疑人个体来逐渐把他们排除在犯罪嫌疑人大致范围之外，直到最终确定某犯罪嫌疑人为止。从根本上说，这是限制法在缩小侦查范围上的有效运用，从排查许多个嫌疑对象到逐步减少，意味着逐步否定一部分嫌疑对象。

（三）假说性

在侦查中，侦查人员必须得出一个关于案情事实的判断。在侦查中，无论是通过感官获得的事实材料直接得出一个关于案情事实的判断，还是通过推理间接推出一个关于案情事实的判断，得出的关于事实的判断都是假设性的。这表明了侦查思维的假说性。从某种意义上说，侦查过程就是关于案情事实的判断的形成和证实的过程。在一般情况下，侦查人员一般是根据现有线索来开始侦查的。在侦查开始后，侦查人员会获得一些关于案情事实的材料。但是这些材料是不充分的、零散的甚至粗陋的。正因如此，才需要侦查人员在分析这些事实材料的基础上，提出一个关于案情事实的猜测性判断。然后，侦查人员再在这个猜测性判断的指引下继续侦查活动，获得更多的关于案情的事实材料，直到侦破案件为止。在侦查的初始阶段，其思维过程就是根据已有查证属实的事实材料作出一个关于案情某要素或者各要素的猜测性判断。这就鲜明地体现了从已有事实材料到猜测性判断的推测性，即假说性。当然，侦查思维的假说性体现在对已经发生的关于案情事实的解释性猜测上和对尚未发生的关于案情事实的预测性猜测上。

也有学者认为侦查思维还具有分析的联想性、认识的敏锐性和思考的换位性特征。①

三、侦查思维的分类

根据不同的标准，可以对思维进行不同的分类。对侦查工作而言，常用的分类方法是将思维根据表现形态分为直觉思维、形象思维和抽象思维。思维方式、思维类型对思维结果或者行为结果具有重要的影响。相应地，可以把侦查思维分为抽象侦查思维、形象侦查思维和直觉侦查思维。

（一）抽象侦查思维

由于抽象侦查思维需要借助于推理等逻辑手段来完成，因此抽象侦查思维也称为逻辑侦查思维。抽象侦查思维是指在对案情已有感性认识的基础上进行分析、综合、判断、推理等理性认识活动以揭示案情真相的过程。

认知心理学从信息加工的角度把抽象侦查思维分为“自上而下的”（或者“以概念为基础的”“理论驱动的”）侦查思维加工和“自下而上的”（或者“以经验为基础的”“材料驱动的”）侦查思维加工。前者强调侦查思维主体大脑中的已有概念或者理论系统决定着如何看待原始材料，强调理论框架在收集材料、记忆和推理中的作用；后者强调原始材料对注意、记忆和推理过程的影响，强调经验对理论的影响。抽象侦查思维的这两种类型虽然与演绎侦查思维和归纳侦查思维不完全等同，但是也大致对应。

对侦查而言，抽象侦查思维的基本过程是：②

① 刘洪波等：《侦查思维谋略》，中国政法大学出版社 2016 年版，第 8 ~9 页。

② ［美］威廉姆·沃克·阿特金森：《逻辑十九讲》，李奇译，新世界出版社 2013 年版，第 68 页。

1. 分析

分析是在侦查思维中把对象的整体分解为各个部分、方面、特征或者关系分别加以考察的过程。分析的意义在于通过认识事物或现象的区别与联系，细致地寻找能够解决问题的主线，并以此解决问题。分析可以分为定性分析和定量分析。定性分析是为了确定研究对象是否具有某种性质的分析，主要解决“有没有”“是不是”的问题。定量分析是为了确定客观对象各种成分的数量的分析，主要解决“有多少”的问题。此外，还有因果分析和系统分析。因果分析是为了确定引起某一现象变化原因的分析，主要解决“为什么”的问题。系统分析是一种动态分析，它将客观对象看成是一个发展变化的系统。系统分析又是一种多层次的分析，它把对象看作一个复杂的多层次的系统。

对于侦查而言，分析就是将所有刑事个案分解为诸如犯罪时间、犯罪地点、犯罪主体、犯罪客体、犯罪动机、犯罪后果等基本要素逐一加以考察，查清这些要素并予以证实。

2. 综合

综合是在侦查思维中将已有的关于对象的各个部分、方面、特征或者关系融合成一个综合性整体并予以整体考察的过程。综合的目的是形成关于对象的统一整体的认识。综合和分析是两个相反的侦查思维过程，也是两个相互联系的侦查思维过程，统一于认识活动之中。仅仅依靠分析只能获得对象的各个部分属性的认识，不能获得关于对象的完整属性的认识；要把握对象的整体属性就必须借助于综合，只有综合才能把对象的各个部分的属性的认识结合为一个整体属性加以考察，才能得出完整的认识。

对于侦查工作而言，综合就是将上述查证属实的刑事个案各个要素按照其本身的内在联系形成一个关于整体案情的有机整体。目前刑事案件中的现场重建法就是这一过程的具体运用。分析和综合都是进行推理的基础。

3. 抽象

抽象是从一个事物中，提取和归类出其特征或者属性，并把其看成一个有明显思想内容的对象的一个过程。抽象的基本程序是分离—提纯—简略。所谓分离，就是暂时不考虑我们所要研究的对象与其他各个对象之间各式各样的总体联系。所谓提纯，就是在思想中排除那些模糊基本过程、掩盖普遍规律的干扰因素，从而使我们能在纯粹的状态下对对象进行考察。所谓简略，就是对纯态研究的结果必须进行的一种处理，或者说是对研究结果的一种表述方式。抽象分为表征性抽象和原理性抽象。所谓表征性抽象是以可观察的事物现象为直接起点的一种初始抽象，它是对对象所表现出来的特征的抽象。所谓原理性抽象，是在表征性抽象基础上形成的一种深层抽象，它所把握的是事物的因果性和规律性的联系。这种抽象的成果就是定律、原理。

4. 概括

概括是比较各种事件的共同之处以及不同之处，并对其进行统一归纳以形成概念和基本想法的过程。概括的作用在于引导人们理解所有客观实体、人和事物的共同特性，并把它们整合之后再转换成一个包含它们所有含义的单独见解或者概念。从这个意义上，概括的实质是综合。一个具体的想法或者概念区别于一个特别的想法的地方在于：它不仅包含自身的某个特性和其他特性，还相应地适用于任一特称，也就是所说的通用类。对对象或观念的表达，称为概念。

（二）形象侦查思维

形象侦查思维，也称具象侦查思维，简言之，就是用直观形象和表象解决问题的侦查思维。具体而言，形象侦查思维是指认知主体在认识认知对象的过程中，对关于认知对象的直观形象和表象进行取舍时形成的用以解决问题的认知过程。它是在对关于认知对象的信息传递的客观形象体系进行感受、储存的基础上，结合认知主体的主观的认识和情感进行识别，并用一定的形式、手段和工具，创造和描述形象的一种基本的侦查思维类型。形象侦查思维的方法主要有联想、想象、整合等。在侦查思维中，在描述案情、现场和犯罪嫌疑人时，会运用到形象侦查思维。

形象侦查思维除了具有侦查思维的一般特征之外，还具有形象性、粗略性和想象性等特征。

1. 形象性

形象性是形象侦查思维最基本的特征。侦查思维形式是意象、联想、想象等形象性的观念，其表达的工具和手段是能为感官所感知的图形、图像、图式和其他形象性的符号。形象侦查思维的形象性使它具有生动性、直观性和整体性的优点。

2. 想象性

想象是认知主体运用已有的形象形成新形象的过程。形象侦查思维并不满足于对已有形象的再现，它更致力于追求对已有形象的加工，而获得新形象产品的输出。所以，想象使形象侦查思维具有创造性的优点。这也是富有创造力的人通常都具有极强的想象力的一个重要原因所在。

3. 粗略性

形象侦查思维对关于认知对象的信息的处理是粗线条的处理，对关于认知对象属性的认识是大体上的认识，对问题的分析是定性的或半定量的。所以，形象侦查思维通常用于问题的定性分析。形象侦查思维不像抽象侦查思维那样是对信息的加工一步步地、首尾相接地、线性地进行，而是调用许多形象性材料，一下子合在一起形成新的形象，或由一个形象跳跃到另一个形象。它对信息的加工过程不是系列加工，而是平行加工。它可以使侦查思维主体迅速从整体上把握问题。

（三）直觉侦查思维

直觉侦查思维也称直感侦查思维或者第六感，是指认知主体不受固有逻辑规则的约束而直接洞察认知对象的特征并迅速作出综合判断的认知过程。直觉侦查思维对信息的加工方式表现为认知主体对关于认知对象的信息材料的快速洞察领悟。直觉侦查思维的方法主要是直觉、灵感和顿悟等。

对于直觉侦查思维的本质，有人认为是理性思维，有人认为是非理性思维。从辩证唯物主义认识论的观点看，直觉侦查思维是侦查人员基于实践活动基础上的一种特殊认识活动，是抽象侦查思维综合、压缩或者凝缩形式的表现。从表面上看，直觉侦查思维是跳跃性的思维，貌似没有逻辑的思维过程作为基础。但是，直觉侦查思维本质上是以某一相关领域累积的经验和广博的背景知识为基础，对特定问题的经验和思考已经达到直觉的程度，侦查人员已经洞悉特定问题的本质联系。因此，直觉侦查思维看似偶然却不是凭空产生的，其具有经验基础和客观依据，是侦查人员长期关注某一问题后的“豁然开朗”般的顿悟。在侦查认识活动中，直觉侦查思维主要表现为侦查人员对刑事个案本质的敏感和超越一般的洞察力。直觉侦查思维既不是纯理性的思维，也不是完全非理性的思维，而是以理性因素为主，同时也包含非理性因素的一种特殊思维类型。

直觉侦查思维除了具有侦查思维的一般特征之外，还具有直接性、快速性和潜在性等特征。

1. 直接性

直觉侦查思维的直接性是指认知主体依据直接经验或者相关理论，直接获取关于认知对象特征的信息并据此得出关于认知对象的本质特征的信息。直接经验或者相关理论是直觉侦查思维的基础，它的产生机制是：直接经验—直觉。也就是说，从直接经验到直觉侦查思维的产生是直接的，既不需要固定的推演模式，也不需要严格的逻辑分析，好像是以自动化的方式进行，径直指向最后的结论。

2. 快速性

直觉侦查思维是对侦查思维对象从整体上考察，调动自己的全部知识经验，通过丰富的想象作出的敏锐而迅速的假设、猜想或判断，它省去了一步步分析推理的中间环节，而采取了“跳跃式”的形式。它是一瞬间的侦查思维火花，是长期积累后的一种升华，是侦查思维者的灵感和顿悟，是侦查思维过程的高度简化，但是它却清晰地触及事物的“本质”。不少事实表明，直觉侦查思维在快速作出优化选择和创造性地进行预见方面具有非常重要的作用，它不经过严密的逻辑推理就能够获得对刑事案件属性的认识。

3. 潜在性

直觉侦查思维是一种潜意识的侦查思维活动，是认知主体在偶然情况下非自觉地将获得的新信息与潜意识中的有关问题信息构建新联系，而不是认知主体意识到的、自觉的侦查思维活动。也就是说，直觉侦查思维是在认知主体还没有意识到自己侦查思维过程的情况下，就已经走向了结论。认知主体往往只是在直觉产生之后知道其结果，但是不知道直觉究竟是如何在自己的头脑中进行的，也不知为何会产生这样的直觉。

这些不同类型的侦查思维各有其优缺点。比如，抽象侦查思维虽然可以超越感官的限制，透过现象把握本质，抓住现象之间的联系，但是也可能导致纯粹猜测和空洞的思维游戏。

也有学者认为侦查思维包括形象思维、抽象思维和辩证思维。①

① 刘洪波等：《侦查思维谋略》，中国政法大学出版社2016年版，第7~8页。

第二章　侦查思维中的侦查推理

如上所述，从感性认识上升为理性认识需要借助于思维。思维对感性认识材料进行加工的方法有很多，诸如分析与综合、抽象和概括、比较与分类等，以形成概念、作出判断、构建推理、诉诸论证。无疑，这些思维加工过程，或者本身就是推理，或者多多少少需要借助于推理。因此，在很大程度上，推理是思维对感性认识材料进行理性加工的主要形式。简言之，推理是思维的主要形式和基本方式。

第一节　推理概述

在上章的案例中，侦查人员从感性认识材料中获得理性认识就是借助的推理，比如“据此断定”“看出了不少问题”“这说明”“推断”“由此推测”“这表明”“这意味着”“基本能确定”“最终得出”“测算出”“确定”等。所以，在这个案件的侦查过程中，推理起了至关重要的作用。可见，侦查需要思维，侦查思维需要推理。那么何为推理？侦查思维中的推理有何特征？

一、推理及其主要特征

在日常工作、生活和学习中，人们在经常进行推理。比如，警车突然发动不了了，需要通过推理发现其原因，才能进一步解决问题；大学生根据最近几个月的物价上涨指数，预测下个月的生活费用的增加额；各种理科学习中的演算、求解以及文科学习中的话语理解；等等。

（一）推理的含义

英国18世纪的著名逻辑学家斯图亚特·密尔认为：推理这个词语，远不止它的字面意义那么简单。① 在日常的普遍的谈话中，凭借推理能力，人们能从错误中寻找到真理、明辨是非，同时还可以总结出完成特定目标、取得伟大成就的好方法。其实，推理不仅在日常交流中具有重要作用，在诸如侦查这样的特殊工作中更具有不可替代的作用。

作为一个重要的基本的概念，诸如心理学、思维学、脑科学、逻辑学、人工智能学等不同学科的学者对推理作出了各种不同的甚至截然相反的解释和界定。就逻辑学意义上的推理而言，笔者粗浅地认为，推理是在设定作为出发点的一个或者多个判断的基础上得出一个新判断的心智过程。推理是从已知过渡到未知、探究事实真相的主要方式。人类之所以必须进行推理，是因为基于各种主观、客观因素的影响，人们无法通过感官直接发现事情的真相，只有通过推理才能由浅入深、由表及里地通过现象认识本质和发现规律；人类之所以可能进行推理，在于事物现象之间、现象与本质之间存在具体的、相对的、客观的、有条件的、可认识的联系以及人类具有认识事物本质和发现事物规律的能力。

与推理有关的几个汉语词汇有“推断”“推测”“推想”“推定”“推论”“推求”“推证”“推知”。它们具有比推理更多的含义，只是侧重点不同而已：推断侧重于断定；推测侧重于猜测；推想侧重于心理过程；推定侧重于认定；推论侧重于推理的结果，与事实相对；推求侧重于求得结果；推证侧重于证明或者验证；推知侧重于通过推理知道，与感知相对。

推理的两个基本要素是前提和结论。推理的前提就是推理中被设为出发点的那个或者那些判断，它是推理的依据；推理的结论就是推理中得出的那个新判断，它是推理的结果。推理的基本思维方向是从前提推出结论，这是一个内在的心智过程，不总是也不必然通过语言表达出来。

（二）推理的主要特征

1. 从构成要素上看，推理是由判断构成的。无论推理的前提还是推理的结论都是判断，前提是给定或者已知的判断，结论是推得或者未知的判断。判断是对思维对象进行断定的思维形态。断定包括直接断定和间接断定、肯定性断定和否定性断定、确然性断定和模态性断定等。根据不同的标准，判断可以进行不同

---

① ［英］约翰·斯图亚特·密尔：《逻辑体系（一）》，郭武军、杨航译，上海交通大学出版社2014年版，第96页。

的分类，“康德根据质、量、关系、程态将判断分为四大类十二小类。根据量的不同，判断分为全称判断（universal judgement）、特称判断（particular judgement）和单称判断（singular judgement）。根据质的不同，判断分为肯定判断（affirmative judgement）、否定判断（negative judgement）和无定判断（infinite or indefinite judgement）。根据关系的不同，判断分为直言判断（categorical judgement）、假言判断（hypothetical judgement）和选言判断（disjunctive judgement）。根据程态的不同，判断分为或然的（problematical）、实然的（assertory）、必然的（apodictic）。或然包括可能、不可能；实然包括存在、不存在；必然包括必然、偶然”①。常见的判断包括直言判断、模态判断、负判断、假言判断、选言判断、联言判断等。判断的性质是指判断的真假特征，即判断的真假及其条件。

2. 从表现形态上看，推理主要表现为一个内在的心智过程。推理可以表现为内在的心理过程，也可以表现为外在的语言形态；推理可以表现为一种思维成果，也可以表现为一种认识方法。但是，仅就推理与思维的关系而言，推理不仅是思维的主要形态，而且是思维的主要方法。推理不仅是思维的主要类型，也是一个重要的思维过程。抽象思维是最主要和最常用的思维类型，它的基本形态是概念、判断、推理，而形成这些形态无疑是一个过程，即形成概念、作出判断、进行推理的过程。因此，推理不是一个结果，而是一个过程，即从前提得出结论的过程。对此，也有人反对说，不能将推理视为一个过程，因为如果将推理视为一个过程，那么这个内在的心理思维过程是无法研究的；即使能够研究，也无法将心理学和逻辑学区别开来。笔者认为这一观点不成立，因为心理学和逻辑学都研究推理这一内在的心理思维过程，但是二者研究的角度不同：心理学着重描述具体的推理过程，逻辑学着重规范一般的推理过程。因此，推理本质上是一个思维过程。既然推理本质上是一个思维过程，那么它就不必借助于语言来进行。

3. 从思维方向上看，推理是从前提得出结论，具有发现作用。推理的由表及里、由此及彼、由旧及新的特征表明了推理的主要作用在于发现。虽然发现可以通过感官的感觉以及作为人的感官的延伸的科技手段实现，但是，相比而言，推理作为发现的方法具有感官无可比拟的优势。逻辑经验主义者把发现问题当作经验加以排斥，认为发现不受理性的管辖，而受灵感或者机遇的左右，发现无逻辑更无推理可言。很明显，这种观点是错误的，至少是不全面的。确实有很多发

① 牟宗三：《理则学》（修订版），江苏教育出版社2006年版，第16~17页。

现（如借助于感官的发现）不需要借助于逻辑推理，但是还有很多发现不便、难以甚至不能通过感官完成，必须通过推理来实现。特别是对对象本质或者规律的理性认识，是不可能不借助于推理的。所以，即使不是所有发现，也至少是大部分发现需要推理的参与。

4. 推理与经验方法关系密切。推理的前提一般是由观察等经验方法获得。这就涉及认识活动的经验方法和逻辑方法的关系问题。推理等逻辑方法与经验方法的关系是：经验方法获得的感性材料体现的是人们的感性认识，推理等逻辑方法获得的认识是理性认识；推理等逻辑方法加工的对象主要就是经验方法获得的感性认识材料，其目的是通过推理等逻辑方法将感性认识上升或者深化到理性认识；经验方法不仅可以为推理等逻辑方法提供前提，而且可以检验推理等逻辑方法获得的理性认识的真实性。

（1）观察

观察是获得感性认识的主要经验方法之一，它是人们为了认识事物的本质和规律，通过感官或者借助于某些科学技术和仪器，有目的地、有计划地考察、收集和描述有关自然、社会、思维现象的一种方法。观察可以分为直接观察和间接观察、自然观察和实验室观察。观察的基本要求是客观、全面、深入、细致、系统。

观察是认识的起点，没有观察就没有认识。但是，正如汉森的“观察渗透理论”所主张的那样，没有纯粹的观察，观察总是或多或少渗透着理论的，其中包括观察者的经验、常识、专业知识等背景知识。这就解释了面对同样的观察对象和观察条件，为什么不同的观察者形成的感性认识不尽相同。这一理论不仅已经得到逻辑学的确证，还得到了认识论和心理学的证明。

（2）描述①

在进行推理之前，除了通过观察来发现事实之外，还得正确、恰当地描述相关的事实。描述事实的方法有：①类分（classification）：类分表示描述是一种有系统的描述。一个个体属于某一类，而该类又可以属于较高类。所以类分是“类属层级”所表示的描述。在经验知识中，这种类属层级到何级为止，完全是临时的和经验的。这实际上是概念的概括的具体运用。②区分（division）：类分是上属的，而区分是下派的。区分可以分为多分法和二分法。二分法是将一个类分为

① 牟宗三：《理则学》（修订版），江苏教育出版社2006年版，第202页。

两种互斥且穷尽的小类，即两个相互矛盾的子类。比如，将 S 区分为 P 和非 P。作为描述事实的方法时，最好采用多分法，不要采用二分法。因为描述事实必须从正面看，做正面的描述，而不能用一个负概念表示。负概念是无定的，我们对于它究竟所指为何一无所知，这就不是经验的事实。比如，故意杀人案可以分为情杀、仇杀和财杀三种类型。③定义（definition）：无论是类分还是区分，其中的概念，都必须有明确的意义。其确定意义的形成需要定义。如果不加定义，那么类分和区分无法进行，即使进行，也可能是随意的。

除此之外，一般而言，推理的结论既然得自前提，那么结论与前提多少就具有内容、意义或者实质上的联系。

二、推理的基本类型

广义的推理是表征推出关系或者支持关系的思维形态，包括认识中用于发现的推理和表达中用于论证的推理。如果从前提导出结论的不同角度来看，广义的推理可分为语形推理、语义推理和语用推理，它们的依据角度分别是语形结构、语句意义和语用情境。具言之，语形推理或称语法推理，它不考虑语句的内容意义，而是依据语句之间的形式结构关系及其变形规则来推出结论；语义推理借助于语句本身字面意义或语句之间的意义关系的理解而推出结论；语用推理是指依据话语在特定语境下的具体意义而导出结论的推理。

狭义的推理仅仅包括认识中用于发现的推理，是指根据若干已知判断得出新判断的思维形态。笔者这里只考察狭义的推理。根据是否要求真前提必然推出真结论，侦查思维中的推理可以分为演绎推理和归纳推理。归纳推理在获得演绎推理的普遍性前提、总结规律中起着基础性的不可替代的作用。因此，在某种意义上特别是实证工作中，归纳推理的作用更为基础。

（一）归纳推理

“归纳”一词来自拉丁文 induction（诱导）。后来，它泛指从个别到一般的推论，即以某些个别性（特殊性）的知识为前提，由此推出一般性（普遍性）的知识的结论。在逻辑之父亚里士多德那里，归纳法最初只是一种方法，不是推理，也不是逻辑，只是获得演绎推理的普遍性前提的方法；培根在《新工具》中虽然强调了归纳的重要性，但是也没有明确将归纳作为一种推理或者逻辑，仍然把它当作一种方法；直到密尔在重新界定了推理之后，才把归纳作为推理进而成为一种逻辑，为归纳争得一席之地。

最初的归纳法的含义是很复杂的，它曾经被赋予许多不同的定义：(1) 一个调查和收集事实的过程；(2) 从这些事实中，推断出一个结论的过程；(3) 有时会在某种意义上，宽泛地从已经观察到的事实中推断出结论。由此可见，归纳法本身就具有推理方面的含义。

归纳法是获得经验知识（empirical knowledge）的方法。经验知识的对象即是感觉经验所呈现的"具体事实"（concrete fact）。感觉经验所呈现的具体事实，要成为科学的对象，必须使其成为纯客观的；而要使其成为纯客观的，则必须首先消除"四蔽"，即培根所谓的"四种偶像"：剧场偶像、市场偶像、洞窟偶像和种族偶像。侦查只是对于"是什么"的事实之描述（description）与解析（interpretation），而不存在"应当是什么"那样的价值判断。

推理意义上的归纳法称为归纳推理。在侦查思维中，归纳推理应用很普遍。关于归纳推理的含义，有一种比较流行的观点是归纳推理是指从个别性判断到一般性原理的推理，或者是从相对不普遍的判断到相对较普遍的判断的推理。有些归纳推理确实是从具体事例到普遍性结论的推理，但是许多归纳推理不是从具体事例到普遍性结论的推理，而是从具体事例到具体事例的推理（即所谓单称预测推理），或者从普遍性前提推出普遍性结论，或者从普遍性前提推出个别性结论。可见，这个基于哲学意义的归纳推理并不严谨，无法涵盖所有的归纳推理模式。

逻辑学意义上的归纳推理是指一切要求从真实前提尽可能得出真实结论的推理方法，是试图以某种程度的或然率来建立起其结论的推理，包括狭义的归纳推理即枚举推理及其现代形式，也包括类比推理、因果推理等，其实质是或然性推理。

归纳推理的特征之一就是或然性。无论哪种归纳推理，也无论其归纳强度多大，归纳推理的前提对于结论的支持不是决定性的，原因之一在于归纳推理的结论的断定范围超过了前提的断定范围，使得前提到结论的过渡失去了必然性。当归纳推理的前提全部真实时，归纳推理的或然性就传递给了它的结论。也就是说，即使归纳推理的前提全部真实，归纳强度很高，也不能保证归纳推理的结论真实——归纳推理的结论提供了前提中并不包含的信息。归纳推理的结论不能做到必然真，只能达到可能真，哪怕是最大可能性的真。也就是说，我们是在某种可能性上接受结论的。归纳推理的结论不仅和归纳推理的形式有关，更与前提等非形式因素有关。归纳推理结论正确与否，取决于它是否遭到事实的反驳，归纳推理与事实反驳是归纳进程相辅相成的两个方面，缺一不可。

归纳推理的特征之二就是经验性。也正是因为归纳推理的结论的或然性，才极有必要对归纳推理的结论进行检验，即将归纳推理的结论诉诸经验事实以判定其真假。无疑，归纳推理的结论的检验是一个经验过程或者实证过程，其结果是结论被确证或者被证伪或者无法判定。归纳推理的结论的可能性要求我们必须基于所拥有的经验来接受或者拒斥一个结论。如果接受某结论非常合理，那么该结论就是非常可能为真或者高盖然性为真，否则该结论就是不大可能为真或者高盖然性为假。从这个角度看，归纳推理具有很强的经验性。

归纳推理的特征之三就是可修正性。结论之真假乃至是否被接受与前提有关，因此可能性之高低与前提之数量和质量方面的变化有关。一个归纳推理增加或减少一些前提，会增加或减少其结论为真的概率。如果在已有前提中增加了新的有利前提，那么结论就会变得更加可能；如果在已有前提中添加不利事实或者数据，结论就会变得更加不可能。由此看来，在决定归纳推理结论的上述若干因素中，前提无疑具有最大的决定作用。因为一个归纳推理的结论仅仅是可能的，所以附加的信息总是可能增加或者削弱结论得到的支持度。

评价归纳推理的标准是归纳强度，即归纳推理的前提对结论的支持度，或者说基于前提全部为真时结论为真的可能性程度。归纳推理的前提为其结论提供不完全的、某种程度的支持。不同的归纳推理在强度上不尽相同，有些归纳推理的前提为结论提供了很好的支持，有的归纳推理的前提为结论提供了较弱的支持。归纳推理有一个较弱的但是很重要的要求：归纳推理的结论是以某种可能性确立的，这种可能性可以用某种程度的概率来刻画、描述和表示。

归纳强度是一个定量评价标准，它不仅取决于归纳推理的形式要素即归纳推理的类型，而且与一些实质要素有关。就归纳推理的形式要素而言，科学枚举推理的强度高于简单枚举推理的强度，完全枚举推理的强度高于不完全枚举推理的强度，类比推理的强度高于枚举推理的强度，定量归纳推理的强度高于定性归纳推理的强度。

侦查思维中的归纳推理要求从真实前提尽可能推出真实结论，为了达到这个目的，提高结论的可靠度，必须提高归纳推理的强度，确保归纳推理的前提必须是真实的，最好是查证属实的案情事实，至少不能或明或暗地包含或者推出矛盾，结论相对于前提必须是恰当的和适度的。运用归纳推理时要力图避免所谓的

"弱归纳"谬误。弱归纳谬误产生的原因在于前提与结论之间的逻辑关系不足以为结论提供有力的支持。也就是说，前提对结论的支持强度很弱，包括轻率概括、虚假因果、滑坡谬误和弱类比、诉诸无知、诉诸不当权威等。

（二）演绎推理

"演绎"一词来自拉丁文 deduction（引申）。后来，它泛指从一般到个别的推理，即以某些一般性（普遍性）的知识为前提，由此推出个别性（特殊性）的知识的结论。演绎推理在哲学上被定义为从普遍真理中发现特殊真理的过程，一种从一般性知识过渡到特殊性知识的推理，一种所谓的"根据一般原则解决具体问题"的思维方法。但是，演绎推理的这个哲学意义上的定义不能涵盖所有的演绎推理模式，有些演绎推理确实是从一般性原理到个别性判断的推理或者从较普遍的原则到相对不普遍的结论的推理，而有些演绎推理是从普遍的原则到同样普遍性的结论的推理，或者从一个个别判断到另一个不同的个别判断的推理，甚至是从个别性判断到一般性原理的推理。因此，笔者倾向于或者赞同从广义上来定义演绎推理，即一切要求从真实前提保证得出真实结论的推理，包括直言推理、选言推理、假言推理、模态推理等。

演绎推理的公理为：关于某类事实是如此这般地准确，如果一件事情属于该类，那么对于这件事，它也会遵守如此这般的规则。演绎推理主要是一个分析过程，其重点在于通过引导和分析，把普遍真理转变为多个特殊真理，即转变为一个普遍真理所暗含的特殊真理，然后推断出"如果普遍真理是成立的，那么特殊真理也是成立的"。也就是说，演绎推理是从一个整体的真实性推断出它包含的各个部分的真实性。此外，演绎推理还是一个"下降"的过程，因为它主要是一个向下的从普遍真理中推断出特殊真理的过程，从类别高的真理推出类别低的真理；从范围广的真理推断出范围窄的真理。普遍真理是演绎推理的基础，而普遍真理又大多数通过以经验、观察和实验为基础的归纳推理获得。一些学者认为存在一些诸如数学公理和逻辑公理那样的不依赖推理就可以获得的所谓"直觉公理"，如整体大于部分、等同于同一件事物的事物本身也相互对等、一条直线不能包围空间等。另一些学者则否认存在这样的直觉公理。他们认为，人类所有的想法都是源自人们的知觉和反射；与此同时，通常所谓的"直觉"其实是记忆或者遗传对知觉和经验的重组而已；人类或者其他动物的直觉，其实是指代一个种族或者个体的经验，这些经验源自储存在大脑意识中的印象。

评价演绎推理的标准是有效性。如果一个演绎推理能够保证从真实前提得出真实结论，那么这个演绎推理就是有效的；如果一个演绎推理不能保证从真实前提得出真实结论，那么这个演绎推理就是无效的。一个演绎推理能否保证从真实前提得出真实结论，从根本上说是由演绎推理的形式决定的，即该演绎推理在形式上是否遵守了相应的推理规则。这样，一个演绎推理能否保证从真实前提得出真实结论，就取决于该演绎推理在形式上是否遵守了相应的推理规则。当然，在思维中，由于演绎推理类型的多样性和复杂性，各自的推理规则也不同。因此，在侦查思维中，进行演绎推理时，必须遵守其所属类型演绎推理的推理规则。与归纳推理不同，一个可靠的即前提真实而形式有效的演绎推理不可能变得更好或者更坏。在达到确然性方面，可靠的演绎推理或者成功，或者不成功。有效性不存在程度之分。附加的信息不能加强或者削弱一个可靠的演绎推理的结论。一般而言，有效的演绎推理的结论蕴含于前提之中，结论不包含前提不曾包含的信息。因此，对于一个有效的演绎推理，只要前提真，那么结论就必然是真的。

演绎推理要求从真实前提能够必然推出真实结论。为了实现这一目的，一方面要遵守相应的推理规则以确保演绎推理在形式上是有效的，另一方面演绎推理的前提必须全部真实。

前提真实并且符合规则因而结论必然真实的演绎推理就是可靠的演绎推理。很明显，如果前提不真实或者不符合推理规则，就不能保证得出必然真实的结论。这也从侧面表明了侦查推理要求前提真实的正当性。由于可靠的演绎推理不可能得出虚假的结论，因此演绎推理自然成为思维中的理想推理模式。思维中常用的演绎推理是直言三段论、模态三段论、选言三段论、假言三段论。这些三段论都是由两个前提和一个结论组成：前提之一是背景知识即相关的理论原理、相关法律条文和经验常识等，前提之二是侦查人员已经掌握的真实信息，结论是关于案情事实的断定。

从某种程度上说，演绎推理是分析性的和规范性的，演绎推理之结论是否必然真取决于其推理形式是否有效。

第二节　侦查推理及其步骤

侦查需要推理的参与，推理是为了帮助侦查。从一定程度上说，推理是侦查的方法之一、手段之一。如前所述，侦查思维中的推理可以不严格地称为侦查推理。

一、侦查推理的含义及其特征

（一）侦查思维中的侦查推理的含义

侦查推理是指在侦查思维中，侦查人员为了查明犯罪事实、确定犯罪嫌疑人，从一些已经确定为真的关于某案件的认识出发，推出关于该案件的新的认识的思维过程。在侦查推理中，那些已经确定为真的关于某案件的认识称为侦查前提，那个推出的关于某案件的新的认识称为侦查结论。从信息论的角度看，侦查思维中的侦查推理就是信息输入—信息处理—信息输出的过程。

侦查思维中的侦查推理是排除假象、揭示未知、逐步逼近真相的过程。揭示未知，必须借助于侦查推理，因为只有借助于侦查推理才能探索感官所不能认识到的案情内幕和真相。因此，侦查中广泛应用各种推理。既然在侦查思维中，侦查推理是指通过推理发现有关案情事实的推理，那么侦查推理的目的就在于发现案情事实。一般而言，侦查推理需要发现的案情事实包括：（1）已经存在或者正在发生的，但是尚未为侦查人员所认知的案情事实；（2）尚未发生但是可能发生的案情情况。前者的推理方式是逆推或者推测，后者的推理方式是顺推或者预测。

（二）侦查推理的特征

由于与侦查思维相结合或者运用于侦查思维过程之中，侦查思维中的侦查推理具有一些明显不同于一般推理的特征。

1. 侦查思维中的侦查推理的目的是查明犯罪事实、确定犯罪嫌疑人。在实际侦查中，从受案、立案开始，侦查人员就开始了侦查工作。侦查工作的实质和目的就是发现犯罪事实和犯罪嫌疑人并且证实犯罪事实的真实和犯罪嫌疑人的涉嫌犯罪。由此可见，侦查工作的根本目的之一就是查明犯罪事实、确定犯罪嫌疑人。而为了实现这一目的，侦查工作中除了运用经验方法之外，还必须运用侦查推理。这样，侦查推理的目的就服从于侦查工作的目的，即查明犯罪事实、确定犯罪嫌疑人。侦查推理的这一目的是推理的发现目的在侦查工作和侦查思维中的具体体现，因此要求侦查推理更加具有针对性、可操作性、合法性。

2. 侦查推理的依据是那些已经确定为真的关于某案件的认识，即侦查推理的前提。侦查推理的前提包括三类。一类是已经被证明为真的关于某案件的认识，一般表现为科学理论、科学原理、科学概念等，这类认识具有高度的普遍性，如所有犯罪行为都具有犯罪时间等；一类是已经被证实为真的关于某案件的认识，即所谓的查证属实的案情事实；一类是已经认定为真的覆盖相关案件的认识，即现行法律法规条文。毋庸置疑，在侦查推理中，已经确定为真的关于某案件的认识无疑具有重要作用；基于此，侦查推理十分强调前提的真实。在侦查推理中，从虚假的前提出发进行推理不仅没有多大实际意义，而且可能由于推出十分荒谬、自相矛盾的结论而耽误侦查工作的进行。所以，最好以已经确定为真的认识为前提进行侦查推理。也就是说，不要使用已经确定虚假或者明显虚假的认识作为前提进行推理。对此，有人可能会提出异议说，侦查推理强调的是从前提到结论的推理形式有效性问题，前提的真实性不是推理研究的问题也不是推理能够保证的问题，而是各门具体科学研究的问题。这个观点站不住脚，侦查推理虽然无法判定和保证前提的真实性，但是这并不妨碍它对前提真实的要求。基于此，侦查推理更加强调前提的真实性，即推理的前提必须确定为真，不能是真假未知的判断，也不能是想当然为真或者想象为真的判断，更不能是虚假的判断。

3. 侦查推理的结果是得出关于该案件的新认识，即侦查推理的结论。如前所述，侦查推理的任务主要在于发现犯罪事实和犯罪嫌疑人，得出一个关于犯罪事实和犯罪嫌疑人的结论；至于该侦查推理的结论是否真的真实，那是侦查检验的任务。很明显，既然侦查人员进行侦查推理以得出结论，那么他得出某个结论的同时，也断定了该结论是事实真实或者模态真实的。但是，断定结论真实是一回事，结论是否如侦查人员断言的那样真实是另一回事。因此，在侦查推理阶段，尽管侦查推理的结论被侦查人员断定为真实，但是毕竟尚未经历验证。

4. 侦查推理更加强调推理形式的严密性。侦查推理形式的严密性包括演绎侦查推理形式的有效性和归纳侦查推理形式的合理性。为了确保侦查推理形式的严密性，侦查推理必须遵守相应的推理规则或者合理性原则。由于侦查破案工作的特殊性，侦查推理这种思维形式成为侦查人员完成侦查破案任务的主要思维方式。侦查推理是以对已知案件事实的正确判断为前提，推导出对案情或案犯的新判断的思维活动。侦查人员对案情的认识一方面是通过调查、查证等手段直接感知的认识；另一方面则要靠已知的推断，达到对未知的认识。没有侦查推理，侦查人员对已掌握的材料的认识就不能提高和深化，对案情的认识就不能扩大，对犯罪证据就不能作出正确的评定。侦查活动是要通过各种方法和措施，收集、获取犯罪信息，经过判断和推理，形成侦查假设并核实验证，使认识不断深化，使已知领域不断扩大，为侦查破案工作定向、画像，再现犯罪行为的真实过程。在此过程中，严密而科学的逻辑推理是非常重要的思维方式。

二、侦查推理的步骤

如前所述，侦查思维中的侦查推理是为了查明或者认识案情事实。一般而言，侦查思维中的侦查推理需要遵守一些可行的操作步骤。

（一）确认侦查中需要查清的问题

确定问题是为了明确待解释或者探究的案情事实或者事件。侦查活动是一种实践活动，从实质上说，侦查就是为了解决问题。正如科学研究始于问题一样，侦查思维也是始于问题，所以，首先要提出需要通过侦查查明的问题。为了解决问题，首先必须确定问题到底是什么。侦查中需要解决的问题就是查明案件事实的七大要素即所谓的“七何”：何人；何动机、目的；何时；何地；何手段；何犯罪行为；何后果。一个问题可以表示成一个或一组没有可接受的解释的事实。例如，侦查人员面临一起案件，他的问题就是如何将之侦破，即确定犯罪嫌疑人并予以证实。虽然在某些情况下，如柯南道尔所著的关于神探福尔摩斯的传奇故事中，问题产生于尚未发生犯罪案件的特定事件或环境之中，但是在绝大多数情况下，问题是产生于犯罪出现之后的。

侦查需要查明的问题来源于需要通过侦查查明的案件事实。既然进入立案程序，那么对于已经查明确有犯罪事实的案件，根据《公安机关办理刑事案件程序规定》第六十九条，需要通过侦查查明的问题包括：犯罪行为是否存在；实施犯罪行为的时间、地点、手段、后果以及其他情节；犯罪行为是否为犯罪嫌疑人实施；犯罪嫌疑人的身份；犯罪嫌疑人实施犯罪行为的动机、目的；犯罪嫌疑人的责任以及与其他同案人的关系；犯罪嫌疑人有无法定从重、从轻、减轻处罚以及免除处罚的情节；有无其他与案件有关的事实。

在侦查中，需要解决的问题在大多数情况下并不明确，那么问题存在于什么地方呢？侦查人员逐渐发现了不相容或奇怪之处，这些不相容或奇怪之处就演化成一个特定问题。因此，可以说，问题在于侦查人员对反常、对矛盾等现象的怀疑。如果不存在值得思考的问题，侦查人员是不可能进行深刻的思考的。对问题的反思性思考正是为了解决问题。侦查人员在开始侦查活动，进行侦查思维之前，问题必须被确定，或者至少以模糊的形式被确定。

根据《公安机关办理刑事案件程序规定》，警方受理案件后，必须按照法定的程序对受理的案件迅速进行审查即所谓的初查以确认：（1）是否有犯罪事实；（2）是否需要追究刑事责任；（3）是否属于自己管辖。如果经过初查，上述三个条件都成立，那么就进入立案程序即公安机关按照法定的程序对认为有犯罪事实需要追究刑事责任，且作为自己管辖的案件立卷查办。

初查确认反常后进入立案程序，接着就是明确提出需要通过侦查来解释的问题。一个问题就是一个反常或者反常导致的疑点。从犯罪学上讲，反常就是违背社会规范特别是法律规范的事实。警方受案后，必须对案件进行初查以确认引起上述问题并且需要解释的犯罪事实。确认案件事实，要求符合法律要件但不要求逻辑证明充分。有一些立案“事实”是假定性的。尤其是某些指控和自首都以当事人承担的法律责任为假定事实的基础，警方立案时并不必定相信受案事实一定是真的。因此反常可能是一个确认的事实，也可能是一种事实怀疑。

（二）展开侦查以获取并查证犯罪事实

刑事侦查本质上说是一种实证方法或者经验方法，其主要方式就是观察。刑事个案侦查中的观察活动，不可能是纯客观的，事实上也确实不是纯客观的，侦查人员的观察总是多多少少受到理性因素的影响。这是因为：

（1）观察受情景和经验意识背景的影响，而情景和经验的交互作用产生习惯的逻辑，使得观察都有个人的特点和定势。

（2）特殊的观察意味着特殊意念在先，观察已经被赋予一种解释且框定在一个概念或者推理系统中，因此观察也就在特殊的逻辑中进行——进一步说，观察是受逻辑支配的。

（3）观察也会受偶然假定的影响。一个积极思索的大脑有时候会产生奇怪的逻辑，依凭假定的和想象的方式去注意和接纳对象。

理论渗透观察即科学哲学中著名的“理论渗透”（theory loaded）的理论来自科学哲学家汉森。其实他的学说更依赖于心理学的实证。从心理学的角度看，人们进行观察时，头脑并非白板一块，只等事物的影像自然地投射到思维的网络中。实际上，思维比感觉更主动，有时更快，所以难免产生错觉。心理学关于错觉的一些经典例证最能说明观察中的理论渗透。

刑事侦查是为了获取事实，但是“事实”一词有三种含义，或者说，事实可以分为三种类型：

事实1：客观事实，是现象、事件、事物本身，是不以人的意志为转移的，能为意识所反映的对象。理论上讲，这是本体论的事实。

事实2：科学事实，又称经验事实或实验事实，是作为某种特殊经验陈述或判断，其中描述着被认识的事件和现象，它是人们关于事物比较直接、比较确实的知识。理论上讲，这是认识论的事实。

事实3：法律事实，即认定事实，是在侦查中由侦查人员依据法律和客观性而认定的事实。认定必然包含个人或者集体意志，认定事实的首要特征是利用意志来表达“事实”。不难理解，侦查人员欲获取的犯罪事实是一种法律事实。

这一步的目的是收集相关的案情事实并且查证属实，形成对案情的正确认识。在确定需要寻求答案的问题之后，侦查人员应该在该问题的引导下收集相关事实。这些事实也可以起到引导作用，引导侦查人员得出比较完整和比较接近正解的答案。

在这一阶段，有两种方式可以获得发生的案情的知识：（1）通过简单观察或者认知而不需要借助于推理就能够看到某些事实；（2）通过实验观察或已得知识干预事情的进行，然后经过观察推断得出结果。实验是指对事物的试验、证实或者测试；一个行为、操作和过程，旨在发现未知的真理、原理或者结果，或者测试已经为人所接受的、著名的真理或者原理。

在实际侦查中，提出问题和收集事实不是完全分离的。它们紧密相连、相互依赖。在开始收集证据的时候，提出问题是必需的；以问题为导引来收集事实的过程，也是调整和精炼问题本身的过程，这又引导侦查人员进一步寻找其他的事实，也导致新的发现，而这又使侦查人员不断完善问题甚至增加问题。

任何案件总是在一定的时间、空间和条件下发生的，深入勘查现场，收集有关案件的事实材料，并结合有关的经验和知识，是建立侦查推理前提的重要依据。事实材料越丰富，知识面越宽广，思路越开阔，侦查推理的前提的内容就越充实。例如，如果具备法化学知识，就可以推断毒物的种类；如果具备法医学知识，就可以根据死者的生理特征推断死者的年龄、死亡时间；如果具备痕迹学知识，就可以推测犯罪嫌疑人的身高、体重等；如果具备犯罪心理学知识，就可以推断犯罪嫌疑人的犯罪心理。

收集事实材料后，首先要对它进行查证属实，因为只有经过查证属实的事实材料才能作为推断的前提。所谓查证属实的事实材料主要是指得到其他证据充分支持的事实材料。之后再按照事实之间的内在联系将这些已经查证属实的案情事实进行整合。

（三）对犯罪事实材料进行初步加工

侦查人员获取犯罪事实后，形成个案案情事实材料，其载体就是所谓的“卷宗”或者“案卷”。对于犯罪事实材料，侦查人员必须对其进行初步加工。这些初步加工工作主要是科学方法论问题，包括：

（1）对刑事个案案情事实材料的真实性进行审查、甄别和认定，这就是所谓的“去伪存真”。

（2）根据刑事个案案情事实材料之间的内在联系对其进行分类和归类，这就是所谓的“分门别类”。比如，哪些是关于犯罪时间的，哪些是关于犯罪手段的，哪些是关于犯罪地点的，哪些是关于犯罪嫌疑人特征的，等等。

（3）根据刑事个案案情事实材料价值的不同，对其进行区分，特别是要分清哪些是关键的，哪些不是关键的；哪些是本质的，哪些不是本质的；哪些是主要的，哪些不是主要的。

（4）对刑事个案案情事实材料进行必要整合，形成刑事个案案情事实材料的系统或者链条。

（四）进行合乎规则的推理

推理就是在一些事实（或者假设）基础上作出异于或者超出这些事实（或者假设）的断定。一个完整的推断的要素应当包括前提、背景根据、假设、推理方式。第二步中通过侦查获得并查证属实的事实材料就是推断的前提。推断的背景根据，包括案情背景和知识背景。推断的假设是指假定性的前提。

（五）得出结论并对之进行检验

推理是为了建立侦查倾向性解释，即关于案情的新认识。这个结论虽然被侦查推理的主体断定为真实，但是最终还是要诉诸证据进行检验。这里需要注意的是，要尽量推出不同的结论，因为这些不同的结论都可能是真的，虽然其为真的可能性不尽相同。对于同一案件事实，要尽量考虑不同的可能性。

依据所在的判断类型的不同，侦查推理的结论可以分为必然性结论、确然性结论和或然性结论。一般而言，必然性结论的真实性高于确然性结论，确然性结论的真实性高于或然性结论。

推理得出的结论无论是否具有逻辑上的真实性，在未经检验之前，其事实上的真实性都是未知的。但是，侦查思维中，侦查推理结论在事实上的真实性更加重要。因此，为了在事实上确定侦查推理的结论事实上的真实性，必须对侦查推理的结论进行检验。

（1）直接检验

直接检验就是直接将侦查推理的结论所断定的内容与通过侦查获得的查证属实的侦查证据进行对照以直接判定其真实性。直接检验的优点在于简单、直接、快速、高效；其缺点在于其运用需要比较严苛的条件，很少直接使用，而且如果运用不当，极易造成冤假错案。在运用侦查推理得出结论后，监控视频、查实的证词以及收集得到的实物、工具、痕迹等都可以作为直接检验侦查推理之结论真假的侦查证据。

（2）间接检验

间接检验的方法一般称为假说演绎法，其操作程序是：先从侦查推理的结论演绎出一个可直接检验的推论；再将该推论诉诸侦查证据进行直接检验以判定其真假；最后根据该推论的真假判定侦查推理的结论的真假。一般而言，能够被直接证实的可检验推论的数量越多，结论得到的支持度也越高；能够被证实的可检验推论的质量越高，结论得到的支持度也越高。比如，预测性的可检验推论如果被证实，它对于结论的支持度就高于解释性的可检验推论对于结论的支持度。

（3）印证检验

印证检验，也称逻辑推论法，其操作程序是："根据侦查活动逐步深入获得的事实材料，利用逻辑理论，采用必然性推理的方法，以事实为根据，必然性地获得推理结果；若推理结果与类比推理的结论相容、一致甚至完全同一，由此便可确证甚至证实类比推理的结论。"① 印证检验虽然应用最广泛，但是仅适用于三种情况：针对特殊事件的结论的检验；所有情况都被穷尽后的选言排除；对同

① 刘洪波等：《侦查思维谋略》，中国政法大学出版社2016年版，第77页。

一案件要素若干结论真实性和虚假性的同时判定。[①] 在侦查思维中，如果运用前提真实而且遵守规则的演绎推理也得出了运用其他侦查推理得出的相同结论，那么侦查推理的结论在很大程度上得到了印证。

第三节　侦查推理的基本规范

为了正确地进行侦查推理，必须遵守相应的规范。这就是侦查推理的基本规范。

一、侦查推理的基本规范概述

（一）侦查推理的基本规范的含义

侦查推理的基本规范是指一切侦查思维领域中进行推理时都必须遵守的规范，包括关于推理前提的规范、关于推理结论的规范和关于推理过程的规范。

（二）侦查推理的基本规范的主要特征

1. 普遍性

侦查推理的基本规范可以约束一切侦查推理形态。无论是进行何种侦查推理，都需要遵守一些共同的、基本的、具有普遍约束力的规范。在侦查推理中，那些适用于某种推理、某种论证或者某种相关的方法的规则则是非基本规范，具有其特定的使用对象和范围。是否具有普遍性正是基本规范与逻辑规则的根本区别。

2. 约束性

侦查推理的基本规范是正确推理的基本假定，也是得出可靠结论的必要条件。如果违反这些规范，推理正确性就无法确保，很有可能出现谬误，从而误导认识。如同法律和道德是针对人们言行的规范一样，侦查推理的基本规范是针对人们思维的规范。侦查推理的基本规范的约束性意味着要想正确地思维就必须遵

① 刘洪波等：《侦查思维谋略》，中国政法大学出版社2016年版，第77页。

守它，否则就可能使得思维出现问题，导致谬误的产生。

3. 实质性

侦查推理的基本规范的实质性是指侦查推理的基本规范主要是从实质或者内容的角度约束侦查推理的。侦查推理的部分基本规范虽然可以以公式化的形式表示出来，但是它们对概念、判断、推理的约束主要是从内容的角度实现的，因为概念、判断、推理都是内容和形式的有机统一，而且形式约束的主要承担者就是上述的逻辑规则。

4. 客观性

侦查推理的基本规范是客观世界的规律在侦查推理中的反映，其形式虽然是主观的，但是其内容是客观的。它既不是先验地存在的，也不是人们约定或者发明的。比如，在客观世界中，某事物或者现象具有自身质的规定性，而且这种质的规定性还是相对稳定的，否则人们就无法认识它了。简言之，某对象就是某对象本身，或者说，任何对象与其自身总是同一的。这种客观世界的规律反映在侦查推理中，就形成了同一性规范。

二、关于侦查推理的前提的规范

（一）推理前提的一致性规范

一致性规范，也称无矛盾规范，是指在侦查推理中，前提中的各个要素中不能或明或暗地包含矛盾，不能同时肯定两个互斥的概念或者判断。因为一切包含矛盾的要素总是假的，所以侦查推理首先要注意排除矛盾。一致性规范可以表示为：

不能同时肯定（A 真和非 A 真）

这里的 A 代表任一概念或者判断。从公式上看，该规范属于禁止性规范。互斥包括相互矛盾和相互对立两种情形。例如，两个判断“所有 S 都是 P”与“有 S 不是 P”就是相互矛盾的，其特点是不可能同真，也不可能同假；又如，两个概念“因病死亡”和“意外死亡”就是相互对立的，其特点是不可能同时成立，但是也可能同时不成立。

一致性也称可满足性、无矛盾性，是德国近代哲学家莱布尼茨强调的两大原则之一。虽然相干逻辑、超协调逻辑等排斥这一原则，如双面真理论的提出者之一的普里斯特就认为，超协调性是以事实上存在真矛盾为基础，但是作为实证研究的侦查必须遵守这一原则。前提无矛盾是指前提不能直接或者间接包含矛盾。因此，包含矛盾的前提必须舍弃，或者经过修改，消除其中的矛盾后再作考虑。

一致性规范的现实客观依据在于客观世界的事物或者现象如果具有某种属性，那么就不可能具有与这种属性排斥的属性，或者说不可能同时具有两种互斥的属性。比如，“因病死亡”和“意外死亡”不可能同时发生在同一个死者身上。需要注意的是，一致性规范只是要求不能同时肯定两个互斥的概念或者判断，并没有说一定要同时否定两个互斥的概念或者判断，虽然事实上和理论上，两个互斥的概念或者判断确实可能都不成立。

该规范对侦查推理的具体要求是：

（1）侦查推理前提所涉及的概念和判断都必须自我一致，既不能蕴含矛盾，也不能推出矛盾。如果概念或者判断直接或者间接包含矛盾，那么以此进行推理不仅不具有太大实际意义，而且可能推出极端荒谬甚至自相矛盾的结论。

（2）如果需要在两个互斥的概念或者判断之间进行选择，不能两个都肯定。当然至于到底否定哪个概念或者判断，则不是一致性规范的事了。从这个意义上而言，一致性规范只是规定了某种思维的原则，并非具体的操作细则。

一致性规范是侦查推理的基本规范中最基本的规范，它的基本作用就在于保证侦查推理的无矛盾性。虽然无矛盾的侦查推理未必就是正确的，但是有矛盾的侦查推理势必是错误的，这一点毋庸置疑。基于此，在公安工作中，侦查人员援引的法律规范之间应当避免相互矛盾；同一案件中，必须排除各种事实材料之间的相互矛盾；在讯问中善于利用和发现矛盾。

违反一致性规范导致的典型谬误称为“自相矛盾”，包括将互斥的属性同时加在同一对象上和同时作出两个互斥的判断。前者如“一个工作50年的年轻刑警”，后者如“该典型诈骗案的唯一犯罪嫌疑人是张某，该典型诈骗案的唯一犯罪嫌疑人是李某”。

当然，有些矛盾是纯形式上的，但多数矛盾是实质上的；有些表现明显，有些隐藏较深，需要仔细分析，深入挖掘。

比如，在一次讯问中，犯罪嫌疑人说：“我伤害被害人完全是无意的、不小心的。”对此，侦查讯问人员反问：“如果你说的是真的，那你怎么会砍了被害人十余刀，而且刀刀致命?”犯罪嫌疑人立马无言以对。

在这里，侦查人员就利用了两个陈述“被告无意不小心伤害了被害人”与

“被告砍了被害人十余刀而且刀刀致命”之间“不可同世而立”——不可能同时成立的逻辑矛盾，发现了犯罪嫌疑人供述中的明显漏洞。在侦查思维中，有些疑点或漏洞就是反常、不合理、矛盾之处。这需要侦查人员具有敏锐的洞察力、丰富的侦查讯问经验、较强的心理素质、良好的语言表达能力等诸方面的能力。当然，这些能力的获得和综合运用绝非一日之功，需进行适当的逻辑思维训练，并借助于日常经验和常识。

（二）推理前提的真实性规范

前提真实是指前提已经确定真实。侦查推理的前提必须是真实的。这种真实必须是已经查证属实的真实，而不是猜想的真实，更不是可能真实或者不确定的真实。虽然前提真实性不是一个逻辑问题，但是它与结论的真实性密切相关。如果前提是虚假的，那么即使侦查推理在形式上是遵守规则的和正确的，结论也不能获得充分的支持。真实性规范可以表示为：

A 必须是真实的。

从公式上看，该规范属于强制性规范。这里的 A 代表任一判断。A 必须是事实上为真的，是指判断 A 已经被证实为真。

由于真实性是一个关于内容的问题，必然与人们的背景知识有关，而人们的背景知识不可能都是全面、完整、系统和正确的，因此真实性不是一个那么容易遵守的规范。

在侦查推理中，违反真实性规范导致的典型谬误称为“虚假前提”和“预期前提”。“虚假前提”是指用已经确定为假的判断作为推理的前提。“预期前提”是指用真实性未知的判断作为推理的前提，并以此为出发点，或者牵强附会，或者生拉硬扯，有意无意地把一些无关的事实、极少量的事实甚至根本不存在的“事实”作为推理前提。

在进行侦查推理时，科学原理的真实性是已经得到确证和认可的，法律条文的真实性是由法律所规定的。这两类判断作为侦查推理的前提，其真实性是相对容易确定的，真正需要确定真实性的前提是侦查人员获取的关于事实的判断。总之，在侦查思维中进行侦查推理时，前提的这种真实必须是已经查证属实的真实，而不是能猜想或者假定的真实，更不能是可能真实或者不确定的真实。

三、关于侦查推理的结论的规范

（一）推理结论的关联性规范

关联性规范是指在侦查人员进行侦查推理时，推理的结论与前提必须具有语义或者内容上的关联。这个规范难以公式化。

在进行侦查推理时，推理的结论和前提之间大多存在某种共同的意义内容，使得人们可以从前提想到结论，正是这种共同的意义内容潜在地控制和引导人们从前提到结论的思想流程。

关联性规范的现实客观依据在于客观世界的事物或者现象具有的某种联系，而且这种联系是客观的、多样的、相对的、具体的、有条件的和可认知的。整个世界都是普遍联系和永恒发展的，这种可以认知的联系被人们认知后运用于侦查推理之中，就形成了关联性规范。

关联性规范对于侦查推理的具体要求是：侦查人员援引的法律规范必须与处理的案件、事件有关联；同一案件中侦查人员认定的事实之间必须有关联；侦查推理的结论与其前提之间必须有关联。例如，在讨论和制定侦查方案时，侦查人员提出的理由只有与他或她提出的侦查方案是内容上相关的，才具有说服力，才能说服众人接受其侦查方案，说服领导采纳其侦查方案。

判定关联性的一个简便可行的方法是：如果增加了该前提，结论得到的支持度增加，那么结论与前提之间存在正相关；如果增加了该前提，结论得到的支持度减少，那么结论与前提之间就存在负相关；如果增加了该前提，结论得到的支持度不变，那么结论与前提之间就不存在相关。

关联性规范在于保证侦查推理的结论相对于前提的关联性。违反这条规范导致的谬误称为“无关联谬误”。如果侦查推理违反了关联性规范，那么侦查推理就可能变得毫无实际意义。但是，结论与前提又不能在内容上完全等同，否则侦查推理又变得毫无必要了。这是一个经验内容问题，并非一个纯逻辑问题。这需要侦查人员根据相关背景知识并结合具体案件或者事件来判定。

（二）推理结论的明确性规范

明确性规范是指在进行侦查推理时，结论不能同时否定两个相互矛盾的判断。可以用公式表示为：

不能同时否定（A 真并且非 A 真）

这里的 A 代表任一判断。从公式上看，该规范属于禁止性规范。其逻辑依据在于两个相互矛盾的判断不能同假，因此不能同时否定。

如果需要在两个相互矛盾的判断之间进行选择，就不能两个都否定。当然至于到底肯定哪个判断，则不是明确性规范的事了。从这个意义上而言，明确性规范只是规定了某种思维的原则，并非具体的操作细则。当情况不明朗而无法判定两个相互矛盾的判断哪个真时，暂时不作出明确的选择，这是再正常不过和可以理解的事情，也是不违反明确性规范的。比如，两个判断“张某是某电信诈骗案件的犯罪嫌疑人”和“张某不是某电信诈骗案件的犯罪嫌疑人”之间就是矛盾关系，它们虽然不可能同真，但是也不可能同假，因此不能对它们同时否定。

明确性规范在于保证侦查推理结论的明确性。违反这条规范会导致所谓的“两不可”谬误。当然，如果对象的属性只有 n 种可能性，却把这 n 种可能性全部否定了，也是违反明确性规范的。

（三）推理结论的排他性规范

侦查人员进行侦查推理的目的是得出比较确定的认识，以认定犯罪事实和确定犯罪嫌疑人。因此，侦查推理的结论应该是具有排他性的。所谓结论的排他性，是指当该侦查推理的结论成立时，所有与之竞争的判断都不成立或者不太可能成立。这里可以分为两种情况：

1. 排除与侦查推理的结论不相容的其他判断

与侦查推理的结论不相容的判断包括与侦查推理的结论对立的判断和与侦查推理的结论矛盾的判断。对立关系和矛盾关系的共同点是不能同时成立的，其中必有一个为假，甚至同时为假。因此，要想使得侦查推理的结论成立，必须使得与之对立或者矛盾的判断不成立，也就是要排除与之对立或者矛盾的判断。

2. 排除与侦查推理的结论相容但是真实性较低的其他判断

在侦查思维中，由于前提的不确定性或者不完整性等主客观因素的存在，同一前提可以推出许多不同但是相容的结论。所谓不同但是相容的结论是指这些不同的结论之间是可能都成立的。但是，基于证据的不同，这些能够同时成立的结论为真的概率或者可靠性程度是不同的。在这种情况下，侦查人员就需要依据证据优先选择那些可靠性程度较高的判断作为结论，暂时排除那些可靠性程度较低的判断。

（四）推理结论的可检验性规范

侦查推理的结论的可检验性是指侦查推理的结论可以直接与事实对照以直接判定真假，或者可以引申出可以直接检验的推论以间接判定其真假。侦查推理的结论仅仅是结论，而不是定论。结论即使必然真实也要经过事实的印证，必须进一步查证是否属实。只有结论被证实后，才能作为认定案情的依据。只有可以检验的结论才是具有实际意义的，含有不当预设或者特设性判断的结论由于难以甚至不能诉诸检验，毫无实际意义。

为了确保结论的可检验性，侦查推理的结论必须具有经验内容，而且对案情事实的断定的范围和方式是恰当的。在侦查思维中，侦查人员进行侦查推理必须遵循“断定须谨慎”的原则：在前提不充分、不真实时，不能随意甚至根本不能进行侦查推理；如果前提真实、充分并且非要进行侦查推理不可，也要尽量采用演绎有效或归纳强度大的推理形式，尽量提高结论的真实性，避免结论的绝对化。

（五）推理结论的新颖性规范

推理结论的新颖性规范是指侦查推理的结论比其前提更加新颖，应该断言一些前提没有断言或者至少是前提没有直接或明确断言的内容。如前所述，侦查推理的主要作用在于认知，即借以发现那些难以或者不能通过感官的感觉获得的事实及其本质和规律。因此，侦查结论断言的内容应该不少于前提断言内容，这体现了侦查推理的创新属性和价值所在。否则，侦查推理的价值必然大打折扣，甚至无从体现。当然，就推理结论的新颖性而言，归纳推理的价值高于演绎推理的价值。

（六）推理结论的从弱性规范

侦查推理的结论是从前提推导出来的，侦查推理的结论的真实性取决于前提是否全部真实和推理形式是否遵守推理规则。因此，侦查推理的结论的真实性不可能、不应该、事实上也确实不高于前提的真实性。也就是说，侦查推理结论的真实性弱于侦查推理的前提的真实性。这就是推理结论的从弱原则在侦查推理中的具体运用。也正是基于此，归纳侦查推理的结论是一个或然性判断而不是一个确然性判断，演绎侦查推理的结论一般是一个确然性判断而不是一个或然性判断。

四、关于侦查推理的过程的规范

（一）推理过程的同一性规范

推理过程的同一性规范是指在进行侦查推理时前提和结论所涉及的概念、判断都必须在同一含义上运用，保持自身的确定和同一，不能随意混淆或者替换，也就是所谓的“一就是一”“二就是二”。可以用公式表示为：

肯定A就肯定A。

这里的A代表任一概念或者判断。从公式上看，该规范属于强制性规范。

同一性规范的现实客观依据在于客观世界的事物或者现象具有某种属性的确定性和与自身的同一性。在特定的时空上，客观世界的任何事物或者现象都必定具有某种属性，这是确定无疑的。

同一性规范的逻辑基础在于概念和判断自身的内涵和外延的确定性。任何概念都具有其内涵和外延，而且这种内涵和外延还是相对确定的和相对稳定的。同理，任何判断也都有其内涵和外延，判断的内涵是指判断断定的内容，判断的外延是指判断的真假情况。既然概念和判断自身的内涵和外延是相对确定的和相对稳定的，那么在同一侦查中推理就要保持前后同一。

同一性规范的主要作用在于确保侦查推理的确定性，使得侦查推理从前提到结论的过渡得以顺利进行，包括对概念的要求和对判断的要求。概念保持同一是指概念的内涵和外延必须保持同一，即概念反映的属性是什么就是什么，概念指称的对象有哪些就是哪些。判断保持同一是指判断的内容和真值必须保持同一：判断的内容是什么就是什么，判断是真的就是真的，是假的就是假的。

在概念运用上违反同一性规范导致的谬误是混淆概念和偷换概念，其区别在于是有意违反还是无意违反了同一性规范。在判断、运用上违反同一性规范导致的谬误是转移论题和偷换论题，其区别在于是有意违反还是无意违反了同一性规范。

违反同一性规范的原因很多，其中一个常见因素是侦查推理中涉及的概念或者判断的内涵和外延不是十分明确。因此，在进行侦查推理时，要确保侦查推理所涉及的概念和判断特别是关键性的概念和判断必须是明确的。

同一性规范对于侦查推理的具体要求是：侦查人员援引的相关法律规范自身必须确定、一致；侦查人员对事实的认定应当清楚、确定；同一案件的事实、定性和判处三者必须保持同一；讯问中的辩论应该针对同一论题进行；在同一个推理中，针对的特定犯罪嫌疑人、该犯罪嫌疑人的案情事实以及其罪名等必须保持前后同一，而不可有意或者无意地转移或更换。例如，在针对同一犯罪嫌疑人的讯问中，要始终围绕同一主题展开讯问，当犯罪嫌疑人扯开话题、顾左右而言他时，侦查讯问必须提高警觉并及时予以制止，以提高讯问的效率和成功率。

（二）推理过程的充分性规范

推理过程的充分性规范是指进行侦查推理时，推理的前提对于结论的支持必须是充分的，即推理的前提必须足以推出或者支持结论。这个规范难以公式化。

前提对结论的充分性分为形式充分和实质充分。当然，这与支持方式有关，而支持方式又决定了侦查推理的两种类型：演绎侦查推理和归纳侦查推理。侦查思维中的演绎侦查推理在形式上必须遵守推理规则，而且前提足以推出结论。是否遵守推理规则是一个形式问题，而前提是否足以推出结论则是一个实质问题。特别是，演绎推理和归纳推理对于“足以”的要求和标准不同。推理形式的有效即遵守相关推理规则的演绎推理中支持度是决定性的、100%的；而即使很强的归纳侦查推理中支持度也不是决定性的或者100%的。这就既要求形式上的充分，又要求实质上的充分，以保证侦查推理的有效或强。例如，在向检察机关提请逮捕某犯罪嫌疑人时，就需要充分地向检察机关展示逮捕该犯罪嫌疑人的理由。

而实质充分又可以分为数量上的充分性和质量上的充分性。侦查工作中常说的“证据不足”就是数量上没有达到充分性规范的要求。就侦查推理过程的数量上的充分性而言，侦查推理前提的数量越多，它对结论的支持也越充分；就侦查推理过程的质量上的充分性而言，侦查推理的前提越是多样，它对结论的支持也越充分。在向检察机关提请逮捕某犯罪嫌疑人时，就需要充分地展示理由。因此，侦查人员不仅要收集大量的事实材料，而且要收集多样的事实材料。

违反这条规范导致的谬误称为“不充分”谬误，包括“弱归纳”谬误和“推不出”谬误，其中的“弱归纳”谬误包括以偏概全、机械类比、分举、合举等形式。

第三章　侦查思维中的类比推理与枚举推理

在侦查思维中，类比推理是或然性推理或者广义的归纳推理的最基本的形式，其推理依据在于同类或者异类的对象之间的若干相似性；枚举推理也称概括推理，其推理依据在于同类对象之间的若干相同性。由于属性之间的相同性可以看作相似性的极端形式，因此枚举推理也可以看作以同类对象之间的相似性为依据，只不过二者的推理方法和思维进程不同。

第一节　侦查思维中的类比推理

一、侦查思维中的类比推理概述

（一）类比推理的含义和要素

从字义上解释，类者，同也，似也；比者，比较也。因此，类比就是在相同点上进行比较，或者，通过比较找出相同点。人们在一些对象之间进行一个类比，就是表明它们在一个或者多个方面是相同的。虽然类比有着极其广泛的应用，但是从类比本身的作用和侦查工作的实际来看，类比的主要应用还是在于进行推理。借助于类比方法而进行的推理就是类比推理。

具体而言，类比推理是指人们在思维中，根据两个或者两个以上对象在某些属性方面上相似而推出它们可能在另一属性方面也相似。密尔对类比推理的定义是："两个东西相互之间在一个方面或者多个方面类似，某一判断对其中一个东西为真，于是，该判断对另一个东西也为真。"①

① ［英］约翰·斯图亚特·密尔：《逻辑体系（一）》，郭武军、杨航译，上海交通大学出版社2014年版，第325页。

设a、b、c、d表示对象，P、Q、R表示对象的属性，则类比推理的一般形式可以表示为：

对象a、b、c均具有属性P、Q、R；

对象d也具有属性P和Q；

所以，可能对象d也具有属性R。

亚里士多德、密尔和卡尔纳普都研究过类比推理：亚里士多德研究类比推理是为了得出他所钟爱的直言三段论的大前提，密尔研究类比推理是为了以比较的方法显现出他所提出的消除归纳法的优越，卡尔纳普研究类比推理是为了用他提出的确证度函数理论来定量描述类比推理前提对结论的确证度。

类比推理的基本要素包括：（1）类比的参照对象，即用以比较的那些若干已知对象a、b、c；（2）类比的延伸对象，即与若干已知对象比较的另一对象d；（3）类比的共同属性，即若干对象与另一对象共同具有的若干相似属性P、Q；（4）类比的延伸属性，即若干对象与另一对象还可能共同具有的其他相似属性R。

有关类比推理的逻辑解释，英国19世纪的逻辑学家密尔在其《逻辑体系》中曾描述："毫无疑问，B与A之间能够举得出来的每一种类似……都对由此所得出的结论提供了某种程度的概率。如果B在A所有的终极属性上类似于A，那么B具有属性m就是确定的，而不是盖然的……倘若B与A在A的一个终极性质上类似，那么它们就在依赖于这个终极性质的导出性质上类似，m也许是这样的一个导出性质。如果B与A在A的一个导出性质上类似，那么有理由期待它们也在该性质所依赖的终极性质上类似，以及在依赖这个终极性质的另一个导出性质上相似。每一个可证明其存在的类似都对期待无限多的别的类别提供了根据……"① 一现象A的终极性质是指A所具有的最基本的性质，这些最基本性质的各种组合就是A的导出性质。

类比推理的实质是从在一个或者多个方面两个或者多个对象之间的类似性，推出这些对象在某个其他方面也具有某种类似性。这一过程实质上是外推过程。关于外推的原理或者预设，人们作了许多表述：如果两个或者两个以上的事物在很多方面彼此相同，那么很可能它们也会在其他更多的方面彼此相同；如果一个

① ［英］约翰·斯图亚特·密尔：《逻辑体系（一）》，郭武军、杨航译，上海交通大学出版社2014年版，第326页。

事物和另一个事物在我们已知的方面彼此相同，那么它们也会在未知的方面彼此相同；如果两个事物在若干方面保持一致，那么它们也将在其他方面保持一致。

在理解类比推理时，需要注意三点。

（1）类比推理不能在某类对象与该类对象中的成员之间进行。为此，需要把类比推理与两种貌似类比推理而不是类比推理的推理区分开。一种推理是根据某类对象的某一成员与该类对象在某些属性上相同，推出该类对象的该成员与该类对象在其他属性上也相同。这种推理貌似类比推理，实际上不是类比推理而是枚举推理。另一种推理是根据某类对象与该类对象的某一成员在某些属性上的相同，推出该类的该成员与该类对象在其他属性上的相同。这种推理貌似类比推理，实际上不是类比推理而是演绎推理。

（2）类比推理不同于比较的思维方法。比较是确定两个事物或两类对象之间的相同性和差异性的思维方法，它既要研究对象的相同点，还要研究对象的不同点。而类比是在比较两个（或两类）对象的相似点基础上，以诸多的相似属性推出未知的相似属性。因此，没有比较，就没有类比推理；但比较不是类比，如果思维过程仅停留在比较的认识上，而不作进一步的推理，那么它就不是类比。

（3）类比推理是一种独立的推理类型，不是枚举推理和演绎推理的相继联合运用。有人认为类比推理的操作程序就是先进行枚举推理再进行演绎推理：在一个枚举推理中，人们从某类中的一个或者一些或者全部成员具有某种属性，推出该类的所有成员都具有该属性；再以这个概括性结论“该类的所有成员都具有该属性”为前提推出该类中其他另一个或者另一些成员也具有该属性。但是，在类比推理中，人们可以直接根据某类中的一个或者一些成员具有某种属性推出该类中其他另一个或者另一些成员也具有该属性而无需依赖于任何中间的概括。因此，类比推理的操作程序是完全归纳的，不是先进行枚举推理再进行演绎推理。

（二）类比推理的分类

类比推理可以依据属性的相似或者差异分为肯定类比推理、否定类比推理和中性类比推理；根据比较的是性质、功能还是关系分为性质类比推理、功能类比推理和关系类比推理；根据功能可以分为直接类比、间接类比、经验类比、因果类比、同构类比和仿生类比；[①] 而现代类比推理可以分为定量类比、综合类比和

---

① 印大双：《类比理论研究：现状与展望》，载《探索》2010 年第 1 期。

模拟类比。①

随着科学的发展和实际生活的需要，类比推理的应用日益多样化。人们在认识的活动过程中，不仅可以根据两个（或两类）对象在某些方面的相似推出其他方面的相似，也可以根据两个（或两类）对象的已知差异，猜想它们在其他相关方面存在差异，还可能是既比较其相同点也找出其不同点，然后通过平衡相同点和不同点而得出结论。这就形成了类比推理的三种一般模式：肯定类比、否定类比和中性类比。

1. 肯定类比

肯定类比是类比推理的最一般的形式，它根据两个（或两类）对象存在某些相似的属性推出它们在另一属性上可能也是相似的。

法律适用中也常运用肯定类比。例如，在法律规范适用中，一个规范适用于甲案件，并且乙案件在实质上与甲案件类似，因此这个规则也可以适用于乙案件。再如，当审理案件而无明确具体的法律规定时，通常就是根据最相类似的法律规定进行类推适用，如在《最高人民检察院关于将公务枪用作借债质押的行为如何运用法律问题的批复》中，将把公务枪用作借债质押的行为类推为非法出借枪支的行为。②

2. 否定类比

否定类比是根据两个（或两类）对象存在某些属性的相异而推出它们在另一属性上可能也是相异的。

否定类比可用如下公式表示：

设 a、b、c、d 表示对象，P、Q、R 表示对象的属性，则否定类比的一般形式可以表示为：

对象 a、b、c 均具有属性 P、Q、R；

对象 d 不具有属性 P 和 Q；

所以，可能对象 d 也不具有属性 R。

3. 中性类比

中性类比是根据两个对象在某些方面的相同而在另外一些方面的差异，在平衡两者之间的相同点和差异点的基础上，依据关键的相同或相异要素，推出它们

---

① 印大双：《类比理论研究：现状与展望》，载《探索》2010 年第 1 期。

② 《最高人民检察院公报》1999 年第 6 期。

可能在其他方面也是相同或相异的。例如：

某公园为了保证游客安全，减少废气污染，明文规定：除园内工作用车外，不准机动车辆进入公园，违者除勒令离园外，罚款200元。有一天，某甲将太阳能轿车开进公园，园方管理人员令其离园，并处200元罚款。某甲不服，认为自己的车与机动车有所不同。园方管理人员认为，某甲的太阳能轿车虽与机动车有一些差别，但在许多方面相同，特别是速度及可能导致的危险都一样，所以应对某甲予以处罚。

此例中，园方管理人员在平衡两种车辆的异同基础上，抓住车辆入园的危险性这一关键要素，推出某甲行为应予以处罚的结论。这里，园方管理人员就运用了中性类比。

中性类比可用如下公式表示：

设a、b、c、d表示对象，P、Q、R、S、T、U表示对象的属性，则中性类比的一般形式可以表示为：

对象a、b、c均具有属性P、Q、R；S、T、U；还有属性X；

对象d具有属性P、Q、R，但是不具有属性S、T、U；

所以，可能对象d具有（或者不具有）属性X。

我们可以把中性类比看作是肯定类比和否定类比的综合运用。由于中性类比是在平衡事物相似性和差异性的基础上进行类推的，因此一般而言，使用中性类比，比单纯使用肯定类比或否定类比，其结论的可靠性程度要高。

中性类比在判例法中的作用非常显著，以致美国史蒂文·J. 伯顿指出：法律类比推理，“从（狭义）案件裁决出发的推理——只是日常生活中所用的类比推理的一种正式形式。支配它的原则是，同样案件应给予同样裁决，如果不同点重要则不同案件应该给予不同裁决。这种推理形式要求三个步骤：（1）认识一个权威性的基点或判例；（2）在判例和一个问题案件间识别事实上的相同点和不同点；以及（3）判断是事实上的相同点还是不同点更为重要，并因此决定是依照判例还是区别判例。类比推理的形式通过提供分析框架，认识推理的起点和组织法律争点，有效地促进了法律思考的合理性”①。

---

① ［美］史蒂文·J. 伯顿：《法律和法律推理导论》，张志铭、解兴权译，中国政法大学出版社2000年版，第49页。

（三）类比推理的特征

1. 类比推理的推理依据是对象之间的相似性。类比推理是以对象之间的相似性为基础，而不是以同一性为基础。一般而言，若干对象之间无论有多大的差异性，它们彼此之间也存在或多或少的相似性。从思维过程中的联系环节而言，对不同对象相似之处的分析比较以及随之得出的类推结论，都必须以“相似性”为基础。类比推理的形成主要是依赖于若干对象之间的“相似性”，如果没有这种相似性，则不能进行类比推理。类比推理的客观基础即对象及属性间的相互联系性和相互制约性。对象及属性间的相互联系和相互制约，导致了对象之间的相似性。

2. 类比推理的推理进程是从对象到对象。从已观察到的推概到未观察到的推概作用完全是建立在“类比推理”上。类比推理是从特殊到特殊的推理，即从这一个或若干个对象如此推出另一个或者其他对象也如此。这不同于从特殊到一般的枚举推理，也不同于从一般到特殊的演绎推理。作为一种从具体到具体，从特殊到特殊的推理，类比推理中的具体包括感性具体和普遍具体：前者是指对客观对象整体的各种外在属性的直接反映，后者是指对客观对象各种普遍规定的总体把握。

3. 类比推理的结论是一个不确定的或然性判断。类比推理只能得出或然性结论，不能得出确然性结论，更不能得出必然性结论。其原因有多个方面。（1）类比推理是将若干具有相似属性的对象具有的某种属性推广至另一与之相似的对象上去，从而使得结论对某对象的断定范围超出前提对该对象的断定范围，如此得出的结论就不具有必然性，仅仅具有或然性。（2）若干对象之间在若干方面具有相似性，不能保证这些对象在另一方面也具有相似性。（3）对象之间的相似性是相对的、变化的和有条件的，而对象之间的差异性却是绝对的、确定的和无条件的，甚至对象之间的相似性远低于其差异性。

正是因为类比推理只能得出或然性结论，因果推理即消除归纳法的集大成者密尔认为，类比推理的结论只不过提供一个方向标而已——人们不应该停留在类比推理得出的结论之上，而应该进一步运用其他或然性推理（如他极力推崇的因果推理）来继续考察结论。

二、侦查思维中的类比推理的应用

侦查思维中的类比推理具有不同于一般类比推理或者日常类比推理的特点。

1. 在日常类比推理中，把对象联系起来的相似的状况是由习惯性思考清楚地界定的，而它们与结论的联系是由科学原理建立的；但是在侦查思维中的类比推理中，这种清晰性不是显而易见的，仅仅依赖已有的经验难以发现，有时甚至需要侦查人员进行创造性思维才能发现，共同属性与延伸属性之间的关系也存在争议之处甚至被质疑。这些区别的存在使得侦查思维中的类比推理较于一些简单的日常类比推理更加难以把握和运用。

2. 侦查思维中的类比推理前提中的参照对象的重要性是不同的，这就使得选择参照对象变得重要而且不易；而在一些简单的日常类比推理中，参照对象的重要性被视为同等的。

类比推理在刑事个案侦查中的应用主要表现在三个方面：相似并案侦查、模拟侦查实验结论外推和侦查经验移植。不难理解，相似并案侦查是其中最主要的应用方面。

（一）相似并案侦查中的类比推理

在刑事个案侦查中，经常会用到所谓的并案侦查。所谓并案侦查，简言之，就是刑事个案合并侦查，具体是指侦查人员在根据若干起刑事个案之间的相似性或者相关性，推断这些刑事个案可能是同一（伙）犯罪嫌疑人所为的基础上，将这些刑事个案并联起来，统一实施侦查的一种侦查方法。

并案侦查是“由案到案”侦查模式中的常用方法。所谓由案到案侦查模式是指“在侦查某起刑事案件时，将可能是同一（伙）犯罪嫌疑人所为的其他刑事案件串并起来，综合分析和利用每起刑事案件所蕴含的犯罪信息和破案条件，选择有利的侦查突破口，达到侦破此案带动侦破彼案的目的的侦查模式”①。并案侦查有利于提高侦查效率、扩大侦查线索、拓宽侦查思路。

并案侦查不仅是一种常用、有用和易用的侦查模式，而且具有其法律依据。《公安机关办理刑事案件程序规定》第二十一条第二款规定，具有下列情形之一

① 王彬、薛道晗：《刑事侦查学》，郑州大学出版社2014年版，第86页。

的，公安机关可以在职责范围内并案侦查：（一）一人犯数罪的；（二）共同犯罪的；（三）共同犯罪的犯罪嫌疑人还实施其他犯罪的；（四）多个犯罪嫌疑人实施的犯罪存在关联，并案处理有利于查明犯罪事实的。

并案侦查的一种常见类型是相似并案侦查，它是指侦查人员在依据若干起刑事个案之间的相似性来推断这些刑事个案的犯罪嫌疑人可能是同一（伙）人的基础上进行的并案侦查，其逻辑基础就是类比推理。相似并案侦查不仅具有并案侦查的上述作用，还具有如下方面的作用。①

（1）相似并案侦查可以集中更多的案件材料，拓宽侦查途径。被推测可能为同一个或者同一伙犯罪嫌疑人所为的一系列案件，在没有进行相似并案侦查之前，这些案件之间在痕迹、物证等事实材料的收集和使用上是彼此独立、零散甚至孤立的。通过相似并案侦查，可以将这些看似独立、零散甚至孤立的事实材料集中起来，相互印证，便于侦查人员更为全面、深刻而透彻地认识案情，描绘出犯罪嫌疑人的个人特征，有利于打击和揭露犯罪。

（2）相似并案侦查可以集中侦查力量，整合侦查资源，实现联合作战和协同作战。通过相似并案侦查，可以使得原有的一个单位、一个区域、一个警种、一个部门各自为战变成多单位、多区域、多警种、多部门的联合作战，形成合力；同时，通过统一组织指挥，可以减少重复劳动，节省侦查工作的人力、物力、财力，还可以打破区域、部门、警种界限，及时交流和共享情报，加速破案进程。

（3）相似并案侦查可以提高侦查破案的效率和成功率。通过相似并案侦查，侦查人员一方面可以将具有相似属性的若干起案件的侦查线索集中起来，把各种有利于开展侦查的条件、途径和因素集中起来，以便开辟更多的侦查途径；另一方面，可以侦破一案带动他案甚至多案，侦查现案带动往案甚至积案，大大提高侦查破案的质量和数量。

侦查思维中的相似并案侦查具有其现实依据。②

（1）犯罪心理学的统计研究表明，个案所表现出的特征具有特殊性和相对稳定性。不同的犯罪嫌疑人，由于心理素质、心理特征、文化水平、社会经历、生活环境、职业技能、教育程度等不同，犯罪行为表现出一定的特殊性。心理学研究表明，人们在日常生活中，经过反复学习和多次实践，会逐渐形成一定的行为习惯。这

① 王彬、薛道晗：《刑事侦查学》，郑州大学出版社2014年版，第86~87页。

② 王彬、薛道晗：《刑事侦查学》，郑州大学出版社2014年版，第87页。

些行为习惯一经形成，往往极易定型化，并在以后的活动中反复、自动地出现，在一定时间内相对稳定，形成习惯定式。同样，犯罪心理学研究表明，犯罪行为也具有相对稳定性，犯罪行为的特殊性和相对稳定性为识别、确认相似并案条件提供了基础。

（2）实证犯罪学的统计研究表明，多数惯犯作案行为具有连续性和习惯性。犯罪嫌疑人，特别是惯犯、累犯，常常连续犯罪，一发而不可收拾，似乎“爱上”了犯罪，一天不犯罪就心里不舒服，或者因为犯罪上瘾而闲不住。他们在一次犯罪得逞之后，强烈的侥幸心理和近乎变态的成就感使得其非法欲望和需求逐渐增强，这又反过来强化了其犯罪心理和犯罪行为，驱使其再次犯罪，以满足更大的私欲。因而，在一定时期内的不同时间、不同地点由同一犯罪主体实施的多起刑事犯罪就成为一种客观现象，这是实施相似并案侦查的主要现实依据。

总之，相似并案侦查的现实依据在于：同一犯罪嫌疑人连续作案，在犯罪时间、犯罪地点、手段、时机、目的、工具甚至侵害对象等方面很有可能具有某些相似之处。

相似并案侦查的实施条件是侦查人员必须推测在作案时间、作案手段、侵犯对象、作案痕迹、作案物证等方面具有相似性的若干起案件为同一个或者同一伙犯罪嫌疑人所为。为此，侦查人员必须运用类比推理。在这个意义上，相似并案侦查是并案侦查和类比推理相互结合形成的一种侦查模式，其逻辑基础就是所谓的类比推理。相似并案侦查中的类比推理是类比推理在并案侦查中的具体运用。相似并案侦查中的类比推理是指在刑事个案侦查中，侦查人员根据若干起已知刑事个案与另一刑事个案有若干相似属性，推出这些案件可能是同一（伙）犯罪嫌疑人所为的推理。

相似并案侦查中的类比推理包括两种类型：

1. 补缺的类比推理

补缺的类比推理也称由此及彼的类比推理，它是侦查人员依据若干起刑事个案在诸多属性上相似，并且已经查明这些刑事个案中除了某一刑事个案之外的其余刑事个案均为某一（伙）犯罪嫌疑人所为，推出这些刑事个案中剩余的那个刑事个案可能也是该（伙）犯罪嫌疑人所为。

它可以表示为：

刑事个案 a、b 有属性 P、Q、R 等，且已查明犯罪嫌疑人为 S；

刑事个案 c 也有属性 P、Q、R 等；

所以，可能刑事个案 c 的犯罪嫌疑人也是 S。

这是最常见的类比推理模式。

这种类比推理的特点是，有既定嫌疑对象，然后谋求相似现象的类比，继而扩大关联人身的结论。已有嫌疑人的案件，对嫌疑人来说，是他的显案，被类比关联的案件是他的隐案。因此，这种类比推理有助于挖掘余案。2012 年“1·6 苏湘渝系列持枪抢劫案”侦查中所运用的就是这种类比推理。

在刑事案件的并案侦查中，如果发现某案件与另一个（或一些）案件有相似之处，又知道该案件是某犯罪嫌疑人所为，那么就可以推测另一个（或一些）案件也可能是同一犯罪嫌疑人所为。一般来说，连续作案的犯罪嫌疑人在作案方法、作案时间、手段、目的、动机等方面都有一定的规律和相似之处，如果侦查人员已知甲案件是某犯罪嫌疑人所为，运用类比推理就可以推知乙案件也是该案犯罪嫌疑人所为。

并案侦查中运用补缺类比推理，可以极大提高破案效率和成功率。侦查中经常出现这种情形：有许多积案，经年未破；但是在侦破某一起案件的基础上，运用类比推理，把这一案件的特点与某些积案进行类比，发现其相似之处，并案侦破，从而启发思路，打开局面，发现新的线索，由某一案件的侦破带动一系列案件的侦破，由新案的侦破带动一些旧案的侦破。运用这种侦查方法，一旦侦破一个案件，就可以一举侦破一连串案件，从而提高侦破的效果和效率。

例如，某县公安局侦破了一起夜间拦路强奸杀人案，犯罪嫌疑人已被抓获并已供认作案经过。公安人员将此案与另一起未破的夜间拦路强奸杀人案进行比对分析，发现这两起案件有许多相似之处：作案时间都在晚上九十点左右；都是在妇女单独行走时尾随作案；手段都是先用胳膊夹住头，然后用小布条或细绳捆绑受害者双手并拖行；几起案件行走的路线都比较隐蔽，犯罪嫌疑人对作案地点一带的地形非常熟悉，有隐蔽场所。侦查人员由此得出结论：另一起未破案件很有可能也是同一犯罪嫌疑人所为。最后证实，果然如此。此例运用的就是补缺的类比推理。

2. 概括的类比推理

概括的类比推理也称归并类比推理，是指侦查人员根据若干起刑事个案在诸多属性上的相似，推出这些刑事个案可能在其他方面也相似，从而归并为同一（伙）犯罪嫌疑人所为。

它可以表示为：

刑事个案 a、b 有属性 P、Q、R 等；

刑事个案 c 也有属性 P、Q、R 等；

所以，可能刑事个案 a、b、c 的共同犯罪嫌疑人是 S。

这种类比推理的主要特殊之处是，首先通过类比抽象肯定其有共同的原因，然后再寻求解释。这种类比推理，有可能关联的案件都是隐案，还没有嫌疑人，那么类比推理有助于显露嫌疑人；也可能都是显案，都有嫌疑人，但是没有想到其联系，那么类比推理有助于揭示这些显案之间的联系。这种类比推理的进一步意义还在于，假若原因相似，这一类比就可以期待还有某些现象相似。侦查中的概括的类比推理正是这样，在发现相似案件后，力图寻求根本的相似原因即发现同一个（伙）作案者，如果倾向如此假设，那么应当进一步发挥类比推理的功能，找出更多有利于破案的线索，凡是与人身关联的相似细节都应当关注。

概括的类比推理的特点是“由相似结果推导相似原因”。在侦查中，侦查人员经常遇到这种情况：某一需要侦查的对象有可能就是已知的对象，即二者是同一对象。比如，某凶杀案件犯罪嫌疑人的凶器是否就是该案的凶器；某人书写材料上的笔记与某伪造的文稿上的笔记是否相同；某两个形迹可疑的人是否就是被网上通缉的逃犯；等等。在掌握相关的案情事实比较有限的情况下，从直观上难以对有关案件是否同一客体进行认定，这时就需要借助于概括的类比推理了。2000 年“9·1 湘渝鄂系列持枪抢劫案”以及被称为“28 年来中国特大悬案”的 2016 年“8·5 甘蒙系列强奸杀人残害女性案”等大案、要案的侦查中所运用的就是这种类比推理。

例如，2000 年 9 月 1 日下午 6 时左右，湖南省某银行运钞车被四名蒙面歹徒劫持，两名经济警察、一名收银员和一名运钞车司机被当场打死，两只冲锋枪被抢走。次日，公安部发现该案件的作案性质、手段等特征，与长沙、重庆、武汉等地先后发生的六起系列持枪抢劫案极为相似，于是推测这一系列案件很可能是同一犯罪团伙所为，决定并案侦查。5 日后的 9 月 6 日，团伙中四人落网。据犯罪嫌疑人初步交代，长沙、重庆、武汉等地先后发生的六起系列持枪抢劫案确系他们所为。①

再如，某地一个周末的晚上，在某个公园里发生一起男女情侣谈恋爱之际被抢夺手机的案件。侦查人员在侦查该案过程中，发现了一个月之前接报的另一起抢夺手机的案件。侦查人员于是将这两起案件进行对比，看看有无相关或者相似之处。结果发现它们之间存在诸多相同之处：(1) 作案时间和地点相同：案发时间都是周六晚上，而且都是在同一个公园；(2) 作案手段和方式相同：都是犯罪

① 2000 年“9·1 湘渝鄂系列持枪抢劫案”。

嫌疑人趁热恋中的小情侣忘情不备之机，突然从树林里窜出，以问路为名抢夺手机；（3）犯罪嫌疑人主要特征相同：据报案人描述，这两起案件的犯罪嫌疑人的口音、身材、身高、年龄、面部特征相同。根据这三个方面的相同，侦查人员有理由认为：两起案件很可能是同一犯罪嫌疑人所为。

由于侦查人员所运用的概括的类比推理是在尚未知晓若干案件的作案嫌疑人的前提下进行的，因此概括的类比推理得出的结论只能是示向性的或者启发性的，它告诉我们进行类比的若干起案件可能是同一犯罪嫌疑人所为。

相似并案侦查的关键在于通过类比推理从已有的相似性推测更多的相似性。在解释人类活动方面，相似性可能表现了人类的共同行为规律。例如，社会心理学研究可以通过相似性发现某些共同的人性或人类共同心理反应；相似性也可能表现个人的行为心理和习惯，如交际、学习、嗜好乃至作案等。在刑事案件现象解释方面，就倾向于把相似性归结于个人行为的统一性。

1. 相似并案侦查中运用类比推理确定相似性的条件

在相似并案侦查中运用类比推理确定相似性时需要满足一些条件。①

（1）现场的痕迹、物证相同。犯罪嫌疑人在实施犯罪行为时，多多少少会在现场留下一些痕迹或者物证，如手印、足印、工具痕迹、枪弹痕迹等。如果不同案件现场的痕迹或者物证通过技术鉴定作出了同一认定的肯定性结论，就可以直接确认为同一个或者同一伙犯罪嫌疑人所为。

（2）犯罪嫌疑人的体貌特征相同。强奸、诈骗和“两抢一盗”案件，被害人与犯罪嫌疑人常常有一定时间的正面接触，多少能够提供犯罪嫌疑人的体貌特征，或者通过案情分析，侦查人员对犯罪嫌疑人的体貌特征有一定的刻画。由于犯罪嫌疑人的体貌特征具有一定的特殊性和相对稳定性，如果先后发生的若干起刑事个案中犯罪嫌疑人的体貌特征相似或者相同，也可以考虑进行相似并案侦查。

（3）犯罪行为方式、作案手段相同。受犯罪行为习惯的支配，同一个或者同一伙犯罪嫌疑人实施犯罪时，往往使用相同的犯罪手段，如表现在选择现场出入口、破坏方法、作案过程、伪装现场方法等方面具有一定的相似性。

（4）作案时间、作案地点、侵害部位、对象具有相似性。犯罪嫌疑人选择的作案时间、作案地点、侵害部位、对象表现出一定相似性，可以结合其他并案条

---

① 王彬、薛道晗：《刑事侦查学》，郑州大学出版社 2014 年版，第 87～88 页。

件确定是否能够进行相似并案侦查。

（5）具有内在的、无形的联系因素。如果不同现场痕迹或者物证具有某种直接联系，如某案出现的物品或者痕迹与另案出现的物品或者痕迹相同，这种情况可以作为相似并案侦查的重要条件。如果一起盗案中被盗走某件物品，另一起案件被盗走另一物品，而这两种物品只有相互匹配才有重大价值，那么即使这两起案件在痕迹、手段等方面未发现相似之处，也可以考虑进行相似并案。

根据这些确定相似性的条件，通过类比推理可以推定若干起刑事个案是否为同一个或者同一伙犯罪嫌疑人所为。有些条件，如现场痕迹或者物证，通过刑事科技手段可以进行同一认定，能够直接决定是否进行相似并案；有些条件，如体貌特征或者行为方式，可以根据其相对稳定性和特殊性的程度，作出具有不同可靠性的或然性结论。因此，在类比推理之前考察刑事个案之间的相似性时，侦查人员应该综合考虑各方面条件，全面深入地比较、分析、研究和认定。既要把握特定性强的条件，也要注意从特定性弱的条件中发现若干起刑事个案的共同点和内在联系，客观地分析判断，提高并案的准确性。

2. 相似并案侦查中运用类比推理确定相似性的方法

若干起刑事个案之间是否具有相似性，相似性之数量和程度如何，可以通过如下方法进行分析和确定。①

（1）技术鉴定法。运用刑事科技对刑事案件中出现的痕迹、物证进行科学检验和鉴定，确定若干起刑事个案之间的相似性。运用刑事技术鉴定作出同一认定结论，既是相似并案的可靠依据，也是认定相似并案条件的捷径。

（2）系统分析法。研究若干起刑事个案案件性质、侵害对象、作案时间、作案地点、作案手段、犯罪嫌疑人的个人特点，寻找可进行相似并案的相同条件，系统分析它们之间的相似性，确定是否可以进行相似并案。

（3）特征比较分析法。对若干起刑事个案进行比较分析，找出共同特征，综合比较这些特征，考察是否具有相同的特征。

（二）模拟侦查实验结论外推中的类比推理

1. 模拟侦查实验及其作用

很多时候，由于认识水平和科学技术等方面的原因，侦查人员无法确定侦查

---

① 王彬、薛道晗：《刑事侦查学》，郑州大学出版社2014年版，第88页。

的案件的某些属性。这时，可以进行一个侦查实验，模拟案件发生的实际场景，根据实验场景的属性推出案件发生的实际场景的属性。模拟侦查实验，就是为了确定对案件侦查有意义的某一事件或者现象是否存在，或者在某种条件下是否发生，模拟或者参照案件本来条件，将案件或者案件现象模拟再现的一种侦查措施。

模拟侦查实验是侦查手段、模拟方法和实验方法三者有机结合的产物，是在刑事个案侦查中，侦查人员通过模拟原案发条件、因素或者过程来构建实验的认识活动或者过程。模拟是指在认知活动中，由于主客观因素的制约，人们难以甚至不能、不适于直接探究原型的属性时，模仿原型的条件，拟制出与原型类似的模型，并对模型进行探究的认识方法。在模拟方法中，原型是指自然界或者人类社会中出现的某些现象或者过程；模型是指人为创设的与自然界或者人类社会中出现的某些现象或者过程相似的现象或者过程。方法论中的模拟方法是一种特殊的、重要的科学认识方法，是通过设计、制造、研究复杂现象的模型来揭示或者利用该现象的原型之特征和本质的科学方法。用模型取代原型进行研究，是科学的和有效的。因为虽然客观世界的物质及其运动具有多样性，但是它们又都具有某种统一性，并遵循着某种同一规律，模拟侦查实验正是受这种方法论中科学模拟方法所指导的。

至于模拟侦查实验的性质，正如多数学者主张的那样，模拟侦查实验兼有科学和法的性质，是一种“法科学活动”①。一方面，模拟侦查实验作为一种科学认识活动，需要遵循实验的科学原理和方法论来分析、整理、鉴别、验证；另一方面，模拟侦查实验作为一种法定的侦查措施，必然受到刑事诉讼立法之相关规定和原则精神的规范。

有学者认为，模拟侦查实验甚至侦查实验的逻辑基础是类比推理。笔者认为，这种观点是有问题的甚至是错误的。模拟侦查实验甚至侦查实验的逻辑基础不是类比推理，只有将模拟侦查实验结论外推至现实刑事个案场景时才会运用到类比推理，在进行模拟侦查实验甚至侦查实验的过程中并不涉及类比推理，可能会涉及因果推理、枚举推理、溯因推理等其他推理类型。所以，模拟侦查实验结论外推的逻辑基础才是类比推理。

模拟侦查实验不仅具有合法性，而且有其必要性。由于犯罪活动具有不可再

① 王彬、薛道晗：《刑事侦查学》，郑州大学出版社2014年版，第263页。

现性，需要采用重现和模拟的方法，判定在某种条件下某种事实是否能够发生，或者某一行为可能产生何种结果，从而查明案情事实，确定各种痕迹能否形成、收集的事实是否可靠、甄别证人证言和犯罪嫌疑人口供是否真实等。模拟侦查实验不仅可以发现案情事实，也可以检验案情事实。模拟侦查实验类推可以看作案件原型与模拟实验模型之间的异类类比推理。

模拟侦查实验是一种实证或者经验认识方法，运用侦查实验的主要目的是从实验场景中得出的结论类推至与实验场景高度相似的实际场景。在侦查思维中，设计模拟侦查实验，对弄清当时的案情事实真相，正确揭露犯罪事实并找出犯罪嫌疑人均有重要的作用。为了检验在相同或者相似条件下，犯罪嫌疑人的动作或者行为是否会引起某种犯罪结果，这些结果与侦查人员掌握的案情事实或者分析研判结论是否相符等，都可以借助于模拟侦查实验来鉴别。

借助于模拟侦查实验帮助破案，古已有之。南宋郑克所著《折狱龟鉴》（也称《决狱龟鉴》）中记载了这样一个案例：

三国时期，今浙江慈溪有一名妇女偷情被亲夫发现后，与情夫合谋杀害亲夫。为了掩人耳目，她焚尸灭迹，谎称其夫乃是因为家中不慎失火被烧死。死者的其他亲属怀疑，告到官府，请求官府查明真相，为死者申冤。公堂之上，该妇女坚称是家中不慎失火导致丈夫被烧死。慈溪县令张举经过调查走访得出很多线索，公堂之上审问之时又发现该妇女闪烁其词，大觉可疑。为了查明真相，张举在公堂之上命人取来两头生猪，将其中一头杀死，与另一头活猪一起置于火中焚烧。然后观察两头猪的口腔，发现先杀死再焚烧的猪口腔中很干净，没有大量的草木灰；而被活活烧死的猪的口腔内有大量的草木灰。张举于是将此现象外推至死者，认为如果死者确实是被火活活烧死的，那么其口腔就会有大量的草木灰。但是，死者的口腔中很干净，竟无丝毫草木灰。于是，张举进而推断死者是被先杀死再被投入火中焚烧的。以此疑点为突破口，张举命令妇女从实招来，不然罪加一等。最后妇女不得不低头认罪，对所犯罪行供认不讳，交代了伙同情夫谋杀亲夫的详细经过。

侦查思维所借助的模拟侦查实验有三类。（1）实验室条件下的模拟侦查实验；（2）自然条件下的模拟侦查实验；（3）虚拟条件下的模拟侦查实验，即通过建立特定的模型，在电脑等微机设备上虚拟出案发实际场景，虚拟描绘出高度相似的模拟场景，构建一个虚拟的侦查实验，在该虚拟模型中探究本质或者规律。当前的技术新宠“VR”即虚拟现实技术大有可为，不可小觑。

2. 模拟侦查实验类推

进行模拟侦查实验不是目的，借助于模拟侦查实验进行类比推理以发现案情事实才是目的。人们运用模拟侦查实验方法的目的不是在侦查实验模型中发现本质或者规律，而是将在侦查实验模型中获得的关于本质或者规律的认识放大、外推至原型或者将在原型中获得的关于本质或者规律的认识放大、外推至模型。借助于模拟侦查实验进行的类比推理就是模拟侦查实验类推，它相对于自然科学研究中的模拟实验，是通过模拟案件中出现的现象来研究案情的一种方法。具体而言，模拟侦查实验类推是指在实验条件下模拟实际发生的案件场景，从模拟场景具有某属性推出实际场景也可能具有该属性。

模拟侦查实验类推的依据在于：一方面，如果模拟侦查实验按照原案发条件进行，那么原发案件的因果关系就会出现，这样人们可以据此实验结果来判定案件发生时的情况，为分析案情提供依据。另一方面，对于某些线索，如证人证言、物证、被害人陈述等产生疑问，也可以用模拟侦查实验加以判定。通过模拟侦查实验对现场获得的模糊信息进行验证，从而使得不确定的材料变为确定，使得有疑问的材料得到验证，使得模糊的信息变得清晰。这样，侦查人员对于案情的认识就能够由浅入深、由表及里、由此及彼，从而查清案件的来龙去脉。

很明显，从模型侦查实验中的模型过渡到原型，需要类比推理的参与。

模拟侦查实验类推包括两种形式：

第一种模拟侦查实验类比推理是从模型向原型的类推，它可以表示为：

模型即侦查实验场景 a、b、c 均具有属性 P、Q、R；

原型即实际案发场景 d 也具有属性 P 和 Q；

所以，可能原型 d 也具有属性 R。

很明显，这种类比推理是模拟侦查实验类推的主要类型和常用类型。

另一种模拟侦查实验类比推理是从原型向模型的类推，它可以表示为：

原型实际案发场景 a、b、c 均具有属性 P、Q、R；

模型侦查实验场景 d 也具有属性 P 和 Q；

所以，可能模型 d 也具有属性 R。

这种类比推理主要运用于科学研究特别是仿生学中，在侦查思维中运用较少。

由于侦查工作的严肃性，在很多情况下，模拟实际场景的实验场景可能具有多个不同场景，模拟侦查实验也可能在不同条件下多次进行。为了提高模拟侦查实验结论的可靠性，需要遵循严格性、重复性、客观性、相似性等合理性原则。

例如，在一起交通事故肇事案件的侦查中，机动车驾驶员虽然在证据面前承认是他的私家车撞到了违反交通规则横穿马路的死者，但是坚决认为他当时的低车速不足以撞死死者，死者之死另有他因。那么，事实是否像肇事者所说的那样呢？为此，侦查人员求助于某汽车研究所。该汽车研究所立即安排了一个模拟侦查实验，以判定驾驶员当时的车速是否足以撞死死者。侦查实验模拟了驾驶员的车型、车速、路况、精神状态等因素以及死者的年龄、性别、路段交通状况等因素。模拟侦查实验最后得出的结论是：模拟侦查实验的私家车在驾驶员所说的低车速下竟然撞得实验用假人五脏俱裂，被撞出十几米之外，当场“死亡”。面对确凿的证据，肇事车主不得不承认是他的私家车当场撞死了死者。

需要注意的是，既然模拟侦查实验的结论本身也仅仅是或然性的，那么将这个或然性结论外推至实际案发场景时，得到的结论更加是或然性的。对此，侦查人员不可不察，必须谨慎对待。

3. 模拟侦查实验的逻辑规则

无论如何，模拟侦查实验的核心在于“模拟”二字，即要求实验场景必须尽可能与案件发生的实际场景相似甚至相同。由于模拟侦查实验中可能会遗漏某些特别关键的变量，甚至对各个变量的作用模式和作用程度作出了错误的判断等主观因素以及实验条件等客观因素的制约，模拟侦查实验的结论本身也仅仅是或然性的。为了提高模拟侦查实验结论的可靠性，除遵守合法、文明、安全等原则外，必须遵守相应的逻辑规则。

（1）相近条件规则。模拟侦查实验所涉及的地点、时间、物品、工具等条件应该尽可能使用原有刑事案件的地点、时间、物品、工具等条件。在遴选相近条件时应该做到准确和全面。此外，还得坚持“有利于犯罪嫌疑人原则”或者“至少无损被害人原则”。

（2）反复实验原则。模拟侦查实验反复进行的必要性在于消除偶然性因素或者不确定性因素对实验结果的不利影响，确保实验结果的客观性、确定性、可靠性甚至唯一性和排他性。反复实验原则包括两层含义：一是对出现的某种现象采用同样的方法反复多次进行；二是对已经出现的某种现象变换多种方法反复进行。从侦查实验的目的出发，反复实验包括两种情形：一种情形是为避免实验结果的偶然性而进行的反复实验，另一种情形是为寻找事件或者案件的偶然性而进行的反复实验。

（3）结果评判原则。在将模拟侦查实验的结果通过类比推理外推至刑事案件实际场景之前，还需要对模拟侦查实验的结果进行科学的评判。一是对模拟侦查实验结果可靠性的评判，可以通过考察模拟侦查实验过程本身是否科学和实验结果是否真实客观等方面来进行，二是对模拟侦查实验结果意义的评判。模拟侦查实验结果的意义包括侦查阶段的判定价值和审判阶段的证据价值。当然，侦查思维中，模拟侦查实验结果的价值主要是判定价值。模拟侦查实验结果的价值是不尽相同的：有些实验结果只能用于分析案情、确定犯罪嫌疑人；有些实验结果只能为确定侦查方向、范围提供依据，不具有证明作用。

（三）侦查经验移植中的类比推理

在侦查思维中，如果侦查人员侦查的某案件与侦查人员先前侦破的若干案件在许多属性上相似，那么侦查人员完全有理由甚至有必要借鉴先前的侦查经验来侦办该案件。当然，这里的侦查经验包括侦查手段中的原则、方式、方法、谋略、技巧等因素。

经验是人们在认识对象过程中形成的某一专业方面的特殊知识，它是人们在理性思维和自身背景知识条件下归纳有关对象共性特征或者因果关系得到的，包括生活经验和专业经验。侦查经验属于专业经验，它是侦查人员自身的亲身体验或者别人的体验。

作为一种思维定式，侦查经验势必影响或者制约着侦查人员的思维，其方式就是将侦查人员业已形成的侦查经验直接移植到侦查人员正在侦办的相似的刑事个案中。

侦查经验移植中的类比推理的形式可以表示为：

侦查经验表明，一般而言，具有属性A、B、C的刑事个案的侦破方法是P；

现在侦办的刑事个案D具有许多与属性A、B、C相似的属性；

因此，可能现在侦办的案件D的侦破方法也是P。

有学者将侦查人员业已形成的侦查经验匹配到侦查人员正在侦办的相似的刑事个案中的这种直接移植称为侦查经验推理，并且认为其形式为：

前提：大前提A（侦查经验共识）；

　　　小前提B（侦查经验认同）；

结论：C（案件性质或者侦破方法认知）。[①]

---

① 李顺万：《还原犯罪真相——侦查逻辑和方法》，重庆出版社2007年版，第81页。

借助于先前的成功经验来处理现时需要解决的问题，是人类思维中的一个普遍现象，这在心理学上称为经验法则。上述公式表明，经验法则也具有逻辑基础——类比推理。的确，恰当地运用经验法则可以提高侦查的效率、效果和成功率，经验丰富的侦查人员在侦查上有时确实具有优势，这也是刑侦部门比较看重侦查经验的一个重要原因所在。侦查人员借鉴的侦查经验包括直接经验和间接经验：前者是侦查人员亲身的侦查经历，后者是其他侦查人员或者其他形式的侦查经历。当然，这里的经验不仅包括成功的经验，也包括失败的教训。在进行侦查经验移植时，要防止生搬硬套式的“经验主义”错误，正确把握借鉴的方式和程度。多数侦查经验来自侦查人员的个人积累、总结和反思，也有部分侦查经验来自侦查人员的学习和向其他侦查人员的请教。很多疑难案件就是侦查经验丰富的侦查人员运用侦查经验移植侦破的。

有时侦查人员面临无侦查经验可以移植的案件。这样的案件称为第一印象刑事案件，通过借助于类似情况来尝试侦查此类案件比侦查那些平常刑事案件需要更多的创造力。在侦查第一印象案件时，侦查人员有时候需要借助于道德推理，而且它们能够找到能够使得问题变得清晰的任何类比。这种侦查推理过程经常包含着由不相似和反类比产生的一系列类比。这些类比因视角不同而备受争议，从而显示了对其结论进行检验的必要。

在侦查思维中，侦查经验具有其重要的甚至不可或缺的作用，但是也不能夸大其作用甚至完全依赖于侦查经验。侦查经验移植中的类比推理的结论同样具有或然性，侦查经验的选择和匹配也受到侦查人员的其他背景知识的制约或者影响，体现了刑事个案认知过程的主观性和客观性的统一。

三、侦查思维中的类比推理的优缺点和运用原则

（一）侦查思维中的类比推理的优点

类比推理具有创造性、外展性等优点。

1. 类比推理具有创造性的优点

同演绎推理与枚举推理相比，类比推理是受前提制约较小的一种推理。演绎推理和枚举推理都被限定在同类事物的范围之内，因此它们的前提都是较为清晰的。类比推理既可以在同类对象之间进行，也可以在异类对象之间进行。作为一

种平行型思维方式，类比推理“突破了演绎推理和枚举推理只能在同质同类的一般与特殊之间运用的局限性，它可以借助于同构对应关系，在不同质的两个对象之间建立起特殊的推理关系”①，因此具有较强的创造性。

有的学者指出，“在科学研究中和人的思维机制中，由于解决问题的需要不同，人们既可以从不同的角度比较同一类事物，也可以在近似类的范围进行，还可以在差异甚远、甚至极不相干的范畴内进行”②。

类比推理能够超越对象的类属差异，类似物的选择、相同属性的选择等都具有很大的灵活性。受前提制约较小也正是类比推理极具创造性的源泉所在。康德曾经这样高度评价类比推理的作用：“每当理智缺乏可靠推理的思路时，类比推理这个方法往往能够指引我们前进。”③

类比推理具有创造性的一个可能原因在于：“类比的对象以及层次差异极大，又加上推理者建立相似的角度不同，使类比推理难以建立严格的推理规则。这样类比推理的结论相对于前提就有着较大的自由度，正是这种较高的自由度才使类比推理有很高的创造性。”④

日本科学家汤川秀树认为，类比推理具有创造性的优点，其核心是能够发现“相似之处”并以此为出发点发现更多的相似关系。在侦查这种特殊的认识活动之中，“由此及彼”是实现认识飞跃的重要发展环节。要实现这种过渡，就要常常借助于类比去揭示彼此之间的相似关系。因为探索不同事物甚至类差极大的事物之间的相似关系，就能够使得未知与已知联系起来，建立一条逻辑的通道，从而通过已知的推导出未知的。

2. 类比推理具有外展性的优点

类比推理具有异类相推、横向拓展的特点。而演绎推理和枚举推理都属于同类相推，都属于纵向思维。从推理类型上看，类比推理具有跨域性和跳跃性，属于横向思维。类比推理跳出了在同类对象之间进行的局限，具有很强的外展性。类比推理是一种跨对象、跨领域的推理，是一个由特殊到特殊、由此及彼的认识方法，它在认识对象的本质中具有从已知推出未知，举一反三和触类旁通的作用，具有很大的启发意义。中国心理学家王亚同在其《类比推理》一书中指出：

---

① 印大双：《类比理论研究：现状与展望》，载《探索》2010 年第 1 期。

② 张晓光：《国内类比推理研究综述》，载《哲学动态》2000 年第 5 期。

③ ［德］康德：《宇宙发展史概论》，上海人民出版社 1972 年版，第 147 页。

④ 印大双：《类比理论研究：现状与展望》，载《探索》2010 年第 1 期。

“类比推理可以进行关于个别对象和对象的个别特性的推理，而且可以进行现象之间的一般因果联系和其他联系的推理。”①

类比推理能够将已知的关于案情事实的认识外推至对未知案情事实的认识上，从而可能导致认识的飞跃，特别是在经验事实严重不足或者严重匮乏的情形下，在似乎毫不相干的类差极大的案件及其要素之间进行推理。值得注意的是，这些类差极大的案件及其要素之间，往往难以发现更多的相似之处，它们之间的相同属性也未必就是本质的，相同属性与延伸属性之间的关联程度也未必就是紧密的。但是，这些不足都不妨碍根据它们之间的相似关系而获得结论。在相似并案侦查中，运用类比推理，把未知的刑事个案与已知的刑事个案进行比较，根据已知的推测未知的，从而在原有知识的基础上扩展认识，实现知识的迁移。对于新知识，类比推理确实是一种有效的探索方法，借助于它可以使得侦查人员的认识从一个刑事个案过渡到另一个刑事个案，可以启迪思维、开阔视野、举一反三，实现认识的跃迁。

（二）侦查思维中的类比推理的缺点

1. 类比推理容易得出欺骗性的结论

类比推理容易得出欺骗性的结论，这主要因为：基于思维惯性，在侦查思维中，侦查人员容易想当然地认为既然若干起刑事个案在诸多方面具有相似性，那么这些刑事个案在另一些方面也必然具有相似性，本应得出一个或然性结论却得出一个确然性结论甚至必然性结论，或者虽然得出一个或然性结论，却给予其极大的置信度，从而有意无意忽视了该结论的验证。

英国19世纪著名经济学家和逻辑学家威廉姆·斯坦利·杰文斯（1835～1882）在谈到类比推理的这一缺点时说：“没有任何方法可以让我们真正地确定，我们能够通过类比推理完好地进行论证。对此我们给出的唯一规则是：‘如果两个事物彼此更进一步地相像，那么很有可能它们在其他方面也会更进一步地相像，尤其是在与我们已经观察到的紧密联系的方面。’……为了能够清楚地阐述我们得出的结论，就绝不能仅仅依赖于类比推理，我们还应该主动尝试去发现支配事情的法则。在类比推理中，我们似乎不需要运用归纳推理和演绎推理，就可以从一个事实推断出另一个事实。但是，那仅仅是一种猜测。我们应该适当地探

① 王亚同：《类比推理》，河北大学出版社1999年版，第196页。

究，什么样的普遍法则才能通过已经观察到的事实来证明它们确实存在，然后根据这些法则推断出将会发生事情……我们发现，类比推理没有以归纳推理和演绎推理的方法为基础。这是不完善的，除非我们弄清楚我所质疑的事情发生的原因以及它们包含的法则。"①

2. 相似性的理解和选择受侦查人员的背景知识的制约较大

从某种程度上说，类比推理的主观性和任意性太强。笔者认为，其中一个重要原因或者表现就是运用类比推理时相似性的理解和选择缺乏一个客观的标准，受侦查人员的背景知识的制约较大。有学者认为，"相似性无疑是类比推理研究的重点和难点。相似性对动态语境和认知水平具有很大的依赖，是一个典型的认知问题"②。也有学者认为，类比推理"缺乏一个足够科学的、客观的理论基础，过度地依赖于直觉。逻辑学虽然研究类比推理，但并不能给出严格的逻辑上的说明，尤其是对于相似性的解释是非常成问题的，无法提供一个可操作的标准。类比推理与其说是一种逻辑推理方法，不如说是一种价值判断方法。不同的人基于不同的价值标准，针对同样的事情，可以得出不同的甚至是完全相反的结论，这表明类比推理并不是一个科学的方法。类比推理没有一个全面的理论来为特殊结果提供充分的理由……它无法对相似性提供一个可靠性说明"③。

相似性问题是类比推理的关键和核心之点，同时，相似性是一个非常复杂的问题，也是一个非常难以刻画的概念，以致尼尔森·古德曼（Nelson Goodman）认为"相似性是一个害人的骗子"④。总体而言，相似性问题实际上是一个主观性很强的经验性问题。也就是说，要衡量若干起刑事个案之间是否属于相类似的，需要借助于侦查人员自己的背景知识来进行判断：若干起刑事个案之间是否存在相似性、存在多少相似性、这些相似性是本质上的相似性还是表面上的相似性、这些相似性是否足以推出其他方面的相似性等，都与侦查人员自身的背景知识有关。在相似并案侦查中，经常出现这种情形：对于同一个问题，不同的侦查人员会运用不同的类比推理，从而得出不同的结论。此外，能不能构建一个好的类比推理，也与侦查人员的背景知识有关。

---

① ［美］威廉姆·沃克·阿特金森：《逻辑十九讲》，李奇译，新世界出版社 2013 年版，第 173 ~ 174 页。

② 张晓光：《国内类比推理研究综述》，载《哲学动态》2000 年第 5 期。

③ 金立：《基于图尔敏论证图式的类比推理的逻辑分析》，载《福建论坛（人文社会科学版）》2016 年第 1 期。

④ Goodman N., Seven strictures on similarity. In N. Goodman (Ed.), Problems and prospects [C], New York: Bobbls - Merrill, 1972: 206.

许多研究者还发现，侦查人员对相似性的理解依赖于语境，尤其是专业训练对相似性的判断影响很大，而语境也与侦查人员的背景知识有关。H . Suzuki 认为，“相似性的判断依赖于专业知识水平和目标”[①]。

受背景知识的制约是所有类型的或然性推理的共同特征，但是类比推理受背景知识的制约最大。背景知识是一个广义的、宽泛的概念，非三言两语可以解释清楚。侦查人员的背景知识既包括他在一定认识阶段上的感性认识和理性认识的总体，也包括侦查人员个体的个别经验知识。这些认识作为侦查人员的已有知识，势必参与到类比推理之中，并承担着“信息库”和“逻辑中介”的双重功能。信息库为类比推理的进行提供了可资检索与可供组合的“贮存信息”，在这个意义上，相似关系的提出有赖于对信息库进行检索和重组。逻辑中介是指在类比推理中承担由特殊到特殊过渡的中介的那部分知识。目前刑侦界对常规的类比特点已经有一些总结，但是隐秘的相似性可能要靠侦查人员的独特的眼光和知识背景来发现，并不一定有定规。

还有学者认为，类比推理“是运用联想和直觉来实现的”[②]。在相似并案侦查中，联想就是将两个刑事个案联系起来，触类旁通，比较其异同之处。联想的过程是探究刑事个案之间联系的过程，这势必与侦查人员的背景知识、侦查经验和直觉等非逻辑因素甚至非理性因素有着密切而直接的关系。相似性的选择更是一个受背景知识制约的联想、选择、比较的心智过程。

（三）侦查思维中运用类比推理的合理性原则

基于类比推理的上述缺点，侦查思维中运用类比推理需要遵守一些合理性原则。

1. 对若干起刑事个案的各种属性进行全面而深入的比较

比较是在思维中用以确定对象之间相似性和差异性的逻辑方法，其基本功能是辨同和别异。通过比较，既可以认识到具体事物之间的相似性，也可以了解具体事物之间的差异性。例如，在侦查工作中，确定两枚指纹、两个足迹、两根毛发、两种工具和两种笔迹等是否相同或者相似，就是运用比较的方法。

在侦查思维中，比较具有重要的方法论意义。（1）比较有助于对刑事个案的

① 陈锐：《法律适用中的类比推理》，载《毕节学院学报》2006 年第 1 期。

② 李顺万：《还原犯罪真相——侦查逻辑与方法》，重庆出版社 2007 年版，第 95 页。

分类考察，以利于发现同类刑事个案及其特征。(2) 比较有助于对刑事个案进行全面探究，以利于完整地认识刑事个案的属性。(3) 比较有助于对刑事个案进行深入剖析，以利于深入地认识刑事个案的本质或者规律。

比较可以根据不同的标准进行不同的分类。

(1) 纵向比较和横向比较。纵向比较，也称历史比较，是将同一或同类事物在不同历史形态下的具体情况进行比较，具有历史性、时序性和纵深性等特征；横向比较是将同一水平横断面上的不同事物，按照某种同一性标准进行比较。

(2) 定性比较和定量比较。定性比较是比较反映事物本质属性的某些特征从而确定各个事物的质的规定性；定量比较是比较不同事物的数量特征，以确定各个事物的量的规定性。

(3) 相同比较、相异比较和异同比较。相同比较是比较若干对象的相同之处而认识这些对象的方法；相异比较是比较若干对象的不同之处而认识这些对象的方法；异同比较是比较若干对象，同时认识其相同之处和不同之处的方法。

比较若干起刑事个案时，注意遵循若干原则：(1) 必须在同一关系下进行比较，即被比较的若干对象必须具有可比性；(2) 必须设定确定的、稳定的甚至精确的比较标准，并在同一标准下进行比较；(3) 尽量对被比较的对象进行全面而深刻的比较，要就对象的实质方面、本质属性或者内部关系进行比较，不要因为某种表面上的相似而忽略实质上的差异，也不要因为表面上的差异而忽略实质上的相似。侦查人员在进行比较若干起刑事个案时，必须在同一类型的属性上进行比较。如果不注意对象属性是否同一类型，就简单地随意抽取两类对象的某些属性进行比较，极易得出很荒谬的结论。

违反这些原则会导致一些逻辑错误：(1) 不可比错误：在不同关系下进行比较，把本来不可比的对象、数据进行比较；(2) 比较无标准：没有设定确定的比较标准，在不同的基础上进行比较；(3) 比较不全面、不深刻：仅仅针对对象的片面属性或者表面属性进行比较。

2. 提高类比推理的结论的可靠性

侦查思维中的类比推理的结论虽然只是一个或然性判断，但是其可靠性是可以提高的。

(1) 增加前提中的延伸对象与参照对象之间的相似性

一方面，前提中的延伸对象与参照对照的相似性越多，它们越有可能在某种程度上属于同一类对象，它们具有其他相似属性的可能性也越大。另一方面，足够的相似性可以使类比推理避免偶然性，相似性越多，偶然性越小，类比推理的结论的可靠性越高。有学者研究发现，“通过对同域和异域不同类比的比较分析，明确了类比推理过程的有效性和类比推理结论的可靠性皆与类比对象的相似性息息相关，相似性越强，类比主张的可靠性就越高，类比推理的有效性也就越高，反之则越小”①。这些相似性包括已知的若干起刑事个案与待考察的刑事个案之间在诸如犯罪手段、犯罪地点、侵害对象、犯罪时间、犯罪主体、犯罪动机、犯罪后果、犯罪性质等方面的相似性。

但是，类比推理的结论可靠性与相似性的个数并不是正相关的。有心理学家和逻辑学家认为，类比推理之中的相似性并不仅仅是属性的相似，而应当把它放在结构和组合之中来考虑。即将事物的方方面面纳入对应关系中，将事物的特征进行系统的比较，而不是单个属性的比较。如果系统越大，系统的特征匹配程度越高，则类比推理结论的可靠性程度就越高。这种组合还必须具有三个条件限制：第一，组合必须是“结构一致的”。也就是说，必须注意到相似性的联结和一一对应的关系。第二，类比的相似性要求必须包括共同的关系，即“ 关系焦点”。第三个特点是相似性必须具有系统性的特点。也就是说，类比倾向于匹配有联系的关系系统。②

（2）提高前提中的共同属性与延伸属性之间的关联性

如前所述，类比推理的依据是对象之间的相似性，而对象之间的相似性可能是本质上的相似性，也可能是表面上的相似性。因为本质属性是对象内部的稳定的必然的联系，它在客观上制约着其他属性，所以据此进行延伸对象与参照对象之间的类比推理，才能最大限度地提高结论的可靠性；否则，所得结论就不可靠。不难理解的是，如果延伸对象和参照对象之间在本质属性上相同或者相似，那么它们在其他属性上更有可能相同或者相似。延伸对象与参照对象之间的相似性如果是这些对象的本质属性，并且本质属性与延伸属性之间有内在联系，那么结论无疑会更加可靠。

为了提高前提中的共同属性与延伸属性之间的关联性，可以尽量采用延伸对象和参照对象之间的本质属性进行类比。要注意研究各个属性产生的原因以及属性之间的制约关系，注意发现与结论有关的属性，并进行比较，使得结论更加接

---

① 金立：《基于图尔敏论证图式的类比推理的逻辑分析》，载《福建论坛（人文社会科学版）》2016 年第 1 期。

② 王亚同：《类比推理》，河北大学出版社 1999 年版，第 20 页。

近于客观真实。具体而言，要使得案件的特征与其作案人归属之间的关联度尽量高，如果这种关联是表面的或者微弱的，那么得出的结论就值得怀疑。

有的相似性不是与人身或组织关联性紧密联系的，不可以勉强类比。例如，扒窃者的作案手法“寻、跟、定、观、遮、窃、藏、估、溜、销”是普遍规律，不是某一个扒窃者的个人特点，很难说两起扒窃案大致作案过程差不多，就说是同一个（伙）扒窃者所为；相反，如果不同盗案现场的步伐按专家的看法是相同的，我们应当倾向于作个性特征的解释，枪弹、血迹、指纹、足迹、撬压痕迹等甚至可能是同一的，则更具有类比价值。

在密尔看来，类比推理结论的可靠性依赖于对象之间的类似与它们之间的共同属性之间的关联程度，而这种关联程度又决定于对象之间的类似属于终极性质的属性还是导出性质的属性。

（3）对类比推理的强度进行定量化和实证化的描述

目前对于类比推理的研究多数停留在定性描述上，对相似性的研究过于简单化，把相似性仅仅看作简单的属性相似，在定量研究和结构研究方面研究得不是很深入。类比推理虽然难以定量描述，但是这并不意味着不能定量描述，关键在于采用什么样的研究方法和建立怎样的研究模型。对类比推理进行定量描述不仅是必要的，而且是可能的。如果不能实现对或然性结论的精确化定量描述，那么就难以实现对结论所描述的案情事实发生可能性的精确性认识。

为了对类比推理进行定量化的描述，可以引进数学方法和实证方法。数学方法主要是概率方法和统计学方法，实证方法主要是实验方法。在此基础上，对相似性进行深入分析，将相似性看作一种组合相似，再将组合相似性分为语义相似、结构相似和目标相似。

（4）正确地对待类比推理的结论，避免“不当类比”谬误

基于类比推理只能得出或然性的结论这一特征，侦查人员在侦查思维中运用类比推理时应该审慎地判断，不能轻易地把类比推理得出的任何结论当作真理，除非它在实际的观察和实验中被证实为真理，或者使用枚举推理消除掉了所有合理的质疑；可以在方法论中将类比推理的结论仅仅视为侦查假说的一种来源，而不能把它作为论证的充分根据。类比推理的结论的可错性是明显的，因此要作审慎的评估。

特别要注意识别和发现有无与结论矛盾的属性，以防止推理的轻率或者结论的错误。如果延伸对象存在与共同属性相排斥的属性，就算延伸对象与参照对象

之间的相似属性再多，推理的结论也不能成立。相似案件可能有某种相似或相同的原因，但是这种原因不一定要解释为同一个（伙）作案人作案，如模仿作案。

此外，还要注意避免“不当类比”谬误。不当类比是指在对象的共同属性和延伸属性之间缺乏较强的关联时运用类比推理导致的谬误。不当类比有两种表现形式：(1) 仅仅根据一种表面上的相似性就贸然进行推理，把某对象的表面属性外推至其他对象。如果在若干起相似之处很少，而且在本质上并无关联的刑事个案之间进行类比推理，以此推出的结论很可能是荒谬的。(2) 在尚未发现两个对象的相同属性之前，就对这两类对象在数量上进行简单的比较而导致的谬误。先秦墨家早就发现了这种谬误，并在《墨经》中进行了详细的论述。

3. 对类比推理的结论进行检验

如前所述，类比推理的结论只能是一个或然性判断，无论它具有多大程度的可靠性，也达不到必然真实的程度，而且在未经检验之前，其事实上的真实性是未知的，尽管侦查人员会给予它一定程度的置信。为了在事实上确定类比推理的结论的真实性，侦查人员必须将类比推理的结论诉诸检验。

第二节　侦查思维中的枚举推理及其特征

侦查思维中的枚举推理，在哲学上被定义为从特殊事实中发现一个普遍性真理的方法。亚里士多德在其被后人编纂的《工具论》中就探讨了枚举推理。不过，由于亚里士多德研究的推理主要是所谓的直言三段论，因此他不像重视直言三段论那样重视枚举推理，而仅仅将枚举推理作为建立直言三段论大前提的方法而已。亚里士多德之所以不注重枚举推理的研究，一种解释是亚里士多德偏爱“必然地得出”的诸如直言三段论那样的必然性推理，而枚举推理却不是必然性推理；另一种解释可能是亚里士多德认为枚举推理过于简单而缺乏深入研究之必要。尽管枚举推理是一种应用很普遍的归纳推理，但是由于被长期有意或者无意地忽视，以致培根也隐隐约约地认为只有他所提出的以“三表法”为核心的排除归纳法是归纳推理，是真正的可以发现新知识、作出新发现的“新工具”。笔者认为，既然枚举推理是一种典型的归纳推理，那么就不能忽视其作用和地位，而应该深入挖掘其价值、研究其形式。

侦查思维中的枚举推理具有不同于其哲学定义的定义。与其他归纳推理相比，它具有多方面的特征。

一、侦查思维中的枚举推理的含义及其原理

（一）侦查思维中的枚举推理的含义

对于枚举推理，多数论者把它界定为这样一种推理：前提断言的是某类对象的部分成员具有某种属性而且没有出现反例，结论是一个断言该类对象的所有成员都具有该属性的实然全称判断。比如，有学者认为，枚举推理“前提考察了一类事物的部分对象，发现它们都具有某种属性，并且没有遇到与之不同或者相反的情况，从而推出该类对象都具有某种属性”①。

笔者认为，枚举推理的前提考察的可以是某类对象的某一成员或者某类对象的每一成员，而未必是某类对象的部分成员；前提中不必强调“没有遇到与之不同或者相反的情况”，“与之不同或者相反的情况”的存在与否是客观的，而其是否出现则与运用枚举推理时的主观因素和客观因素均有关系；枚举推理的结论大多是或然性判断而不是实然性判断，可以是特称判断甚至单称判断而未必是全称判断。因此，对枚举推理的这种界定是不太恰当的。

那么，到底何谓枚举推理呢？从字面上解释，“枚”就是“个”的意思，“举”就是“列举”的意思。按照汉语语法，作为量词的“枚”处于作为动词的“举”之前，自然是量词做状语，因此，“枚”应该理解为“逐个”，“枚举”就是“逐个列举”的意思。虽然枚举有着极其广泛的诸如解释和论证等方面的应用，但是枚举在侦查思维中的主要应用还是在于进行推理。从某种程度上说，借助于枚举而进行的推理就是枚举推理。

基于此，笔者认为，侦查思维中的枚举推理是这样一种推理：在前提中逐个列举某类对象中的若干成员，并且断言它们共同具有某种属性，在结论中断言该类对象的某一、有些或者所有成员可能（或者必然）具有该属性。需要注意的是，这里的“若干”表示的数量的下限是某类对象中的某个成员，上限是某类对象中的每个成员，也可能是某类对象中的部分成员。枚举推理的结构形式可以表

① 何向东：《逻辑学教程》（第3版），高等教育出版社2010年版，第140~141页。

示为：

S_1具有属性 P；

S_2具有属性 P；

S_3具有属性 P；

……

S_n具有属性 P；

S_1、S_2、S_3……S_n是 S 类对象中的成员；

所以，可能（或者必然）S 类对象中的某一、有些或者所有成员具有属性 P。

在侦查思维中运用枚举推理的合理性主要在于侦查人员所侦查的刑事案件及其现象所具有的某种必然性和规律性。而这种必然性和规律性是通过个别现象的偶然性、多样性表现出来的。侦查人员有必要也可能通过认识大量个别案件现象的偶然性和多样性去把握一类刑事案件所具有的那种必然性和规律性，并在此基础上指导侦查人员对所面对的刑事案件的认识，对案件的发展趋势和未来进行预测、把握和规范。

例如，南京仙林某高校本科学生宿舍中发生一起失窃案。该学生宿舍共有七名学生，为了侦破该失窃案，侦查人员对这七名学生逐一进行调查，发现他们每个学生都与该失窃案无关。据此，侦查人员得出结论，该宿舍的所有学生都与该宿舍发生的失窃案无关。

（二）侦查思维中的枚举推理的原理

侦查思维中的枚举推理的原理就是所谓的“归纳法原则”：如果大量的情况 A（A_1，A_2，……，A_n）在各种各样条件下被观察到，而且如果所有这些被观察到的 A 都毫无例外地具有性质 B，那么，可能所有 A 都具有性质 B。

这一原理还有很多不同的表述：“如果一个整体大部分的事情是确定成立的，那么这个整体中的所有事情都是确定成立的。”① “如果许多个体是确定成立的，那么这一类的整体也是确定成立的。也就是说，假设它是一个事实，不是因为我们凭借实际经验来认识它，而是因为从与我们过去经验相吻合的公理中，推断出它的存在。”② 英国 19 世纪的著名逻辑学家、古典归纳逻辑的集大成者约翰·斯

---

① ［美］D. Q. 麦克伦尼：《简单的逻辑学》，赵明燕译，浙江人民出版社 2013 年版，第 121 页。

② ［美］威廉姆·沃克·阿特金森：《逻辑十九讲》，李奇译，新世界出版社 2013 年版，第 107 页。

图亚特·密尔曾说："事实上，归纳法其实是借助于大脑思维的工作推断出，如果一个判断在一个或者诸多事件中被证实是成立的，那么在类似于前者的事件中，这个判断也同样被断定是成立的。换句话说，在枚举推理的过程中，我们可以总结出，如果一个类别中的某些个体的特性是成立的，那么这个类别中所有个体的特性也都是确定成立的，或者说，如果一个判断在某个时间段内是确定成立的，那么它在同样的环境下的任何时间点也都是确定成立的。"①

后来英国著名逻辑学家罗素对该原则进行了修改：(1) 如果发现一种事物甲与另一种事物乙是相互联系在一起的，而且从未发现它们分离过，那么甲、乙相互联系的次数越多，则在新事例中（已知其中一项存在时），它们相互联系的可能性也就越大；(2) 在同样情况下，如果相互联系的事例数量足够大，就会使得一项新联系的可能性几乎接近于必然性，而且会使得它无止境地接近于必然性。②

这一公理从某种程度上表明了枚举推理的合理性：在该普遍法则或真理的基础上，人们有理由将特称判断包含的事实应用到普遍整体上。归纳公理主要基于一个信念即所谓的自然齐一性原理。这一原理认为，大自然的法则和表现都是规律的、有序的和统一的。人们有理由相信：由于事物过去曾以某种方式发生，或被观察到以某种方式发生；那么，它们在现在和将来仍然继续以同样的方式发生，或被观察到以同样的方式发生。如果我们假设大自然的法则没有表现出这种特性，那么该公理必然不再成立，所有的枚举推理因为失去基础而成为谬误。

枚举推理的基础在于经验观察。为了考察某些对象中哪些共同具有某种属性、哪些不共同具有某种属性，需要侦查人员进行经验观察。经验观察包括自然条件下的观察和人为条件下的观察；此外，确定哪一层次的共同属性作为归类的依据和标准，也需要借助于经验观察。从这种意义上说，侦查思维中的枚举推理是一种实证工作和实证方法。

枚举推理的实质就是属性内展。既然同类对象具有共同某种属性，那么该类对象是不是也可能具有其他共同属性呢？因此，当同类对象中的部分成员具有另一属性的时候，人们就自然会推理是不是该类对象的所有成员都具有该属性。这样，人们将一类对象中部分成员具有的属性扩展至所有成员。因为这种属性的扩

---

① ［美］威廉姆·沃克·阿特金森：《逻辑十九讲》，李奇译，新世界出版社 2013 年版，第 108 页。
② ［英］罗素：《哲学问题》，许宝骙译，商务印书馆 1959 年版，第 45 页。

展是在同类对象之间进行的，所以称为属性内展。这种属性内展虽然不是充分的，但却是适用的和具有启发性的。

枚举推理的原理不同于类比归纳法的原理：如果所有事情中的有些事情有相似之处，那么剩下的其他事情也有相似之处。英国19世纪的著名逻辑学家威廉姆·斯坦利·杰文斯（1835～1882）在谈到枚举推理和类比归纳法的不同时说道："类比归纳法和枚举推理，仅仅在程度上保持差异。当有些事情在某些属性上相互保持相似的时候，我们通过概括对它们进行推理；当有些事情在许多属性上保持相似的时候，这就形成了一个类比过程。"①

二、侦查思维中的枚举推理的特征

（一）枚举推理是在同类对象之间进行的

从上述枚举推理的定义不难看出，枚举推理的前提和结论所断言的具有某种属性的成员是同类对象中的成员。也就是说，枚举推理一般是在同类对象的成员之中进行的，不能在异类对象的成员之间进行。同类对象就是具有某种共同属性的所有对象的汇集。很明显，共同具有某种属性是对对象进行分类和归类的依据。具有某种共同属性的所有对象构成同类，不具有该共同属性的所有对象不属于该类，而是构成异类。所以，在进行枚举推理之前，首先要对对象进行归类和分类，确保所考察的对象构成同类。

（二）枚举推理是一种扩展性推理

枚举推理根据某类对象中若干成员具有某种属性，推出该类对象中所有或者另一些甚至另一个对象可能（或者必然）也具有该属性，属性从某类对象中的若干成员扩展到所有成员、另一部分成员或者另一个成员，从而体现了扩展性特征。多数枚举推理的结论所断定的知识范围一般超出或者突破了前提所断定的范围，是对前提中已有认识的扩展和外推，从而使得结论扩充了新信息，人们的思维才能够突破当前情境的局限而扩大认识领域，并获得新的认识。需要注意的是，枚举推理的扩展性是同类对象属性之间的扩展性，可以称为内展性；而类比

① ［美］威廉姆·沃克·阿特金森：《逻辑十九讲》，李奇译，新世界出版社2013年版，第170页。

归纳法“跳出了在同类对象之间进行的局限，具有很强的外展性”①。

（三）枚举推理的结论大多是或然性判断

大多数枚举推理的结论是或然的（probable）。对此，休谟曾经从哲学的高度进行了论证：“这是因为：无论是从实际观察到的有限事例跳到了涉及无穷对象的全称结论还是从过去、现在的经验跳到了对未来的预测，这两者都没有逻辑的保证，因为适用于有限的不一定适用于无限，并且将来可能与过去和现在不同。”②

对于枚举推理结论的或然性，我国已故著名数学家华罗庚曾有一个简明而生动的描述：“从一个袋子里摸出来的第一个是红玻璃球，第二个是红玻璃球，甚至第三个、第四个、第五个都是红玻璃球的时候，我们立刻会出现一种猜想：是不是这个袋子里的东西全部都是红玻璃球？但是，当我们有一次摸出一个白玻璃球的时候，这个猜想失败了。这时我们会出现另一种猜想：是不是袋子里的东西都是玻璃球？但是，我们有一次摸出来的是一个木球的时候，这个猜想又失败了。那时，我们又会出现第三个猜想：是不是袋子里的东西都是球？这个猜想对不对，还必须加以检验，要把袋子里的东西全部摸出来，才能见分晓。”③

枚举推理的结论对外部存在一定的依赖，而外部依赖又能够对枚举推理提供一定的弥补。背景知识对于限制枚举推理过程中搜索的结论空间的大小和结构起着重要的作用，是提高枚举推理效率的关键。运用或然性（possibility）推理可以得出逼近确然性（certainty）的判断。用数理统计的方法，可以使归纳更精细，这就逼近确然性了。英国哲学家科恩则指出：“给某一概括提供特定水平的支持所要求的实例种类，必定和有关的限定明显地或隐含地限制的概括范围成反比；归纳结论的强度应根据检验的彻底性来评价；控制的种种有关条件越多，则排除其他假说就越彻底。”④

---

① 马前进：《试论相似并案侦查中的类比推理》，载《湖北警官学院学报》2017 年第 5 期。

② ［英］休谟：《人类理解新论》，许宝骙译，商务印书馆 1959 年版，第 45 页。

③ 华罗庚：《数学归纳法》，上海教育出版社 1963 年版，第 3～4 页。

④ ［英］乔纳森·科恩：《理性的对话》，邱仁宗译，社会科学文献出版社 1998 年版，第 79 页。

三、侦查思维中的枚举推理的作用

枚举推理在认识过程中是一种重要的思维方法，它既是形成侦查猜测的方法，也是检验这种思维成果的方法，在侦查思维中发挥了重要作用。侦查实务表明，很多经验定律和经验公式大都是应用枚举推理总结出来的。枚举推理作为一种或然性推理方法，它在侦查思维活动中具有重大作用。其中，它的最基本作用有以下几个方面。

（一）枚举推理对于总结侦查经验和发现案件规律具有重要意义。作为科学理论构成中的低层次的经验定律，大都是受枚举推理的启发而总结出来的。枚举推理不仅在经验定理的发现中起着直接作用，而且在理论定律和原理的最初提出时也常常起着帮助发现的作用。运用枚举推理，可以使人通过对个别现象的考察，由此追根究底地深入思索，概括出一般性的道理。

案情归纳是整个侦查工作中关键的一个环节，是确定侦查方向、制订正确侦查计划的前提。侦查人员运用侦查策略和审讯谋策，将静态的知识、智慧、技能和动态的思考、运筹、应变相结合，将侦查措施、手段、方法与科技知识、个案信息、类案侦破相结合，对历史资料和社会案例进行分析，多层面多角度剖析案例，既看到其中的普遍道理，也管窥其特殊的意义蕴含。侦查人员运用枚举推理，剔除那些虚假的、重复的信息，在对各类相关案件的一般动机、行为过程、对象特点充分了解的基础上，提出对案情的性质、动机，犯罪过程（进入的时间、路线、主要动作等），使用的何种工具，犯罪嫌疑人的个人特征等的侦查猜测。

（二）枚举推理有助于扩展侦查人员的思维领域。枚举推理根据部分对象的认识推论到该类事物的全体对象或者不同部分对象，能弥补人的认识能力有限的不足，能够扩展人们的思维领域。培根指出，只有当我们在经验基础上运用归纳法，认识范围就更大和更宽一些，“这样，我们才既不致拘执于已知的事物，也不致只是松弛地抓着空虚的影子和抽象的法式而没有抓住坚实的和有其物质体现的事物。一旦这种过程见诸应用，我们就将终于看到希望的曙光了”①。

（三）枚举推理对于侦查猜测具有确证作用。侦查人员的思维到了一个阶段，必须提出侦查猜测，侦查猜测是侦查人员的思维成果的最初表现形态。正如恩格

---

① ［英］培根：《新工具》，许宝骙译，商务印书馆1984年版，第83页。

斯指出的那样："只要自然科学运用思维，它的发展形式就是假说。一个新的事实一旦被观察到，对同一类的事实的以往的说明方式便不能再用了。从这一刻起，需要使用新的说明方式——最初仅仅以有限数量的事实和观察为基础。进一步的观察材料会使这些假说纯化，排除一些，修正一些，直到最后以纯粹的形式形成定律。如果要等到材料去纯化到足以形成定律为止，那就是要在此之前使运用思维的研究停顿下来，而定律因此也就永远不会出现。"①

某一侦查猜测提出之后，侦查人员要思考该侦查猜测是否具有真理性、有多少真理性等问题，而侦查猜测的真理性需要事实来验证。检验侦查猜测的真理性，就要从它演绎出一些关于案情事实的推断，然后通过观察和实验等实践活动进行验证。如果侦查猜测的逻辑推断与经验事实相一致，那么该侦查猜测就得到经验事实给予的一定程度的支持。我们把这种在一定程度上证实侦查猜测的真理性的过程，称为侦查猜测的确证。

例如，当发现有人死去后，人们很自然地会问：是自然死亡、意外事故死亡，还是非自然死亡？如果是非自然死亡，那么是自杀还是他杀？人们会因为各种各样的理由选择自杀；同样，谋杀他人的理由也有许多。很多时候，人们可能会被假象所蒙骗。②

英国利兹大学的西里尔·波尔森教授在他的《法医学要素》一书中写道："狡猾的人在自杀时……可以把自杀弄得仿佛他杀。但更常见的情况是，凶手会力图把他的罪行伪装成自杀。"西里尔·波尔森教授在其论文《犯罪学家》中也强调，表面上的死因很可能是误导。他描述了十二起案件，从表面上看，其中三起案件中的被害人是被枪杀的、两起案件的被害人是被刺死的、两起案件的被害人是被勒死的、两起案件的被害人是被瓶子和斧子敲击死的、一起案件的被害人是被踢死的、一起案件的被害人是被闷死的、一起案件的被害人是被人徒手打死的。在一开始，警方认为这些被害人都是被人谋杀的。但后来的事实证明，所有死亡都是自杀或意外事故的结果。其中，一个看似被斧子砍死的被害人实际上是用猎枪自杀的，一个被勒死的被害人死于心脏病发作，一个被踢死的被害人原来是失足意外坠下，被徒手打死的被害人实际上是自己身体出现了问题，大量的血迹实际上是由静脉血管曲张爆裂产生的。

---

① 中央马列编译局编译：《马克思恩格斯选集》（第4卷），人民出版社1995年版，第336～337页。

② ［美］布莱恩·隐内：《砸开上帝的坚果：法医从未公开的绝密档案》，王旸译，接力出版社2015年版，第38页。

第三节　侦查思维中的枚举推理的常用类型

对于枚举推理的分类，学者们给出了两种方案：（1）多数论著根据前提是否枚举了某类对象中的所有成员而将枚举推理分为完全枚举推理和不完全枚举推理，再将不完全枚举推理分为简单枚举推理和科学枚举推理；（2）也有少数学者根据枚举推理的结论的性质将枚举推理分为必然性枚举推理和或然性枚举推理。依笔者愚见，这两种分类方案在逻辑上也许是没有问题的，但是实践意义却略显不足。

笔者认为，根据枚举推理的结论的类型可以将侦查思维中的枚举推理分为全称枚举推理、特称枚举推理和单称枚举推理。侦查思维中的全称枚举推理是这样一种枚举推理：前提是某类对象的若干成员具有某种属性，结论是该类对象的所有成员也可能（或者必然）具有该属性，包括从某个到所有的枚举推理、从部分到所有的枚举推理和从每个到所有的枚举推理。侦查思维中的特称枚举推理是这样一种枚举推理：前提是某类对象的若干成员具有某种属性，结论是该类对象的有些成员必然具有该属性，包括从某个到有些的枚举推理、从部分到有些的枚举推理和从每个到有些的枚举推理。侦查思维中的单称枚举推理是这样一种枚举推理：前提是某类对象的若干成员具有某种属性，结论是该类对象的某一成员也可能（或者必然）具有该属性，从某个到某个的枚举推理、从部分到某个的枚举推理和从每个到某个的枚举推理。

当然，这三类九种枚举推理在侦查思维中的应用范围和频率是不尽相同的。一般而言，侦查思维常用的枚举推理依照应用范围和频率的递减顺序为：实际枚举推理、预测枚举推理、典型枚举推理和完全枚举推理。

一、侦查思维中的实际枚举推理

侦查思维中的实际枚举推理也称从部分到所有的枚举推理，是从某类对象中某些成员具有某种属性推出该类对象中所有成员可能具有该属性，其结论是一个或然性全称判断。这种枚举推理的结构形式可以表示为：

S_1具有属性 P；

S_2具有属性 P；

S_3具有属性 P；

……

S_n具有属性 P；

S_1、S_2、S_3……S_n是 S 类对象中的部分成员；

所以，可能 S 类对象中的所有成员都具有属性 P。

例如，某派出所刑警中队分析辖区内发生的盗窃案的案发特点，发现有几个小区的盗窃案的发案率明显高于其他小区，而这几个小区都是老旧小区。与此，侦查人员得出结论：可能老旧小区的盗窃案发案率都普遍高于其他小区。

实际枚举推理的具体程序大致是："首先，汇集众多个别案件及经验事实；其次，对所汇集的对象进行比较、分类和概括；最后，发现或者确定归纳得以实现的案件和经验事实中那些共同的特征和属性，并形成具有普遍性的判断。"①

实际枚举推理的一个关键预设是："假设人们实际上知道的部分细节或者事实正确地代表其余没有被人所知道的事情及它们所述的整个类别。"② 它的实质是"由有些'S 具有属性 P'推出可能所有'S 都具有属性 P'；前提'有些 S 具有属性 P'是特称判断，而特称判断是直陈事件的判断，分开说，就是：这个 S 具有属性 P，那个 S 具有属性 P，等等"③。实际枚举推理的主要特征就是结论对某对象的断定范围超出了前提对该对象的断定范围。在这个过程中，很容易看出结论被扩大，超出了它所依赖的数据信息。因此，即使实际枚举推理的所有前提都是真实的，也不能确保结论真实。也就是说，其结论不是必然的，而是或然的。因为即使没有遇到反例，不代表就不存在反例，也不代表将来不会遇到反例，所以这种枚举推理的结论只是概然的、可能的（probable）。

尽管如此，不完全枚举推理在侦查思维中仍然具有重要作用。一方面它是侦查思维中经验总结的逻辑依据，而且合乎人们的一般认知进程。在侦查思维中，侦查人员首先接触到的是具体的、零散的个别对象。但是，侦查人员与生俱来的理性和概括习性使得侦查人员不会满足于此，而是追求从个别认识上升到一般认识，从部分认识扩展到整体认识，以期得到有关案件及其同类案件的具有普遍性甚至规律性、趋势性的认识。另一方面它能够扩展侦查人员的认识范围，实现知

① ［美］威廉姆·沃克·阿特金森：《逻辑十九讲》，李奇译，新世界出版社 2013 年版，第 108 页。

② 牟宗三：《理则学》（修订版），江苏教育出版社 2006 年版，第 208 页。

③ 牟宗三：《理则学》（修订版），江苏教育出版社 2006 年版，第 207 页。

识的迁移和创新。因为不完全枚举推理结论对某类对象的断定范围超出了前提对该对象的断定范围，所以侦查人员能够通过已知去探究未知，由此及彼，举一反三，触类旁通。对此，无论是归纳逻辑的创立者培根还是恩格斯都有深刻的认识。

实际枚举推理的优势在于它在前提中仅需枚举某类对象中具有某种属性的部分成员即可进行推理。因而，它是最常用的枚举推理。密尔曾说："事实上，枚举推理其实是借助于大脑思维的工作推断出，如果一个判断在一个或者诸多事件中被证实是成立的，那么在类似于前者的事件中，这个判断也同样被断定是成立的。换句话说，在归纳推理的过程中，我们可以总结出，如果一个类别中的某些个体的特性是成立的，那么这个类别中所有个体的特性也都是确定成立的，或者说，如果一个判断在某个时间段内是确定成立的，那么它在同样的环境下的任何时间点也都是确定成立的。"① 一些侦查经验丰富又善于进行总结的侦查人员、法医等，往往会对自己积累的众多经验进行总结和概括，得出关于某种情况的一种规律性认识，并用这种认识来指导自己的侦查实务。例如，人们根据经验知道，触电身亡的人两臂肘部弯曲，火烧致死的人两臂肘部弯曲，雷击致死的人两臂肘部弯曲，据此得出结论：可能高温致死的人都是两臂肘部弯曲的，即所谓的"拳击家"姿势。

实际枚举推理也存在若干个方面的不足：实际枚举推理在前提中考察的是部分对象，而不是全部对象，这使得其前提对于结论的支持不是决定性的；从前提推出结论的依据主要在于已经考察的部分对象中没有出现相反的情况，并未对这部分对象何以具有某种属性的原因加以探究，它主要是在知其然而不知其所以然的情况下得出结论；实际枚举推理的结论是或然性的，其结论断定的范围势必超出前提的断定范围，这缺乏逻辑上的充分性或者逻辑保证；此外，前提中已经考察的部分对象没有遭遇反例，并不意味着反例就不存在，更不能保证将来不会出现反例。

实际枚举推理主要用于总结经验，发现规律如因果律等。实际枚举推理可以用于发现因果关系，人们应用实际枚举推理可以建立现象之间的因果链接。当一种现象的许多事例恒常地伴随以特定类型的事态的时候，人们自然倾向于得出在它们之间存在因果关系的结论。用于发现因果关系的实际枚举推理的特殊结构形

① ［美］威廉姆·沃克·阿特金森：《逻辑十九讲》，李奇译，新世界出版社2013年版，第107页。

式可以表示为：

现象E的事例1伴随事态C；

现象E的事例2伴随事态C；

现象E的事例3伴随事态C；

……

所以，（可能）现象E的所有事例都伴随事态C。

这里，增加列举出的事例的数量非常重要。伴随事态C的不同事例，被称为断言C引起E的因果律的确证事例。如果其他事态不变，那么确证事例越多，结论得到的支持度越高。需要注意的是，增加确证事例对于提高归纳强度的贡献最终呈现递减趋势。

二、侦查思维中的预测枚举推理

侦查思维中的预测枚举推理也称从部分到某个的枚举推理，是从某类对象中部分成员具有某种属性推出该类对象中另一成员也可能具有该属性，其结论是一个或然性单称判断。这种枚举推理的结构形式可以表示为：

S_1具有属性P；

S_2具有属性P；

S_3具有属性P；

……

S_n具有属性P；

S_1、S_2、S_3……S_n是S类对象中的部分成员；

所以，可能S类对象中的另一成员S_{n+1}也具有属性P。

在侦查思维中，预测枚举推理主要用于未来情况的预测，称为“工作中的向导”。

预测枚举推理与类比推理有些相似，但是又与类比推理有着根本的不同：这种枚举推理前提中的“部分成员”和结论中的“另一成员”属于同类对象中的不同成员，而类比推理前提中用于类比的不同成员完全可以是同类对象中的不同成员。

预测枚举推理的优势在于其预测性，它在侦查思维和侦查实务中是一种发现新知识的重要方法。在侦查思维中，侦查人员在许多情况下不可能完全确切地断定未来要发生的事情，但是又必须对未来的事情作出预测，因此侦查人员只能根据过去发生的案件的经验和相关的知识进行预测。

例如，某小区一周之内连续发生了三起电动车盗窃案件。根据小偷连连得手、未被发现更未被抓获的侥幸心理，侦查人员推测：小偷几天之内很可能甚至必然会再次光顾该小区偷盗电动车。于是，侦查人员决定在现场一隐蔽之处蹲守。几天之后，小偷果然再次行窃，被侦查人员当场抓获。①

三、侦查思维中的典型枚举推理

侦查思维中的典型枚举推理也称从某个到所有的枚举推理，是从某类对象中某一成员具有某种属性推出该类对象中所有成员可能具有该属性，其结论是一个或然性全称判断。这种枚举推理的结构形式可以表示为：

S_i具有属性 P；

S_i是 S 类对象中的某一成员；

所以，可能 S 类对象中的所有成员具有属性 P。

典型枚举推理是以研究某类对象中的代表性个体即所谓的标本为基础的，所以其优势在于它预先对某类对象的成员进行初步筛选以抽取出典型。标本之选择是否恰当，不在于其数量的多少，而在于它是否具有典型性、是否为某类对象中的代表性成员。典型枚举推理实际上是以具有某对象类的普遍性特征中一个典型个体具有某种属性而推出该类对象的所有个体也具有该属性。对象的普遍特征是指一类对象所共同具有的属性。这类共性是一类事物必然具有的稳定特征，也是该类对象之所以构成或者从属于该类的内在规定性和本质属性，不会因为某类对象中个别成员的差异而发生根本的改变。

选择典型的标准一般是定义属性，即一类对象区别于其他对象从而能够界定该类对象的那些属性。人们正是通过定义属性来鉴定某个具体事物是否可以作为某一类的代表性个体。比如，在侦查思维中，要研究醉驾行为，首先必须根据醉驾的定义属性“驾驶机动车时每 100 毫升血液酒精含量大于 80 毫克的驾驶行为”，才能选出醉驾行为的标本。比如，可以选择一个现场查处的醉驾行为作为醉驾行为的代表，然后对它们进行研究，发现这起醉驾行为导致了严重的交通事

① 张宇：《还怕民警找不到你？“萌贼”戴粉色头盔作案》，载《现代快报》2017 年 12 月 11 日。

故，于是，通过典型枚举推理得出结论，可能所有醉驾行为都容易导致严重的交通事故。当然，由于侦查人员认识的深化以及相关的法律规定的改变，对象的定义属性也不是一成不变的，而是与时俱进地变化着的。这里有一个问题，被选择作为典型的个体成员的属性一般是多重的，在典型对象所具有的众多属性之中，到底选择哪个或者哪些属性用于推至全体对象呢？这通常需要背景知识的参与，背景知识不同，选择作为推广的属性也就不同。

四、侦查思维中的完全枚举推理

侦查思维中的完全枚举推理也称从每个到所有的枚举推理，是从某类对象中每一成员具有某种属性推出该类对象中所有成员必然具有该属性，其结论是一个必然性全称判断。这种枚举推理的结构形式可以表示为：

S_1具有属性 P；

S_2具有属性 P；

S_3具有属性 P；

……

S_n具有属性 P；

S_1、S_2、S_3……S_n是 S 类对象中的所有成员；

所以，必然 S 类对象中的所有成员具有属性 P。

完全枚举推理的前提是关于某类对象中个别成员的认识，结论是关于该类对象中所有成员的认识，是对前提所提供的个别认识的概括和提升。因此，通过完全枚举推理可以使得人们的认识从个别上升到一般。这就是完全枚举推理在认识中的本质作用。

例如，某高校本科学生宿舍中发生一起失窃案。该学生宿舍共有七名学生，为了侦破该失窃案，侦查人员对这七名学生逐一进行调查，发现他们每个学生都与该失窃案无关。据此，侦查人员得出结论，该宿舍的所有学生都与该宿舍发生的失窃案无关。

完全枚举推理的优势在于：它的推理形式的有效足以保证从真实前提得出真实结论。从前提和结论的关系看，完全枚举推理的前提必然推出结论；当前提都真时，结论必然真。它有时被称为“逻辑归纳法”，除了用于总结发现之外，也用于分情况的完全证明：为了证实某一断言或者主张，可以考察该断言或主张所适用的每一对象（或者范围）都成立的基础上，断言这一断言或者主张在所有场合都成立，从而证明该断言或者主张的真实性或者可接受性。

这种枚举推理的不足在于两个方面。第一个方面是信息增长方面的稍显不足：作为结论的必然性全称判断实际上是一个全称概括，结论本身已经蕴含于前提之中，并不具有比前提更多的断定，因此其知识增长或者创新方面稍显不足。著名学者牟宗三就认为，“完全枚举推理实际上只是将已有的知识重述一次而给以普遍的形式而已”①。第二个方面在于其应用条件的苛刻以及因此而来的应用范围的限制。完全枚举推理要求我们必须掌握所有特殊对象的认识，用来形成一个类别，而且这些认识都是真实的。也就是说，“构成一个类别的所有单独的物体、人或者事情或者事实，必须在完全枚举推理这种形式的过程中被认识和列举出来”②。由于其应用条件是某类对象中具有某种属性的成员的数量的可穷举性（数量有限而且为数不多），完全枚举推理的运用范围是有限的。如果完全枚举某类对象中具有某种属性的成员既无必要也无可能时，这时候完全枚举推理就派不上用场了。

第四节　侦查思维中的枚举推理的缺点和合理性原则

侦查思维中的枚举推理具有自身的一些缺点。因此，在侦查思维中运用枚举推理时应该遵循一些合理性原则。

一、侦查思维中的枚举推理的缺点

各种枚举推理除了具有各自的优缺点之外，还具有一些共同的缺点。

（一）枚举推理的结论容易遭受反例的威胁

依照笔者之理解，前述的所谓“与之不同或者相反的情况”就是所谓的反例，而它很容易对枚举推理的结论造成一定的、严重的甚至致命的威胁。对于枚

---

① 牟宗三：《理则学》（修订版），江苏教育出版社2006年版，第209页。

② ［美］威廉姆·沃克·阿特金森：《逻辑十九讲》，李奇译，新世界出版社2013年版，第107页。

举推理而言，反例，亦称“相反事例，是不具有枚举推理的结论所断言的属性的事例，简言之就是与结论相矛盾的事例”①。前提中已经考察的部分对象没有遭遇反例，并不意味着反例就不存在，更不能保证将来不会出现反例。如果暂时没有遇到反例，枚举推理的结论是可以使人相信的；一旦遇到反例，其结论就会受到影响、削弱甚至被否证。所以，反例的出现与否，关系、影响甚至决定着枚举推理的结论的可靠性乃至命运。

反例对于枚举推理的不同类型的结论的威胁也是程度不同的。比较而言，反例对于或然性结论的威胁小于它对于必然性结论的威胁，反例对于特称性结论的威胁小于它对于全称性结论和单称性结论的威胁。

（二）枚举推理不恰当地预设了被考察的某类对象中的成员之间的无差别性

正如有些学者所言，枚举推理的缺陷之一在于“前提纯粹是对事例的重复积累，缺乏对事例的选择和分析”②。由于枚举推理侧重于考察了前提中的对象之间的共同性，因此它预设了被考察类对象中的成员之间的等可能性或者无差别性，从而有意无意地忽略前提中的对象之间的差异性。尽管构成同类对象的元素必然具有某种共同属性，但是该类对象之间的差别是绝对存在的，而且是无条件的。而且对象之间的这种差异性对于结论的影响很大，它们对于结论的支持度必然不尽相同。但是，枚举推理却不能对此进行合理的解释和可行的解决。培根也批判枚举推理说，枚举推理所依据的事例太少，而且大都是常见的和信手拈来的，缺乏对事例的分析和对无关因素的消除，由此得出的结论是“对自然的冒测”③。

由于枚举推理对被考察的某类对象中的所有成员一视同仁、等量齐观，自然不会对被考察的某类对象中的不同成员的代表性进行考察，也不会对被考察的某类对象中的成员进行必要的筛选。如果从被考察的某类对象中极其特殊、不具有代表性的成员得出结论，则极易导致所谓的“轻率概括”谬误。

---

① 何向东：《逻辑学教程》（第3版），高等教育出版社2010年版，第143页。

② 邓生庆：《归纳逻辑百年历程》，中央编译出版社2006年版，第4页。

③ 邓生庆：《归纳逻辑百年历程》，中央编译出版社2006年版，第22页。

（三）枚举推理没有对被考察的某类对象中的成员与某种属性之间的相关性进行探究

枚举推理从前提推出结论的依据主要在于已经考察的部分对象中没有出现相反的情况，并未对这部分对象何以具有某种属性的原因加以探究，它主要是在知其然而不知其所以然的情况下得出结论。有学者认为："枚举推理的有效性取决于宇宙的某种同源、同质和同构，当我们归纳的事物未超出某种同源、同质和同构的范围，而得到的知识却是关于这一范围的同源、同质和同构的知识，那么枚举推理就是有效的，我们得到的知识就是可靠的；如果我们归纳的事物超出了这种同源、同质和同构的范围，那么我们通过枚举推理得出的关于这种同源、同质和同构的知识对这一事物就是无效的。只有这样，才既能知其然，又能知其所以然，由表及里，发现真正的本质和规律。"①

（四）枚举推理缺乏对前提和结论的定量描述

枚举推理对于前提中的"若干"缺乏定量的刻画，对于结论中的"有些"也缺乏定量的刻画。特别是，枚举推理对于或然性结论中的"可能"的大小更是缺乏定量的刻画。

对于特称性判断而言，其形式是"有 S 具有属性 P"。因为"有"的上限可以是全部，而下限是 1，所以特称判断的量词"有"是一个很宽泛的范围。这虽然有利于扩大特称量词"有"的适用范围，但是不能精确地、定量地刻画到底"有多少 S 具有属性 P"。在警务信息研判中，有 1 个被考察的某类对象中的成员具有某种属性，极少被考察的某类对象中的成员具有某种属性，近半被考察的某类对象中的成员具有某种属性，多数被考察的某类对象中的成员具有某种属性，绝大多数被考察的某类对象中的成员具有某种属性，乃至几乎所有被考察的某类对象中的成员具有某种属性，它们对于公安工作的意义和价值是不同的。② 对于或然性判断而言，"可能某一/有些/所有 S 具有属性 P"仅仅表明了"某一/有些/所有 S 具有属性 P"具有某种为真的可能性，却没有刻画出这种为真的可能性到底有多大、概率到底有多少。

---

① 熊立文：《现代归纳逻辑的发展》，人民出版社 2004 年版，第 4 页。

② 马前进：《大数据背景下警务信息研判中的统计推理》，载《公安学刊——浙江警察学院学报》2016 年第 2 期。

二、侦查思维中应用枚举推理的合理性规则

虽然枚举推理的结论大多是或然性的，不是必然性的，并且许多枚举推理的结论也确实被证据表明是不真实的，但是人们显然不能、事实上也没有因噎废食，而是继续运用枚举推理。培根指出，只有当我们在经验基础上运用归纳推理，认识范围就更大和更宽一些，“这样，我们才既不致拘执于已知的事物，也不致只是松弛地抓着空虚的影子和抽象的法式而没有抓住坚实的和有其物质体现的事物。一旦这种过程见诸应用，我们就将看到希望的曙光了”①。为此，在侦查思维中运用枚举推理时应该遵循一些合理性原则。

（一）不能忽略甚至尽量主动寻找或发现反例，并予以合理解释

人们应用枚举归纳时总是无意甚至有意地不去寻找、不去注意甚至有意忽略那些潜在的反例或者不确定的事例。理智的侦查人员应该尽量避免这种做法，不仅不能忽略已经存在的反例，而且要主动发现这样的反例，并对反例的存在作出合理的解释。如果考察了各种条件下的大量的同类个体成员而没有出现反例，特别是在最有可能存在反例的地方却没有找到反例，那么其结论的可靠性就会更高。

（二）提高枚举推理结论的可靠性

1. 增加前提被考察的样本的容量

一般而言，被考察样本数量越大，越是接近全部对象，它们共同具有某种属性的可能性也越大，就越能排除反例的存在，结论的可靠性也随之增加。考察的范围越广，某类对象的成员在各种不同的环境条件下都具有某种属性，就越能增加结论的可靠性。正如有些论著所言：“要提高结论的可靠性，需要满足以下条件：(1) 被考察的对象的数量足够多…… (2) 被考察的对象的范围足够广……”② 当然，被考察的样本数量增加到何种程度才能说是足够大是一个非常复杂的问题，并无确定的标准，而且取决于诸多因素，需要结合具体情况进行具体分析才行。

---

① ［英］培根：《新工具》，许宝骙译，商务印书馆1984年版，第83页。

② 陈波：《逻辑学概论》，北京师范大学出版社2007年版，第265页。

比如，需要考察总体规模之大小，总体组成的结构差异性，甚至考察样本的各种成本等因素。这个要求换个说法就是：提高据以推概的事例的数量。

为了提高其结论为真的可能性，需要尽量扩大枚举的数量和范围。枚举的数量越大，结论的可靠性越大。因为数量越大，而且没有反例，表明前提和结论之间的联系可能不是偶然的。因此，为了提高不完全枚举推理的强度，可以在原有前提的基础上增减有利于提高结论可靠性的前提的数量，主要是增加被观察的对象和事例的数量。

2. 增加前提中被考察的某类对象中的成员之间的差异性

正如学者所言："如果枚举推理的前提中不仅断言了某类对象中的不同成员共同具有某种属性，还断言了这些成员在其他性质上有很大的差别或者断言这些成员是该类对象中具有较高代表性的成员，那么结论的可靠性就会得到较大的提高。"[①] 考察的范围越广，某类对象的成员在各种不同的环境条件下都具有某种属性，就越能增加结论的可靠性。如果前提被考察的某类对象中的成员之间的差异性越大而它们仍然具有某种共同属性，那么它们总体中的所有成员也都具有该种属性的可能性无疑更大。被考察的某类对象中的成员之间的差异越大，表明它们在对象类中的分布越广泛，结论的可靠性自然越大。这就要求调整考察对象的视角，尽可能在不同的时间、地点、场合和条件下去考察同类思维对象，这对提高枚举推理的结论的可靠性程度具有重要意义。因为在不同情况下考察同类思维对象，可以全面而深刻地把握思维对象的性质，避免根据偶然或者表面的性质作出结论。

此外，还要在对被考察的某类对象中的不同成员的代表性进行考察的基础上对被考察的某类对象中的成员进行必要的筛选。这就要在研究被考察的某类对象中的成员的质量上下功夫了。其中一个重要方面就是增强某类对象中的成员的代表性。如果被考察的某类对象中的成员具有代表性，通过对它的因果关系探究就足以反映该类对象的整体特征，那么即使被考察对象的数量不多，也可以使得结论的可靠性得到提高。

3. 增强前提中被考察的某类对象中的成员与其属性之间的相关性

如果前提中被考察的某类对象中的成员与其属性之间具有某种相关性，那么结论所断言的总体中的所有（或者另一些或者另一个）成员与该属性之间也很可

① 邓生庆：《归纳逻辑百年历程》，中央编译出版社2006年版，第5页。

能具有这种相关性，这样得出的结论的可靠性也会相应地增强了。有学者提出了考察相关性的方案，值得尝试："如果（1）在已经考察的n个具有属性S的对象中，有m个具有属性P；（2）在已经考察的n个不具有属性S的对象中，有k个具有属性P（m≠k，且m、k≤n）；那么属性S与属性P相关：如果m>k，那么S与属性P正相关；如果m<k，那么S与属性P负相关。"①

例如，某派出所刑警中队分析辖区内发生的盗窃案的案发特点，发现有几个小区的盗窃案的发案率明显高于其他小区，而这几个小区都是老旧小区。侦查人员分析了这些老旧小区的特点，发现这些老旧小区居住进出人员复杂、没有物业和保安、没有安防和监控等技防措施、居民防盗意识差等。很明显，老旧小区的这些特征与该小区发生的盗窃案之间存在一定的因果关系。据此，侦查人员得出结论：老旧小区的盗窃案发案率很可能甚至必然普遍高于其他小区。在这一认识的指导下，刑警中队加大警力配置，加强小区日夜巡逻，组织居民联防和相互守望，对重点人员进行登记造册和重点监控，对出入人员进行登记，增加监控设施建设，加强居民防盗教育。后来，果然收效显著，盗窃案发案率大减。

如果前提中被考察的个体样本中的成员与其属性之间具有某种相关性，那么结论所断言的总体中的所有（或者另一些或者另一个）成员与该属性之间也很可能具有这种相关性，这样前提对于结论的支持的强度就大为增加了，从真实前提得出的结论的可靠性也会相应地增强了。也就是说，不仅要知道总体A中有S具有属性P，而且要探究S和P之间的相关性。样本属性与描述属性具有同质性的可能性越大，结论的可靠性就越大。

其中，最重要的是要深刻分析前提中被考察的对象具有某种属性的原因。要进一步分析研究某类事物中的部分对象之所以具有某种属性的内在原因，被考察对象的数量对于它并不具有决定性的意义，关键在于正确判明因果联系。

例如，某公安机关刑警大队的一位法医观察了5具因为一氧化碳中毒死亡的尸体，发现这5具尸体的皮肤都呈现出樱花般的粉红色。为什么会出现这种情况呢？该法医继续探究后发现，人在一氧化碳中毒后，血液中会形成血红蛋白，这样的血液滞留在皮下毛细血管之中，从而使得尸体的皮肤呈现樱花般的粉红色。于是，这位法医得出了"可能所有因为一氧化碳中毒而死的人的皮肤都会呈现樱花般的粉红色"的结论。

① 邓生庆：《归纳逻辑百年历程》，中央编译出版社2006年版，第4页。

如前所述，为了提高实际枚举推理的强度，可以增强被考察的个体样本中的成员与其属性之间的相关性。如果这种相关性是因果相关性，那么这种实际枚举推理就转变为科学枚举推理。科学枚举推理是指在前提中考察某类的部分特殊个体具有某种属性，并且暂时没有出现例外情况，而且发现这些被考察的部分特殊个体与该种属性之间存在因果关系，从而推断该类所有个体也具有该属性的归纳推理。

如果将进行科学枚举推理时被考察对象类中的成员称为样本，用S表示；成员的全部称为总体，用A表示；观察到的属性用P表示，则科学枚举推理的结构形式可以表示为：

总体A中有S具有属性P；

且考察中没有出现反例情形；

且已经确定S和P之间存在因果关系；

所以，可能总体A中所有S具有属性P。

科学枚举推理是根据某类对象中部分成员与某种属性之间因果联系的分析，推出该类对象具有该属性。可见，科学枚举推理的特点是不仅知其然，而且要知其所以然，因此其结论的可靠性较之于实际枚举推理大大提高。但是，即便如此，科学枚举推理的结论仍然不具有必然性。除了前述的实际枚举推理结论不具有必然性的原因之外，前提中被确定的因果关系也可能是不完全正确甚至完全不正确的。

从本质上说，科学枚举推理也是实际枚举推理的一种特殊形式，只不过在前提中增加了有关被考察对象与其属性之间存在因果关系的表述而已。

（三）对枚举推理的前提和结论进行定量描述，避免相关的谬误

1. 对枚举推理的前提和结论进行定量描述

对枚举推理进行定量刻画有两种方式。一种方式是在前提中考察某一被考察的某类对象中的成员以某比率具有某种属性，再将该比率推至总体、另一被考察的某类对象中的或者另一个体。这种刻画方式就是统计推理。另一种方式是对或然性结论的可靠性程度进行概率刻画，即基于前提真时，其或然性结论为真的可能性是多少。这种刻画方式就是概率推理。

2. 避免相关的谬误

侦查思维中运用枚举推理最容易导致的谬误称为“轻率概括”或者“以偏概全”，可分为以个别为一般和以或然为必然两种常见形态。

（1）以个别为一般

“以个别为一般”谬误是指在运用枚举推理时，仅仅根据不具有代表性的少数特殊实例就简单地甚至武断地得出一个全称判断，这是“轻率概括”的最主要的表现形式。这种谬误在样本容量过小以致不足以代表总体时极易产生。

例如，某年某市发生数起连续有15名无辜女大学生被残忍杀害的变态连环杀人案。公安机关侦破后发现，作案者竟然也是一位在校大学生。经审问后，该犯罪嫌疑人交代，他杀人的原因很简单，就是因为让他先后两次失恋的对象都是身高1.64米左右、喜欢身着红色上衣的女大学生，她们都欺骗了他的感情，花去了他不少的金钱和时间，他却连她们手都没有碰到。于是，他认为这样的女大学生都是“骗吃、骗喝、骗钱”的，都不是什么“好东西”。于是，对这样的女大学生进行了近乎疯狂和变态的报复性伤害。该犯罪嫌疑人就犯了以个别为一般的谬误。

（2）以或然为必然

“以或然为必然”谬误是指在运用枚举推理时，得出一个必然性判断作为其结论，并认定这个结论是绝对真实的，这是“轻率概括”的另一种表现形式。如前所述，枚举推理的特征之一就是其结论的或然性。因此，枚举推理的结论一般是一个或然性判断，而不能是一个必然性判断。如果把本应得出的或然性判断替换成必然性判断，就会导致这种谬误。

第四章　侦查思维中的因果推理

因果关系不仅是现实世界中普遍存在的现象，而且在侦查思维中对于采取何种侦查措施、如何认定刑事责任等都具有十分重要的意义。诚然，在侦查思维中，探究案件诸要素之间的因果关系是一个非常复杂的过程，需要运用各种具体的科学方法、手段和技术工具等，但是推理方法无疑是其中不可或缺的方法。在侦查思维中，探究刑事个案诸要素之间的因果关系具有重要的意义，其中的一种重要方法就是因果推理。

第一节　侦查思维中的因果推理的类型

侦查思维中的因果推理是指在侦查思维中的这样一种推理方法：为了探究某刑事个案的某一现象和某一情形之间的因果关系，通过对实例中相互伴随出现的现象和情形进行比较，排除那些不是始终一致地与之相联系的现象和情形，断言唯一剩余的现象与唯一剩余的情形之间可能具有因果联系。其基本程序是：考察被研究现象出现的一些实例中，在它的恒常伴随的情形中去寻找它的可能原因或者可能结果；然后有选择地安排某些事例或者实验，根据因果关系的特点，消除一些不相干的情形；最后得出剩余的情形与被研究现象之间可能具有因果关系的结论。简言之，因果推理的基本程序就是比较、消除和推断。正如密尔所言："其程序是：逐步地消除在一给定事例中伴随某现象的某种情况，以确定其中哪些是其不出现与该现象出现相一致的情况。"①

因果推理是有着"古典归纳逻辑的集大成者"之称的英国19世纪的心理学家、哲学家、经济学家约翰·密尔（J. S. Mill）在批判地继承有着"近代归纳逻

① 马前进：《大数据背景下警务信息研判中的统计推理》，载《公安学刊——浙江警察学院学报》2016年第2期。

辑的始祖”之称的 F. 培根（F. Bacon）所提出的“三表法”的基础上，在他1843 年出版的《逻辑学体系》第三卷“论归纳”第八章“论试验探究四法”中所提出的旨在探究现象之间的因果联系的一系列实验推理方法。因果推理不仅是古典归纳逻辑的最高成就之一，而且具有鲜明的方法论特征与不可低估的方法论价值：它们可作为实验探索的方法论准则，在侦查猜测的构建与检验中起着重大作用。

由于旨在发现事实之间的因果关系，因果推理也称“求因果五法”，其由密尔系统整理完善而被称为“密尔五法”；因果推理是根据因果关系的特点，通过考察分析或者设计实验，排除一些与被研究现象相伴随的情况中不相关的成分，进而得出较为可靠的有关对象之间因果关系的结论，因此也被培根称为消除归纳法（the Induction By Elimination）。

密尔提出了五种因果推理：契合法、差异法、契合差异法、共变法和剩余法。笔者认为，差异法是共变法的特殊形态或者极端形态，契合差异法是契合法和差异法的联合运用。因此，因果推理实际上只有三种基本的推理方法，即契合法、共变法和剩余法。下文将用大写英文字母表示可能包含原因的事态，用小写英文字母表示包含某种结果的现象。

一、侦查思维中的契合法

契合法又称求同法（the Method of Agreement），是指通过寻找包含某现象的若干不同实例共同包含的某事态，从而推出该事态与该现象之间可能存在因果关系的一种推理方法，其内容是：“如果任何给定的物体或者手段，不受抵消因素的影响而呈现出来，就能产生结果，那么就有有力的证据表明那个物体或者手段就是产生那个结果的原因。”① 在侦查中经常用到的同一认定的逻辑基础就是契合法。

密尔是这样表述契合法的：“如果被探究的现象的两个或者更多的实例（instance）只有一个共同事态即所有实例均在其上相契合的事态，那么，该事态就是给定现象的原因（或者结果）。”②

---

① ［美］威廉姆·沃克·阿特金森：《逻辑十九讲》，李奇译，新世界出版社 2013 年版，第 278 页。

② ［英］L. J. 科恩：《概然的和可证的》，牛津大学出版社 1977 年版，第 154 页。

契合法的结构形式可以表示为：[1]

A、B、C、D 与 w、x、y、z 一起发生；

A、E、F、G 与 w、r、s、t 一起发生；

所以，（可能）A 是 w 的原因（或者结果）。

契合法的特点是异中求同，可以系统地用于找出许多实例里所共有的单个情形，从而确定该情形为这些实例中的现象发生的原因，这在确定某一现象或者某一范围的情形时特别有用。在侦查思维中，每当侦查人员找到一个对给定现象的所有实例而言都是共同的情形，侦查人员就可以正确地推断出：他们至少已经找出它的原因的范围。契合法是侦查思维中最简单易用因而应用最为广泛的因果推理方法之一，在当前大数据背景下其应用范围更加普遍，正如有些学者所言："在当下以大数据为背景的新的侦查常态下，信息碰撞、视频侦查、车辆 GPS 运行轨迹定位、旅馆业信息平台、重点人口查询乃至警务一键通等新手段大量植入侦查活动，使得它的应用空间越来越广阔，越来越应该被每一个侦查员所掌握并合理运用。"[2]

例如，某小区屡次发生电瓶车电池被盗案。侦查人员经过初步信息研判后认为，犯罪嫌疑人应该是同一伙人。侦查人员在例行查询旅馆业信息平台时，发现了一个异常的现象：电瓶车电池被盗的那几个晚上，在一个固定的时间段内，某旅馆的某固定房间就会出现开房记录。侦查人员再次经过信息研判后认为，犯罪嫌疑人可能就是在这个固定时间内开房以密谋盗窃行为的。经过部署，在犯罪嫌疑人再次在该旅馆开房时，侦查人员以例行检查为名进行突击检查，当场发现被盗的未运走的电瓶车电池若干以及作案工具等。经过审讯，犯罪嫌疑人对自己盗窃电瓶车电池的犯罪事实供认不讳。

契合法不仅试图发现原因与结果重复出现的链接，而且试图确定这个唯一的事态——不变地与人们探究原因或者结果的现象关联的那个事态。它不仅在科学探究中而且在侦查工作中非常重要而且应用普遍。该推理方法在确定一种现象或者事态的一个范围方面特别有用，对它的深入研究也会产生效果。在侦查中，如果侦查人员通过这种推理方法找到了一个对给定案情的所有事例来说都是共同的事实，那么侦查人员有理由认为可能发现了该给定案情的所有事例的原因。

---

① ［美］柯匹等：《逻辑学导论》（第 13 版），张建军等译，中国人民大学出版社 2014 年版，第 551 页。

② 刘洪波等：《侦查思维谋略》，中国政法大学出版社 2016 年版，第 97 页。

但是仅仅适用该推理方法显然不足以确定待寻找的原因：在实际操作中，人们难以安排所有数据，以确定所有事例共同具有的一个事态。当探究发现所有事例中共同的事态不止一个时，该方法不能评价这些不同的可能性。这既是契合法的局限所在，也是其结论具有或然性的根源所在。在收集事态和现象时，某个作为原因或者结果的事态或现象很可能被遗漏掉，这样断言的作为原因的因素实际上另有他因；作为原因的事态可能不是一个单独的唯一的事态，可能是两个或者多个事态联合作用。契合法得到的结论具有“有限的一般性”，它仅仅适用于列举出来的那些场合，以及间接地通过两次归纳推理而适用于其他场合。

无疑，它是富有启发性甚至建设性的，乃至在一些不可能得出结论的情形下也是如此。虽然具有相同点不足以导致发现原因，但是缺乏相同点可以帮助人们确定哪些不是待研究现象原因的因素。从这个意义上而言，契合法如同培根所言的那样本质上是排除法，它解释了这样的事情：在人们探究的现象出现的某些场合而不是在所有场合下出现的事态，不可能是该现象的原因。基于此，人们否定契合法得出的某个结论，可能是因为它们注意到了相同点的缺乏，从而推理认为契合法得出的该结论中的因果陈述不成立——结论断言的所谓原因与该现象无关联，它既不是该现象的充分条件也不是该现象的必要条件。契合法这种推理是或然的，但是缺乏相同点和一致性则无疑连这种或然性的推理也会削弱甚至摧毁。当然，即使排除了某个不是原因或者结果的因素，也不必然意味着剩余的因素中就存在作为原因或者结果的因素，而且排除本身也可能是错误的——这也再次表明了契合法结论的或然性特征。

二、侦查思维中的共变法

共变法（the Method of Concomitant Variation）是指通过将一个事态的变化与一个现象的变化进行匹配，从而确定该事态与该现象之间可能存在因果关系的一种推理方法，其内容是：“如果一个变化的前提伴随一个变化的结果时，那么它们就以诸如原因和结果那样的某种方式联系着。”①

密尔是这样表述共变法的：“无论在另一现象以某种特定方式变化的任何时候，以任何方式发生变化的无论什么现象，是前者的一个原因，或者是一个结

① ［美］威廉姆·沃克·阿特金森：《逻辑十九讲》，李奇译，新世界出版社2013年版，第280页。

果，或者它通过某个作为原因的事实与之相联结。”①

共变法的结构形式可以表示为：②

A、B、C 与 x、y、z 一起发生；

A± 、B、C 导致 x±、y 、z；

所以，（可能）A 与 x 因果地联结在一起。

共变法的特点是同中求变，它“通过将一个条件中的变化与另一个条件中的变化进行匹配，从而确定两个条件之间的因果联系”③。当一个现象的增加对应于另一现象的增加时，这些现象的变化之间是直接相关的。但是，共变法中的“共同变化”可以是正向变化，也可以是反向变化。共变法以侦查人员列举的事态和现象之间存在的程度变化作为依据，它极大地增加了因果推理。因此，相对于契合法是定性分析而言，共变法预设了存在对某种现象变化的程度进行哪怕只是大致的测量或者估计的方法。

例如，某仓库在夜间被盗，经侦查人员初步清点物资后发现并未有物品丢失。现场勘查后发现，作案者进入和逃离现场时在仓库外面沙地上留下了两行穿鞋脚印，且鞋印大小、型号都一样，可以断定是同一人留下的。但是，作案者逃离现场时留下的鞋印显然比进入现场时要深。后经过侦查实验，发现是同一人负重在沙地上所留鞋印相应加深。据此断定，作案者从仓库盗得重物后背负其行走是造成仓库外沙地上鞋印深浅不同的原因。侦查人员立即组织仓库管理人员再次仔细清点物质，果然发现一块重达 40 千克的铅锭不翼而飞。④

共变法的一个特殊形态或者极端形态就是所谓的差异法。如果在侦查思维中，当一种现象从存在变化至不存在时，另一现象也从存在变化至不存在，那么就可以运用差异法（the Method of Difference）。差异法又称求异法，是指通过比较一个某现象和某事态都出现的实例和一个该现象和该事态都不出现的实例，从而推出该事态与该现象之间可能存在因果关系的一种推理方法，其内容是：“如果假定的原因成立，结果也成立；如果假定的原因不成立，那么结果也不成立。而且，没有其他手段会产生该结果，我们也可以合理地推断出假定的原因就是真

① J. S. Mill. A System OF Logic, Ratiocinative AND Inductive. NEW YORK: HARPER AND BROTHERS PUBLISHERS, 2010, p. 287.

② ［美］柯匹等：《逻辑学导论》（第 13 版），张建军等译，中国人民大学出版社 2014 年版，第 572 页。

③ ［美］帕特里克·赫尔利：《简明逻辑学导论》（第 10 版），陈波等译，世界图书出版公司 2010 年版，第 396 页。

④ 李顺万：《还原犯罪真相——侦查逻辑与方法》，重庆出版社 2007 年版，第 92～93 页。

实的原因。"①

密尔是这样表述差异法的："如果被调查的现象在其中发生的一个实例和被调查的现象在其中不发生的一个实例在每个情形上都契合，除了那个只在前者中发生的情形，那么那个使得这两个实例产生区别的情形就是该现象的结果或者原因，或者是原因的一个不可或缺（indispensable）的部分。"②

差异法的结构形式可以表示为：③

A、B、C、D 与 w、x、y、z 一起发生；

B、C、D 与 x、y、z 一起发生；

所以，（可能）A 是 w 的原因，或者 w 的原因中一个不可缺少的部分。

差异法的特点在于同中求异，可以系统地用于确定单一情形，这一情形在被研究现象出现的实例中出现，而在被研究现象不出现的实例中不出现。差异法可以多重运用。因为差异法只包括两个场合，所以如果被研究对象较多时，可以将它们每两个对象分成一组，每组构成一正一负两个场合。在侦查思维中，侦查人员将相当肯定已经找到了他们正在调查的现象的原因或者原因的一个不可缺少的部分，只要侦查人员能够确定某个在其他一切情形保持正常的情况下造成了如下关键性差别的情形：当侦查人员除去该情形时，调查的现象将不再发生；或者当侦查人员引入该情形时，调查的现象发生了。

例如，某市郊区发现一具女性尸体。经勘验发现：尸块露出水面部分有一褐色斑迹，其余浸泡在水中的部分没有此种斑迹。有群众反映，某村一失踪女青年向某的右臂上也有一块"黑斑"。为了确定褐色斑迹是否为胎记，侦查人员设计了一个侦查实验。结果发现，尸块露出水面的部分在阳光下腐败数日即可形成褐色斑迹，浸泡在水中的部分则无此种现象。于是，得出结论：尸块在阳光下腐败是形成褐色斑迹的原因。④

差异法不像契合法那样关注在产生结果的事例中的那些共同的因素，而是关注在产生结果的事例和没有产生该结果的事例之间存在的那些不同的因素。如果人们能够确定单个因素，该因素在其他因素都相同的情形下造成了不同：当人们

① ［美］威廉姆·沃克·阿特金森：《逻辑十九讲》，李奇译，新世界出版社 2013 年版，第 279 页。

② J. S. Mill. A System OF Logic, Ratiocinative AND Inductive ［M］. NEW YORK: HARPER AND BROTHERS PUBLISHERS, 2010, p. 280.

③ ［美］柯匹等：《逻辑学导论》（第 13 版），张建军等译，中国人民大学出版社 2014 年版，第 557 页。

④ 李顺万：《还原犯罪真相——侦查逻辑与方法》，重庆出版社 2007 年版，第 91 页。

引进该因素时，待研究的现象发生了；当人们撤除该因素时，待研究的现象不再发生，此时，人们可以据此认为该因素就是人们研究的现象的原因或者结果，至少也是原因的一个不可缺少的部分。与通常适用于若干个场合的契合法相比，差异法难以进行归纳概括。在已经考察的场合中 A 可能是 w 的原因（或者结果），或者 w 的原因中一个不可缺少的部分，但是在其他场合下可能并不如此，如 A 可能不会导致 w——该结论可能不再成立。除非考虑在其他场合下的其他情形与被考察的场合类似，否则差异法的结论难以一般化。如同契合法一样，结论“A 可能是 w 的原因（或者结果），或者 w 的原因中一个不可缺少的部分”启发人们：当侦查人员试图探究其余场合下也出现与被考察场合中出现的现象相同的现象时，他们应该着手从这里解决问题。

如同契合法一样，差异法得出的结论也是或然性的，甚至对于它直接适用于的那个场合也是如此。问题就在于两个场合中不可能在每个方面都严格地一致乃至相同，即使受到精确的人为控制。有些差异可能微不足道，但是也不可以忽略不计，因为这些差异导致存在误差的可能性。有些细小差异对于结论的得出无意义，有些差异对于结论的得出有意义。但是，差异之有无意义不是自明的，它们并没有被贴上“有意义”或者“无意义”这样的标签，也不是显而易见的。而且，列举所有的可能条件从根本上说也是不可能的；但是如果不列举所有的可能条件，则很可能忽略有意义的条件。

契合法和差异法可以联合运用，这就是所谓的契合差异法并用法（the Method of Agreement and Difference）。密尔对契合差异并用法的规则是这样表述的：“如果被调查的现象在其中发生的两个或者更多实例只在一个情形上契合而该现象在其中不发生的两个或者更多实例不在任何情形上契合，除了那个的情形的缺乏之外，那么使得这两组实例产生区别的那个情形就是研究现象的结果或者原因，或者原因的一个必不可少的部分。”①

契合差异并用法的结构形式可以表示为：②

A、B、C 与 x 、y、z 一起发生；

A、D、E 与 x、v、w 一起发生并且 B、C 与 y、z 一起发生；

所以，（可能）A 是 x 的原因，或者 x 的原因中一个不可缺少的部分。

---

① J. S. Mill. A System OF Logic，Ratiocinative AND Inductive. NEW YORK：HARPER AND BROTHERS PUBLISHERS，2010，p. 284.

② 邓生庆：《归纳逻辑百年历程》，中央编译出版社 2006 年版，第 50 页。

例如，某地银行营业所发生一起巨款被盗案件。通过现场勘验发现：保险柜的弹子锁是用钥匙打开的，弹子锁内有微小擦痕。为了确定该擦痕是如何形成的，侦查人员设计了一个侦查实验。侦查实验分为两组进行：一组用选配的钥匙开锁，一组用原配钥匙开锁。结果发现，凡是用选配钥匙开锁，锁芯内都会留下擦痕；而凡是用原配钥匙开锁，锁芯内均无擦痕。于是断定：用选配钥匙开锁是在锁芯内微小擦痕形成的原因（之一）。[①]

契合差异并用法不是一种独立的方法，它是经过两次求同和一次求异，在对正、负场合组分别运用契合法得出的结果上，再次运用差异法进行推理。因此，相较于单纯运用契合法或者单纯运用差异法得出的结论，它得出的结论无疑更加可靠，为真的概率也大为提高。

契合差异并用法系统地适用于确定单一条件，这样的单一条件在被研究现象出现的两个或者多个场合里出现，在被研究现象不出现的两个或者多个场合里不出现；但是，如果被研究现象不出现它必定不出现，如果被研究现象出现它必定出现。如同上述的契合法和共变法一样，这种推理方法得出的结论仍然仅仅是可能的，因为某些相关的条件或者事态可能被忽略掉。

多重运用差异法不同于契合差异并用法。差异法的目的是确定预先选择好的条件是否是被研究现象的原因，这个预先选择好的条件在两个场合中的一个场合中出现，在另一个场合中不出现；而契合差异并用法的目的是在被选出的一系列条件中，确定哪一个条件才是被研究现象的原因。运用充分条件和必要条件的相关规则，人们可以逐步排除某些因素，运用契合差异并用法将一系列条件减至仅有一个。

三、侦查思维中的剩余法

契合法和共变法方法似乎预设了人们能够整个地消除或者产生某个情形，有时这点确实可以实现。但是，也有一些情境下，人们无法整个地消除或者产生某个情形，而只能部分地消除或者产生某个情形。在这些情境下，人们可以借助于所谓的“剩余法”来探究某一情形与被考察现象之间的因果关系。

剩余法（the Method of Residues），是指通过在伴随发生的可能包含原因的一

---

① 李顺万：《还原犯罪真相——侦查逻辑与方法》，重庆出版社2007年版，第92页。

系列事态和包含结果的一系列现象中排除已经确定具有因果关系的事态和现象，从而推出剩余的某事态与剩余的某现象之间可能存在因果关系的一种推理方法，内容是："所有已知原因的影响一旦形成之后，我们在任何其他现象中发现一个结果，由此我们可以确认，一个剩余的手段还没有被考虑到。"① 剩余法就是从一组有因果联系的条件和现象中分离出那些已经知道因果联系的组成部分，留下所需要的因果联系作为"剩余"而构成。

密尔是这样表述剩余法的："从任何现象中除去（subduct）通过以前的归纳被认为是某些先行情形（antecedent）的结果的那个部分，该现象的剩余部分就是剩余的先行情形的结果。"②

剩余法的结构形式可以表示为：③

A、B、C 与 x、y、z 一起发生；

已知：B 是 y 的原因，C 是 z 的原因；

所以，（可能）A 是 x 的原因。

例如，1999 年 5 月 30 日凌晨 3 时，北京石景山某居民楼发生一起八名女工同时被杀害的惨案。经查，房间里除有大量血迹外，还有作案者留下的血袜印。没有作案工具，没有作案者遗落的物品，周围邻居也是毫不知情，一问三不知。侦查人员分析了现场各种情况，对血袜印的分析初步确定为同一男性所为，此人身高 170cm 左右，年龄不超过 40 岁。现场没有强奸痕迹，据此，仇杀、情杀和奸杀均被排除。根据作案者穿袜子作案的特点，侦查人员对该单元所有居民进行了足迹同一认定，最后确定了一个名叫赵某的犯罪嫌疑人。侦查人员对房间内的所有血迹进行了 DNA 鉴定，发现房间内除八名被害女工的血迹外，还有另一未知血迹。侦查人员抽取了赵某的血液进行 DNA 比对，确定房间内的未知血迹就是赵某留下的。在如山铁证面前，赵某坦白了自己的犯罪事实。④

剩余法的特点是由余因求余果，其实质是"从一组有因果联系的条件和现象中分离出那些已经知道因果联系的组成部分，留下所需要的因果联系作为'剩

---

① ［美］威廉姆·沃克·阿特金森：《逻辑十九讲》，李奇译，新世界出版社 2013 年版，第 280 页。

② J. S. Mill. A System OF Logic, Ratiocinative AND Inductive. NEW YORK: HARPER AND BROTHERS PUBLISHERS, 2010, p. 285.

③ ［美］柯匹等：《逻辑学导论》（第 13 版），张建军等译，中国人民大学出版社 2014 年版，第 567 ~ 568 页。

④ 邢军：《一生守候——京城神探刑侦档案》，法律出版社 2006 年版，第 1 ~ 14 页。

余’而构成”①。

在侦查思维中，如果“已知被考察的现象的某个部分是充分理解的现行情形的结果，此时，我们能够推论：该现象的剩余部分是剩余现行情形的结果”②。

与前两种方法相比，剩余法具有以下不同之处：（1）它能够仅仅通过对一个事例的考察而得以运用，而前两种方法要求考察至少两个事例；（2）剩余法似乎依赖于预先建立的因果判断，而前两种方法则不是如此。

有学者认为剩余法其实就是选言推理中的排除法，因此剩余法是一种演绎推理，而不是归纳推理，至少从其程序步骤上它更接近于演绎推理而不是归纳推理。笔者赞同另一些逻辑学家的看法，认为剩余法仍旧是归纳推理，因为它产生的结论仍然是或然的，而不能从前提决定性地得出。

第二节　侦查思维中的因果推理的优点和缺点

相对于枚举推理，侦查思维中的因果推理具有一些优点，同时也具有一些自身难以克服的缺点。

一、侦查思维中的因果推理的优点

相对于枚举推理，侦查思维中的因果推理具有诸方面的优点。

（一）因果推理的结论更加可靠

枚举推理没有也不可能对提出的因果律的例外情况提供解释。对此，培根曾说：“枚举推理是幼稚的；其结论是不可靠的，面临着来自反例证伪的危险；并且其结论所依据的事实通常太少了，还仅仅是现有的事实。”③ 实际上，如果侦查人员过于推崇甚至将自己局限于枚举推理，那么侦查人员就不会去主动寻找反例，甚至有意无意地忽略反例。

---

① ［美］帕特里克·赫尔利：《简明逻辑学导论》（第10版），陈波等译，世界图书出版公司2010年版，第395页。

② ［美］柯匹等：《逻辑学导论》（第13版），张建军等译，中国人民大学出版社2014年版，第577页。

③ ［英］培根：《新工具》，许宝骙译，商务印书馆1984年版，第105页。

因果推理具有不同于枚举推理的显著特征。其中最关键的是，在寻找、比较并消除反例之后，再根据正面事例作出结论。培根认为，枚举推理的结论是不稳定的，大有遭遇反例的危险，而“对于发现和证明科学技术真正能用的方法，必须以正当的消除法和拒斥法来分析自然，有了足够数量的反例之后，然后在得出源于正面事例的结论”①。

因果推理的结论之所以比枚举推理的结论更加可靠，一个关键原因是因果推理在前提中对正面事例进行了质的分析。枚举推理基本上靠增加正面事例的数量提高结论的可靠性，没有也不可能对前提中的正面事例进行质的分析。密尔曾经问道：“为什么在有的场合，由单独的一个事例就可以归纳得出可靠的结论；而在有的场合，成千上万的事例且无一反例都远不足以建立一个全称概括呢?”②密尔认为，要解决这个问题，就得对事例本身进行分析。实际上，前提中的正面事例对于结论可靠性的影响是不尽相同的，其间必然存在效用的差异。

即便是结构最简单、结论可靠度也最低的契合法，也比枚举推理优越。因为契合法不仅试图发现原因与结果重复地同时发生的情况，而且还试图确定这个唯一的情形——恒常地与人们感兴趣的结果或者现象关联在一起的一个情形。它是探究案情的一个重要的也是运用非常普遍的工具。

（二）从条件关系的角度探究因果关系

在侦查思维中，已经发生的事件必定是有了特定的条件才会发生的。因此，为了探究案情，侦查人员必须尽力了解事件发生或不发生的条件。如此，当事件发生了，侦查人员就可以从条件的角度来探究其发生的原因。

在侦查思维中，条件意义上的原因分为四种类型：

一个特定事件发生的充分条件意义上的原因是指在该条件出现的情况下该事件必定发生，“A 是 B 的充分条件：A 发生要求 B 也发生”③。如果想要促成某一事件的发生，只要找出该事件发生的充分条件，然后实现该条件即可，“如果我

① ［英］培根：《新工具》，许宝骙译，商务印书馆 1984 年版，第 117～118 页。

② J. S. Mill. A System OF Logic, Ratiocinative AND Inductive. NEW YORK: HARPER AND BROTHERS PUBLISHERS, 2010, P. 285.

③ ［美］赫尔利等：《简明逻辑学导论》（第 10 版），陈波等译，世界图书出版公司 2010 年版，第 388 页。

们试图制造一个现象，通常情况下就要寻找一个充分条件的原因”①。如果在该条件出现的情况下该事件没有发生，那么该条件不是该事件发生的充分条件，“A 不是 B 的充分条件：A 出现时 B 不出现”②。只有在充分条件意义上的原因上，才能合乎逻辑地从原因顺推出结果。

一个特定事件发生的必要条件意义上的原因是指在该条件不出现的情况下该事件不能发生，“A 是 B 的必要条件：B 发生要求 A 也发生”③。如果想要避免某一事件的发生，只要找出该事件发生的必要条件，然后排除该条件即可，“如果我们试图阻止一个现象发生，通常情况下就要寻找一个必要条件的原因”④。如果在该条件不出现的情况下该事件发生了，那么该条件不是该事件发生的必要条件，“A 不是 B 的必要条件：A 不出现时 B 出现”⑤。

一个特定事件发生的充要条件意义上的原因是指在该条件出现的情况下该事件必定发生，并且在该条件不出现的情况下该事件不能发生。一个特定事件发生的必要条件可能有多个，并且所有这些必要条件必定包含在导致该特定事件发生的充分条件里，“无论何时事件发生，应该至少有一个充分条件出现并且所有的必要条件都出现”⑥。也就是说，如果一个特定事件发生的所有必要条件都具备了，那么该特定事件必定发生。可见，一个特定事件发生的充要条件意义上的原因大多不是某单一条件，而是所有必要条件的合取，“连接其所有的必要条件就是实际导致该事件发生的充分条件”⑦。“在这种用法中，原因被认为是事件的充分条件，而那个充分条件被认为是它的所有必要条件的联合。”⑧ 在充分条件意义上的原因也是必要条件意义上的原因的情况中，必要条件只有一个，这个必要

① ［美］赫尔利等：《简明逻辑学导论》（第 10 版），陈波等译，世界图书出版公司 2010 年版，第 387 页。

② ［美］赫尔利等：《简明逻辑学导论》（第 10 版），陈波等译，世界图书出版公司 2010 年版，第 388 页。

③ ［美］赫尔利等：《简明逻辑学导论》（第 10 版），陈波等译，世界图书出版公司 2010 年版，第 388 页。

④ ［美］赫尔利等：《简明逻辑学导论》（第 10 版），陈波等译，世界图书出版公司 2010 年版，第 387 页。

⑤ ［美］赫尔利等：《简明逻辑学导论》（第 10 版），陈波等译，世界图书出版公司 2010 年版，第 388 页。

⑥ ［美］赫尔利等：《简明逻辑学导论》（第 10 版），陈波等译，世界图书出版公司 2010 年版，第 388 页。

⑦ ［美］赫尔利等：《简明逻辑学导论》（第 10 版），陈波等译，世界图书出版公司 2010 年版，第 388 页。

⑧ ［美］柯匹等：《逻辑学导论》（第 13 版），张建军等译，中国人民大学出版社 2014 年版，第 546 页。

条件与充分条件完全相同——当然，这种情况不是很常见。

一个特定事件发生的一个关键因素意义上的原因是指在其他因素都具备的情况下，对该事件发生或不发生造成影响的因素。“当一给定现象倾向于在特定结果的产生中扮演起因的角色时”①，原因具有这种含义。这种意义上的原因既不是充分条件意义上的原因，因为存在着有它而某一特定事件没有发生的情形；也不是必要条件意义上的原因，因为存在着没有它而某一特定事件却发生的情形。在这种意义上的原因上，在与某事件发生的其他因素都具备的情形下，该因素的出现与否决定着事件是否发生或者发生的可能性之大小。如果存在着一个诸如“A 引起 B，B 引起 C，C 引起 D”的因果序列，那么 D 可以说是先前事件 A、B、C 中的任意的结果。但是，原因 A、B、C 在导致 D 的作用上又有所不同：其中直接导致 D 的原因是 C，称为最近原因；导致 D 的原因中除了最近原因 C 之外的其他原因即间接原因，称为遥远原因。

因果关系和条件关系天然地存在着某种联系，所以，从条件关系的角度探究因果关系不失为一种不错的思路。契合法是在必要条件意义上探究因果关系的；共变法是在充分条件意义上探究因果关系的；剩余法可以在充分条件意义上探究因果关系，可以在必要条件意义上探究因果关系，也可以在充要条件意义上探究因果关系。作为共变法特殊形态的差异法也是在充分条件意义上探究因果关系的；契合差异并用法是在充分必要条件意义上探究因果关系的。

（三）因果推理的推理思路是消除那些不相干的因素

因果推理的过程中包含演绎推理，因为消除不相干因素的过程本质上是演绎推理的过程，它是以消除非相干因素为基础，以演绎思想为补充的求因果归纳方法。它们本质上都是消除性的：通过消除给定现象的某个或者某些可能原因，这些方法对其他的某个因果假说提供支持。密尔说：“这两种方法（指契合法和差异法）……都是消除法。契合法依据的是：凡是可以消除的情况，与该现象之间没有任何规律性的联系；差异法依据的是：凡是不能消除的情况，与该现象之间有规律性的联系。”②

契合法消除那些不可能是原因的要素：在该要素缺乏的情况下该现象仍然能

① ［美］柯匹等：《逻辑学导论》（第 13 版），张建军等译，中国人民大学出版社 2014 年版，第 544 页。
② ［英］L. J. 科恩：《概然的和可证的》，牛津大学出版社 1977 年版，第 154 页。

够产生。共变法试图消除这样的要素：不随着被考察的现象变化而变化的因素。剩余法则努力尽可能消除这样的要素：那些已经通过前两种方法建立其因果联系的因素。

二、侦查思维中的因果推理的缺点

（一）对普遍因果律的预设是不恰当的

探究因果关系的一个基本预设就是因果齐一性原则。因果齐一性是所谓的自然齐一性预设在因果关系上的表现。自然齐一性一般被理解为过去的情况和将来的情况相似或者一致，也可以理解为个别情况与其普遍情况相似或者一致。它被视为所有归纳推理的基础，但是它具有两个致命缺点：一是它本身是一种无法证明的假定；二是即使承认自然齐一性，也不能证明归纳推理的合理性，因为归纳推理的结论总是或然的，用自然齐一性是无法解释的。

因果齐一律原则是说原因和结果齐一地相连。一个特定事态造成一个特定结果，即是说该类型的其他事态（在产生该事态充分类似的条件下）将造成与先前结果同种类型的结果。也就是说，同类原因导致同类结果。一个原因的产生伴随着一个结果的产生，都是普遍因果律——如此的事态总是伴随着如此的现象——的一个实例或者事例。基于此，如果在其他情形下出现了与事态 C 同类的事态，但是没有出现现象 E，那么人们就有理由认为事态 C 并非一个特定场合下结果 E 的原因。特定事态是特定现象的原因的每一个断言都意味着存在某个因果律，每个因果链接的断定都包含着与普遍性有关的一个关键成分。因果律是普遍的，它断言无论事态以何种方式发生于何时何地，如此这般的事态下恒常地伴随着一个特定种类的现象。问题在于：人们是如何发现这种普遍性断言的？

一种观点认为，因果律不是纯粹演绎的，它不可能通过任何先验的演绎推理所发现。因果律只能诉诸经验后或者经验地发现。但是人们的经验总是与特定情形、特定现象以及现象的特定次序有关。这样，人们的经验具有主观性、选择性、可错性甚至不充分性、不完整性。的确，人们能够观察到一个特定事态 C 下的几个事例，人们观察到的事例也确实能够被一个特定种类的现象 P 的一个事例伴随。但是，人们未来能够经历的事例仅仅是世界上事态 C 中的部分甚至很少的事例而不是全部事例，这些观察能够展示给人们的也仅仅是 P 伴随着 C 的部分甚至很少的事例而不是全部事例。但是，人们的目标却是要建立一个普遍的因果律。这就需要用到枚举推理，然而其合理性却受到质疑。

（二）对相关性的预先分析是不充分的

密尔在论述因果推理时，无一例外地假定人们可以确定“只有一个事态相同”的实例或者“只有一个事态不同”的实例。其中的问题在于两个方面。（1）在实际运用中，由于主客观因素的限制，人们难以甚至不可能检查所有可能的实例以及这些实例的所有事态，以便确定它们是否仅在一个事态方面存在差异。（2）由于实例及其事态异同的复杂性，实例及其事态的异同都不是唯一的，而是多重的。

实际的情形是，在运用因果推理时，人们心中所考虑的不是所有实例以及这些实例的所有事态，而是所有相关的实例及其事态——仅有一个相关事态是共同的或者仅有一个相关事态是不同的。也就是说，人们只能将因果推理应用于与待探究的因果关系有关的事态而非所有事态。如果在先行事态中真正相关的事态没有得到确定因而这些事态没有得到利用，那么即使严格运用因果推理也可能得出错误的甚至荒谬的结论。这样的例子不胜枚举，有些还得出了惨痛而深刻的教训。

如果人们仅仅考虑相关的事态而非所有事态，那么就得区分哪些事态是相关的、哪些事态是无关的。但是，究竟哪些事态是相关的？仅用因果推理，人们不知道哪些事态是相关的，现实世界中的实例及其事态并没有贴上“有关的”或者“无关的”这样的标签。

为此，人们必须关注因果推理将要运用的具体语境，并且预先在心中对相关性作出一些分析。分析相关性固然需要背景知识等智力因素，有时也需要勇气、想象、直觉甚至一些运气等非智力因素，甚至还得受到客观因素的制约，相关性分析的充分性、真实性、完整性都是无法确保的。此外，因果推理以观察到的相关性为前提，然而即使十分精确的观察也可能是表面上正确而事实上错误的。因此，相关性分析或者是错误的或者是片面的。也正是基于此，因果推理不足以发现因果关系，只能得出或然性结论，得出的结论也只能作为侦查假说或者进一步探究问题的线索对待，并不像密尔声称的那样“可以用作发现因果关系的工具，得出确定无疑的结论”。比如，对于契合法而言，由于它主要指望确证实例，因此它本身常常不足以确定正在寻找的原因。侦查人员很少能够如此便利地整理可用数据，以便使得确定所有实例都契合的一个情形成为可能；而当研究显示对所有实例都契合的情形不止一个时，仅仅运用契合法就不能评价那些可选择的可能性了。

（三）缺乏对规则的形式化和精致化剖析

因果推理致力于制定一些推理规则，探究在诸如自然其一律和因果重复律等预设之下运用这些规则如何得出确定无误的结论。但是，由于缺乏对规则的形式化和精致化剖析，因果推理的这些规则总体上而言还是比较原始、初步甚至粗陋的。要运用这些方法得出比较可靠的结论，需要满足很多条件，但是因果推理对这些条件的研究又是不充分的或者不够的，尽管是必要的。因果推理结论的可靠性与两个条件有关："（1）基本现象条件：因果推理事例中观察到的那些现象必须是简单现象，而不能是复合现象；（2）孤立性条件：必须保证所观察到的事例不受事例之外的未观察到的现象的影响。"① 如果这两个条件未得到满足，就会产生较多的复杂情况，使得推理所作出的因果断言就很可能是不可靠的甚至虚假的。更重要的问题在于：这样两个影响因果推理结论可靠性的条件，在因果推理的规则中并没有得到描述。

此外，19 世纪的英国哲学家威廉姆·斯坦利·杰文斯（William Stanley Jevons）探究了因果推理用于探究原因时可能出现的一些困境：（1）原因在我们的经验之外，所以人们不太容易理解原因；（2）原因之间联系紧密，所以很难通过推理与它相关的原因去发现一个主要原因；（3）原因经常由于各种原因被抵消或者修改而使人困惑；（4）某个结果可能被任意一个原因所影响；（5）那些看起来作为某个结果主要原因出现的因素，可能仅仅是一个附属原因。②

第三节 侦查思维中应用因果推理的合理性原则

尽管因果推理不能得出确然性或者必然性的结论，只能得出或然性结论，但是这并不影响它具有合理性。密尔对因果推理合理性的论述可以概括为："在自

① 邓生庆：《归纳逻辑百年历程》，中央编译出版社 2006 年版，第 58 ~ 60 页。

② ［美］威廉姆·沃克·阿特金森：《逻辑十九讲》，李奇译，新世界出版社 2013 年版，第 280 页。

然齐一性原则和普遍因果规律的假设下，通过因果推理所确定的某两个现象之间的相干性具有因果联系的性质。”① 因果推理的合理性在于：通过运用因果推理考察适当事例所得出的或然性结论具有一定的概然性；而且，在一定的条件下，这种概然性还可以得到提高。

一、提高因果推理的结论的可靠性

（一）增加被考察的场合，注意反例的存在

因果推理的应用依赖于观察到的相关性，并且即使观察已经是十分精确的，这样的观察也可能是不完全的，因而是有欺骗性的。毋庸置疑，人们观察的数量越大，结论为真的可能性也越大。但是无论这个数量多大，人们也无法从那些未被观察到的场合中确定地推出一个因果判断。因果推理从分析一些场合中与被考察现象伴随出现的情形出发，得出某一情形与被考察的现象之间可能存在因果关系的结论，进而断言在未观察到的场合中某一情形与被考察的现象之间也可能存在因果关系。也就是说，因果推理仅仅是将从有限的甚至为数不多的场合推出的结论推概至所有相似的场合，特别是那些未在前提中被考察的场合很明显，这样的结论已经超出了现有经验的范围，虽然是必要的、可能的，也体现了推理的创造性功能，但是这在逻辑上是没有任何保证的。因此，增加被考察的场合就显得十分重要。

在没有出现反例的情况下，随着考察事例的增多，排除的不相干因素也越多，偶然性因素被排除的可能性越大，因果推理的或然性结论的可靠性也会在一定程度上相应增加。如前所述，由于多因一果现象的存在，契合法的结论的可靠性会受到影响甚至降低。在这种情况下，侦查人员可以多次运用契合法，考察更多的事例，如果这些事例与原事例一样只具有唯一的共同情形，那么结论的可靠性就会得到提高。

（二）借助于概率等定量描述工具考察结论

在侦查思维这样的经验认识活动中，人们最关注的问题是如何得出或然性较

① 邓生庆：《归纳逻辑百年历程》，中央编译出版社2006年版，第53页。

高的结论以及如何提高结论的或然性程度。为此，人们可以借助于某种数学工具来刻画因果推理结论的可靠性程度。似乎巧合的是，几乎与因果推理产生的同时，古典概率论作为一种数学理论也产生和发展起来。这样，概率论这种新兴的定量描述工具就自然而然地被应用于研究因果推理。根据是否遵守帕斯卡概率的经典演算原则，概率论分为帕斯卡概率论和非帕斯卡概率论，前者包括古典概率论、经验概率论、主观概率论和逻辑概率论，后者主要包括科恩的归纳概率分级理论。

（三）全面而深刻地分析事态和现象之间的变化关系，引入假说观念

杰文斯认为，在应用因果推理时，遵守下列规则是非常有用的：（1）无论什么时候，当我们想要改变实验对象的数量时，我们可以应用一个规则去发现哪些是原因、哪些是结果。我们必须相应地改变一件事情的数量，让它们彼时变多，此时变少，如果我们观察到有其他事情同时发生变化，那么它完全有可能是相应的结果。（2）当事情频繁规律地发生变化时，有一个简单的规则，根据它我们就可以判断出，变化是否像原因和结果一样紧密联系在一起。该规则说的是：它们联系在一起，以完全相同的频次发生变化。[①]

如前所述，由于不可能将所有事态都考虑进来，侦查思维中运用因果推理时势必假定关于被考察事态的一个或者多个因果假说。当不确定哪个或者哪些事态是被探究现象的原因时，提出多个替代性的因果假说并逐一检验它们不失为一个明智的选择。因果推理的排除性本质确保："只要对先行事态的某个特定分析是正确的，那么这些因素中的一个因素可能是（或必定是）被研究现象的原因（或部分原因）。"[②] 这个过程在形式上是演绎地有效的，但是其结论之可靠性又取决于已经假定的先行分析的正确性即正确地识别出因果相关的事态。形成因果假说之后，将该因果假说置于因果推理的前提之中接受检验以判定其事实上的真实性，逐一检验这些竞争性的因果假说直到最终确证某一因果假说为止。正是在此意义上，因果推理"既不是发现因果关系的工具，也不是证明因果关系的工具，只是检验因果假说的工具"[③]，尽管密尔坚称因果推理"可以用作发现因果

① ［美］威廉姆·沃克·阿特金森：《逻辑十九讲》，李奇译，新世界出版社2013年版，第284页。
② ［美］柯匹等：《逻辑学导论》（第13版），张建军等译，中国人民大学出版社2014年版，第580页。
③ ［美］柯匹等：《逻辑学导论》（第13版），张建军等译，中国人民大学出版社2014年版，第580页。

关系的工具，并且也可以用作证明因果链接的准则”①。

二、用严格精确的条件分析代替粗糙模糊的因果分析

首先必须明确的是，条件关系和因果关系存在诸多方面的不同。比如，“条件关系不考虑时间因素，而因果关系必须考虑时间因素；条件关系属于判断之间的蕴含关系，而因果关系属于对客观事实的某种认识；条件关系表现为假言判断，可以假设尚未发生的事情、未来的事情甚至虚拟的事情，而因果关系大多陈述已经发生的事情之间的关系；条件关系涉及的条件及其结果都是有限的，而因果关系则是复杂的甚至无限的；条件关系未必都可以转换为因果关系，而因果关系都可以转换为条件关系”②。

20 世纪 30 年代，英国哲学家布罗德（C. D. Broad）就已经建议，可以对因果推理进行条件化的阐释和处理。也就是说，将条件逻辑的基本原理运用到因果推理所使用的各个场合中，用严格精确的条件分析代替粗糙模糊的因果关系分析，使得因果推理对所谓因果律的陈述以条件联系的形式表现出来。他用条件分析的方法改造了因果推理中的契合法、差异法、契合差异并用法，其实质在于将因果关系中的恒定联系看成是条件判断的前件和后件之间的条件关系，诸如充分条件联系、必要条件联系和充要条件联系等，进而根据前件和后件的不同组合，推测因果关系属于哪一种条件关系。在此基础上，芬兰哲学家和逻辑学家冯·赖特（Von. Wright）的条件逻辑理论首先将属性分为简单属性和复杂属性；然后在阐述因果关系和条件关系的联系的基础上，将因果关系作为条件关系来研究，用条件关系对因果关系进行部分的分析，用全称条件句来表达因果关系，将因果关系分为充分条件意义上的原因、必要条件意义上的原因、充要条件意义上的原因、有贡献的原因、不可缺少的有贡献的原因、替换的原因、抵消的原因等。

冯·赖特的条件逻辑理论在将因果关系分析为条件关系并对条件关系进行深入分析的基础上，力图精确地刻画出因果推理的逻辑形式：将契合法划分为用于适用于简单情形的直接契合法和逆向契合法以及适用于复杂情形的直接契合法和逆向契合法，对适用于简单情形的差异法进行了精致化重塑，提出了由直接契合

① ［美］柯匹等：《逻辑学导论》（第 13 版），张建军等译，中国人民大学出版社 2014 年版，第 578 页。
② 周建武：《逻辑学导论——推理、论证和批判性思维》，清华大学出版社 2013 年版，第 296 页。

法和逆向契合法组成的双重契合法以及契合法和差异法联合运用所形成的适用于简单情形的契合差异并用法。

三、从相关性的角度精确而定量地探究因果关系

正如有些学者坚持的那样：因果推理的结论断言的应该是现象之间可能具有的相关关系，而不是因果关系。相关关系包括正相关关系、负相关关系和不相关关系。如果某种条件或者事态的增加导致了被研究现象的增加，那么它们之间就存在着正相关关系；如果某种条件或者事态的增加导致了被研究现象的减少，那么它们之间就存在着负相关关系；如果某种条件或者事态的增减变化并未导致被研究现象的任何增减变化，那么它们之间就存在着不相关关系。

在确定了相关性的基础上，可以计算出相关系数。相关系数也称相关度，其数值介于 -1 到 1 之间。如果相关系数为 1，这种相关就是完全正相关，其图形就是一个斜率为正数的直线；如果相关系数为 -1，这种相关就是完全负相关，其图形是一个斜率为负数的直线；如果相关系数为 0，这种相关就是完全不相关；如果是除此之外的其他数值，其图形是一个递增或者递减的非直线图形。

两个现象之间的单纯的相关关系不是因果关系的充分条件，虽然前者是后者的必要条件。从外延上说，因果关系是相关关系，但是不是所有相关关系都是因果关系。不难理解的是，相关性分析尤其适用于具有定量分析特征的共变法，其典型案例就是确定醉驾与交通事故之间的因果关系。

虽然相关关系不都是因果关系，但是因果关系无疑都是相关关系。因此，确立相关关系是确立因果关系的必要条件。与因果关系有关的相关关系包括三个方面：时间关联、统计关联和实质关联。时间关联是指两个因素在时间上的联系，包括两个因素中一个早于另一个、两个因素共时发生和两个因素相互恒常伴随。统计关联是指总体中的两个事件或者其特征在统计上的相互关联。就总体而言，某一特征的有无，与另一特征出现的频率的高低相互关联，那么这两个特征之间有统计关联。实质相关是指两个因素在内容或者实质上的相互关联。有些相关关系是因果关系，这样，就可以从相关推出因果。

从相关到因果的推理是根据两个事件之间存在一定的关联性，进而推断它们之间可能存在因果关系，其推理形式是：P 和 Q 之间存在正相关（相关性前提），

所以，可能P引起Q。这种推理需要遵守一些规则：[①]

1. 相关存在规则：确保P和Q之间存在相关关系；

2. 证据证实规则：确保存在可以证实P和Q之间存在相关关系的大量证据；

3. 因果方向规则：确保存在证据表明是P引起Q而不是Q引起P；

4. 其他因素排除规则：确保排除这种可能，即存在第三个因素造成了P和Q之间存在的相关关系；

5. 因果直接性规则：确保存在证据表明P和Q之间的相关关系不是由间接的其他因素引起的；

6. 因果适度性规则：如果P和Q之间存在的相关关系仅在特定范围之内成立，在这一特定范围之外不再成立，那么就应该清楚地指明这一限制范围或者成立条件。

四、避免因果谬误

为此，还要注意避免因果谬误。因果谬误是指在运用因果推理探究案件之间因果联系的过程中，由于忽视或者误认某些相关条件或者相关关系而导致的谬误。

（一）以相关为因果谬误

有些相关关系不是因果关系，或者不能直接转化为因果关系，否则就会导致“相关误为因果”的谬误。其结构形式可以表示为：因为事件P和事件Q具有关联，所以事件P是事件Q的原因。

因果断言是一个被断定的陈述，这个陈述表达了现象P是现象Q的原因。统计数字试图把关联当成因果关系，但是要真正判断因果关系的存在，一般还需要进一步探究以排除其他可能因素的影响，从而确定相关性不是偶然，甚至可以以具体的因果机制说明现象P导致现象Q是最好的因果解释。用因果关系解释相关关系有六种情形：[②]

第一种情形是用现象P导致现象Q来解释现象P和现象Q之间的时间相关

---

① 周建武：《逻辑学导论——推理、论证和批判性思维》，清华大学出版社2013年版，第307页。

② 周建武：《逻辑学导论——推理、论证和批判性思维》，清华大学出版社2013年版，第298页。

或者统计相关。对于观察到时间关联或者统计关联，好的因果解释必须考虑如何排除其他可能的解释以确认现象 P 导致现象 Q 是对其关联的最好解释，以此为据，才有可能使人接受“P 导致 Q”这一因果断言。

第二种情形是用现象 Q 导致现象 P 来解释现象 P 和现象 Q 之间的时间相关或者统计相关。统计结果有时确实可能明示或者暗示，不同现象之间可能存在因果关系。但是，究竟具有关联的两个现象中谁是原因、谁是结果？这个问题不能简单地确定，需要进一步考察。对于一个具体的因果关系而言，原因和结果的区分是相对确定的：原因就是原因，结果就是结果，而不可随意颠倒。

第三种情形是现象 P 和现象 Q 之间的时间相关或者统计相关纯属偶然的巧合，其间并无因果关系。如前所述，有些关联中并无因果关系的存在。有因果关系存在的两个现象具有时间上或者统计上的关联，但是具有时间上或者统计上的关联的两个现象不都存在因果关系，其中的相关可能完全是一种巧合。

第四种情形是用现象 R 导致现象 P 和 Q 来解释现象 P 和现象 Q 之间的时间相关或者统计相关。有些情况下，不能只看两组数据之间的正比或者反比关系，还要分析其背后隐藏的因果关系。两个现象之间具有很强的相关性，但是它们彼此之间并无任何因果关系，它们之间的相关性是由第三个现象所导致的。这样，现象 R 就可能是现象 P 和现象 Q 这两个相互关联的现象的共同原因了。

第五种情形是现象 P 和现象 Q 相互导致来解释现象 P 和现象 Q 之间的时间相关或者统计相关。

第六种情形是现象 P 和现象 Q 之间存在时间相关或者统计相关，因为现象 P 和现象 R 相结合导致了现象 Q——现象 P 是导致现象 Q 的部分原因；或者，现象 Q 和现象 R 相结合导致了现象 P——现象 Q 是导致现象 P 的部分原因。

（二）以先后为因果谬误

这种谬误是指误认为两个时间上具有先后关系的案件事实之间存在因果关系。事件的原因总是先于该事件出现，至少也得与该事件同时出现。探究原因乃是解释，探究结果乃是预测，但是并非所有时间上先后发生的事件之间都有因果关系，要证实其中存在因果关系需要一个很普遍的模式。时间的前后相继或者同时发生仅仅是因果关系成立的必要条件，而非充分条件。所以，侦查人员探究某一案件事实产生的原因时，一般是在与该案件事实同时发生或者先于该案件事实发生的那些案件事实中去寻找。因果关系成立的充分条件是事件之间存在引起和被引起的关系，时间上具有先后关系的案件事实之间是否具有因果关系，还需要具体探究这两个案件事实之间是否存在导致和被导致的关系。因此，仅有时间上先后相继关系，不足以断定因果关系是否存在。这种谬误在探究案件事实产生的原因时时有发生，侦查人员应该特别注意避免，谨慎从事。

（三）因果倒置谬误

虽然在某些情况下，原因和结果确实可以相互转化——这就是所谓的互为因果，但是在侦查思维中，绝大多数情形下，原因和结果还是相对确定和相对稳定的：原因就是原因，结果就是结果。因果倒置是指在相对确定的情况下，将本来是原因的因素当成了结果，把本来是结果的因素当成了原因。这种谬误虽然很拙劣，但是经常被犯罪嫌疑人用来为自己狡辩。在具体的案件事实认定中，这种谬误很好识别和驳斥：在案件事实之后发生的其他案件事实一定不是该案件事实产生的原因，在案件事实之前发生的其他案件事实一定不是该案件事实所导致的结果。

【案例】[①] 2002年4月2日下午6时，在江西省九江市烟水亭附近A饭店里，6名正在吃饭的民工突然接二连三栽倒在地上，脸色发白，口吐白沫，全身抽搐。其中3人中毒身亡。同年4月3日中午12时，该市烟水亭附近B餐馆里，九江人熊某吃了一两口饭菜后突然倒地，约1分钟后又自己站了起来，坐回座位；几分钟之后，熊某第二次倒地，随即死亡。同年4月6日上午10时，该市烟水亭附近C餐馆里卖水果的刘某喝了一杯开水，一分钟之后便开始出现头晕、手脚发抖、眼前发黑等症状。后送至医院抢救，保住了性命，但此后几天里毒性反复发作。同年4月11日中午，该市数十公里外的某小学五年级学生黄某在学校附近的D餐馆里吃了“可口冰”和面包后中毒身亡。

投毒事件发生后九江市警方将其列为首要重案，几乎投入全部警力。警方对几起中毒案的饭菜及饮用水进行了化验，发现致命的剧毒物是同一种———国家已明令禁止使用的老鼠药“毒鼠强”，人服用后两三分钟之内即死亡。警方最后作出判断：几起投毒案可能是同一个（伙）人所为。基于此，警方描述了犯罪嫌疑人的相关特征并公布了此人模拟画像。

4月27日，警方公开疑凶模拟画像16天后，犯罪嫌疑人王某被抓获。经过

① 曹勇：《连锁投毒：九江梦魇24天》，载《南方周末》2002年5月9日。

审讯，56 岁的王某交代了作案经过和作案动机。至此，整个九江连锁投毒案真相大白。

在该案件的侦查思维中，侦查人员就是运用契合法侦破案件的。在该案件中，尽管中毒发生的时间、地点、人物、所食用的东西均不同，但是其中存在一个共同的情况，即吃进了老鼠药。侦查人员据此得出结论：可能吃进老鼠药是导致这些人中毒的原因。后来这一或然性结论为证据所证实。

第五章　侦查思维中的定量推理

前述的枚举推理的前提对结论的支持不是决定性的，而是存在一个强度。当枚举推理的前提真时，结论不是必然真的，而是或然真即可能真的。枚举推理的缺陷之一就是不能对这种推理的强度和结论的或然性进行定量的刻画，只能进行定性的刻画。如前所述，枚举推理的强度和结论的或然性在很大程度上取决于前提，但是枚举推理对其前提具有某种属性的刻画也是定性的而不是定量的。相应地，这种定性刻画传递给了结论，导致对结论或然性的刻画也只能是定性的。无疑，对推理强度和结论的或然性进行定性刻画确实是必要的，但是在很多情形下，仅仅对枚举推理进行定性刻画又是不够的——需要进行定量刻画。对枚举推理进行定量刻画对于精确化描述和评价枚举推理是十分必要的，而且对于侦查决策也具有十分重要的意义。对枚举推理进行定量刻画有两种方式：一种方式是运用统计学的方法，另一种方式是运用概率论的方法。与此相应，形成了枚举推理的两种现代形式：统计推理和概率推理。

第一节　侦查思维中的统计推理与警务信息研判

随着信息技术的发展，我们已经进入“大数据”时代。所谓大数据，是指在量上巨大得只有借助现代信息处理工具才能获得和处理的超大量数据集合。在大数据时代，信息主导警务战略应运而生。实施信息主导警务战略是公安工作的新亮点和警力的新增长点，是智慧警务工作机制的重要内容之一，是创新公安工作的有效切入点。信息主导警务战略的一个重要方面就是所谓的警务信息研判。警务信息研判是指根据公安工作的当前需要或者长远需要，对收集的一定时期、一定区域、一定领域内的各类与公安工作有关的信息进行如下处理的思维活动：（1）对警务信息的真实性进行审查、甄别和认定；（2）根据警务信息之间的内在联系对其进行分类和归类；（3）根据警务信息价值的不同，对其进行分层和筛选；（4）对警务信息进行必要整合；（5）以现有警务信息为依据，结合相关的科学原理进行推理，以得出结论。

从警务信息研判的上述内容可以看出，警务信息研判需要对信息进行分析以形成判断，而分析和形成判断的主要方式就是推理。警务信息研判中的推理可以分为或然性推理和必然性推理、定量推理和定性推理。由于统计推理既是一种或然性推理，又是一种定量推理，因此它在警务信息研判中具有不可或缺乃至举足轻重的作用。

一、统计推理的基本概念

（一）变量和数据

1. 变量

变量是相对于常量而言的，是指被研究对象的属性或者特征。常量只有一个固定取值，而变量可以有两个或者更多个可能的取值。变量的变化范围称为变域。被研究对象从不同的角度考察，可以有许多不同的属性或者特征，也就有许多变量。比如，研究某网络诈骗案件，可以研究其黑产规模、犯罪嫌疑人人数、平均年龄、职业分布、受教育水平、地域分布等。

变量分为定量变量和定性变量。定量变量，也称数量变量，是指取值表现为数量的变量。例如，网络诈骗案件的黑产规模、犯罪嫌疑人人数、性别构成、平均年龄等。定性变量包括分类变量和顺序变量。分类变量是指取值表现为类别的变量，如某网络诈骗案件的职业分布、受教育水平、地域分布等；顺序变量是指取值表现为分类而且具有一定顺序的变量。

2. 数据

数据是对变量进行测量和观测的结果。例如，对某网络诈骗案件的黑产规模进行计算可以得到其黑产规模数据；对网络诈骗案件的犯罪嫌疑人的受教育水平的观测可以得到犯罪嫌疑人受教育水平的数据。数据的表现形式多种多样，可以是数值、文字或者图表等各种形式。

数据分类取决于变量的分类。与变量分类对应的是，数据可以分为数值型数据和非数值型数据。数值型数据是对定量变量的观测结果，其取值表现为具体的表示大小或者多少的数值。非数值型数据分为分类数据和顺序数据。

分类数据是分类变量的观测结果，表现为类别，可以用文字或者数值代码表示。比如，可以用 1 表示成年人，2 表示未成年人。顺序数据是对顺序变量的观测结果，也表现为类别，可以用文字或者数值代码表示。比如，用 1 表示硕士及以上，2 表示本科，3 表示大专及以下。

对数据进行分类的一个主要意义在于对于不同类型的数据，需要采用不同的统计方法来处理和分析。对于数值型数据，可以进行诸如计算均值和方差等统计量的数学运算；而对于非数值型数据，可以计算出各类别出现的频率，但是不能对其进行加、减、乘、除等数学运算，因为对这类数据进行数学运算是没有意义的，会出现所谓的“非法操作”。

数据按照收集方法分为观测数据和实验数据。观测数据是指直接通过调查或者测量而收集到的数据，它是在没有对被研究对象施加任何人为控制因素的条件下得到的。实验数据是指通过在实验条件下控制实验对象以及其所处的实验环境收集到的数据。一般而言，几乎所有与社会经济现象有关的数据都是观测数据，而自然科学领域中的数据大多是实验数据。

（二）总体、样本和抽样

1. 总体

总体即被调查对象的全体。如果要对 2016 年前三季度全国的电信诈骗案件进行抽样调查，那么 2016 年前三季度全国的所有电信诈骗案就构成一个总体。在一项具体的调查之中，调查总体必须是明确的而不能是模糊的。总体是一个集合，称为总体集合。

2. 样本

样本是总体的一部分，是由从总体中按照一定原则或者程序抽取出来的部分个体单位构成的。样本也是一个集合，称为样本集合。每个被抽取出来进入样本集合的个体单位称为入样单位，样本中包含的入样单位的个体数称为样本量。抽样调查中调查的具体实施是针对样本进行的。

3. 抽样

抽样是按照一定的原则和程序从总体中抽取样本的过程。在认识活动之中，在不必、不便、难以甚至无法考察对象类中的所有分子的情况下，就必须从该对象类的所有分子中抽取若干具有代表性的分子作为研究的对象。

样本中个体单位总数与总体中个体单位的总数称为抽样率，也就是样本量与总量的比值。

（三）样本统计量和抽样框

1. 样本统计量

样本统计量是根据样本中各单位的数值计算的，是对总体参数的估计，因此被称为估计量，样本统计量是一个随机变量，取决于样本设计和入样的单位特定组合。例如，用样本中的电信诈骗案中的平均“黑产”来估计 2016 年前三季度全国的电信诈骗案件的平均“黑产”。这里，样本中的电信诈骗案中的平均“黑产”就是 2016 年前三季度全国的电信诈骗案件的平均“黑产”的一个估计量。常用的样本统计量有样本均值、样本比例和样本方差等。

2. 抽样框

抽样框是供抽样所用的所有抽样单元的名单，是抽样总体的具体表现。在抽样框中，可以对每个单位进行编号，由此可以按照一定随机化程序进行抽样。在抽样后，可以根据抽样框上所提供的信息找到被选中的入样单位，从而进行调查。抽样框有各种形式，常用的有名录框、地图或者其他形式。无论哪种形式，抽样框中的单位必须是有序的以便于编号；高质量的抽样框应该提供被调查单位更多的信息，而且既不重复也无遗漏。

（四）平均数

统计学中的平均数有三种不同的意义：均值、中位数和众数。在根据平均数进行统计推理时，详细考察平均数的具体含义是至关重要的。

1. 均值

一个样本集合的均值就是算术平均数，也是最常应用的平均数。人们日常工作中的平均数若无附加特别解释，一般就是指均值。均值是样本集合中的每一成员的数据值之和除以该样本集合中的所有这些成员的数目。这个借助于人工计算、计算器和电脑中的 EXCEL 软件等可以很容易地解决。

2. 中位数

一个样本集合的中位数就是该样本集合中所有成员的数据值按照升序（从小到大）或者降序（从大到小）进行排列之后的中间那个成员的数据值或者中间相邻两个成员数据值的均值。如果该样本集合中的成员数目为奇数，那么中位数就是该样本集合中所有成员的数据值按照升序（从小到大）或者降序（从大到小）进行排列之后的中间那个成员的数据值；如果该样本集合中的成员数目为偶数，那么中位数就是该样本集合中所有成员的数据值按照升序（从小到大）或者降序（从大到小）进行排列之后的中间相邻两个成员数据值的均值。中位数上面和下面有相同数量的数据。确定中位数的一个常见方法是不断采取去掉一个最大值和最小值，再去掉一个次大值和次小值……直到最后剩余那一个或者两个数，这个最后剩余的那个数值或者最后剩余的两个数值的均值就是中位数。

3. 众数

一个样本集合的众数就是该样本集合中出现频率最高的那个数值。很明显，某样本集合中哪些成员的数据值相同，而且该数据值拥有的成员数量最多，该数据值就是众数。为了求出众数，需要先对某样本集合中的所有成员的数据值按照大小进行分类，再考察这些不同的数据值哪一个的成员数量最多。某样本集合中某个数据值的成员数量最多，表明该数据值出现频率最高，次数最多，自然相对于其他数据值具有更大的代表性。

二、警务信息研判中的统计推理及其类型和特征

警务信息研判是为了对大数据形式的警务信息进行分析以作出判断，进行解释、预测和辅助决策，其中常用的定量和或然性推理就是统计推理。统计推理是统计学与推理相结合的结果。一般而言，统计学分为统计调查、统计估值和统计检验，其中的统计估值就是从样本以某统计数值具有某种属性推出总体也可能以该统计数值具有该属性，是统计推理的一种常见类型。这里的“统计数值”包括比率、比例、百分比、均值等可以定量描述对象属性的数学变量。

（一）警务信息研判中的统计推理的含义

警务信息研判人员在考察关于某一特定时期、区域、人群等的大数据信息中的对象时，发现大数据中有些对象具有某属性，有些对象不具有该属性，这时显然不能断言所有对象都具有（或者不具有）该属性。但是，如果断言“有对象具有某属性”，那么对结论的精确化描述就显然不足。在这种情况下，警务信息研判人员可以通过对具有该属性的对象数统计，根据它们在被考察对象中所占比

例，推出所有对象也可能有相应比例的成员具有该属性。这里运用的推理就是统计推理。

统计推理就是从某样本（或者总体）以某个统计数值具有某种属性，推出总体（或者另一样本、另一个体）也可能以该统计数值具有该属性的一种或然性推理。在警务信息研判中，统计推理具有如下作用：

1. 应用统计推理求出总量、平均数和加权值

应用统计推理求出总量是指在被考察对象总体中区分出各个层次，然后在各个层次中各选出一定数量的样本，计算出这些样本的相关数量，然后推出各层的数量，最后根据一定比例求出被考察对象的总量。应用统计推理求出平均数是指在被考察对象的总体中进行选取，计算出样本具有某种属性的均值，然后利用统计推理，推出被考察对象总体也以该均值具有该属性。应用统计推理求出加权值是指将样本中某个体成员的每个计数值与其权重相乘后在相加后得到的数值。在求加权值的过程中，从各个方面或者对象各个层次中抽取分层样本，计算出它们的相关数量，然后再推及各方面或者各个层次的相关数量。

在警务信息研判中，应用统计推理求出总量、均值和加权值，可以让警务信息研判人员判断一定时期、一定区域、一定领域内的某种情况的性质、现状、趋势，以便公安机关的相关职能部门有针对性地、及时地进行预判和作出决策。

2. 应用统计推理得出统计结论

统计推理的结论是一个统计判断，它不是全称判断或者普遍性概括，也不同于特称判断。特称判断的形式是“有 S 是 P”。因为“有”的上限可以是全部，而下限是 1，所以特称判断的量词“有”是一个很宽泛的范围。这虽然有利于扩大特称量词“有”的适用范围，但是不能精确地、定量地刻画到底“有多少 S 是 P”。在警务信息研判中，有一个样本具有某种属性、极少样本具有某种属性、近半样本具有某种属性、多数样本具有某种属性、绝大多数样本具有某种属性、乃至几乎所有样本具有某种属性——它们对于公安工作的意义和价值是不同的。因此，只有对得出的判断进行定量化、精确化的刻画，公安机关的相关职能部门才能采取适时的、可行的措施。而统计推理的结论是一个统计判断，这客观上有利于警务信息研判人员形成对某种情形属性的定量认识。

3. 应用统计推理解释案情事实

在侦查思维中，统计推理可以用于解释某案情事实。这就是所谓的归纳统计

模式。侦查解释的归纳统计模式是指统计规律和相关条件陈述以较高概率推出待解释的案情事实。如果以 L 表示统计定律，C 表示相关条件陈述，E 表示待解释的案情事实，那么侦查解释的归纳统计模式的结构形式可以表示为：

C（相关条件陈述）；

L（统计定律）；

所以，E（待解释的案情事实）。

这里的统计定律要么以特称判断"大多数 S 是 P"的形式出现，要么以统计判断"X% 的 S 是 P"的形式出现。

例如，在一次侦查讯问中，侦查人员发现某犯罪嫌疑人总是拒不坦白。为什么该犯罪嫌疑人不坦白呢？根据以往的侦查讯问经验，侦查人员得出一条统计定律：绝大多数（近 88.7%）的惯犯由于熟悉侦查程序、反侦查手段和法律法规中的漏洞，在侦查讯问中极不配合，总是极力为自己辩解，或者拒不坦白，一副"死猪不怕开水烫"的架势，以图逃避法律制裁。而经过进一步查阅该犯罪嫌疑人的违法犯罪及被处理记录，侦查人员发现该犯罪嫌疑人就是一个惯犯。这样，该犯罪嫌疑人不坦白案情的事实得到了合理解释。基于此，侦查人员及时调整思路、转变方法，进行耐心细致的攻坚战，找到了促使该犯罪嫌疑人坦白的突破口，攻破了该犯罪嫌疑人的心理防线，终于使得该犯罪嫌疑人放弃幻想、认清形势、坦白交代。

（二）警务信息研判中的统计推理的类型

在警务信息研判中，广义的统计推理有多种类型：从总体到样本的推理、从样本到总体的推理和从样本到样本的推理。狭义的统计推理就是指统计概括推理。本文采用广义的统计推理。

1. 统计概括推理

统计概括推理是指根据某类对象的样本以某个统计数值具有某种属性，推出该类对象的总体可能也以该统计数值具有该属性。这种统计推理的实质是从样本到总体的推理，是统计方法与枚举推理的结合形态，也是统计推理的最主要类型。例如，某公安派出所警务信息研判人员发现，该所刑侦中队在一年来侦破的刑事案件中，涉嫌"两抢一盗"的 15 名犯罪嫌疑人中的 8 名是父母离异且家庭经济条件很差的青少年。所以，可能涉嫌"两抢一盗"的犯罪嫌疑人近半数是父母离异且家庭经济条件很差的青少年。

统计概括推理的结构形式可以表示为：

被考察的样本 S'以某统计数值具有属性 P；

S'是总体 S 中选取出来的样本；

所以，可能总体 S 中也以该统计数值具有属性 P。

人们之所以进行统计概括推理，主要是因为对象的数量过大甚至无限，以至于不必要也不可能逐一或者全部加以考察，只能抽取一定数量的样本进行考察，将样本具有的属性推及总体。

2. 统计类比推理

统计类比推理是指根据某类对象的样本以某个统计数值具有某种属性，推出具有相似甚至相同属性的另一样本可能也以该统计数值具有该属性。这种统计推理的实质是从样本到样本的推理，是统计方法与类比推理的结合形态。

统计类比推理的结构形式可以表示为：

被考察的样本 S'以某统计数值具有属性 P；

另一样本 S''在很多属性上与样本 S'相似甚至相同；

所以，可能样本 S''也以该统计数值具有属性 P。

3. 统计三段论

统计三段论是指根据某类对象的总体以某个统计数值具有某种属性，推出该类对象的样本可能也以该统计数值具有该属性。这种统计推理的实质是从总体到样本的推理，是统计方法与直言三段论的结合形态。

统计三段论的结构形式可以表示为：

被考察的总体 S 以某统计数值具有属性 P；

S'是总体 S 中选取出来的样本；

所以，可能样本 S'也以该统计数值具有属性 P。

（三）警务信息研判中的统计推理的特征

1. 统计推理基于前提的结论是或然的

无论是哪种统计推理，无论其前提对结论的支持度多高，即使其前提是真实的，其结论也不是必然真实的。在统计概括推理中，总体中成员的数量不小于样本中成员的数量，统计概括推理结论的断定范围极易超出其前提的断定范围，其前提对于结论的支持不是决定性和保证性的：即使前提全部真实，结论也仅是或然的。统计类比推理的前提对于结论的支持仍然不是决定性的。也就是说，即使其前提都真，结论也仅仅是可能真，达不到必然真。为了提高其结论的可靠性，要遵守类比推理的全部规则。统计三段论的实质是将总体的统计属性推及其样本或者个体。事实上，由于总体中成员具有某属性的比例很难达到100%，属于它的样本或者成员就可能落在具有该属性的对象范围之外。因此，统计三段论的结论仍然是或然性的。

正因如此，统计推理的结论是一个或然性判断，不是一个必然性或者实然性判断。这在一定程度上表明了统计推理结论的可错性。

2. 统计推理对属性的陈述是定量的

统计推理借助于统计学的方法、概念乃至术语，对对象具有某种属性进行定量的描述，有利于人们的认识精确化。统计推理虽然是对枚举推理的定量化描述，但是已经不同于枚举推理。枚举推理虽然便捷易用，但是未经选样，仅仅以同类对象具有某种属性的这类事实的不断重复和数量积累为依据；而统计推理的前提需要经过选样。因此，统计推理对其考察的对象是经过了一定的选择的。在这个意义上，统计推理经过了简单的试验，对数据进行了初步的分析、筛选和整理，归纳强度可能更高，得到的结论可能更加可靠。

在当前“互联网+”背景下，借助于大数据技术和云计算手段，统计推理不仅可以进一步实现对象属性定量描述的精细化、相关化和整合化，而且可以实现前提对结论支持度刻画的数学化、定量化和精确化。

三、警务信息研判中统计推理的规则和大数据技术

在警务信息研判中，为了提高统计推理结论的可靠性，警务信息研判人员必须遵守相应的推理规则。而相对于传统的数据获取和处理技术，应用大数据技术有助于警务信息研判人员遵守推理规则。因此，在警务信息研判中，既要遵守相应的推理规则，又要积极、主动、恰当地运用大数据技术。

（一）警务信息研判中运用统计推理的规则

警务信息研判中运用统计推理应该遵守的规则主要是关于样本的规则，也包括其他一些规则。

1. 关于样本的规则

统计推理的特征在于，其前提对于结论的支持不是决定性的，前提到结论的

归纳强度与样本之适当性密切相关。从逻辑的角度看，只要改善统计推理的前提，就可以提高其归纳强度。因此，提高统计推理归纳强度的规则主要就是关于增强样本之代表性的规则。样本的代表性是指样本的属性能够反映总体中所有对象的属性的程度，简言之，就是样本能否代表所在的总体。为了保证样本具有代表性，一般要慎重考虑抽样的规模、范围、随机性以及排除心理因素。一般而言，抽样应该满足随机原则、大量原则、差异原则、客观原则、重复原则。

（1）随机原则。随机样本是指总体中的每一个成员都有同等的机会被选出的样本。样本的随机选择这一要求适合于几乎所有的样本，但是有时不能认为它是理所当然，必须考虑情况的变化以及样本的分布情况等因素。特别是当总体是由人组成的时候，由于人本身具有主观性，易受多种主、客观因素的制约，选取样本时更要注意随机问题。人们有时出于证实或者获得某种期望结论的需要，在选取样本时，会有意选择一些有利的样本，而忽略其他样本的结果。这就违反了随机选取样本的要求，所推出的结论自然是有失偏颇的甚至错误的。为了保证样本选取的随机性，首先得保证样本选取的客观性和公正性，不偏不倚，力求避免这种倾向。选取样本不能有先入为主的预设，即不能人为预设样本。尽可能进行随机抽样，提高抽样的随机性，使得所有成员都有均等的被选取机会。

随机原则要求样本不能是预定的。这意味着从总体中选取样本时应该使得总体中每一成员具有同等概率作为样本元素被选取出来，由此选取的样本才有足够的容量和代表性。如果样本是由精心选取的不具有代表性的成员组成，那么样本就不具有代表性。

样本的选取涉及抽样的方法是否科学的问题。为了保证样本的代表性，必须保证抽象的方法科学。使用什么方法从总体中抽取样本作为考察对象，直接决定样本是否具有代表性以及具有多大的代表性。为了保证样本的代表性，防止主观偏见渗透入抽象之中，人们探索了一系列科学的抽样方法，诸如纯随机抽样法、整群抽样法、等距抽样法、分层抽样法、二次抽样法等。

如果总体中成员之间差异较大，可以考虑采用分层抽样的方法。分层抽样时要注意，所选取样本应在多大程度上准确地反映总体中具有的总的划分。如果只选取某层或者某子类的成员作为样本，也是不具有代表性的。

如果仅仅注重样本数量、规模等样本容量方面的增加而忽视随机和分层等增加样本代表性的原则，则极易导致统计上所谓的“斜线统计”谬误。1936 年，美国《读者文摘》杂志预测下一届美国总统失败就是因为忽视了随机和分层等增加样本代表性的原则。

（2）大量原则。样本大小也是决定样本是否具有代表性的一个重要因素。在被随机选取时，样本容量越大，被考察的样本中的成员数量越多，就越接近于复制总体，越具有代表性，结论的可靠度越高；反之，样本的规模过小，就难以保证其代表性。在统计学中，样本与总体之间的近似程度用抽样误差这一术语表示。抽样误差是指某个属性在样本中出现的相对频率与该属性在总体中出现的相对频率之间的差别。随机选取的样本容量越大，误差也就越小。样本容量的大小应该与总体的大小和可以接受的抽样误差程度有关。对于同样的误差要求，容量大的总体比容量小的总体要求的样本容量也更大。但是，这个比率不是线性的：样本容量的递增速度会越来越小于总体容量的递增速度。误差与精确度呈反比关系：误差越大，则精确度越低；误差越小，则精确度越高。当总体极大时，为了提高精确度和降低误差，随机选取的样本会收敛于、趋向于或者渐进于一个常量。人们有时出于证实或者获得某种期望结论的需要，在选取样本时，会有意忽视抽样误差。这种倾向也是应该尽量避免的。应加大样本的容量，使得样本更具有代表性，以便消除误差。至于样本规模达到怎样的程度才算合适，则是个复杂的问题，取决于很多因素，需要根据不同对象的具体情况进行具体分析。

尽量增大样本的容量意义重大。在其他条件相同时，样本的可靠性随着样本容量的增加而增加。当样本分布均匀时，样本容量之重要性不太明显。但是，多数情况下被研究的总体及其样本中成员的分布都是不均匀的，增加样本容量就具有重要的意义。

（3）差异原则。差异原则要求样本的分布尽量广。样本的代表性不仅取决于其规模、数量，还取决于它与总体的相关性，即能否全面反映总体的属性。这对于提高统计推理的强度具有重要意义。一般而言，样本的分布越广，就越能全面反映总体各层次的真实情况，其代表性就越强，得出的结论也越可靠。如果总体中各成员之间差异较大，可以考虑采用分层抽样的方法，即根据所研究的问题有关的性质，按照某种标准将总体分成许多层即许多子类，再从各层中选取样本。很明显，分层越多越细越好。分类要坚持穷尽性、互斥性和差异性标准。采用分层抽象的方法，从总体的各个层去选取，从而使得选取出来的样本能够更好地代表总体的属性。

（4）客观原则。客观原则要求尽量避免心理因素的影响。如果总体是无生命的对象组成的，也许不会涉及心理因素问题；但是，侦查思维中的大多数抽样针对的都是人类。如果总体是由人构成的，心理因素必然会对抽样施加影响，只不过这种影响大小程度不同而已。如果组成的样本的人认为他们给出的不同回答会使得他们得到或者失去某些东西，那么可以预料和理解的是，这些人的想法就会直接影响抽样结果。调查中所提出的问题的种类无疑会具有暗示效应。陈述问题的方式也会具有暗示效应。此外，调查者和回答者之间的相互作用也会影响抽样结果，因为很多被调查者会给出调查者所期望或者喜欢的答案。这些因素都影响着抽象结果的客观性和真实性，进而影响样本是否能够代表总体。为了避免这些心理因素的影响，调查最好是在双盲条件下进行。在这种条件下，调查者和被调查者都不知道正确的答案是什么，在所提出的问题的种类和提问的方式上尽量避免先入为主的偏见和各种形式的暗示。这要求不带任何主观偏见地进行随机抽象，尽可能排除抽象过程中的心理因素等非理性因素的影响。

（5）重复原则。为了提高样本的代表性，可以在不同的条件下重复抽样。抽样进行得越频繁，每个样本被抽取的可能性也越趋于平等，样本越能代表总体。借助于大数据技术、信息处理技术等手段，警务信息研判人员可以高频次地进行抽样；然后对这些高频次的抽样结果进行分析，得出一个关于样本属性的相对可靠的结论。当然，这个结论可能是以百分比形式表达的，也可能是以均值形式表达的，还可能是以其他定量形式表达的。

由于主客观因素的制约，在警务信息研判中，即使是超大样本抽样甚至是全样本抽样也很难时时刻刻满足这五个原则，其结果的可靠性是值得怀疑的。在不满足这些原则的情况下，对这些抽样调查获取的数据进行评价，必须具有相当强的判断力。如果进行调查的组织和组成样本的成员都因为受利益驱使，会通过回答某些问题而从中受益，那么这种调查所获得的数据是相当可疑的和不靠谱的。如果所问的问题涉及一些会自然地导致歪曲回答的主题，那么这些结果也是难以甚至不可相信和接受的。一些数字和专业术语表述的调查结果很可能因为上述原因而不具有代表性，虽然它们貌似具有代表性和可信性。这在实际统计调查中被称为数字陷阱，极具迷惑性。

2. 关于数据的规则

数据无疑是统计推理的灵魂。在警务信息研判中运用统计推理时，首先要查明数据本身的真实性，鉴别其中是否含有虚假成分以便及时识别和剔除；其次要正确理解和表达数据；再次要探究数据背后隐藏的真实意义，特别是它揭示了哪些带有普遍性、规律性、趋势性、倾向性的问题；最后还要分析不同数据之间的相关关系，特别是结论与其他数据之间的相关性。

在这四个方面中，正确理解和表达数据至关重要，这也是经常容易出错的地方。数据的直观表示方法有直方图和正态曲线。使用图表无疑是一种非常直观便捷且信息丰富的表达数据的方式，但是图表也容易被错误地表达和理解。为了避免图表被错误地表达和理解，如果一个图表是代表一个实际情况的，那么该图表必须带有标度的纵轴和横轴。如果图表的纵轴和横轴不带有标度，那么不能表明它们在哪个参数区间内数值到底变化多少。这样的图表实际上没有任何意义，而且经常被错误地使用从而主观或者客观地引起人们错误的理解。象形图是一种通过描绘所刻画的实体在大小或者数量上的不同来对两种情形进行比较的图形。警务信息研判人员使用图表来直观表示数据时，要避免出于自身的某种目的而进行某种对自己有利的制作，给理解数据带来麻烦，甚至造成错误。

为了正确理解和表达数据，警务信息研判人员应该了解数据的收敛趋势和分散程度，计算两组数据之间的相关系数以确定两个参数或者变量之间的某种关系，运用概率方法来量化某种属性。反映某样本集合数据之间的分布情况的术语是离散度，与离散度有关的概念是极差、方差和标准方差。

（1）极差

一个样本数据集合的极差就是该样本数据集合中两个极值——极大值和极小值之间的差，即极大值减去极小值。极差反映了某样本集合中的数据的变化范围和大小。极差越大，该样本集合中数据的变化范围越大；极差越小，该样本集合中数据的变化范围越小。

（2）方差和标准差

方差和标准差用于计算某样本集合中每一个数据值与均值的偏离或者偏差。方差是这样计算的：第一步，求出某样本集合中每个数据值与这些数据值的均值的差。由于均值介于极小值和极大值之间，有些数据值小于均值，有些数据值大于均值，因此这一步的结果有正数、有负数，也可能为0。第二步，计算出第一步得出的结果的平方，或者是正数，或者是0。第三步，将第二步求出的结果进行加和运算。第四步，计算第三步求出的结果的均值，即将第三步求出的结果除以该样本集合中数值的数目。由于标准差是方差的平方根，因此对方差进行开平方就得到标准差。由于较小的方差和标准差反映了某样本集合中的数据值的变化或者相对于均值的偏离较小，因此对方差和标准差的评价是：越小越好。方差和标准差反映了某样本集合中的数据值相对于均值的收敛程度。

反映数据分布的极差、方差和标准差在某种程度上克服了平均数的不足之处。有些情况下，如果不考虑数据的分布情况而仅仅考虑平均数，所得出的关于平均数的断言可能掩盖很多问题，产生所谓的平均数谬误或者平均数陷阱。因此，在分析数据时，不仅要考虑平均数，还得注意数据的变化范围、方差和标准差等参数。

样本集合中数据值分布的方式之一就是所谓的正态分布。它表示一个总体中随机现象的分布。具有正态分布的数据值的直方图具有一个钟的形状。如果将一条连续的曲线置于这个直方图的顶部，其结果就是一条正态曲线。反映正态分布的正态曲线一般是一个开口向下的抛物线形状，其顶部在均值、中位数和众数意义上反映出样本集合中数据值的均值。正态曲线开口的大小与方差和标准差有关：方差和标准差较小时，正态曲线开口也较小，其总体的大部分数据聚集在接近均值的位置；方差和标准差较大时，正态曲线开口也较大，其总体的大部分数据分散在远离均值的位置。收敛和分散是分布的两种情形。很明显，开口越小从而方差和标准差越小的正态分布无疑是理想的分布情形。考虑方差和标准差可以在一定程度上克服仅仅考虑均值带来的决策上的风险和结论上的错误。

3. 关于结论的规则

结论不仅得自前提，与前提有内容或者语义上的关联，而且结论相对于前提应该是谨慎的、保守的和恰当的。特别是在统计推理依靠统计数据来解释或者确认某一种因果关系时，必须确保结论所描述的总体属性与前提所选取的样本属性关联。一般情况下，统计推理的结论表现为一个数值区间即 X% ±n，n 为误差范围。对于非个体样本的结论而言，其数值区间越大，结论的可靠性也越大。

（二）警务信息研判中的大数据技术对于遵守统计推理规则的意义

如上所述，警务信息研判中的统计推理的规则主要是关于样本的规则，而运用大数据技术可以极大地方便警务信息研判人员遵守这一规则。大数据技术与大数据是两个不同的概念，具有不同的内涵和外延。大数据技术就是利用网络、计算机、手机等平台对大数据进行实时、高效、集约、专业的收集和处理的技术。

警务信息研判中的大数据技术对于遵守统计推理规则的意义在于：

1. 大数据技术可以提高获得的样本的真实性。借助于大数据技术，可以快速获得和安全地保存海量数据，可以提高抽样的速度和效率，有条件地实现数据共享。这在一定程度上可以减少数据的失真，提高样本的真实性和可信度，提高抽样的质量。

2. 大数据技术可以提高获得的样本的代表性。大数据技术可以极大提高样本的容量、提高样本之间的差异性和样本种类的多样性；可以提高抽样过程的随机、客观、公正和透明；可以随着数据的不断变化即时调整样本，甚至处理异常复杂的数据。总之，大数据技术可以从质和量两个方面提高样本的代表性。

3. 可以对数据进行推理前的先期处理。借助大数据技术对数据进行归类、分类和分层处理，可以按照某种标准对大数据进行排序，以对数据进行云计算，快速得出统计结论。

四、警务信息研判中运用统计推理时应该避免的谬误

警务信息研判中运用统计推理时所产生的谬误主要是由于违反了上述的统计推理规则，主要表现为偏颇样本谬误、平均数谬误、百分比谬误等。

（一）偏颇样本谬误

能够代表总体的样本称为公平样本，不能代表总体的样本称为偏颇样本，以偏颇样本以某种比率具有某种属性作为推理依据的谬误就是偏颇样本谬误。偏颇样本谬误主要包括：样本规模不够大、样本分布不够广和抽样方法不够科学三个方面。

1. 样本规模不够大

一般而言，样本规模越大，样本就越具有代表性，结论可靠度就会更高；反之，样本规模过小，就难以确保其代表性。例如，南京市某派出所辖区内约有常住人口 15 万，该派出所的警务信息研判人员要做一个关于辖区内常住人口年关防盗意识的抽样调查。如果仅仅选择该辖区内的 100 名常住人口作为样本，那么从抽样率的角度看，这个样本相对偏小，很可能难以代表 15 万常住人口，由此得到的结论的可靠性就难以保证。

2. 样本分布不够广

一般而言，样本分布越广，越能全面反映总体中各个层次的真实情况，样本就越具有代表性，结论可靠度就会更高；反之，样本分布狭窄，就难以确保其代表性。样本分布是否足够广，在于样本与总体的相关性，即样本的属性能否全面反映总体的属性。例如，某公安机关治安中队要对辖区内的居民做一个治安满意

度的网上调查。由于辖区内的居民多数都是中老年人，他们很少上网或者不会上网。如此得到的数据也仅仅是关于占居民少数部分的青年人的属性的。由于样本分布不够广，由此得出的结论的可信度就很低。

3. 抽样方法不够科学

抽样方法就是从总体中抽取样本作为考察对象的方法。抽样方法是否科学，直接决定了样本是否具有代表性以及具有何等程度的代表性。一般而言，抽样方法越科学，样本就越具有代表性，结论可靠度就会更高；反之，抽样方法越不科学，就越难以确保样本的代表性。抽样方法是否科学，主要在于抽样过程是否随机、差异、重复和客观。这里的重复是要求从总体中进行高频次的抽样，以获得样本。

偏颇样本谬误的实质是所谓的弱归纳谬误、轻率概括谬误或者前提不充分谬误。为了克服偏颇样本谬误，可以采用大数据技术来增加样本的规模、提高样本分布的广度和保障抽样方法的科学性。

（二）平均数谬误

平均数是人们进行统计推理时运用最多的一种数据。但是，在运用平均数进行统计推理时，需要注意许多方面，否则就可能为平均数所迷惑，导致所谓的平均数谬误。

1. 混淆不同意义的平均数

统计推理有算数平均数、中位数和众数三种不同意义的平均数。在根据平均数进行统计推理时，详细考察平均数的具体含义是至关重要的。很难说这三种不同意义的平均数哪一种更科学、哪一种更有用。比较公允的观点是，它们各自都有其合理的使用范围和场合，即最能反映样本乃至总体属性并且有利于作出正确决策的情形。如果在某个具体的使用范围和场合中不恰当地运用了它们中的某种，就会产生混淆平均数的谬误。例如，在调查某公安局警务信息研判人员的学历情况时，众数无疑是比较适合的平均数；如果使用算数平均数或者中位数，则显然混淆了它们。为了避免此谬误，警务信息研判人员必须结合具体情况，明确各类平均数的使用范围和场合，采用最恰当和合适的平均数。如果数据集中的极大值和极小值之间差异巨大，那么此时运用算数平均数就没有太多实际意义，因为它难以反映甚至会掩盖对象的真实情况，乃至于产生某种误导。在这种情况下，使用中位数或者众数则相对合适一些。

2. 混淆平均数与个体值

在警务信息研判中，警务信息研判人员很容易将平均数与个体值混淆，以为平均数就是个体值；或者认为即使个体值不等同于平均数，也在平均数上下一个很窄的范围内波动，即个体值会接近于平均数。无论是哪种意义的平均数，它们与个体值的关系都是：（1）平均数不大于个体值中的最大值，但是不小于个体值中的最小值；（2）平均数与个体值之间的差值可能很大，因为有些个体值可能远远高于平均数，有些个体值可能远远低于平均数。为了避免该谬误，警务信息研判人员在运用平均数进行统计推理时必须严格区分平均数和个体值。

运用平均数进行统计推理首先要注意得出该平均数的那个数据集中的极大值和极小值之间的差异，如果两者之间的差异巨大，那么该平均数就没有太多实际意义，难以反映甚至会掩盖对象的真实情况，乃至于产生某种误导。运用平均数进行统计推理其次要注意得出该平均数的那个数据集中的某些数值出现的频率或者次数，因为这些数值出现的频率或者次数的变化可能暗含着对象发展变化的某种趋势或者规律；忽略这一点，孤立地看待平均数，就难以把握或者发现这种趋势。运用平均数进行统计推理最后要注意防止作出随意的、夸大的断言，简单地从某些平均数中推出某些所谓“规律性”的结论。平均数不是表示一种不变的关系，在不同时间、地点、条件下得到的平均数可能很不一样，据此得出的所谓“规律性”的结论最多是一种表象甚至假象，不难找到大量的反例。因此，对平均数必须作具体分析，随意把它们解释为一种普遍适用的普遍规律，不免有些武断，也容易产生误导作用。平均数谬误的实质是基于平均数现象而引申出一般性结论的谬误。在进行统计推理时，尤其要注意平均数这个度量概念，有些数值可能远远高于平均数，同时，有些数值可能远远低于平均数。

（三）百分比谬误

1. 混淆不同意义的百分比

百分比等于分量与总量的比值，与分量和总量两个数值有关，即使两个百分比数值相同，它们所在的分量和总量也是不尽相同的。因此，不能将一些近似的百分比混淆。例如，某公安派出所治安中队在对某小区的酒驾情况进行抽样调查时发现，右撇子酒驾者在样本中的占比大于左撇子酒驾者在样本中的占比。于是，该所警务信息研判人员据此得出结论：右撇子驾驶员比左撇子驾驶员更容易酒驾。实际上，该结论是站不住脚的。警务信息研判人员需要了解该样本中右撇子和左撇子各占多少比例。在多数场合中，右撇子在样本中的占比远高于左撇子在样本中的占比。若要比较右撇子和左撇子到底谁更容易酒驾，必须比较右撇子酒驾人数在右撇子样本中的占比和左撇子酒驾人数在左撇子样本中的占比，由此可能会得出相反的结论。

2. 混淆百分比和实际数

如前所述，绝对量 = 基数 × 百分比。如果混淆这三个数值，或者孤立地看待某一数值，就很容易得出不恰当的结论。如果基数很大，那么即使百分比很低，绝对量也可能很大。因此，警务信息研判人员首先应该避免从百分比很低推出绝对数也小。例如，某小区“两抢一盗”的发案率很低，而且在警方的努力下，发案率还在不断降低。但是，因此警方不能就此掉以轻心。其次要避免只重视百分比的增加而忽视绝对量的变化。例如，如果根据某年某小区的入室盗窃案件比上年增加了 100%，就运用统计推理得出结论说，该小区该年的治安形势变差了，那么这个结论是很成问题的。因为实际情况很可能是：该年该小区的住户近万，而上年入室盗窃只有 1 件，而该年入室盗窃有 2 件。所以，有时候，孤立地考察百分比会掩盖或是忽视很多深层甚至明显的问题。这就要求警务信息研判人员在进行统计推理时，既要考察百分比，又要注意基数和绝对量；既要注意这三个数值的静态值，又要注意这三个数值的变化值。

统计数据的相对性主要是指百分比、基数和绝对量三者之间的相对关系，百分比可以使得人们了解某一类对象在全体对象中所占的比例，统计结果简单明了、一目了然。但是，使用百分比也有不足：百分比无法反映一种非常重要的信息，即得出该百分比所依据的绝对数字。百分比高并不意味着绝对量大，因为绝对量还要依赖于基数，即绝对量 = 基数 × 百分比。在统计推理中，为了使得人们相信夸大了的事实，推理者有意使用小的基数而使得百分比变大，为了使得人们相信某种事实无关紧要，推理者有意使用大的基数而使得百分比变小，甚至在不该或者不能使用百分比的情形下使用百分比，对不同的百分比进行错误的比较，从而误导人们相信或者不相信某个事实。为了避免该陷阱，在使用百分比时，一定要考察得出百分比的两个参数：绝对量和基数。

使用百分比来对若干情况进行比较是一种可行的定量描述方法，但是如果没有提及或者提供进行比较或者增减的基础，那么关于百分比之类的断言可能没有提供任何有价值的信息，虽然这样的断言会给人们造成错觉而具有某些误导人们的效果。所以，要特别注意计算出来的百分比数值赖以计算的基数即它所依赖的绝对数字。

3. 百分比机械加减谬误

还有一种因为使用百分比而导致的错误是：数值 A 先减少 x%，然后再增加 x%，这样就重新回到 A。可以通过计算来发现其中的错误：$A\times(1-x\%)\times(1+x\%)=A\times[1-(x\%)^2]$。最后的结果 $A\times[1-(x\%)^2]$ 一定小于 A，怎么可能又回到 A 本身呢？其原因之一在于两个百分比使用了不同的基数：前一个减少的基数是 A，而后一个增加的基数是 $A\times(1-x\%)$；原因之二在于混淆了百分比和基数值：确实，数值 A 先减少 x，然后再增加 x，最后确实重新回到 A。如果推理中被增减的数值没有明确是百分比还是基数值，或者故意将百分比当作基数值，都会导致这种谬误，主观恶性严重的则是利用模棱两可的话语进行欺骗。与基数值的绝对增减不同，百分比是相对术语，其增减相对于不同的基数。

将百分比和纯粹基数进行混淆，或者更有甚者用百分比来偷换绝对基数值的另一种情形是将前提中针对不同对象的增加的不同的百分比进行加和，推出由这些不同部分组成的整体也必须根据这个百分比的加和进行增加。比如，有人这样推理：某社区一季度的治安案件增加了 13%，刑事案件增加了 7%，所以，该社区一季度的由治安案件和刑事案件构成的案件增加了 20%。这一统计推理也是很荒谬的，可以通过计算来发现其中的谬误：设组成某整体的 A 增加了 x%，B 增加了 y%，那么增加后的整体就是：$A\times(1+x\%)+B\times(1+y\%)$；该整体增加的百分比是：$\{[A\times(1+x\%)+B\times(1+y\%)]-(A+B)\}\div(A+B)$，而且可以计算出，该百分比一定小于 $(x\%+y\%)$。只有构成整体的每一组成部分都以相同的百分比增减，最后整体才必然以该百分比增减。当然，这只是极端和理想的情形，多数情形是构成整体的各个部分以不同的百分比增加，最后整体实际的增减百分比一定小于前提中这些不同百分比之和，可能处于前提中这些不同百分比之间。这可以借助于大数据技术进行验证。从归属上说，这种关于百分比的谬误属于所谓的合举谬误的一种特殊形式，实质上是结论与前提无关联或者前提对结论的支持不充分。

还有一种谬误是通过比较两个不同的对象或者两种不同的情形而得出结论。比如，在过去的六个月之内，某个社区刑事案件下降了 30%，于是有人据此断言该社区的刑事案件得到了有力的控制。这个推理很明显是有瑕疵的，因为很可能在这六个月之内，该辖区的人口递减了30%才是该社区刑事案件下降30%的真正原因。

（四）其他与数据有关的谬误

1. 统计数据不可比谬误

统计数据的可比性是统计数据支持结论的必要条件之一。比较要有用以比较的对象和共同基础。统计数据不可比谬误是指在统计推理中，忽略总体属性的差异对两个统计数据进行比较，并基于此得出某一结论。总体属性的差异包括：两个样本有实质性差异、统计对象和样本有实质性差异、某概念的不同解释导致了不同结论。统计数据不可比谬误的主要原因在于未设定比较的基础或者依据。例如，未设定比较的对象，表面上在进行比较，实际上根本没有进行比较。如果某个统计推理含有这种谬误，那么可以通过指出比较的基础或者标准不正确来说明某组数据不能说明问题，达到削弱该统计推理的目的。数据比较也是进行统计推理的一种方式，但是数据比较的前提是数据必须具有可比性。忽略数据比较的基础，不但不能解释问题，还可能得出错误的结论。数据不可比也称独立数据谬误，实质是脱离比较基础的数据，具体是指没有设定比较的对象，没有设定比较的根据或者基础，从而不能支持其结论。

2. 统计数据精确度谬误

在从样本的属性推至总体的属性时，人们总是希望得到一个精确的数字。但是，对精确性的过分追求可能会导致所谓的精确度谬误。这种谬误是指在从样本推至总体的过程中，忽视了误差、追求精确数字导致的谬误。如前所述，当样本在总体中的占比相对较小时，将样本具有的属性推至总体就必须考虑误差的因素。例如，抽取某社区100名无业青年进行抽样调查，发现他们之中有8%具有犯罪前科，因此就得出结论说该社区的所有无业青年之中也有8%的人有犯罪前科。这样推理显然是有问题的。因为样本中具有某种属性的统计比率不可能完全与总体中具有这种属性的统计比率相同。如果考虑了必然存在的误差因素，统计推理的结论不可能是一个具体的百分比数值，而是一个数值区间。就这个推理而言，其误差应该是±5%，因此其结论应该是（可能）该社区的所有无业青年之中有8%±5%的人有犯罪前科。

3. 统计数据不相关谬误

数据不相关谬误是指误以为不相关的统计数据密切相关而进行错误推理，是一种强加因果关系的谬误。统计数据不相关谬误也称虚假相关谬误。在一些场合，两类事件就某些统计数字上看好像是密切相关的，但其实两者之间并不存在真正的因果关系；还有一种情况是忽视相关变项，即未考虑影响事件概率的种种因素，盲目断定两事件之间的相关性，进而得出一个不合理的结论。

4. 绝对数谬误

统计推理中不仅相对数字可以构成所谓的数字陷阱，绝对数字也可能构成数字陷阱。使用较大的数字可以使人相信某个事实，而使用较小的数字可以让人觉得微不足道。

5. 错误抽样谬误

它是指在统计推理过程中样本偏颇或者样本太小等抽样不合理因素导致的谬误，它的实质是样本不具有代表性而导致推理的强度很低，基于前提的结论的可信度也很低。

（五）结论不恰当谬误

结论不恰当谬误主要是指结论由于不能得到前提的较为合理或者充分的支持而使得自身的可靠度较低。结论不恰当谬误表现为两种形式：

1. 前提对结论的支持度较弱

虽然统计推理作为一种或然性推理，其前提对于结论的支持不是决定性的，但是一个合理的统计推理要求前提对于结论的支持大于该前提对于相反结论的支持。也就是说，如果用百分比表示统计推理前提对于结论的支持度，那么合理的统计推理的前提对结论的支持度必须大于 50%。如果某一统计推理的前提对于结论的支持度不高于 50%，那么即使其前提全部真实，其结论的可靠性也是很低的。

为了避免这种谬误，要确保结论与前提要有某种语义或者内容上的充分关联，并且使得前提对于结论的支持度高于 50%。借助于大数据技术，可以计算出前提对于结论的支持度，也可以通过调整或者更换数据来提高前提对于结论的支持度。

2. 结论过于武断

如果将前提中样本具有某种属性的某个百分比直接套用于结论中总体具有该属性的比值，则结论就会显得过于武断。为了避免这种谬误，可以将结论表示为一个带有“可能”的模态判断，也可以设定一个恰当的误差值，使得结论中的数值表现为一个基于前提中的数值的区间值。这个设定的误差值可以借助于大数据技术高频次的计算得出。

第二节　侦查思维中的概率推理和侦查决策

现实世界中许多事件都是随机事件，因此对于它们发生的可能性可以进行定量的刻画，这在用于预测时特别有用。随机事件也称偶然事件或者不确定事件，是指在某种条件下可能出现也可能不出现的现象。从表面上看，具有不确定性的随机事件似乎杂乱无章，纯属偶然，毫无规律可循，但是正如马克思所言："在表面上是偶然性在起作用的地方，这种偶然性始终是受内部隐藏的规律支配的，而问题在于如何发现这些规律。"① 也就是说，随机事件的出现也是有规律的，这种规律就是统计规律。当人们观察了大量的同类随机现象之后，就可以揭示出它的某种规律。统计规律是关于大数现象的规律，即关于同类的随机事件的规律。这种大数的随机事件既可以指多个事件或者现象的同时一次发生，也可以指某个事件或者现象的不同时多次发生。统计规律是对群体的行为所做的描述，它只适用于同一类随机事件的整体，而不能断言某一个别事件的确定状态。也就是说，统计规律是关于群体行为的确定描述，而不是个体行为的确定描述。人们只有对同类随机事件进行大范围、大数量的统计，才能发现这种规律性——事件的概率。所以，统计规律基本上是以概率判断来陈述的。

概率论就是以探究大量随机现象所呈现的统计规律为对象的一门学科。概率推理就是求出某个或者某类随机现象的概率的推理。运用概率推理，人们可以知晓某随机事件发生的可能性之大小，或曰某随机事件发生的机会之强弱。在这个意义上，概率推理就是关于概率或者机会的推理。概率推理就是发现统计规律的方法之一。概率是赋予某个事件发生可能性的一个数值，用于测量在某种意义上，该事件发生的可能性有多大。某事件 A 发生的概率用 P（A）表示，可以用 0 和 1 之间的小数或者百分比来表示概率数值。一般而言，不可能事件发生的概率为 0；而必然性事件发生的概率为 1，介于其间的偶然性事件发生的概率介于 0 和 1 之间。

---

① 中央马列编译局：《马克思恩格斯选集》（第 4 卷），人民出版社 1995 年版，第 269 页。

如前所述，在所有归纳推理中，前提对于结论的支持都是或然性的，存在一个被称为归纳强度的问题。归纳推理的结论具有不确定性，而不确定性又是多种多样的，于是产生了对这些不确定性进行比较和测度的问题，而这正是概率理论所要研究的问题。

有些情况下，人们对归纳推理的结论只需要断言更可能或者不太可能即可；但是在有些要求量化的情况下，人们需要对归纳强度进行数值式的定量描述或者刻画。对于结论基于前提真时也真的可能性的数值式定量描述的方法很多，其中之一就是将一个定量的概率值赋予归纳推理的结论。

一、侦查思维中简单事件初始概率的确定

概率推理的首要问题是如何确定一个简单事件或者单一事件的初始概率问题。这一问题与概率的解释有关。关于概率的解释大致包括：古典解释（先验解释）、相对频率解释（经验解释）和置信度解释（主观解释）等类型。

（一）概率的古典解释

概率的古典解释由帕斯卡等人提出，由凯恩斯等人发展。概率的古典解释认为，一个事件发生的概率，由事件能够发生的途径除以等可能的后果数来确定，即一个事件 A 出现的概率可以由以下公示计算出：

$P(A) = f/n$

其中 f 是有利的结果的数目，n 是可能的结果的数目。从数值上看，$0 \leqslant P(A) \leqslant 1$。

需要注意的是，不要把一个事件发生的概率与打赌其发生的投注赔率混淆了。对于使用概率的古典解释的事件而言，打赌一个事件 A 将会发生的公平的投注赔率可以由以下公式计算出来：

$O(A) = f : u$

其中 f 是有利的结果的数目，u 是不利的结果的数目。从数值上看，O（A）大于、等于或者小于 1 皆有可能。由于 $u = n - f$，上述赔率公式可以转换为：

$O(A) = f : (n - f)$

概率的古典解释也称概率的先验理论，是因为求出概率的计算独立于任何对实际事件的观察，完全与经验无关，只进行理论分析。根据这种观点，为了计算

在某些特定情形下一个特定事件发生的概率，把该事件能够发生的实际数目，除以该情形下可能的结果总数目，如果人们没有理由相信任何一个可能的结果比其他结果更加可能。于是，一个事件的概率以一个分数来表示，在其中，除数是可能的结果的总数，被除数是待考察事件发生的结果数目。在这个解释下，概率不仅是先验的，而且是绝对的甚至不变的。

概率的古典解释预设了两个基本原则。预设的第一个原则是可能的结果数目是有限的，这些结果彼此之间是互斥的（即这些结果不可能同时出现），并且这些所有可能的结果都被考虑到了。该原则也称全知原则或者无理由原则。预设的第二个原则是所有可能的结果都是等可能发生的。第二个原则也称无差别原则或者等概率原则。等概率原则认为：当人们面临许多可能性并且它们之间没有相关的差异时，它们全都具有相同概率。因此，如果存在 n 种可能性，那么每一种可能性的概率就是 1/n。作为对称原理的一种，等概率原则也称中立原则，它是对概率进行直觉推理的一个重要组成部分。但是，应用等概率原则会产生诸如悖论这样的问题。

概率的古典解释预设的这两个原则实际上也是概率的古典解释应用的两个必要条件。在理想状态或者情况下，人们可以将实际情形近似地看成这两个原则可以运用的情形或者场合。但是，就实际情况看，这两个预设极少甚至从未被满足过。由于主、客观条件的限制，人们不可能考虑到所有可能的结果，最多考虑一些常见的结果而已。虽然其他结果在实际的意义上也许是不可能的，但是就它们不包含逻辑矛盾而言，它们在逻辑上也是可能的。

此外，即使考虑了所有的结果，这些所有可能的结果发生的概率也是不同的。例如，如果要确定某在逃犯罪嫌疑人逃亡某地的概率，考虑所有结果不仅是不可能的，而且这些能够考虑到的结果也不是等可能发生的。该犯罪嫌疑人可能逃亡至其他地方，可能藏匿在本地，可能不久后投案自首，等等。很明显，所有这些可能的情形发生的可能性不尽相同。

从这个意义上说，概率的古典解释虽然简便易行，但是其应用范围其实是极其有限的。如果一组事件不具有等可能性或者实验结果又有无限多个可能结果，那么就不能使用概率的古典解释了，而应该使用概率的相对频率解释。

（二）概率的相对频率解释

概率的相对频率解释由埃里斯（L. Ellis）开创，由文恩、皮尔斯、冯·米瑟斯发展，由赖辛巴哈充分发展并表达成系统。该概率解释认为将初始概率即原子经验概率陈述应该分析为频率概率的陈述，频率概率即一重复事件的一个无穷系列在长趋势中所表现的相对频率的极限。

先引入随机事件的频率的概念：设随机事件 A 在 n 次试验中出现了 f 次，则比值 f/n 称为该次试验中事件 A 出现的频率或频次，记为 W（A），则：

W（A）=f / n

不难理解的是，任何随机事件在有限次试验中出现的频率或者频次总是介于 0 和 1 之间的一个比值，即：

0≤W（A）≤1

如果试验次数不断增多以至于足够大，那么某随机事件出现的频率总是在某个常数附近摆动或者渐进于、收敛于、逼近于某个确定的常数，这个常数就是该随机事件出现的概率。也就是说，求出某事件出现的相对频率的极限值就是该随机事件出现的概率。这揭示了频率与概率之间的相对关系。

概率的相对频率解释也称概率的统计解释，它将概率定义为一类的元素出现一个特定属性的相对频率，即一个事件 A 发生的概率可以由以下公式计算出：

P（A）$=f_0/n_0$

其中 f_0 是观察到的有利的结果的数目，n_0 是观察到的结果的数目。从数值上看，0≤P（A）≤1。

例如，为确定一个惯犯采取反侦查措施的概率，可以调查 100 名惯犯组成的一个样本。如果这 100 名惯犯中有 95 名惯犯采取了反侦查措施，那么该惯犯采取反侦查措施的概率就是 95%。这个数值是相当高的，提醒侦查人员提高警惕，提前应对。

概率推理的出发点是以一定次数的实验作为样本，计算统计样本中某事件出现的次数与实验总数的次数的比率即事件的频率。然后，把样本中某事件出现的频率推至被研究对象的总体，由此得出一普遍性结论即陈述某事件的概率。

毋庸置疑，观察到的结果的数目越大，概率值也越趋近于某个稳定的数值。所以，为了确定某个事件发生的概率，采用大样本、大数据甚至全数据进行计算是很有必要的。概率的相对频率解释依赖于对某种事件发生的频率的实际观察，所以也称概率的经验解释或者客观解释。由于一个给定属性的概率随着选择用以计算的特定对象总体的变化而变化，因此在运用概率的相对频率解释时，还要注意选择最适合的研究总体。很明显，概率的相对频率解释适用范围比概率的古典解释大得多。

这种概率解释将概率解释为相对频率的一个度量。相对频率特别适合用于解释统计研究的概率判断。为此，需要确定对象总体和属性。在这个理论中，赋予的概率是这样的相对频率测度：该对象总体以这个频率体现了这个被研究的属性。当然概率也可以表示为分数，分母是对象总体数量，分子是具有该属性的对象的数量。在概率的相对频率解释中，概率被定义为总体成员体现某一特定属性的相对频率。在这种理论下，概率是相对的。

事实上，概率的古典解释和概率的相对频率解释都是将某类事件的统计概率指派给该类事件中的某个事件。虽然现实中这样操作是很普遍的，人们也会觉得顺理成章，但是由于某类事件的概率不同于该类事件中的单个事件的概率，因此将某类事件的概率指派给该类事件中的单个事件，或者是混淆了某类事件的概率和某个事件的概率这两个不同的概率，或者是不具有充分的理由的。借用休谟的术语说，这样做的合理性又何在呢?

（三）概率的置信度解释

为了确定单个事件的概率，人们又提出了概率的置信度解释。概率的置信度解释由英国哲学家拉姆塞和意大利数学家芬内蒂提出，由美国数学家萨维奇加以发展。它用个人的信念或者置信度这样的术语来解释概率的含义。尽管这样的信念或者置信度是不明确的、模糊的，但是通过一个人所能接受的对某次打赌的投注赔率可以给出对信念或者置信度的定量的解释。

如果 f 是有利的结果的数目，u 是不利的结果的数目，某人对 A 将会发生的公平的投注赔率是：

$O(A) = f : u$

那么此人赋予 A 将会发生的概率就是：

$P(A) = f/(f+u)$

概率的置信度解释虽然试图确定单个事件的概率，但是其主观性太强：不同的人对于同一事件完全可以给出不同的投注赔率，这样，同一个事件也因此具有了不同的主观概率——这无疑是让人难以理解和接受的。因此，概率的置信度解释也称概率的主观解释。如果概率被认为是事件的真的属性，而事件的真则是一个客观的问题，那么不同人对于同一事件赋予不同的置信度将会是一个非常严重的问题。这个问题有两种解决方法：一是将概率解释为信念的属性，二是将不同的个人主观概率的平均值作为事件的概率，以期接近事件的真实、客观的概率。

概率的置信度解释实际上是把概率看作对合理信念的测定。如果人们完全相信某个事情，人们的合理信念的测定被赋予数值1；如果人们绝对相信一个特定事件不可能发生，那么该事件发生的信念度被赋予数值0；如果人们无法确定某个特定事件是否必然发生，那么他对该事件发生的合理信念度被赋予0至1之间的某个数值。概率是关于事件的一个属性，是人们合理地相信一个事件即将发生的程度。或者说，概率是一个陈述或者判断的谓词，一个完全理性的人总是依据这个数值相信该陈述或者判断。把概率解释为合理信念或者置信度的一个重要原因在于人们认为任何特定事件的发生总是存在部分已知和部分未知的结果，这样其中就不存在任何实际的、内在的、客观的概率。一个事件的概率值之获得只能建立在作出其概率值指派的人获得的证据之上，概率被解释为对合理信念的测度，而一个人的信念随着其知识的变化而变化。基于此，概率的置信度解释不仅是主观的，而且是相对的。

由于概率的置信度解释认为任何事件自身不具有内在的或者关于它的概率，任何预测所具有的不同概率是相对于不同背景而言的，即相对于不同证据集而言的。但是，人们在作出概率断言之前，还是应该尽量收集最大量的证据集。

这三种概率解释都有自己的特色，也都有自己的不足。因此，在应用这三种概率解释时，要注意其应用条件和适用范围。

二、侦查思维中概率演算的规则或逻辑句法

虽然概率推理的首要问题是如何确定一个事件的初始概率，但是概率推理的核心问题却是如何确定复合事件的概率。复合事件可以看成由多个事件构成的整体。如果人们知道了复合事件的各个组成事件相互关联的方式，人们就能够根据构成复合事件的各个单个事件的初始概率算出该复合事件的概率。概率计算，也称概率演算，就是用单个事件的概率计算出复合事件的概率。不难理解的是，这一计算过程是一个特殊的推理过程，也是定量推理的一种类型。

概率计算不仅在日常生活中应用极其广泛，而且在侦查中也经常使用。比如，在侦查决策中，知道某个结果的可能性可以帮助侦查人员进行决策，从而使得侦查人员谨慎行事。

通过上述三种概率解释确定了简单事件或者单一事件的概率值之后，可以运

用概率演算规则计算出复合事件的概率。复合事件的各个组成事件相互关联的方式引出了概率计算的规则。

（一）合取事件概率计算的乘法规则

合取规则用于计算若干事件同时发生的概率，也称乘法规则。共同发生或者同时发生是指某个复合事件中单个事件中至少两个以上事件的发生。无疑，有两个单个事件组成复合事件是复合事件最简单的情形。假定我们真正考察的就是只有两个单个事件 A 和 B 的发生。当我们要得到 A 并且 B 两者的概率时，我们就要求出它们共同发生的可能性大小。

1. 一般的合取规则

一般的合取规则用于计算两个事件同时发生的概率。

P（A 并且 B）＝P（A）×P（B/A）

该规则的意思是：两个不同事件共同发生的概率等于其中一个事件发生的概率与该事件发生的条件下另一事件发生的概率的乘积。P（B/A）表示在假设 A 已经出现的情况下 B 将出现的概率。

两个同时发生的事件中的一个的出现与否是否会对另一事件的出现与否产生影响？这就涉及构成合取事件的各个单个事件之间是否彼此独立的问题。如果构成复合事件的两个单个事件中的一个的出现与否丝毫不影响另一事件的出现与否，那么这两个单个事件就是彼此独立的；反之就不是彼此独立的。当两个事件彼此独立时，一个事件发生不会影响另一个事件发生的概率，这样便会使 P（B/A）＝P（B）。于是就得到了彼此独立的事件同时发生概率计算的规则，即限制的合取规则。

2. 限制的合取规则

限制的合取规则仅仅适用于两个彼此独立事件同时发生的概率。

P（A 并且 B）＝P（A）×P（B）

该规则的意思是：两个独立事件共同发生的概率等于它们各自概率的乘积。这里，P（A）和 P（B）分别是两个独立事件 A 和 B 的概率，P（A 并且 B）是这两个独立事件共同发生的概率。

不难看出，两个事件彼此独立时共同发生的概率大于这两个事件彼此不独立时共同发生的概率。

（二）析取事件概率计算的加法规则

析取规则用于计算若干事件替代发生的概率，也称加法规则。若干事件的替代性发生是指这若干事件中至少有一个发生。替代性发生的概率总是大于每个单个事件发生的概率，如同在共同发生的情况下，两个事件共同发生的概率总是小于每个单个事件发生的概率一样。

1. 一般的析取规则

P（A或者B）=P（A）+P（B）-P（A并且B）

该规则的意思是：两个不同事件替代发生的概率等于它们各自概率的加和减去它们同时发生的概率。

两个事件中一个发生时另一个是否会同时发生？这就涉及构成复合事件的各个单个事件之间是否互斥的问题。如果构成复合事件的两个单个事件不能同时发生，那么这两个单个事件就是互斥的；反之就不是互斥的。当两个事件互斥时，它们同时发生的概率就是0，这样上式中的P（A并且B）=0。这样就得到了互斥的事件替代发生概率计算的规则，即限制的析取规则。

2. 限制的析取规则

P（A或者B）=P（A）+P（B）

该规则的意思是：两个互斥事件替代发生的概率等于它们各自概率的加和。这里，P（A）和P（B）分别是两个互斥事件A和B的概率，P（A或者B）是这两个互斥事件替代发生的概率。

不难看出，两个事件互斥时替代发生的概率大于这两个事件不互斥时替代发生的概率。

（三）互否事件概率计算的减法规则

否定规则用于计算已知一个事件或者其否定事件发生的概率，求出其否定事件或者该事件本身发生的概率。

由于没有状态既是满足条件的又是不满足条件的，因此事件A和事件非A就是互斥的，事件A和事件非A不能同时都发生。复合事件A并且非A发生的概率是0，即：

P（A并且非A）=0

一切逻辑不可能事件即矛盾事件发生的概率都为0。

由于每个状态必定或者是这个事件，或者不是这个事件，因此事件A和事件非A必定至少有一个发生。复合事件A或者非A发生的概率是1，即：

P（要么A，要么非A）=1

一切逻辑必然事件发生的概率都为1。

如前所述，既然事件A和事件非A是互斥事件，那么根据互斥事件择一发生概率的加法规则：

P（要么A，要么非A）=P（A）+P（非A）；

而P（A）+P（非A）=1；

进而得出：P（非A）=1-P（A）

这意味着某个事件A不发生的概率等于1减去该事件A发生的概率。同样，当一个事件不发生的概率是已知的或者容易计算的时候，运用该否定规则可以计算出该事件发生的概率。该规则也可以用于计算不独立的析取事件发生的概率。

根据发生的可能性，事件可以分为逻辑必然事件、逻辑不可能事件和逻辑可能事件。逻辑不可能事件又称逻辑必然不事件，逻辑可能事件发生的概率介于逻辑必然事件和逻辑不可能事件之间。虽然逻辑必然事件发生的概率为1，逻辑不可能事件发生的概率为0，但是侦查中遇到的大多数事件都是逻辑可能事件，只有极少数是逻辑必然事件和逻辑不可能事件。

（四）条件概率与逆概率

一个事件A的条件概率是在给定另一个事件B已经发生的情况下该事件A发生的概率，用P（A/B）来表示。

P（A/B）=P（A并且B）/P（B）

P（A/B）与P（B/A）称为互逆概率，彼此可以称为对方的逆概率。它们之间虽然数值未必相等，但是存在一种相互转换关系。根据上述的条件概率式：

P（A/B）×P（B）=P（A并且B）；

同样，P（B/A）=P（B并且A）/P（A）；

P（B/A）×P（A）=P（B并且A）；

因为P（A并且B）=P（B并且A），所以P（A/B）×P（B）=P（B/A）×P（A）；

假设P（B）不等于0，那么可以得出：

P（A/B）=P（B/A）×P（A）/P（B）

这就是逆概率P（A/B）与P（B/A）之间的转换关系式。由于人们不可能不偏不倚地赋予事件A和事件B相等的概率，因此逆概率P（A/B）绝大多数情况下与P（B/A）不相等。事实也确实如此。

一般而言，A在B为真时的条件概率P（A/B）大于A在B为假时的条件概率P（A/非B），即：P（A/B）>P（A/非B）。

用概率式带入上式两边得出：

P（B/A）×P（A）/P（B）>P（非B/A）×P（A）/P（非B）；

该不等式两边同时除以P（A），得出：

P（B/A）/P（B）>P（非B/A）/P（非B）；

也可以得出：P（B/A）/P（非B/A）>P（B）/P（非B）

如前所述，P（B）和P（非B）称为B和非B的先验概率。P（B）与P（非B）可能前者大于后者，可能前者小于后者，当然，也可能前者等于后者。当P（B）大于P（非B）时，P（B）/P（非B）大于1，进而，P（B/A）/P（非B/A）也大于1，即P（B/A）大于P（非B/A）。这也就是说，如果某件事情发展的先验概率大于它不发生的先验概率，那么该事件基于另一事件发生的条件概率也大于该事件基于另一事件不发生的条件概率。

任何侦查推理都可以转换为概率运算，侦查推理结论的概率其实就是其结论相对于背景知识、前提和推理形式有效性或者强度的合取下为真的概率。如前所述，一个侦查推理的结论的真实性主要取决于三个因素：背景知识的可靠性、前提的真实性、推理形式的有效性或者强度。设侦查推理的背景知识为B，侦查推理的前提为P，侦查推理的形式的有效性或者强度为F，侦查推理的结论为C，则在三个因素彼此独立的情况下，侦查推理的结论的条件概率是这样计算出来的：

P（C）=P（B并且P并且F）=P（B）×P（P）×P（F）

比如，在枚举推理中，背景知识为真的概率是0.9，前提为真的概率是0.8，推理形式的强度为0.6，则其结论为真的概率是0.9×0.8×0.6即0.432。

（五）贝叶斯定理

贝叶斯定理用于计算若干互斥且联合穷举的事件的条件概率，由18世纪英国著名数学家贝叶斯提出并以此命名。当互斥且联合穷举的事件的数目限制为两个时，用A_1和A_2表示这两个事件，贝叶斯定理可以表示为：

$P(A_1/B) = P(A_1) \times P(B/A_1) / [P(A_1) \times P(B/A_1) + P(A_2) \times P(B/A_2)]$

该规则可以证明如下：

根据一般的合取规则，

$P(A_1$并且$B) = P(A_1) \times P(B/A_1)$；

$P(B$并且$A_1) = P(B) \times P(A_1/B)$；

因为$P(A_1$并且$B) = P(B$并且$A_1)$，所以

$P(A_1) \times P(B/A_1) = P(B) \times P(A_1/B)$

该式两边同时除以$P(B)$，得出：

$P(A_1/B) = P(A_1) \times P(B/A_1) / P(B)$

根据零一律，$B = B$并且（A_1或者非A_1）

根据分配律，B并且（A_1或者非A_1）=（A_1并且B）或者（非A_1并且B）

根据等价传递律，$B =$（A_1并且B）或者（非A_1并且B）

$P(B) = P[(A_1$并且$B)$或者$($非A_1并且$B)]$

根据一般的合取规则和限制的析取规则，$P[(A_1$并且$B)$或者$($非A_1并且$B)] = P(A_1) \times P(B/A_1) + P($非$A_1) \times P(B/$非$A_1)$

根据等价传递律，$B = P(A_1) \times P(B/A_1) + P($非$A_1) \times P(B/$非$A_1)$

这样，$P(A_1/B) = P(A_1) \times P(B/A_1) / [P(A_1) \times P(B/A_1) + P($非$A_1) \times P(B/$非$A_1)]$

由于A_1和A_2互斥并且穷举，也就是说A_1和A_2之间是相互矛盾关系，则非$A_1 = A_2$，将其代入上式，即可得出贝叶斯定理：

$P(A_1/B) = P(A_1) \times P(B/A_1) / [P(A_1) \times P(B/A_1) + P(A_2) \times P(B/A_2)]$

贝叶斯定理在实际中是非常有用的，它允许人们随着新信息的获取而改变对某特定事件发生的概率的估计。在考虑其他可能影响某事件发生概率的因素以运用贝叶斯定理之前运用前述四种方法求出该事件发生的概率值称为先验概率、初始概率或者验前概率；随着考虑所获得的新信息对该事件发生概率的影响，有必要运用贝叶斯定理再次计算该事件发生的概率，这时计算出来的概率值称为后验概率或者验后概率。某事件发生的后验概率很可能不同于其先验概率，这也表明了枚举推理的结论随着前提中信息量的增减而变化。

这些概率计算规则被证实是非常有用的，结果也是正确的，但是人们对事件

发生的期望不同于事件发生的实际概率。也就是说，运用概率计算规则得到的正确结果与人们对已知事件进行因果分析后所期望的结论不同。于是，人们错误地认为，这样的结果是违反直觉的。当一个事件发生的概率被认为违反直觉的时候，人们可能在概率判断上发生错误，进而作出错误的决策和错误的行动，进行类似赌博的思维。当然，真正理智的人会遵守概率计算的结果。虽然人们一厢情愿地倾向于希望概率值符合期望值，但是真正理性的人应该根据概率值来调整期望值。

概率演算可以用于评价归纳推理的强度。一个归纳推理的强度不仅取决于前提全部为真的假设下结论为真的概率，而且还取决于结论的概率是否基于前提。如果归纳推理结论的概率不依赖于前提提供的信息，那么无论结论是否可能真，也无论其概率多大，该归纳推理的强度也是很弱的。如前所述，归纳推理的前提对结论的支持度即归纳强度不仅可以定性刻画，也可以定量刻画。当然，对归纳强度进行定量刻画的方法有很多，其中最常用的就是概率刻画。只要现有背景知识和前提下能够使得结论的肯定式更有可能即可算是一个可以接受的合理的归纳强度。也就是说，结论C相对于背景知识B和前提P的条件概率大于结论的否定式相对于同一背景知识B和前提P的条件概率：

P［C/（B并且P）］>P［非C/（B并且P）］

因为P［非C/（B并且P）］=1-P［C/（B并且P）］；

所以P［C/（B并且P）］>1-P［C/（B并且P）］；

2P［C/（B并且P）］>1；

P［C/（B并且P）］>1/2

这就是说，只要相对于现有背景知识和前提，结论为真的概率大于50%，该归纳推理的强度就是可接受的，这也正是侦查思维中侦查人员对支持度的最低要求。

三、侦查思维中的决策推理

所谓决策就是在熟悉研究对象的规律的基础上，研究者选择目标和实现目标的行动方案的思维过程。按照决策对象所具备的条件可以分为确定性决策、不确定性决策和风险性决策。确定性决策就是根据已知条件并能预判发展后果的决策，它与目标实现之间有必然的因果联系。不确定性决策是指依据未知条件作出未知结果的决策，是在主体概率判断指引下作出的决策。风险性决策也称统计决策、随机决策，是指就每种实施方案都会出现各种情况的决策。决策基本程序包括：信息收集阶段，方案拟定阶段，方案选择阶段，方案实施和控制阶段，反馈、评估和修正阶段。决策的基本准则包括信息准则、预测准则、科学准则、系统准则、可行准则、择优准则和行动准则。

在侦查思维中，侦查人员不仅要考虑事件发生的概率，还要考虑事件发生后获得的效果。这就涉及所谓的期望效用理论或者期望值概念。当人们对任何不确定性的决策进行比较时，期望值是一个很值得考虑的参数。虽然期望值概念最初来源于赌博和投注之类的有风险和回报的行为抉择，但是它现在也大量被借用于侦查决策这样的事件之中。所谓期望值就是指，每个可能结果下产生的效果与实现该效果的概率值乘积之和。一般而言，如果期望值大于成本，那么就可以选择；如果期望值小于成本，那么就可以放弃；如果期望值刚好等于成本，那么可以观望。关于期望值的推理也称实践推理或者决策推理。

当侦查人员采取行动时，有时难以甚至不能确定最后的结果，这种结果或者难以预测，或者超出了侦查人员的掌控，这时的决策称为风险性决策，它是决策三种基本类型——确定性决策、不确定性决策和风险性决策中的一种。由于侦查工作的特殊性，侦查人员不可能因决策存在较大的不确定性或者风险就望而却步，逡巡不前。在这种情况下，侦查人员通常需要并能够估计出这些不同可能的结果有多大的可能性；而且，同样重要的是，侦查人员通常也需要和能够估计出这些不同的结果对他们的价值。根据常规做法，侦查人员可以通过向一种结果赋予以下等差数列中的一个数字来测算其价值，这个等差数列在左右两个方向上都是无限的：

……−4，−3，−2，−1，0，+1，+2，+3，+4……

正数表示好，负数表示差，越向左表示越差，越向右表示越好，0 表示中立点，即不偏向任何一边。

比如，侦查人员要去对某犯罪嫌疑人采取抓捕行动。但是，也许天气会不好。如果天气好，则抓捕行动是一个很值得采取的行动，因此，侦查人员可以赋予其一个正数，如 +9。但是，如果天气不好，则抓捕行动就是一个不太完满的行动，因此侦查人员可以赋予其一个负数，如 −5。那么，侦查人员应该赋予抓捕行动以什么样的数值呢？有人可能建议直接将 +9 和 −5 这两个数值相加，但是这样做就会遗漏非常重要的部分。因为天气好或者不好都不是确定的，而是以某种概率值发生的。天气好固然是侦查人员希望避免的情形，但是在这种情况下，结合侦查人员以往的经验，他发现天气不好的可能性还是很大的。为此，他赋予天气不好的概率值为0.6，这样天气好的概率值就是 $1-0.6=0.4$。在此基础上，侦查人员可以具有相应概率的数值进行加权：

$$0.4\times9+0.6\times(-5)=0.6$$

其结果0.6就是采取抓捕行动的期望值。当然，也可以计算不采取抓捕行动的期望值。

一般而言，用A表示实施某种行为，用E（A）表示实施A的期望值，用 O_1、O_2、O_3……O_n 表示实施A时所有可能的结果，用 $V(O_1)$、$V(O_2)$、$V(O_3)$……$V(O_n)$ 表示侦查人员赋予这些不同的可能结果的不同真值，用 $P(O_1)$、$P(O_2)$、$P(O_3)$……$P(O_n)$ 表示侦查人员赋予这些可能结果的不同概率，则A的期望值E（A）是如此计算出来的：

$$E(A)=P(O_1)\times V(O_1)+P(O_2)\times V(O_2)+P(O_3)\times V(O_3)+\cdots\cdots+P(O_n)\times V(O_n)$$

如果行动A对实施A时这些不同的可能结果有影响，那么这些不同结果的概率值就要换成条件概率值，即将上式中的 $P(O_1)$、$P(O_2)$、$P(O_3)$……$P(O_n)$ 分别换成 $P(O_1/A)$、$P(O_2/A)$、$P(O_3/A)$……$P(O_n/A)$。当然，这样会使得计算变得复杂化，但是如果事实如此，那就得这么做。

现在采取A的期望值得出来了，那么是不是意味着就可以根据该行动的期望值的大小决定是否采取该行动了？显然不是，因为是否采取某行动，显然不能仅仅根据该行动的期望值大小来决定，而是根据该行动的期望值与其他不同行动的期望值的大小比较结果来决定。理性的侦查人员采取理性行为，理性行为就是采取那个具有最大期望值的行动。

其中一种比较简单和极端的情形就是计算出E（A）和 $E(\neg A)$ 各自的数值，然后比较其大小，据以决定是否采取行动A。当然，在侦查思维中，侦查方案一般包括多种可能性，如行动 A_1、行动 A_2、行动 A_3……行动 A_n。这时就需要计算出每个行动的期望值，选择具有最大期望值的那种行动。这个过程就是决策的一种形式，可见，决策也是一个复杂的推理过程。

第三节　侦查思维中的模糊推理

在侦查思维中，有些关于案情事实的判断既不是完全真，也不是完全假，而是介于全真和全假之间。也就是说，这种案情事实判断不仅存在真假问题，而且存在真值度问题。如果用1和0表示一个案情事实判断真实的程度，1表示完全为真，0表示完全为假。某个案情事实判断P的真值度表示为｜P｜。

一、复合判断的真值度运算规则

（一）否定判断的真值度

由于P的真值度与非P的真值度之和为1，因此：

｜非P｜=1-｜P｜

例如，如果犯罪嫌疑人是入室盗窃的真值度为0.6，那么该犯罪嫌疑人不是入室盗窃的真值度就是0.4。

（二）联言判断的真值度

很明显，一个联言判断的真值度只能具有构成联言判断的两个支判断中具有最低真值度的那个支判断的真值，因此：

｜P并且Q｜=Min（｜P｜，｜Q｜）

例如，如果犯罪嫌疑人是入室盗窃的真值度为0.6，犯罪嫌疑人是惯犯的真值度是0.9，那么该犯罪嫌疑人是入室盗窃和惯犯的真值度就是0.6。

（三）选言判断的真值度

很明显，一个选言判断的真值度具有构成选言判断的两个支判断中具有最高真值度的那个支判断的真值，因此：

｜P或者Q｜=Max（｜P｜，｜Q｜）

例如，如果犯罪嫌疑人是入室盗窃的真值度为0.6，犯罪嫌疑人是惯犯的真值度是0.9，那么该犯罪嫌疑人是入室盗窃或者惯犯的真值度就是0.9。

（四）假言判断的真值度

假言判断的真值度取决于构成假言判断的前件的真值度和后件的真值度的大小比较值。

如果｜P｜≤｜Q｜，那么｜如果P那么Q｜=1

这意味着，如果条件判断的前件的真值度不大于后件的真值度，那么该条件句的真值度为1即完全为真。

例如，如果犯罪嫌疑人是入室盗窃的真值度为0.6，犯罪嫌疑人是惯犯的真值度是0.9，那么“如果犯罪嫌疑人是入室盗窃，那么他是惯犯”的真值度就是1。

如果｜P｜>｜Q｜，那么｜如果P那么Q｜=1-（｜P｜-｜Q｜）

这意味着，如果条件判断的前件的真值度大于后件的真值度，那么该条件句的真值度等于1减去前件和后件的真值度之差。

例如，如果犯罪嫌疑人是入室盗窃的真值度为0.6，犯罪嫌疑人是惯犯的真值度是0.4，那么“如果犯罪嫌疑人是入室盗窃，那么他是惯犯”的真值度就是1-（0.6-C.4）即0.8。

二、侦查推理结论的真值度运算规则

如前所述，一个侦查推理的结论的真实性主要取决于三个因素：背景知识的可靠性、前提的真实性、推理形式的有效性或者强度。设侦查推理的背景知识为B，侦查推理的前提为P，侦查推理的形式的有效性或者强度为F，侦查推理的结论为C，则侦查推理的结论的真值度是这样计算出来的：

｜C｜=Min（｜B｜，｜P｜，｜F｜）

例如，某个侦查推理的背景知识的真值度为1，其所有前提的合取的真值度为0.9，其推理形式是有效的即符合规则的演绎推理形式，真值度为1，那么该侦查推理的结论的真值度为三个数值中的最小值即0.9。

由于侦查推理可以表示为以侦查推理的背景知识与前提的合取为前件，以结论为后件的条件判断，因此侦查推理的形式的有效性或者强度F的真值度等于侦查推理的背景知识和前提的合取对其结论的支持度，也可以表示为该条件判断的真值度，即：

｜F｜=｜如果B并且P，那么C｜

如上所述，概率数值也可以用0和1之间的数值区间。于是人们会自然而然地认为真值度与概率是同样的。其实二者不同。特别是在进行合取和析取运算时，算法是不同的。这一点尤其要注意区别。

第六章 侦查思维中的假言推理

在侦查思维中，侦查人员有时需要根据某种假设以及该假设的结果是否成立来断言该假设是否成立，其中运用的侦查推理就是所谓的假言推理。在2015年江苏常州“5·20”故意杀人案中，侦查人员就多次运用假言推理。

第一节 侦查思维中的假言直言推理

一、侦查思维中的假言判断和假言推理概述

侦查思维中的假言推理与假言判断有关。因此，要想探究侦查思维中的假言推理，必须首先探究侦查思维中的假言判断。

（一）侦查思维中的假言判断概述

在对假言推理进行界定之前，必须对假言判断进行界定。假言判断是一种很常见和应用很普遍的判断，也是假言推理的前提之一，其重要性不言而喻。那么，何谓假言判断?

仅仅从字面上理解，假言判断，简言之，就是假设性断言。不难理解的是，也仅仅在“如果（不）……，那么（不）……”形式的判断中，“如果”表明了某种假设，“那么”表明了基于该假设下的断言。基于此，笔者认为，假言判断（hypothetical judgement）应该是这样的判断：它在某对象具有或者不具有某一属性的假设之下，断言该对象具有或者不具有另一属性。在假言判断中，“如果”引导的表述假设的部分一般称为前件；“那么”引导的表述结果的部分一般称为后件。从真值的角度看，假言判断断言“如果其支判断之一（前件）为真，

那么其另一支判断（后件）也是真的"①。也就是说，一个假言判断"仅仅断言在其前件为真的任何情况下，它的后件都是真的，而并不断言其前件为真或者后件为真。它的基本含义，是断言其前件和后件之间的某种关系以特定次序成立"②。也就是说，前件和后件之真假如何，前件假时后件真假如何以及后件真时前件真假如何，假言判断并未断定，至少未作直接断定或者明确断定。

根据牟宗三先生的观点，假言判断可以分为四类：③

1. "如果P，那么Q"形式的假言判断

这种形式的假言判断断言了P是Q的充分条件（sufficient condition）。例如，如果犯罪嫌疑人王某是该刑事个案的作案者，那么王某必有作案时间。

所谓P是Q的充分条件，是指在某种情况下，只要P断言的属性存在，Q断言的属性也存在，简言之就是"有之必然"。而"如果P，那么Q"等价于"如果非Q，那么非P"——这表明非Q也是非P的充分条件。

2. "如果P，那么非Q"形式的假言判断

这种形式的假言判断断言了P与Q之间的互斥关系。例如，如果犯罪嫌疑人王某的行为是故意伤害，那么王某的行为就不是过失伤害。

"如果P，那么非Q"等价于"或者非P，或者非Q"，"或者非P，或者非Q"又进一步等价于"并非（P并且Q）"。"并非（P并且Q）"非常直观地断言了P和Q之间的互斥关系。P与Q之间互斥，是指有P则无Q，简言之就是"有之必不然"，即在某种情况下，只要P断言的属性存在，Q断言的属性就不存在。这种形式的假言判断断言的P和Q之间的互斥关系分为两种情况：（1）P和Q之间不穷尽的互斥关系，即P与Q之间是不能同真却能同假的反对关系；（2）P和Q之间穷尽的互斥关系，即P与Q之间是不能同真也不能同假的矛盾关系。如果P与Q之间是不穷尽的互斥关系，那么P与Q可以同时为假；如果P与Q之间是穷尽的互斥关系，那么P与Q一真一假。

3. "如果非P，那么Q"形式的假言判断

这种形式的假言判断断言了P与Q之间的彼此穷尽关系。例如，如果饮酒后立马驾驶机动车的行为不是醉驾行为，那么这种行为就是酒驾行为。

"如果非P，那么Q"等价于"或者P，或者Q"。"或者P，或者Q"非常直

---

① 牟宗三：《理则学》（修订版），江苏教育出版社2006年版，第318页。

② 牟宗三：《理则学》（修订版），江苏教育出版社2006年版，第352页。

③ 牟宗三：《理则学》（修订版），江苏教育出版社2006年版，第108页。

观地断言了 P 和 Q 之间的彼此穷尽关系。P 与 Q 之间彼此穷尽，是指无 P 则有 Q，简言之就是“无之必然”，即在某种情况下，只要 P 断言的属性不存在，Q 断言的属性就存在。这种形式的假言判断断言的 P 和 Q 之间的相容关系分为两种情况：（1）P 和 Q 之间相容的彼此穷尽关系，即 P 与 Q 之间是不能同假却能同真的下反对关系；（2）P 和 Q 之间相斥的彼此穷尽关系，即 P 与 Q 之间是不能同假也不能同真的矛盾关系。如果 P 与 Q 之间是相容的彼此穷尽关系，那么 P 与 Q 可以同时为真；如果 P 与 Q 之间是相斥的彼此穷尽关系，那么 P 与 Q 一真一假。

4. “如果非 P，那么非 Q”形式的假言判断

这种形式的假言判断断言了 P 是 Q 的必要条件（necessary condition）。例如，如果犯罪嫌疑人刘某不如实供述自己的犯罪行为，那么他就不能获得从宽发落的机会。所谓 P 是 Q 的必要条件，是指在某种情况下，只要 P 断言的属性不存在，Q 断言的属性也不存在，简言之就是“无之必不然”。

基于此，笔者认为，只有“如果（不）……，那么（不）……”形式的判断才是假言判断，所谓的“只有……，才……”形式的必要条件判断虽然可以转换为假言判断，但是不能直接当作假言判断；所谓的“当且仅当……，才……”形式的充要条件判断虽然可以转换为两个假言判断的合取，但是也不能直接当作假言判断。

假言判断的性质可以表述为：（1）当且仅当前件真而后件假时假言判断为假之外，其余前件和后件真假的三种组合下假言判断均为真；（2）只要前件假，假言判断就为真；（3）只要后件真，假言判断就为真；（4）如果假言判断真并且其前件真，那么其后件也真；（5）如果假言判断真但是其前件假，那么其后件可能假但是不必然假；（6）如果假言判断真并且其后件真，那么其前件可能真但是不必然真；（7）如果假言判断真但是其后件假，那么其前件也假。

很多论著认为假言判断就是条件判断，这是不恰当的。事实上，无论从内涵的角度还是从外延的角度看，假言判断和条件判断都是不同的。从内涵上看，假言判断是基于某对象是否具有某一属性假设下该对象是否具有另一属性的断言；条件判断是对某对象两种属性之间是否具有某种条件关系的断言。从外延上看，如前所述，根据前件和后件的形式不同，假言判断可以分为四种类型；根据涉及的条件关系的不同，条件判断可以分为充分条件判断、必要条件判断和充要条件判断。

（二）侦查思维中的假言推理概述

假言推理（hypothetical inference）是侦查思维中经常运用到的一种复合推理，于是乎，对其进行定义似乎是不费吹灰之力的事情。笔者在十数年的教学研究过程之中，参阅了不少关于假言推理的定义，下面按照接受度的递减顺序逐一进行评析。

很多甚至大多数论著给出的假言推理的定义是：假言推理是以假言判断作为大前提，并且根据该假言判断的性质而推出结论的推理。这个定义应该最早见于《普通逻辑》编写组编写的《普通逻辑》中。《普通逻辑》流传极广且再版数十次，以致关于假言推理的该定义几乎成为最正则因而也是最流行和接受度最高的定义，也极少有人对此提出丝毫怀疑。

初看之下，人们很容易产生这样的感觉：假言推理本来就应该是这样的！但是仔细考察，可以发现对假言推理的这个定义存在不少问题。第一个问题是假言推理必须包括至少两个前提吗？该定义隐含了假言推理必须至少包括两个前提，而这很显然是不恰当的和不必要的。如果假言推理至少包括两个前提，那么所谓的假言易位推理、反三段论、实质蕴含律就不是假言推理了。而事实是，假言易位推理、反三段论、实质蕴含律仍旧是假言推理。所以，假言推理不必设定至少包括两个前提，前提可以是一个，也可以是多个。第二个问题是即使假言推理包括至少两个前提且前提之一是假言判断，假言推理也必须以假言判断作为大前提吗？显然不是！一者，作为推理之大前提和小前提的顺序仅仅是相对的，它们之间是并列关系，根据合取交换律，大前提和小前提的位置是可以互换的。即使假言推理的前提中包含假言判断，也不必处于大前提的位置，而可以处于小前提的位置。在实际运用中，人们一般是先发现某个案情事实并以此作为大前提，再匹配某个与该案情事实有关的假言判断作为小前提。二者，作为形成侦查假说重要推理方法的溯因推理就是以假言判断作为小前提的。即使假言推理包括至少两个前提且前提之一是假言判断，假言推理也不必以假言判断作为大前提。第三个问题是假言推理都是根据假言判断的性质推出结论的吗？如果如此，那么无效的假言推理显然不是根据假言判断的性质进行的，这些无效的假言推理就不是假言推理了吗？这些无效的假言推理将被置于何地？显然，无效的假言推理虽然不是根据假言判断的性质进行的，但仍然是假言推理。所以，假言推理不都是根据假言判断的性质进行的。第四个问题是即使有些假言推理是根据假言判断的性质进行的，那么所谓的假言判断的性质是指什么？关于这个问题，该定义语焉不详，含糊其词。

也有学者认为：假言推理是以假言判断作为大前提，并根据假言判断前后件之间的关系进行推演的推理。[①] 这个定义的最大亮点有两个。第一个亮点在于用“假言判断前后件之间的关系”取代第一个定义中“假言判断的性质”的提法。相对而言，“假言判断前后件之间的关系”的提法比“假言判断的性质”的提法更加具体，因为假言判断的性质就是指假言判断前后件之间的关系。第二个亮点在于扩大了假言推理的外延范围，将假言直言推理之外的其他假言推理也包括在内。但是，该定义仍然存在着前述的四个问题。特别是，如果某个假言推理不是根据假言判断的前后件之间的关系进行推演的，那么它就不是假言推理了吗？仍然是假言推理，只不过是无效的假言推理而已。

还有学者认为：假言推理是根据假言判断前后件之间的逻辑关系进行推演的推理。[②] 这个定义的亮点在于剔除了“以假言判断为大前提”的不必要设定，所以在一定程度上克服了上述两个定义存在的前两个问题。但是，该定义仍然存在着上述两个定义存在的第三个问题。此外，该定义没有明确地强调假言推理必须以假言判断作为前提之一，这也是不太恰当的。

以故著名学者牟宗三先生认为，假言推理是指“以‘如果——那么’的假言判断为大前提而来的推理”[③] 是“以假言判断作为大前提，而以肯定或者否定其中之前件以及肯定或者否定其中之后件，而成的推理”[④]。该定义的问题在于仍旧要求：假言推理包含至少两个前提且前提之一是假言判断，而且必须以假言判断作为大前提。但是该定义的亮点是主要的，其亮点在于：假言推理的前提中必须有假言判断，而且假言判断是指具有“如果——那么”形式的判断。

笔者认为，目前学界对于假言推理的这些定义普遍存在所谓的“定义过窄”问题，不仅未能真正揭示假言推理的内涵，而且也因此未能真正揭示假言推理的外延，特别是将某些本属于假言推理的推理排除在假言推理之外。比较上述四个关于假言推理的定义，不难得出结论：牟宗三先生给出的关于假言推理的定义是最能揭示假言推理之本质属性的定义。在辩证分析这些关于假言推理的定义的基

① 印大双：《假言推理在侦查实践中的应用》，载《广西警官高等专科学校学报》2011 年第 1 期。
② 李顺万：《还原犯罪真相——侦查逻辑与方法》，重庆出版社 2007 年版，第 156 页。
③ 牟宗三：《理则学》（修订版），江苏教育出版社 2006 年版，第 101 页。
④ 牟宗三：《理则学》（修订版），江苏教育出版社 2006 年版，第 101 页。

础上，笔者粗浅地认为，假言推理（hypothetical inference）是指前提中包含至少一个假言判断的推理，它“包含一个或者多个假言判断”①。至于假言推理的前提中除了假言判断之外，是否还有其他判断以及是否基于假言判断的性质，则不是界定假言推理的决定性因素。

根据假言推理的前提包含的判断的种类，侦查思维中的假言推理可以分为假言直言推理、二难推理和其他假言推理，每类假言推理都可以再分为必然式、或然式和无效式。

在侦查思维中，侦查人员应围绕以下几个方面进行假言推理：一是案件性质。即从有利于侦查破案这一特定角度出发，对立案侦查的案件具体属性所作的界定。二是实施犯罪的情况。包括实施犯罪的时间、地点、人数、犯罪工具、手段、方法和过程等。准确地判明这些问题，能为缩小侦查范围、采取有针对性的侦查对策提供重要依据。三是犯罪动机、目的。准确判明犯罪的动机、目的，能够为确定案件性质、发现和审查嫌疑对象提供重要依据。

二、侦查思维中的假言直言推理及其类型和作用

（一）侦查思维中的假言直言推理的含义和特征

在侦查思维中，人们经常以一些假设性断言作为背景知识，结合正在侦办的刑事个案所具有或者不具有某种属性，推出该刑事个案是否具有其他属性。其中所运用的推理就是假言直言推理。

侦查思维中的假言直言推理是指在侦查思维中的这样一类推理：前提由一个假言判断和一个直言判断构成；该直言判断是对该假言判断的某一假言支的肯定（或者否定）；结论是对该假言判断的另一假言支的肯定（或者否定）。不难理解，牟宗三先生给出的假言推理的定义其实就是假言直言推理的定义。

侦查思维中的假言直言推理的特征是：以一个假言判断和一个直言判断作为前提推出结论；前提中的直言判断是对前提的假言判断的某个假言支的断定；结论是对前提中的假言判断的另一假言支的同质断定。需要注意的是，这里的假言

① ［美］欧文·M. 科恩等：《逻辑学导论》（第13版），张建军等译，中国人民大学出版社2014年版，第318页。

支是指假言判断的前件或者后件，这里的断定包括肯定和否定。所谓直言判断否定假言判断的某个假言支是指该直言判断与该假言判断的某个假言支之间是不相容关系或者互斥关系，包括矛盾关系和反对关系。根据不相容关系的不能同真的特征，当直言判断真时，假言判断中与之不相容的那个假言支就是假的。直言判断可以是否定判断的形式，也可以是肯定判断的形式。

侦查思维中的假言直言推理是假言三段论的一种常用类型。侦查思维中的假言三段论是这样一种推理：“前提包含一个或多个假言判断，这种判断断言如果其支命题之一为真（或假），那么另一支命题也为真（或假）”[①]，包括混合假言三段论和纯假言三段论。混合假言三段论就是假言直言推理，它的前提由假言判断和直言判断构成。

侦查思维中的假言直言推理与直言三段论虽然都是以两个判断作为大前提和小前提推出一个结论，但是二者毕竟是两种不同类型的三段论。二者的不同之处表面上在于：“假言直言推理的前提是一个假言判断和一个直言判断，而直言三段论的前提都是直言判断；二者的不同之处实质上在于：直言三段论断言类之间的包含或者排斥关系，而假言直言推理断言前件和后件之间的条件关系。”[②]

（二）侦查思维中的假言直言推理的类型

侦查思维中的假言直言推理的规则是：从一个假言判断和一个肯定其前件的直言判断能够推出其后件的肯定；从一个假言判断和一个否定其后件的直言判断能够推出其前件的否定；从一个假言判断和一个肯定其后件的直言判断能够推出其前件的或然性肯定，但是不能推出其前件的肯定；从一个假言判断和一个否定其前件的直言判断能够推出其后件的或然性否定，但是不能推出其后件的否定。根据是否遵守相应的推理规则以及结论的性质，侦查思维中的假言直言推理可以分为假言直言推理必然式、假言直言推理或然式和假言直言推理无效式。

1. 侦查思维中的假言直言推理必然式

侦查思维中的假言直言推理必然式是指侦查思维中的这样一种假言推理：前提由一个假言判断和一个直言判断组成；前提中的直言判断是假言判断的前件的肯定（或者后件的否定）；结论是对前提中的假言判断的后件的肯定（或者前件

---

① ［英］欧文·M. 科恩等：《逻辑学导论》（第13版），张建军等译，中国人民大学出版社2014年版，第318页。

② 牟宗三：《理则学》（修订版），江苏教育出版社2006年版，第104页。

的否定)，包括假言直言推理肯定前件式和假言直言推理否定后件式。

(1) 假言直言推理肯定前件式

侦查思维中的假言直言推理肯定前件式是指侦查思维中的这样一种假言直言推理：前提之一是一个确保真实的假言判断，前提之二是一个对另一前提的前件进行肯定的直言判断，结论是一个对该前提的后件进行肯定的直言判断，“如果直言判断断言假言判断的前件为真，并且该假言判断的后件为该推理的结论，那么该形式有效且被称为肯定前件式”①。它可以表示为：

如果P，那么Q；

P；

所以，Q。

它的前提之一是一个假言判断，作为另一前提的直言判断是对假言判断的前件的肯定，结论是对前提中假言判断的后件的肯定，其推理方向是从肯定前件到肯定后件。其要点是前提“如果P，那么Q”告诉侦查人员如果P（无论其内容是什么）成立，那么Q也必然成立。此时，侦查人员不能确定实际情况会是什么。前提P告诉侦查人员“如果P，那么Q”中的假设可以满足，然后结论Q就随之出现。

例如，如果犯罪嫌疑人张某是惯犯，那么张某具有较强的反侦查意识；犯罪嫌疑人张某确实是惯犯；所以，张某具有较强的反侦查意识。

在侦查思维中，很多法律条文都是关于涉嫌犯罪或者采取某种强制措施的一个假言判断。如果已经查证某犯罪嫌疑人的行为已经满足了这样的一个假言判断的前件，侦查人员就可以据此断定该犯罪嫌疑人涉嫌某种犯罪或者可以采取强制措施。

(2) 假言直言推理否定后件式

侦查思维中的假言直言推理否定后件式是指侦查思维中的这样一种假言直言推理：前提之一是一个确保真实的假言判断，前提之二是一个对另一前提的后件进行否定的直言判断，结论是一个对该前提的前件进行否定的直言判断，“如果直言判断断言假言判断的后件为假，并且该假言判断的前件的假正是该推理的结

① [美] 欧文·M. 科恩等：《逻辑学导论》（第13版），张建军等译，中国人民大学出版社2014年版，第319页。

论，那么该形式有效且被称为否定后件式”①。它可以表示为：

如果P，那么Q；

并非Q；

所以，并非P。

它的前提之一是一个假言判断，作为另一前提的直言判断是对假言判断的后件的否定，结论是对前提中假言判断的前件的否定，其推理方向是从否定后件到否定前件。在侦查思维中，如果前提“并非Q”是显而易见的，那么它经常被省略。

例如，我国宋代著名法医宋慈在其《洗冤录》中记载了这样一个案例：在案件讯问中，一女子声称其丈夫是因为失火被烧死，但是仵作（我国古代的验尸官）发现死者的口鼻和其他呼吸道之中只有少量的草木灰，那么死者死因到底是什么？依据法医学原理和多年的工作经验，仵作认为：如果死者真是完全被火烧死的，那么由于死者的呼吸作用，死者的口鼻和其他呼吸道之中必然聚集大量的草木灰（事实上，死者主要是被烟熏死的，而不是被烧死的）；现在死者的口鼻和其他呼吸道之中并没有聚集大量的草木灰；因此，可以断定，死者不是完全被火烧死的（可能先以其他方式杀害死者，再将死者尸体投入火中焚尸灭迹，意图制造假象瞒天过海、蒙混过关）。办案人员以此为突破口展开讯问，后来进一步的讯问证实了仵作对于死者真正死因的解释。②

假言直言推理肯定前件式和否定后件式分别被牟宗三先生称为“建设式”和“破斥式”。③

2. 侦查思维中的假言直言推理或然式

侦查思维中的假言直言推理或然式是指这样一种假言推理：前提由一个假言判断和一个直言判断组成，前提中的直言判断是对假言判断的后件的肯定（或者前件的否定），结论是对前提中的假言判断的前件的或然性肯定（或者后件的或然性否定），包括假言直言推理肯定后件或然式和假言直言推理否定前件或然式。

---

① ［美］欧文·M. 科恩等：《逻辑学导论》（第13版），张建军等译，中国人民大学出版社2014年版，第319页。

② 马前进：《侦查中的逻辑思维：侦查解释和侦查预测》，载《中国人民公安大学学报（社会科学版）》2010年第3期。

③ 牟宗三：《理则学》（修订版），江苏教育出版社2006年版，第102页。

（1）假言直言推理肯定后件或然式

侦查思维中的假言直言推理肯定后件或然式是指侦查思维中的这样一种假言直言推理：前提之一是一个确保真实的假言判断，前提之二是一个对另一前提的后件进行肯定的直言判断，结论是一个对该前提的前件进行肯定的或然判断。它可以表示为：

如果P，那么Q；

Q；

所以，可能P。

它的前提之一是一个假言判断，作为另一前提的直言判断是对假言判断的后件的肯定，结论是对前提中假言判断的前件的或然性肯定，其推理方向是从肯定后件到肯定前件。

例如，一般而言，如果犯罪嫌疑人刘某隐瞒重大案情事实意图逃避法律惩罚，那么他就会支支吾吾，含含糊糊，闪烁其词，甚至顾左右而言他；在讯问中，犯罪嫌疑人刘某总是支支吾吾，含含糊糊，闪烁其词，甚至顾左右而言他；所以，可能犯罪嫌疑人刘某隐瞒重大案情事实意图逃避法律惩罚。

后文将要探讨的所谓溯因推理和假说演绎推理确证式就是假言直言推理肯定后件或然式的特殊形态。

（2）假言直言推理否定前件或然式

侦查思维中的假言直言推理否定前件或然式是指侦查思维中的这样一种假言直言推理：前提之一是一个确保真实的假言判断，前提之二是一个对另一前提的前件进行否定的直言判断，结论是一个对该前提的后件进行否定的或然判断。它可以表示为：

如果P，那么Q；

并非P；

所以，可能并非Q。

它的前提之一是一个假言判断，作为另一前提的直言判断是对假言判断的前件的否定，结论是对前提中假言判断的后件的或然性否定，其推理方向是从否定前件到否定后件。

例如，如果犯罪嫌疑人张某是作案者，那么张某具有作案时间；犯罪嫌疑人张某不是作案者；所以，可能犯罪嫌疑人张某不具有作案时间。

假言直言推理或然式被牟宗三先生称为“无定式”。

3. 侦查思维中的假言直言推理无效式

侦查思维中的假言直言推理无效式是指在侦查思维中的这样一种假言直言推理：前提由一个假言判断和一个直言判断组成，前提中的直言判断是对假言判断的后件的肯定（或者前件的否定），结论是对前提中的假言判断的前件的肯定（或者后件的否定），包括假言直言推理肯定后件无效式和假言直言推理否定前件无效式。

（1）假言直言推理肯定后件无效式

侦查思维中的假言直言推理肯定后件无效式是指侦查思维中的这样一种假言直言推理：前提之一是一个确保真实的假言判断，前提之二是一个对另一前提的后件进行肯定的直言判断，结论是一个对该前提的前件进行肯定的直言判断。它可以表示为：

如果P，那么Q；

Q；

所以，P。

它的前提之一是一个假言判断，作为另一前提的直言判断是对假言判断的后件的肯定，结论是对前提中假言判断的前件的肯定。根据假言判断的性质，在假言判断真的情况下，如果后件真，那么前件不必然真，所以该推理式是无效的，所犯的谬误称为“肯定后件”谬误，从一个为真的假言判断和该假言判断的后件不能推出该假言判断的前件。

（2）假言直言推理否定前件无效式

侦查思维中的假言直言推理否定前件无效式是指侦查思维中的这样一种假言直言推理：前提之一是一个确保真实的假言判断，前提之二是一个对另一前提的前件进行否定的直言判断，结论是一个对该前提的后件进行否定的直言判断。它可以表示为：

如果P，那么Q；

并非P；

所以，并非Q。

它的前提之一是一个假言判断，作为另一前提的直言判断是对假言判断的前件的否定，结论是对前提中假言判断的后件的否定。根据假言判断的性质，在假言判断真的情况下，如果前件假，那么后件不必然假，所以该推理式是无效的，所犯的谬误称为“否定前件”谬误，从一个为真的假言判断和该假言判断的前件的否定不能推出该假言判断的后件的否定。

不难看出，假言直言推理或然式和假言直言推理无效式的主要区别在于结论的性质不同：前者的结论是或然性判断，后者的结论是确然性判断，虽然它们得自相同的前提。据此，如果上述两例中的结论“可能犯罪嫌疑人刘某隐瞒重大案情事实意图逃避法律惩罚”和“可能犯罪嫌疑人张某不具有作案时间”分别改为“犯罪嫌疑人刘某隐瞒重大案情事实意图逃避法律惩罚”和“犯罪嫌疑人张某不具有作案时间”就会变成假言直言推理无效式，就会导致“肯定后件”谬误和“否定前件”谬误。

很多论著提到了所谓的必要条件推理和充要条件推理。笔者以为，这两种假言推理没有逻辑上的必要性。如前所述，因为所谓的必要条件判断“只有 P，才 Q”与假言判断“如果 Q，那么 P”或者“如果非 P，那么非 Q”是完全等价的，所以必要条件判断都可以等价转化为假言判断；与此对应，必要条件推理也可以等价转化为假言推理。因为充要条件判断“当且仅当 P，才 Q”等价于假言判断“如果 P，那么 Q”和“如果 Q，那么 P”的合取，所以充要条件判断都可以等价转化为两个假言判断；与此对应，充要条件推理也可以等价转化为两个假言推理。也就是说，由于必要条件判断和充要条件判断都可以等价转化为假言判断，必要条件推理和充要条件推理都可以等价转化为假言推理，因此二者没有逻辑上的必要性。

（三）侦查思维中的假言直言推理的作用

假言直言推理在侦查思维中的作用在于三个方面：形成关于案情事实的判断、判定关于案情事实的判断的真假和论证关于案情事实的判断的真假。

1. 形成关于案情事实的判断

帮助侦查人员发现案情事实，形成关于案情事实之原因、性质和结果的猜测性判断——这是假言直言推理发现方面的作用。有学者总结出了假言直言推理在侦查思维中的作用：推定案件性质、推定案情、推定作案人条件、排除嫌疑人。①

2. 判定关于案情事实的判断的真假

帮助侦查人员间接验证或者判定业已形成的关于案情事实之原因、性质和结果的猜测性判断之真假——这是假言直言推理验证方面的作用。

---

① 李顺万：《还原犯罪真相：侦查逻辑和方法》，重庆出版社 2007 年版，第 155～165 页。

根据矛盾律，凡是包含矛盾或者能够有效推出矛盾的判断必然是假的，凡是不包含矛盾也不能有效推出矛盾的判断就是可能真的。基于此，在侦查思维中，可以判定关于案情事实的判断的真假。其步骤为：（1）假设某一关于案情事实的判断为真；（2）以此假设作为前提，结合其他已知条件，有效演绎推出某个结论；（3）检查该结论是否与已知条件、科学原理以及其他事实等相矛盾；（4）根据是否蕴含矛盾反推假设之是否可能。如果出现了矛盾，那么表明假设不能成立，进一步反推关于案情事实的判断必然为假，必须放弃或者修改；如果没有出现矛盾，那么表明假设可能成立，进一步反推关于案情事实的判断可能为真。

3. 论证关于案情事实的判断的真假

帮助侦查人员论证已经验证的关于案情事实之原因、性质和结果的猜测性判断之真假——这是假言直言推理说理方面的作用。经过判定和验证的关于案情事实的判断要想获得他人之认可和接受，还必须从逻辑上论证关于案情事实的判断之真实是必然的，是有逻辑保证的。正如著名法律逻辑学家张继成所言："确证表明一个案情推断何以为真，而论证则表明了一个案情推断为何必须真。"① 更有法学学者认为，法律判决应该从印证向论证转变。为了论证某个关于案情事实的判断之真是必然的，可以论证其假是不可能的；而要表明某个关于案情事实的判断之假是不可能的，一个可行方法就是从它有效推出逻辑矛盾。这一论证过程就是所谓的反证法，其步骤为：（1）假设某个关于案情事实的判断为假；（2）从该假设出发进行合乎逻辑的推理；（3）推出了逻辑矛盾；（4）某个关于案情事实的判断为假的假设不成立；（5）某个关于案情事实的判断为真。

三、侦查思维中的假言直言推理的优缺点和运用原则

侦查思维中的假言直言推理具有自身的优点和缺点。基于此，为了充分发挥假言直言推理的作用，侦查思维中运用假言直言推理时需要遵守一些合理性原则。

（一）侦查思维中的假言直言推理的优缺点

1. 侦查思维中的假言直言推理的优点

（1）侦查思维中的假言直言推理的从前提到结论的推理方向是同质推理，体

---

① 张继成：《证据基础理论的逻辑、哲学分析》，法律出版社2011年版，第20页。

现了推理的线性特征。如果前提中的假言判断的某个假言支被作为另一前提的直言判断肯定，那么结论是对前提中的假言判断的另一假言支的肯定；如果前提中的假言判断的某个假言支被作为另一前提的直言判断否定，那么结论是对前提中的假言判断的另一假言支的否定——简言之，就是“从肯定到肯定”或者“从否定到否定”。这一优点正如牟宗三先生所言：“如果以肯定或者否定其中之前件作为小前提，则结论就是关于后件的肯定或者否定；如果以肯定或者否定其中之后件作为小前提，则结论就是关于前件的肯定或者否定。”①

（2）假言直言推理可以得出各种类型的结论。假言直言推理既可以得出肯定性的结论，也可以得出否定性的结论；既可以得出确然性的结论，也可以得出或然性的结论。

（3）侦查思维中的假言直言推理体现了侦查人员对刑事个案诸要素认识的不定—假定—确定的认识过程。假言判断反映了刑事个案诸要素之间的蕴含关系，引导侦查人员从案件的一个环节去认识另一个环节，由已知环节去认识未知环节。

2. 侦查思维中的假言直言推理的缺点

侦查思维中的假言直言推理的缺点集中体现在作为假言直言推理前提之一的假言判断仅从形式上或者结构上无法反映蕴含关系的差异性和复杂性。

（1）作为假言直言推理前提之一的假言判断仅从形式上或者结构上无法反映充分条件的多元性和差异性

能够导致某一刑事个案要素的充分条件不仅是多元的，而且其效用也是存在差异的，即能够导致某一刑事个案要素的刑事个案其他诸要素的重要性是不同的。比如，财物抢劫、感情纠葛、报复寻仇、临时起意都能导致凶杀案，但是它们导致的凶杀案在凶杀案中所占比重必然不同。能够导致某一刑事个案要素的刑事个案其他诸要素的可能性也是不同的，而且这种可能性方面的差异会随着时空、条件、案件的不同或者变化而不同或者变化。但是，作为假言直言推理前提之一的假言判断仅从形式上或者结构上无法反映这种多元性和差异性。

（2）作为假言直言推理前提之一的假言判断仅从形式上或者结构上无法反映作为刑事个案之不同要素的前件和后件之间的蕴含关系的复杂性

作为刑事个案之不同要素的前件和后件之间的蕴含关系是复杂的，包括推理

① 牟宗三：《理则学》（修订版），江苏教育出版社2006年版，第101页。

性联系、定义性联系、因果性联系、决策性联系和实质蕴含关系。[①] 虽然假言判断断言的前件和后件之间的蕴含关系只可能是这些蕴含关系中的一种，但是仅从假言判断的形式上或者结构上无法判定其断言的蕴含关系究竟是哪一种蕴含关系。

（二）侦查思维中运用假言直言推理的合理性原则

正确而恰当地运用假言直言推理，对侦查工作具有重要的作用。为此，必须遵循一些合理性原则。

1. 假言直言推理前提中的假言判断的要求

（1）确保作为前提中的假言判断的前件和后件之间具有必然联系

假言判断“如果P，那么Q”真实，当且仅当，“在Q在每一个与S（P在此情形下为真）有关的情形下都为真”。[②] 为了确保假言直言推理的合理性，侦查人员必须彻底理解作为前提之一的假言判断在告诉他什么，要求作为前提之一的假言判断的前件和后件之间具有必然联系，即如果P出现，那么Q必然要能出现；否则，推理就会变得毫无实际意义，变成纯粹的推理游戏。一个真实而有意义的假言判断本身断定了前件陈述的情况和后件陈述的情况之间具有某种蕴含联系。无论是哪种蕴含关系，都要求或者断言了前件和后件存在的某种必然联系。

要想使得假言判断的前件和后件之间具有必然联系，首先要求假言判断的前件和后件之间必须具有实质上或者内容上的联系。否则，假言判断就是没有实际意义的，自然无法作为假言直言推理的前提使用。例如，“如果某人具有作案时间，那么太阳明天将会从东方升起”就是一个没有实际意义的假言判断，因为某人是否具有作案时间与太阳明天是否将会从东方升起毫无实质上的联系，尽管该假言判断是一个真判断。其次要求假言判断的前件和后件之间的联系还必须是充分的，即只要前件真，后件必然真。即使假言判断的前件和后件之间具有实质上或者内容上的联系，如果这种联系不是必然的，假言判断也极有可能是假的。例如，“只要某人具有作案时间，某人就是作案者”就是一个假的假言判断，因为事实是：很多人具有作案时间却不是作案者。总之，作为假言直言推理前提之一的假言判断的前件和后件之间不仅要具有实质上的联系，而且这种联系还必须是

---

① ［美］欧文·M. 科恩等：《逻辑学导论》（第13版），张建军等译，中国人民大学出版社2014年版，第318页。

② ［英］格雷尼姆·普里斯特：《简明逻辑学》，史正永等译，译林出版社2013年版，第56页。

充分的、必然的。

（2）全面、深入、客观分析作为前提中的假言判断的前件所涉及的假设的多重性

假言判断的前件陈述的假设一般而言极少是唯一的或者单一的，而是多元的。前件多重的假言判断可以表示为：如果（P_1或者 P_2或者 P_3或者……P_n），那么 Q。它的前件是一个选言判断，其中的每个选言支都可以独立导致 Q。如果再加上“Q”作为后件，那么根据假言直言推理或然式，其结论是：可能（P_1或者 P_2或者 P_3或者……P_n）。比如，就侦查思维中常见的凶杀案而言，财物抢劫、感情纠葛、报复寻仇、临时起意都是可以导致杀人的因素。但是，就某一刑事个案而言，能够导致同一刑事个案要素的刑事个案其他诸要素不大可能都出现，而只会出现其中为数极少甚至唯一的要素，这需要侦查人员根据事实进行确认。

（3）避免把前提中相对真实的假言判断看成是绝对真实的

有些所谓的假言判断一般而言是真实的，但是也存在例外的情况。即使是相关的科学原理也有其适用范围；至于侦查人员的常识，虽然是对侦查人员的日常经验的高度概括，但是也是一个具有一定程度的或然性的判断；而作为假言判断主要表现形式的法律条文，则规定了大量的例外条款。如果侦查人员忽视了假言判断的适用范围或者成立条件，将高度或然性的假言判断当作必然性假言判断对待，从中推出绝对肯定或者绝对否定的结论，很容易陷入错误认识，甚至误导侦查活动。从本质上说，这种谬误是所谓的“以相对为绝对”谬误在假言直言推理中的特殊表现形式。

2. 确保前提中的直言判断的真实有充分证据支持

如前所述，前提中的直言判断的作用在于对前提中的假言判断的前件或者后件进行肯定或者否定，因此具有不可或缺的作用。除非前提中的直言判断的真实性显而易见，否则不能轻易省略。假言判断正是与直言判断相结合才推出结论的，单独的假言判断一般是不能直接推出一个直言判断形式的结论的。

为了确保侦查思维中作为假言直言推理前提之一的直言判断的真实，它必须得到相关证据的证实或者充分支持。无论是直言判断是断言假言判断的某个假言支的真还是断言假言判断的某个假言支的假，都必须以充分的事实作为证据。这就要求侦查人员必须对直言判断的真实性进行查证以确定其真实与否，不可用真实性未知、可能真、可靠性较低甚至虚假的直言判断作为假言直言推理的前提。

3. 首选必然式，慎用或然式，力避无效式

侦查思维中的假言直言推理必然式确保了只要前提真实结论就会真实，因此无疑是理想的假言直言推理式，应该作为侦查思维中首选的假言直言推理式。假言直言推理或然式的结论虽然不是确然性的，但也不必然是虚假的，而是一个真假不定的或然性判断，也具有一定的推理价值。由于侦查思维中的假言直言推理或然式不能确保只要前提真实结论就会真实，因此侦查思维中应该慎用之，同时时刻注意其结论的或然性。如果不得不采用假言直言推理或然式，侦查人员也必须清醒地认识到结论的或然性，不能把它当作必然真实或者确然真实的判断对待，必要时还得将这个或然性结论诉诸检验以判定其事实上到底真假如何。

至于假言直言推理无效式，它不能确保只要前提真实结论就会真实却以直言判断作为结论，极易误导侦查人员给予其结论以绝对置信度而忽略了对其进行检验的必要性，因此应该为侦查人员所极力避免。

【案例】 2009 年 11 月 9 日上午 9 时许，江苏省新沂市高流镇高西村村头，一辆巨大的铲车车斗颤颤巍巍地往下落。随着一阵令人揪心的惨叫，一位中年男人被压在了车斗下。听到车下撕心裂肺的惨叫声，铲车驾驶员意识到自己闯祸了。等到他把铲车向后倒时，一切都已经晚了，中年男人因颈椎、胸损伤致呼吸循环衰竭死亡。这名倒在铲车下的中年男人叫季国某，铲车驾驶员叫刘伯某。案发不久，刘伯某投案自首。

公安机关在对犯罪嫌疑人刘伯某讯问过程中，刘伯某自始至终都在辩解，声言当时自己的注意力全部都集中在死者母亲身上，根本没有看到车斗下还有人。“如果那天，我不叫朋友送铲车来就好了，我现在真的很后悔。”言外之意，刘伯某自己并无故意杀人的主观恶意。侦查人员经过走访调查后发现，犯罪嫌疑人刘伯某与死者季国某平日并无仇怨，仅仅因为争地产生纠纷，不至于产生杀人动机。

于是，公安机关提请检察院以过失致人死亡罪逮捕了刘伯某。但是死者的家属、部分村民和部分网友仍然不相信犯罪嫌疑人是过失致人死亡的，他们或者上访，或者围堵政府机关，或者在网络上留言跟帖“灌水”。在检察机关的建议下，公安机关决定尽快进行侦查实验，以判定犯罪嫌疑人到底是故意还是过失致人死亡。

2009 年 11 月 23 日，公安机关在鉴定专家和村民的共同参与下进行了侦查实验。涉案的铲车在空地中不停将车头扬起再落下，技术部门的工作人员在驾驶室

内观察、测量。经过反复测算，专家断定，因为该铲车车头高 1.75 米，在落下的过程中会形成较大面积的视觉盲区，而案发当时，死者恰巧就站在盲区内，所以犯罪嫌疑人无法看到死者。将模拟现场的结论推至案发现场，公安机关认为，案发现场时犯罪嫌疑人也看不见车斗下盲区中的死者。也就是说，刘伯某主观上并没有杀人故意，系过失致使季国某死亡。最后，死者家属也逐渐接受了这个事实。

在该案件中，侦查人员在侦查思维中采用的假言直言推理有三个。第一个假言直言推理可以完整地表述为：如果犯罪嫌疑人有故意杀害死者的动机，那么犯罪嫌疑人和死者之间具有深仇大恨；但是，该案件中，犯罪嫌疑人虽然因为争地和死者产生了纠纷，但是平日里并无深仇大恨；所以，犯罪嫌疑人不存在故意杀害死者的动机。该假言直言推理是假言直言推理必然式中的否定后件式。第二个假言直言推理可以完整地表述为：如果死者处于犯罪嫌疑人的视觉之内，那么犯罪嫌疑人不可能看见死者；在该侦查实验中，死者确实处于车斗下的盲区之内；所以，在该侦查实验中，犯罪嫌疑人不可能看见死者。该假言直言推理是假言直言推理必然式中的肯定前件式。第三个假言直言推理可以完整地表述为：如果在案发现场，犯罪嫌疑人能够看到车斗下盲区里的死者，那么在和案发现场高度相似的模拟现场，犯罪嫌疑人也能够看到车斗下盲区里的死者；但是，在侦查实验里，在和案发现场高度相似的模拟现场，犯罪嫌疑人不可能看到车斗下盲区里的死者；所以，在案发现场，犯罪嫌疑人也不可能看到车斗下盲区里的死者。该假言直言推理是直言推理必然式中的否定后件式。

第二节　侦查思维中的二难推理

在侦查思维中，有一种假言推理的结论多是一个让人左右为难、进退维谷、难以抉择的二难困境。这种推理就是所谓的“二难推理”。

一、侦查思维中的二难推理及其形式

（一）侦查思维中的二难推理的含义和一般形式

二难推理（dilemma）是选言假言推理的最简单、最常用的一种形式。选言

假言推理是指以一个选言判断和几个假言判断为前提的复合推理形式。一般而言，在选言假言推理中，选言判断的选言支有几个，相应的假言判断就有几个。最简单的选言判断是二支选言判断，相应的假言判断就应该有两个，这种由一个二支选言判断和两个假言判断为前提构成的选言假言推理就是二难推理。

例如，根据群众举报，侦查人员从一个小伙子身上搜出了大量假币。面对小伙子的狡辩，侦查人员说："你的假币或者是偷来的，或者是买来的；如果你的假币是偷来的，那么你涉嫌盗窃罪；如果你的假币是自己买来的，那么你涉嫌买卖假币罪。所以，你或者涉嫌盗窃罪，或者涉嫌买卖假币罪。"

二难推理的一般形式可以表述为：

A 或者 B；

如果 A，那么 C；

如果 B，那么 D；

所以，C 或者 D。

（二）侦查思维中的二难推理的要素和地位

从二难推理的上述一般形式可以看出，侦查思维中的二难推理包括如下要素：

1. 二难推理的前提之一是一个二支选言判断。这个二支选言判断的两个选言支之间可能是相容的，可能是互斥的（相互反对或者相互矛盾）。

2. 二难推理的其余前提是两个假言判断。这两个假言判断的前件分别是二支选言判断的两个选言支。

3. 二难推理的结论也是一个二支选言判断，并且其两个选言支分别是前提中的两个假言判断的后件。

不少学者和论著认为二难推理是一种独立的复合推理。其实不然！笔者粗浅地认为，二难推理虽然是一种由一个选言判断和两个假言判断构成前提的特殊的复合推理，但是它并非一种独立的复合推理，而是一种特殊形式的假言推理。这不难从二难推理的证明过程中可以看出：

（1） A 或者 B；

（2） 如果 A，那么 C；

（3） 如果 B，那么 D；

所以，C 或者 D。

（1）推出：如果并非 B，那么 A　　（4）

（2）（4）推出：如果并非 B，那么 C　　（5）

（3）推出：如果并非 D，那么并非 B　　（6）

（5）（6）推出：如果并非 D，那么 C　　（7）

（7）推出：D 或者 C。　　（8）

（8）推出：C 或者 D。　　（9）

得证。

从上述证明过程可以看出，二难推理从前提推出结论采用的还是假言推理，包括假言易位推理、假言连锁推理和选言假言转换推理等。

此外，从二难推理的一般形式可以直观地看出，二难推理从前提得出结论遵守的是假言推理“从肯定前件到肯定后件”推理规则，因为前提中的选言判断的两个选言支分别是前提中的两个假言判断的前件，而作为结论的选言判断的两个选言支分别是前提中的两个假言判断的后件。

（三）侦查思维中的二难推理的特殊形式

在实际运用中，二难推理有三种特殊形式。

二难推理的第一种特殊形式就是所谓的简单构成式。如果二难推理前提中的两个假言判断的后件相同，即 D＝C，那么，上述一般形式的二难推理变成：

A 或者 B；

如果 A 那么 C；

如果 B 那么 C；

所以，C。

其特征是：前提中的两个蕴含式的前件不同，并且前提中的二支析取式的两个析取支分别是这两个蕴含式的不同前件；前提中的两个蕴含式的后件相同，并且以这两个蕴含式的相同后件的肯定作为结论。

例如，在醉驾、酒驾查处中，面对驾驶员扑面而来的满身酒气，在可以断定驾驶员酒驾但是不能确定驾驶员醉驾的情况下，交警对意欲为自己辩解的驾驶员说：“你或者酒驾，或者醉驾；如果你是酒驾，那么你是涉嫌违法甚至犯罪的；如果你是醉驾，那么你也是涉嫌违法甚至犯罪的。所以，无论怎样，你都是涉嫌违法或者犯罪的。”

二难推理的第二种特殊形式就是所谓的矛盾构成式。如果二难推理前提中的选言判断的两个支判断之间是矛盾关系，即 B = 并非 A，那么，上述一般形式的二难推理变成：

A 或者并非 A；

如果 A 那么 C；

如果并非 A 那么 D；

所以，C 或者 D。

其特征是：前提中的两个蕴含式的前件相互矛盾，并且这两个蕴含式的相互矛盾的前件构成前提中的二支析取式的析取支；前提中的这两个蕴含式的后件不同，并且作为其结论的二支析取式的两个析支分别是这两个蕴含式的不同后件。

由于仅从前提中的两个充分条件假言判断“如果 A 那么 C”和“如果 ¬A 那么 D”就可以推出结论“C 或者 D”，因此其前提中的选言判断“A 或者 ¬A”也可以省略。

例如，一个人在 ATM 前取钱后忘记取回银行卡，结果被另一人取走 1500 元现金。此人来到某派出所报案要求侦查人员立案侦查。面对这一要求，侦查人员犯难了：如果不予立案（因为达不到 2000～5000 元立案标准），那么这个人肯定会不答应、不满意甚至会投诉；如果予以立案，又会违反立案标准。再如，某人收取了刑事案件嫌疑人家属的钱用于帮助家属“捞人”。如果这个钱确实用于“捞人”，那么此人将涉嫌妨害公务或司法公正；如果这个钱并未用于“捞人”，那么此人将涉嫌诈骗。

二难推理的第三种特殊形式就是所谓的矛盾简单式。如果二难推理前提中的选言判断的两个支判断之间是矛盾关系，并且前提中的两个假言判断的后件相同，那么，上述一般形式的二难推理变成：

A 或者并非 A；

如果 A，那么 B；

如果并非 A，那么 B；

所以，B。

其特征是：前提中的两个蕴含式的前件相互矛盾，并且这两个蕴含式的相互矛盾的前件构成前提中的二支析取式的析取支；前提中的这两个蕴含式的后件相同，并且以这两个蕴含式的相同后件的肯定作为结论。

由于仅从前提中的两个充分条件假言命题“如果 A，那么 B”和“如果并非 A，那么 B”就可以推出结论“B”，因此其前提中的选言命题“A 或者并非 A”

也可以省略。

二、侦查思维中正确的二难推理的构建和应对

任何推理都有正确、错误之分，二难推理也不例外。正确的二难推理是指结论必然真实的二难推理，错误的二难推理是指结论可能不真实的二难推理。二难推理是一种演绎推理，而演绎推理结论是否必然真实，取决于前提是否真实并且推理形式是否有效这两个需要同时具备、不可缺一的因素，而演绎推理形式是否有效又表现为是否遵守了相关推理规则。因此，换句话说，正确的二难推理就是前提真实并且遵守推理规则的二难推理，错误的二难推理就是或者前提不真实、或者违反推理规则的二难推理。

（一）侦查思维中正确的二难推理的构建

据此，构造一个正确的二难推理，需要遵循以下步骤。

第一步，要构造一个真实的二支选言判断。比如，一个在道路上运行的人或者驾驶机动车，或者不驾驶机动车。

这一步的要求是不仅这个二支选言判断必须为真，而且它的两个选言支之间在内容上或者实质上也必须是相关的。

第二步，构造两个分别以二支选言判断的两个选言支为前件的、真实的假言判断。比如，如果一个在道路上运行的人驾驶机动车，那么他应该遵守交通规则；如果一个在道路上运行的人不驾驶机动车，那么他应该遵守交通规则。

这一步的要求是不仅两个假言判断必须为真，而且两个假言判断的前件和后件之间必须具有内容上或实质上的必然性联系。

第三步，利用假言推理“从肯定前件到肯定后件”的推理规则推出一个分别以前提中的两个假言判断的后件作为选言支的选言判断作为结论。比如，从上述两个前提顺理成章地得出结论：一个在道路上运行的人应该遵守交通规则。

（二）侦查思维中正确的二难推理的应对

如果对方构造一个正确的二难推理，侦查人员该如何应对呢？很明显，正确的二难推理是无法驳倒或推翻的，但是这并不意味着就没有应对之法。正确的二难推理的应对之法有两个：一是消解其假言判断赖以成立的共同前提条件，二是

在二支选言判断形式的结论中选择一个恰当的情形。

应对正确的二难推理的方法之一是消解其假言判断赖以成立的共同前提条件。如果这个共同前提条件是二难推理前提中的二支选言判断为真的充分条件，那么撤销这个共同前提条件使之不成立，二难推理前提中的二支选言判断将不必然为真甚至不复存在了；如果这个共同前提条件是二难推理前提中的二支选言判断为真的必要条件，那么撤销这个共同前提条件使之不成立，二难推理前提中的二支选言判断将必然为假以致不复存在了。无论哪种情况下，二难推理将由于缺乏二支选言判而难以甚至不能构造出来。因此，一般而言，只要指出两个假言判断的共同前提不存在或不成立，就能轻易地消解这个二难推理。例如，有人说："如果我喝酒没有喝醉而后驾车，那么我将违反治安管理处罚法；如果我喝酒喝醉后驾车，那么我将违反刑法；但是我不想出现或者违反治安管理处罚法，或者违反刑法的二难后果。"在这个二难推理中，两个假言判断成立的前提是喝酒并且驾车，如果这个前提不成立，那么两个假言判断也无从谈起，这样这个二难推理就被消解了。因此，侦查人员可以这样说："你为什么喝酒后开车？喝酒不开车，开车不喝酒。你要么不喝酒，要么喝酒后不开车不就行了吗？"

应对正确的二难推理的方法之二是在二支选言判断形式的结论中选择一个恰当的情形。二难推理只是表明难以选择，但是并不意味着就不能选择或无法选择。根据"两利相权取其重，两害相权取其轻"的原则，面临二难困境时，可以选择一个损失最小、代价最少的可能。例如，侦查人员蹲点守候一个贩毒团伙多天后，准备采取行动。但是，这时侦查人员面临一个二难选择：如果现在就行动，那么很可能打草惊蛇甚至放掉大鱼；如果现在不行动，那么很可能失去战机甚至连小鱼也跑掉了。很明显，侦查人员必须当机立断，果断决策。但是，如何决策取决于对决策后果的考虑和权衡。这需要根据实际情形决定。

三、侦查思维中错误的二难推理的驳斥

错误的二难推理就是前提不真实或者推理形式无效的二难推理。二难推理由前提、推理形式和结论三个部分构成，因此驳斥二难推理可以从三个角度和三个步骤进行：驳斥二难推理的前提、驳斥二难推理的形式、驳斥二难推理的结论。

（一）驳斥错误的二难推理的前提

驳斥二难推理的前提就是指出其前提是不真实的。一个完整的二难推理的前提由三个判断构成：一个二支选言判断和两个假言判断。因此，驳斥二难推理的前提有两种途径：一是驳斥其二支选言判断，二是驳斥其假言判断。驳斥二难推理的二支选言判断的方法可以形象地称作“绕过（或避开）死角法”。这种方法是常用的最容易的避开二难推理的手段。如前所述，除非二支选言判断的两个选言支之间是矛盾关系，否则它们很有可能是不真实的。在侦查思维中，侦查人员可以诉诸第三种情形来表明对方的二难推理的二支选言判断的不真实。这种方法并不能表明二难推理的结论一定不真实，只是表明二难推理的前提本身没有给结论的成立提供充分的理由。这样，即使二难推理的结论未被驳倒，也由于缺乏前提的充分支持而被削弱了。很明显，这种方法适用于二支选言判断的两个选言支之间不是矛盾关系的情形，不能适用于二支选言判断的两个选言支之间是矛盾关系的情形。

如果二难推理的二支选言判断穷尽了所有的可能性，那么这样的选言判断是逻辑真实的，因此也是不可驳倒的。这时驳斥其二支选言判断的方法就不管用了，必须采用驳斥其假言判断的方法。驳斥二难推理的假言判断的方法可以形象地称作“直击（或擒拿）一角法”。如前所述，一个标准或完整的二难推理的前提包含两个假言判断，如果其中任何一个不真实，那么二难推理的前提组合就是不真实的。“直击（或擒拿）一角法”就是拒斥两个假言前提中的一个。要否定两个假言前提的组合，只需否定其中的一个即可。“直击（或擒拿）一角法”就是表明其假言前提至少一个不真实。指出假言前提的假，就是指出其前件真时，后件可以不真，因此，只要找出前件真，而后件是其他情形的实例即可。例如，有网络水军在网络上发表虚假有害言论。面对侦查人员的质问，有人说：“如果你们干涉虚假有害言论的发表，那么你们就会承担压制他人自由的罪名；如果你们不干涉，那么你们自己就会有失去自由的危险。你们必须在干涉和不干涉之间作出选择。因此，你们或者承担压制他人自由的罪名，或者要冒失去自由的危险。”对于如何反驳这个二难推理，“绕过（或避开）死角法”是行不通的，“直击（或擒拿）一角法”行得通，因为：自由并不包括发表虚假有害言论，干涉虚假有害言论的发表并不意味着失去自由。

需要注意的是，驳斥二难推理的前提不等于驳倒了二难推理的结论，这是因为：第一，前提不真实时，结论也可能真实；第二，对方可以换用真实的前提来支持其结论。但是，这种驳斥方法使得结论不能从前提那里得到充分的支持，从而被削弱。

（二）驳斥错误的二难推理的形式

如果一个二难推理的前提都是真实的，那么采用驳斥前提的方法就不管用了，这时可以采用驳斥其推理形式的方法。驳斥二难推理的推理形式就是指出其推理形式是无效的、是违反推理规则的。对于推理形式无效的二难推理，有两种应对之法：一是直接指出其推理形式无效，二是类比驳斥法。直接指出其推理形式无效，就是指出其违反了推理规则。如前所述，形式有效的二难推理依据的规则主要是蕴含肯定前件规则和蕴含否定后件规则。如果某个二难推理采用的是蕴含否定前件或蕴含肯定后件方法，那么这种二难推理在形式上必定是无效的。

由于侦查中的许多当事人不懂得这些所谓的规则，因此这种应对之法很少派上用场，这时可以采用类比驳斥法。类比驳斥法就是所谓的“以其人之道，还治其人之身”。针对一个形式无效的二难推理，侦查人员不必指出其推理形式的无效，而是构造一个与对方二难推理形式完全一样但是结论明显荒谬的二难推理，从而让对方知道他自己的二难推理的形式是无效的或不正确的。

需要注意的是，驳斥二难推理的推理形式也不等于驳倒了二难推理的结论，这是因为：第一，推理形式无效时，结论也可能真实；第二，对方可以换用有效的推理形式来支持其结论。但是，这种驳斥方法使得结论不能从前提那里得到充分的支持，从而被削弱。

（三）驳斥错误的二难推理的结论

除了驳斥前提和推理形式之外，还可以采用直接驳斥结论的方法来推翻一个二难推理。驳斥二难推理的结论就是指出其结论是不真实的。这是最有效的驳斥二难推理的方式，因为二难推理的灵魂就是其结论。驳斥二难推理的结论也有两种方法：一是直接以事实、科学原理、常识等为依据驳斥二难推理的结论，二是构造反二难法。直接以事实、科学原理等为依据驳斥二难推理的结论是驳斥结论的最直接的、最有效的方法。二难推理的结论的真假就在于其内容是否完全符合事实、科学原理等这些客观存在或者已经被证实的东西：如果二难推理的结论的内容完全符合事实、科学原理，那么它就是真实的，否则就是不真实的。因此，如果一个二难推理的结论是明显荒谬的，那么就可以用事实或科学原理去反驳它。

如果一个二难推理的结论不是明显荒谬的，那么可以采用构造反二难法去间接驳斥它。用这种方法反驳给定的二难推理，需要构造另一个二难推理，与给定的二难推理有相同的组成成分（直言判断）但是与给定的二难推理的结论相反，即一个形式与原二难推理相同但是结论不同甚至相反的二难推理。例如，有人构造一个二难推理："如果你严格执法，那么会让被执法者不满意；如果你不严格执法，那么会让群众不满意；或者你严格执法，或者你不严格执法。因此，或者你让被执法者不满意，或者你让群众不满意。"对此，侦查人员可以构造出另一个结构形式相同但是结论不同的二难推理："如果我严格执法，那么会让群众满意；如果我不严格执法，那么会让被执法者满意；或者我严格执法，或者我不严格执法。因此，或者我让群众满意，或者我让被执法者满意。"

第三节　侦查思维中的其他假言推理

一、侦查思维中的假言连锁推理

（一）侦查思维中的假言连锁推理及其形式

假言连锁推理是至少两个的包含一个共同支判断的假言判断为前提推出另一假言判断的推理。其形式为：

如果P，那么Q；

如果Q，那么R；

如果R，那么S；

……

如果Y，那么Z；

所以，如果P，那么Z。

其运用前提是前一个假言判断的后件与后一个假言判断的前件相同，结论的前、后件分别是第一个假言判断的前件和最后一个假言判断的后件。简言之，就是"去掉中间，保留首尾"。由于该推理的前提和结论均为假言判断，因此也被称为"纯假言推理"。

假言连锁推理的最简单形式是：

如果P，那么Q；

如果Q，那么R；

所以，如果P，那么R。

相对于由假言判断和直言判断构成前提的混合假言三段论，它的前提均为假言判断，因而被称为“纯假言三段论”。

例如，如果机动车驾驶员在饮酒后危险期内驾驶机动车，那么出现紧急或者危险情况时他的反应时间会延迟；如果出现紧急或者危险情况时机动车驾驶员的反应时间会延迟，那么极难避免交通事故的发生；所以，如果机动车驾驶员在饮酒后危险期内驾驶机动车，那么极难避免交通事故的发生。

（二）侦查思维中的假言连锁推理的作用

运用假言连锁推理，侦查人员可以从案件的一个环节去认识另一个环节，由已知环节去认识未知环节，**在那些貌似无关的案情事实之间建立联系**。一般而言，案件侦查通常是从案件的基本情况（主要包括案件发生、发现的时间、地点和简要经过，犯罪造成的危害后果，犯罪嫌疑人出入现场的路线、方向、现场是否已被保护）、犯罪嫌疑人的基本情况（主要包括犯罪嫌疑人的人数，是否与报案人熟悉，犯罪嫌疑人的姓名、性别、年龄、体貌特征、口音、携带物品情况等）、被害人的有关情况（主要包括姓名、性别、年龄、职业、住址、工作单位、被害时间、地点、经过等）开始。在侦查过程中，往往通过各种假言判断，根据案件发生的时间、空间条件，犯罪嫌疑人在实施犯罪行为中所使用的凶器及工具条件，犯罪现场遗留物品条件，犯罪嫌疑人的人身特征和行为特征，犯罪嫌疑人对犯罪对象的知情程度，赃款、赃物条件，犯罪嫌疑人的作案手法、动作习惯和特殊技能条件等进行假言推理案情、推断作案人作案时应具备的条件，通过寻找证据、特征扩展与归宿选择等方法，确定侦查范围并进行相应部署、选择侦查方向和手段、配备侦查力量。侦查工作需在时间过程、空间变换和人物层次之间进行综合考量，形成关于犯罪的性质、动机、方式、手段、犯罪嫌疑人特征的侦查猜测，还原案件发生时的真实情况。可见，假言推理对侦查破案有着极其重要的作用，优秀的侦查人员应该努力学习并掌握它。

（三）侦查思维中运用假言连锁推理时应该避免的谬误

在应用假言连锁推理时要注意防止所谓的“滑坡”谬误。“滑坡”谬误是指从其中至少一个虚假的两个假言判断得出另一个虚假的假言判断作为中间结论，该中间结论再与另一假言判断结合得出第二个虚假的假言判断作为中间结论，如此不断进行，第一个中间结论的虚假不断向后传递，就像从斜坡上滑下来那样一发不可收拾，直至虚假被传递给最终结论。

例如，如果一个人吸烟，那么他就会吸大麻；如果一个人吸大麻，那么他就会继续吸食烈性毒品；如果一个人吸食烈性毒品，那么他将为了支持毒瘾而去从事“两抢一盗”等涉嫌违法甚至犯罪的活动；如果一个人为了支持毒瘾而去从事“两抢一盗”等涉嫌违法甚至犯罪的活动，那么他将会被公安机关采取刑事强制措施。所以，如果一个人吸烟，那么他将会被公安机关采取刑事强制措施。

这个连锁推理的形式是符合推理规则的，没有问题，但是结论很显然是成问题的，甚至有些危言耸听的味道。其原因在于，该假言连锁推理的前提不都是真实的。比如，第一个前提“如果一个人吸烟，那么他就会吸大麻”就是虚假的，因为一个显而易见、众所周知的事实是，绝大多数吸烟者并未吸食大麻等其他毒品。此外，该连锁推理的其余前提也是虚假的，至少是难以成立的。

可见，滑坡谬误是一种非形式谬误或者实质谬误，与推理形式无关，它的推理形式是符合推理规则的，但是其前提中至少存在虚假的前提。因此，为了避免滑坡谬误，在推理形式符合推理规则的同时，必须确保每个前提都是真实的。

二、侦查思维中的其他常用假言推理

（一）侦查思维中的假言易位推理

假言易位推理是指将一个假言判断的前、后件分别否定并同时互换位置的推理。该推理是一个等价推理式，其形式为：“如果 P，那么 Q”等价于“如果并非 Q，那么并非 P”。

有论著称该推理式的左右两边互为逆否判断，从这个意义上讲，一个假言判断等价于其逆否判断。

例如，如果机动车驾驶员在饮酒后危险期内驾驶机动车，那么出现紧急或者危险情况时他的反应时间会延迟；因此，如果要想出现紧急或者危险情况时他的反应时间不延迟，那么机动车驾驶员就不能在饮酒后危险期内驾驶机动车。

（二）侦查思维中的假言推理否定式

假言推理否定式是指将一个假言判断进行否定从而等价得出一个由该假言判断的前件的肯定和后件的否定构成的联言判断的推理，其形式为："并非'如果P，那么Q'"等价于"虽然P，但是并非Q"。

例如，"并非'如果张某吸烟，他就会吸食毒品'"等价于"虽然张某吸烟了，但是他并不见得吸食毒品"。

（三）侦查思维中的归谬律

归谬律是指如果一个判断能够蕴含或者推出两个相互否定的判断，那么该判断为假，它可以表示为：

如果P，那么Q；

如果P，那么并非Q；

所以，并非P。

在侦查思维中，如果从某一事实陈述、侦查猜测、鉴定结论等能够推出两个相互否定甚至相互矛盾的判断，那么可以断言该事实陈述、侦查猜测、鉴定结论为假或者至少包含虚假的成分。

三、一个刑事案件侦查中的假言推理解析

侦查思维中运用最多的推理应该是假言推理，无论是得出一个结论还是否定一个侦查猜测都需要结合相关的案情事实运用假言推理来实现。笔者这里仅以一起普通的刑事案件为例解析其中的假言推理。① 当然，如前所述，该案件侦查中运用的侦查推理除了假言推理之外，还有后面将会涉及的选言推理。

2015年8月20日8时46分许，江苏省常州市公安局新北分局薛家派出所接110指令称：清晨钓鱼市民在新北区春江路小桥头桥下河道水里发现一具女尸。

① 《24岁美女与网友见面后被杀沉河 凶手竟是个刚领结婚证的"准爸爸"》，载《扬子晚报》2015年9月11日。

侦查人员立即赶赴现场并通知新北公安分局刑警大队进行现场勘查。

刑警很快将女尸打捞上岸，发现女尸上身穿红色T恤，肚子部位用尼龙绳绑着石头。经法医初步检验，女尸高度腐烂，左手手腕至手肘处有一个残缺的文身图案。刑警综合分析认为，女子若是自杀，绑着石块的可能性极低，由此认定为他杀，遂立案侦查。

一般而言，警方在接报刑事案件后，需要展开初查以便确定是否需要立案侦查。该案件中，侦查人员立即赶赴现场并通知江苏省常州市公安局新北公安分局刑警大队进行现场勘查就是进行所谓的初查，其完整推理形式为：公安机关对于报案、控告、举报和自首的材料，应当按照管辖范围，迅速进行审查（《中华人民共和国刑事诉讼法》第一百一十条第一款）；该案刚好在江苏省常州市公安局新北公安分局刑警大队管辖范围内；因此，江苏省常州市公安局新北公安分局刑警大队必须对该材料进行迅速审查，即立马进行现场勘查。很明显，该推理式在形式上是假言推理的肯定前件式，是有效的，从它的真前提保证得出真结论。

侦查人员认定该女子不是自杀，推出该结论运用的就是假言推理，它可以完整表示为：如果该女子是自杀，那么她不大可能在自己的肚子部位用尼龙绳绑着石头；但是，事实却是，该女子确实肚子部位用尼龙绳绑着石头；因此，该女子不太可能是自杀。很明显，该推理式在形式上是假言推理的否定后件式，是有效的，从它的真前提保证得出真结论。

刑警以得出的结论“该女子为他杀”得出另一结论“立案侦查”运用的推理也是假言推理，它可以完整表示为：公安机关（对获得的可能涉及刑事案件的材料进行初查后）认为有犯罪事实需要追究刑事责任的时候，应当立案（《中华人民共和国刑事诉讼法》第一百一十条第一款）；该女子是他杀，确有需要追究犯罪嫌疑人的刑事责任的犯罪事实；所以，应当立案。很明显，该推理式在形式上也是假言推理的肯定前件式，是有效的，从它的真前提保证得出真结论。

“不查清楚死者身份，破案就没有突破口。”警方介绍说，由于沉尸现场地处偏僻，他们推测案犯极有可能对薛家地形较为熟悉。

侦查人员从前提“沉尸现场地处偏僻”得出结论“案犯极有可能对薛家地形较为熟悉”运用的也是假言推理，其完整形式为：（一般而言）如果犯罪嫌疑人在地处偏僻的薛家沉尸作案，那么他对作案现场薛家地形比较熟悉；该案沉尸现场薛家地处偏僻；所以，该案犯罪嫌疑人（极有可能）对作案现场薛家地形比较熟悉。很明显，该推理式在形式上也是假言推理的肯定前件式，是有效的，从它的真前提保证得出真结论。

专案组大胆将尸源排查范围划定在常州，安排人员重点排查检索近一个月以来失踪的女性，然而并未有结果。

为了能够快速弄清死者身份，警方改变思路，依据尸体手臂上花纹文身的特殊特征，在常州本地论坛发布寻尸公告。令人振奋的是，该公告一经发布，五分钟内便得到回复，一位名叫马某的女子于2015年8月11日晚与家人以及朋友失去了联系。网友提供了马某的基本情况，她是宿迁人，暂住武进鸣凰永安花园。侦查员立即向马某母亲了解相关情况，经过辨认，确认该女尸的真实身份正是马某，24岁的她就这样不幸遇害了。

警方查阅得知，死者在2015年8月11日晚9点，打过一次电话——这是死者被害之前的最后一次电话。由此分析，死者应该是在当晚9点至次日凌晨一段时间内遇害的。

侦查人员这里从前提“死者在8月11日晚9点，打过一次电话”得出结论“死者应该是在当晚9点至次日凌晨一段时间内遇害的”运用的推理的完整形式为：如果死者打电话，那么一定是在死者遇害前；死者在2015年8月11日晚9点，打过一次电话；所以，死者被害时间应该是在死者打电话之后即2015年8月11日晚9点至12日凌晨这段时间。很明显，该推理式在形式上也是假言推理的肯定前件式，是有效的，从它的真前提保证得出真结论。

于是警方以发现地为中心，对2015年8月11日晚9时至12日6时的方圆2公里之内高清卡口照片进行查阅、研判。经过排查3万余张高清智能卡口照片，发现苏DU8×××的白色现代轿车有重大嫌疑。

警方发现，该车2015年8月11日23时许至次日8时许，在薛家地区多次出现在各个卡口的位置，该车副驾驶室位置曾有一名半躺的年轻女子，身着红色短袖T恤。经细节比对，女子身着衣物与现场打捞的女尸衣服一致。

锁定作案嫌疑车辆后，侦查人员立即对该车进行车辆及轨迹研判。经比对发现该车主潘某不是2015年8月11日晚至12日凌晨驾驶该车的年轻男子，而孙某才是。

2015年8月21日凌晨1时许，侦查人员立即赶至孙某的住处，上午9时许，将孙某抓获归案。

经讯问得知，孙某网聊认识了马某，二人聊得来，就于2015年8月11日晚相约在武进区大学城附近见面。见面后二人相约去一家咖啡馆喝茶，而后发生了性关系。后两人相约驾车赶至新北区看夜钓，然而，两人在车内突然话不投机，发生了争执。孙某一激动，就停下车，采用手勒脖子的手段将马某勒死了。

杀了人的孙某惊慌不已，思前想后，他决定将尸体沉于河内。于是，他从车内弄了些尼龙绳缠在死者的腰部，而后绑上石头等重物，将其抛入春江路小桥头桥下河道内。杀人后的两天里，他还特意到周边的砖块厂买了些青砖，抛入河中，希望“加固”沉尸。基本上每次要抛20多块青砖。2015年8月20日清晨7点左右，他还去了抛尸地点查看，就当他以为万无一失时，尸体还是浮出水面了。据悉，孙某有房有车，经济条件还不错。2015年8月初，孙某刚领了结婚证，妻子有着两个月的身孕。父亲为了这个儿子，正在忙前忙后为他装修婚房。

而马某其实是离异女子，是两个孩子的妈妈，离婚后只身一人来常州务工。

第七章　侦查思维中的选言推理

侦查思维中，在缺乏明显可获得事实材料或者侦查的初期阶段，侦查人员经常采用的一种侦查方法就是所谓的“排查”，即在一个可能包含犯罪嫌疑人的适当范围内，逐步排除其他人成为犯罪嫌疑人的可能性，最后确定剩余的那个人成为犯罪嫌疑人的最可能对象。这其中所用的“排查”方法的推理依据就是侦查思维中的选言推理。

第一节　侦查思维中的选言判断

选言推理与选言判断有关。因此，要探究选言推理，首先要探究选言判断。

一、侦查思维中的选言判断概述

在侦查思维中，作为侦查人员思维对象的刑事个案的属性可能存在多种不同情况，这些情况在某些条件下或者某一特定时间内未必都出现；一件事情发生的原因可能不止一个，但是它的真实原因可能只是诸多原因中的一个或者两个。当侦查人员要对思维对象诸多可能情况作出某种断定时，就需要运用选言判断。

选言判断（alternative judgement），也称析取判断（disjunctive judgement），是对思维对象进行选择性断定的判断，是断定至少两个判断中至少有一为真的复合判断，是“由判断之间的析取关系而成的判断”①。所谓“选择性断定”就是断定在思维对象所具有的至少两种可能情况中至少一种情况存在。对于何谓“析取”，牟宗三先生曾有比较全面的论述：“析取关系就是‘或’这个字表示的关系。言析取者，于‘或彼或此’之中，彼此两者可以拆开而任取其一之谓，亦曰

① 牟宗三：《理则学》（修订版），江苏教育出版社2006年版，第106页。

‘选替’或‘交替’。”①

作为一种复合判断，选言判断也是由支判断和联结项构成的：选言判断中陈述思维对象所具有的诸多可能情况的那些判断称为选言支（alternation）或者析取支（disjunct），一般用P、Q、R……表示；选言判断中联结选言支的联结项称为选言联结项，一般用术语“或者……或者……”“……至少一个……是”“不是……就是……”“可能……也可能……”等表示。选言判断的通用形式可以表示为：P或者Q。从这个意义上说，选言判断是由选言联结项联结至少两个选言支构成的复合判断。当然，该公式中的P、Q本身可以是简单判断，也可以是复合判断。

选言判断表达了人们对思维对象情况有所认识但是认识又不确定，表达了人们对对象多种可能情况的推测，是人们认识对象的一个必经阶段。

二、侦查思维中的选言判断的特征

（一）选言判断的真值及其特征

根据选言判断的上述定义，不难理解的是，选言判断的真值可以归结为：除非一个选言判断的所有选言支都为假，否则它就是真的；② 一个选言判断是真的，当且仅当其选言支至少有一个是真的；③ 如果一个选言判断真，并且其中一部分选言支假，那么剩余的选言支中必有一真；如果一个选言判断真，并且其中一部分选言支真，那么剩余的选言支可能但是不必然假。据此，只要给定了选言支的真值，就可以求出选言判断的真值。

选言判断的真值完全而且仅仅取决于其选言支的真值，与其选言支之间的顺序、组合无关，与选言支之间是否有内容上、语义上的联系无关。基于此，选言交换律成立：“P或者Q”等价于“Q或者P”，即当选言判断仅有两个选言支时，其选言支可以交换位置而选言判断的真值不变。选言结合律亦成立：“（P或

---

① 牟宗三：《理则学》（修订版），江苏教育出版社2006年版，第106页。

② ［美］欧文·M. 柯匹、卡尔·科恩、丹尼尔·E. 弗莱格：《逻辑要义》（第2版），胡泽洪等译，世界图书出版公司2013年版，第139页。

③ ［美］欧文·M. 柯匹、卡尔·科恩：《逻辑学导论》（第13版），张建军等译，中国人民大学出版社2014年版，第342页。

者 Q）或者 R”等价于“P 或者（Q 或者 R）”等价于“Q 或者（P 或者 R）”，即当选言判断具有三个或者三个以上选言支时，其选言支可以相互结合而选言判断的真值不变。根据选言结合律，多支选言判断均可以等价地转换为二支选言判断；也正是在这个意义上，选言联结项被称为二元联结项。

需要注意的是，选言判断仅仅是进行选择性断言，至于某个选言支之真假到底如何，选言判断本身并未直接作出断定。诚如有些论著所言，选言判断“并非直接断定某个析取支为真，而是说至少它们当中有一个是真的，也不排除它们同时为真的可能”①。一个即使为真的选言判断也允许选言支中出现事实上为假甚至必然假的选言支。

（二）侦查思维中的选言判断的特殊属性

1. 侦查思维中的选言判断有些是以法律条文的形式作为一个另一复合判断的一部分出现。

例如，《公安机关办理刑事案件程序规定》第二十一条第二款规定，具有下列情形之一的，公安机关可以在职责范围内并案侦查：

（一）一人犯数罪的；

（二）共同犯罪的；

（三）共同犯罪的犯罪嫌疑人还实施其他犯罪的；

（四）多个犯罪嫌疑人实施的犯罪存在关联，并案处理有利于查明犯罪事实的。

这里列举的四种情形构成一个选言判断，作为假言判断的前件。该条款可以表示为：

如果一人犯数罪，或者共同犯罪，或者共同犯罪的犯罪嫌疑人还实施其他犯罪，或者多个犯罪嫌疑人实施的犯罪存在关联，并案处理有利于查明犯罪事实，那么公安机关可以在职责范围内并案侦查。

2. 侦查思维中的选言判断的支判断之间一般具有语义上或者内容上的联系。侦查思维是为了侦破案件，都是针对特定案件中的人、事、物、地等因素，因此侦查思维中的选言判断也必定是围绕特定案件中的人、事、物、地等因素进行选

---

① ［美］欧文·M. 柯匹、卡尔·科恩：《逻辑学导论》（第 13 版），张建军等译，中国人民大学出版社 2014 年版，第 315 页。

择性断言的。

3. 侦查思维中的选言判断不允许选言支中出现事实上为假甚至必然假的选言支。侦查思维中的选言判断要求选言支必须是事实上或者理论上可能真的，即皆有为真之可能。如果某个选言支已经查证为假或者必然假，那就应该直接排除在选言判断的选言支的范围之外。

例如，公安机关的侦查人员在对某恶性抢劫案件进行犯罪信息研判后认为：该恶性抢劫案或者是有组织的团伙作案，或者是有较强反侦查意识和能力的犯罪嫌疑人作案，或者是有预谋有准备的惯犯作案。

4. 侦查思维中的选言判断一般表现为多支选言判断。由于刑事个案的复杂性，刑事个案的属性在理论上是具有多种可能性的，虽然其最终的属性只是众多可能性中的一种。无论是表现为法律条文的选言判断还是基于侦查人员经验常识和理论原理的选言判断，多数情况下都是多支选言判断。

三、选言支的穷尽性和互斥性问题

选言判断的选言支是否穷尽是一个非常重要的问题，它直接影响着甚至决定着选言判断的真假。所谓穷尽，就是选言判断的各个选言支所陈述的情况就是该选言判断所涉及的所有可能的情形，或者说，“选言判断把它所反映的事物对象的所有可能存在的种种情况毫无遗漏地列举出来”①。具体而言，如果一个选言判断没有遗漏选言支，就是穷尽选言支；如果有所遗漏，就是没有穷尽选言支。例如，选言判断“这起杀人案或是故意杀人，或是过失杀人”就穷尽了选言支，因为就杀人性质而言只有这两种可能性。而“这起杀人案或是因财杀人，或是因情杀人，或是因仇杀人”就没有穷尽选言支，因为就杀人动机而言至少还存在着灭口杀人的可能性。

那么，选言判断的选言支是否穷尽到底如何直接影响着甚至决定着选言判断的真假呢？一般而言，如果选言判断穷尽了选言支，那么其中必有一个为真的选言支，该选言判断必定为真，如前述的选言判断“这起杀人案或是故意杀人，或是过失杀人”。一般而言，如果选言判断没有穷尽选言支，那么该选言判断不必定为真，当然也不必定假，而是可能真可能假。

---

① 刘汉民：《逻辑》，上海交通大学出版社 2015 年版，第 87 页。

没有穷尽选言支的选言判断到底真假如何，这又取决于该选言判断的现有选言支之中是否至少有一个为真。这又分为三种情况。

（1）如果选言判断没有穷尽选言支，但是有证据表明所有遗漏的选言支均为假，从而间接表明其现有选言支之中至少包含一个为真的选言支，那么该选言判断就是真的。在这种情况下，既然所有遗漏的选言支都有证据表明均为假，那么现有选言支中必定包含一个为真的选言支，从而使得该选言判断为真，尽管暂时无法确定现有选言支中到底哪个为真。在前述的选言判断“这起杀人案或是因财杀人，或是因情杀人，或是因仇杀人”中，如果有充分而真实的证据排除了“这起杀人案是杀人灭口”等其他所有可能性，那么该选言判断尽管没有穷尽选言支，但它仍然是真的。

（2）如果选言判断没有穷尽选言支，而且也没有证据表明所有遗漏的选言支均为假，也没有证据表明其现有各个选言支的真假如何，那么该选言判断就是真假不定的。在这种情况下，那些遗漏的没有证据表明为假的选言支真假不定，那些没有证据判定真假的现有各个选言支也真假不定，从而使得该选言判断真假不定。在前述的选言判断“这起杀人案或是因财杀人，或是因情杀人，或是因仇杀人”中，如果没有充分而真实的证据排除“这起杀人案是杀人灭口”等其他所有可能性，那么该选言判断是真假不定的。

（3）如果选言判断没有穷尽选言支，而且也没有证据表明所有遗漏的选言支均为假，但是有证据表明其现有选言支都是假的，那么该选言判断就是假的。在这种情况下，那些遗漏的没有证据表明为假的选言支之中必有一真即真的选言支被遗漏了，而列举出来的选言支都是假的，从而使得该选言判断为假。在前述的选言判断“这起杀人案或是因财杀人，或是因情杀人，或是因仇杀人”中，如果没有充分而真实的证据排除“这起杀人案是杀人灭口”等其他所有可能性，却有充分而真实的证据排除“这起杀人案是因财杀人”“这起杀人案是因情杀人”“这起杀人案是因仇杀人”这三种可能性，那么该选言判断是假的。

一言以蔽之，选言支是否穷尽与选言判断真假的关系是：如果选言判断穷尽了选言支，那么它必然真；如果选言判断没有穷尽选言支，其不必然真，真值依具体情况而定；选言判断真，其选言支未必穷尽；选言判断假，其选言支必未穷尽。

有学者将选言判断的选言支之间的穷尽分为绝对穷尽和相对穷尽。[①] 绝对穷

---

① 朱武：《逻辑思维素质》，南京出版社2000年版，第218页。

尽，是指选言判断的选言支所陈述的情况在理论上就是该选言判断所涉及的所有可能情形。前述的选言判断“这起杀人案或是故意杀人，或是过失杀人”对其选言支的穷尽就属于绝对穷尽。

一般而言，如果作为大前提的选言判断的选言支越多，它为真的可能性也就越大。虽然选言支绝对穷尽的选言判断必然是真实可靠的，但是绝对穷尽有时难以甚至不可能做到也没有必要做到。在实际侦查工作中，案件的情况大多是错综复杂的，各种各样的可能性都存在，侦查人员不容易甚至不可能做到绝对穷尽。就常见的杀人案而言，具备作案要素的犯罪嫌疑人可能是很多的，甚至难以计数。这些犯罪嫌疑人都具备作案的若干要素，都具有作案的可能性，都应该列入关于案件作案人的选言判断的选言支之中，然后逐一确认或排除。

但是在实际上，做到这样的绝对穷尽又谈何容易？且不说办案的人力、物力、财力不允许如此操作，就是办案的时限以及其他限制性因素也不允许。基于此，侦查人员只能退而求其次，采用相对穷尽的方法，在理论、事实和经验的基础上，“选取那些比较重要的、突出的、可能性相对大一些的情形构成选言判断，再在后续的侦查中对这些选言支进行确认或者排除，直到从中找出陈述案件真相的那个唯一为真的选言支”①。在这种情况下，唯一可行的选择就是选言判断的选言支相对穷尽。相对穷尽，包括两种情况：（1）基于现有事实证据排除了其他选言支为真的可能性，而保留剩余的选言支在现有事实基础上的所有可能性，一般通过筛选法完成。（2）在有些选言判断的选言支数量很多，而其中有些选言支为真的可能性很小甚至极小的情况下，暂时只能列举一般的、为真的可能性较大的选言支构成一个选言判断，一般通过排序法完成。

选言判断的选言支之间是否互斥是另一个重要的问题。所谓互斥，就是指选言判断的选言支不可能同时为真，选言支陈述的情况不可能同时出现。选言判断的选言支之间是互斥的包括两种情形：（1）选言判断的选言支之间是不能同真但可以同假的关系即所谓的反对关系。前述的选言判断“这起杀人案或是因财杀人，或是因情杀人，或是因仇杀人”的三个选言支彼此之间就是反对关系。如果选言判断的选言支之间是反对关系，那么该选言判断不必然真，可能为真也可能为假。至于该选言判断到底真假如何，需要诉诸事实，如此获得的真实称为事实真实。（2）选言判断的选言支之间是不能同真也不能同假的关系

---

① 刘汉民：《逻辑》，上海交通大学出版社 2015 年版，第 87 页。

即所谓的矛盾关系，前述的选言判断“这起杀人案或是故意杀人，或是过失杀人”的两个选言支之间就是矛盾关系。如果选言判断的选言支之间是矛盾关系，那么该选言判断必然真，不可能为假，因此不必诉诸事实。如此获得的真实称为逻辑真实。

所谓不互斥，也称相容，就是指选言判断的选言支可能同时为真，选言支陈述的情况可能同时出现。相对而言，由彼此矛盾的选言支构成的选言判断为真的可能性大于由彼此相容的选言支构成的选言判断为真的可能性，再大于由彼此反对的选言支构成的选言判断为真的可能性。需要注意的是：相容的选言支之间又不能是等同关系或包含关系。例如，选言判断“犯罪嫌疑人或是惯犯，或是作案老手”的两个选言之间其实是等同关系。

一言以蔽之，选言支之间是否互斥与选言判断真假的关系是：如果选言判断的选言支之间是矛盾性互斥的，选言判断必然真；如果选言判断的选言支之间是反对性互斥的，其不必然真，真值依具体情况而定；如果选言判断的选言支之间是不互斥的，其不必然真，真值依具体情况而定；选言判断真，其选言支之间未必互斥；选言判断假，其选言支之间必非矛盾性互斥关系。

不少论著据此将选言判断分为所谓的相容选言判断和互斥选言判断。但是，笔者认为这种分类在学理上和实务上都没有多大必要。(1) 侦查思维中所谓的互斥选言判断可以等价转换为所谓的相容选言判断。如果相容选言判断表示为“P或者Q”，那么互斥选言判断可以表示为“（P或者Q）但是并非（P并且Q）”，而“并非（P并且Q）”又等价于“(并非P或者并非Q)”。这样，互斥选言判断可以表示为“（P或者Q）但是并非（P并且Q）”，甚至可以进一步表示为“（P或者Q）并且（并非P或者并非Q）”。(2) 所谓的互斥选言判断的表达式“（P或者Q）但是并非（P并且Q）”过于复杂，有违判断形式简约的基本原则。

不难理解的是，选言判断的选言支是否穷尽和选言支之间是否互斥这两个问题是相互关联的。也许基于此，学者牟宗三先生根据选言判断的选言支是否穷尽和互斥将选言判断分为四类：选言判断的选言支穷尽且互斥的选言判断、选言判断的选言支穷尽但相容的选言判断、选言判断的选言支不穷尽但互斥的选言判断、选言判断的选言支不穷尽但相容的选言判断。①

---

① 牟宗三：《理则学》（修订版），江苏教育出版社2006年版，第106～107页。

第二节　侦查思维中的选言推理

先看一个案例中的选言推理。

1997年10月8日的凌晨，家住江苏省宿迁市宿城区某街道的朱某夜晚和几位熟人在大排档喝酒。或许大家都喝多了，喝着喝着，朱某和吴某发生了口角和撕扯。看到两人要打起来，大家赶紧将双方拉开，并将两人都劝回了家。

但朱某回家后，越想越觉得吃了亏，就操起家里的菜刀跑到了吴某家门口叫骂起来。吵着吵着，朱某突然拿出事先准备好的菜刀砍向吴某的头部，他接着又砍了几刀。见对方倒在地上，朱某当即逃走了，这一走就失去了踪迹。而吴某虽然被送到了医院，但最后还是因为伤势过重没有抢救过来。

从那以后，朱某一直被列为网上逃犯，被警方四处追捕，宿城公安分局也多次对此案进行专题研究，并多次派人到有线索的地方进行追捕，但一直没能将朱某抓获归案。

12年之后的2009年7月，案件又有了新的线索。据宿城公安分局刑警大队副大队长介绍，2009年7月，他们获得了一个重要的线索：平时不出门的朱某的老母亲竟然坐上了从南京飞往昆明的飞机。

朱某家经济并不富裕，其母亲平时更是省吃俭用，基本上不出门，为何这次要一反常态，坐飞机到昆明呢？宿城公安分局刑警大队对此进行刑事案件犯罪信息研判。大家分析，一般而言，人们乘坐飞机出门或者是为了探亲，或者是为了旅游，或者是为了办事，或者是为了看人等其他事情。而经了解，朱家在昆明并没有任何亲戚朋友，这排除了朱某母亲探亲的可能性；朱某母亲只身不可能去旅游；朱某母亲也不可能是去办事的。据此警方认为，朱某母亲乘坐飞机去云南，只有一种可能，那就是见人的，而这个人很可能就是朱某。

侦查人员进一步侦查发现，朱某的母亲在云南省德宏州梁河县出现过。获知这一线索以后，侦查人员立即赶赴云南，在梁河县公安局的配合下，对当地的外来人口进行了拉网式的侦查。最终，专案组发现了一名非常可疑的人，而这个人竟然是当地一所著名寺院——皇阁寺的住持释意广。

为了确认释意广是否就是12年前杀人逃走的朱某，侦查人员决定化装进寺侦查。2009年8月24日上午，化装成普通游客的侦查人员随意地走进了皇阁寺，经过仔细的观察，侦查人员确认释意广正是朱某，“虽然12年过去了，但朱某基本上没有多少变化！”随后，侦查人员又设法与释意广攀谈起来，而释意广张口说的竟然也是宿迁话，这更加坚定了侦查人员的判断。

侦查人员借口与释意广有要事详谈，进入了他的方丈室。一进方丈室，侦查人员立即对释意广实施抓捕。开始释意广还拼命反抗，当侦查人员用宿迁话说“苦海无边，回头是岸”让他不要反抗时，释意广一下子就愣住了，他说：“阿弥陀佛，善哉善哉！没想到贫僧苦心潜伏这么多年，还是被你们抓住了。因果报应，果然不爽！贫僧知道你们是因为什么事抓贫僧的，你们不要动手，给贫僧留点儿面子吧！”随后，释意广束手就擒。

在该案件中，侦查人员进行刑事案件犯罪信息研判得出“朱某母亲乘坐飞机到云南是为了看望朱某”的结论运用的就是选言推理，它可以表示为：（或者P，或者Q，或者R），或者S；现查明并确认，并非P，并非Q，并非R；所以，只可能S。当然，警方对云南省德宏州梁河县的外来人口进行了拉网式的侦查以确定犯罪嫌疑人的身份时，运用的也是选言推理，它可以表示为：（或者P_1，或者P_2，或者P_3……），或者P_n；现已确认，并非P_1，并非P_2，并非P_3……并非P_{n-1}；所以，只可能P_n。

那么，到底何谓选言推理呢？我们先来看看三个比较具有代表性的关于选言推理的定义。

（1）选言推理就是根据选言判断的逻辑性质进行的推理。① 这个定义是不太恰当的，有“定义过窄”之嫌，因为根据这个定义，选言推理只包括有效的选言推理，诸如选言三段论肯定否定式等无效的选言推理就被排除在选言推理之外。但是，无效的选言推理也是选言推理。

（2）选言推理就是前提或者结论中包含选言判断的推理。这个定义也是不太恰当的，有“定义过宽”之嫌，因为根据这个定义，诸如二难推理这样的推理也被归入选言推理之中。但是，二难推理不是选言推理，而是假言推理。

（3）选言推理，也称析取推理，是“以析取判断为大前提，而以肯定或者否定的两端中任一端为小前提，而成的推理”②。对于牟宗三先生给出的这个选言推理的定义，笔者粗浅地认为，这个定义也有“定义过窄”之嫌，因为这个定

① 陈波等：《逻辑学概论》，中国人民大学出版社2014年版，第88页。

② 牟宗三：《理则学》（修订版），江苏教育出版社2006年版，第106页。

义，其实是对所谓的选言三段论的定义，不是选言推理的定义。尽管选言三段论是选言推理的主要类型和常用形态，但是二者毕竟还是不同的。如果仅就外延之间的关系而言，选言推理包含选言三段论。

平心而论，要想从内涵的角度给选言推理下个理想的定义，绝非易事。好在可以从外延的角度来给选言推理下一个相对合理的定义。如上所言，选言三段论是选言推理的主要类型和常用形态，占据了选言推理的半壁江山。也正因如此，人们才在不太严格的意义上将选言推理等同于选言三段论，或曰将选言推理限定为仅指选言三段论，也更难怪牟宗三先生将选言三段论的定义视为选言推理的定义了。在严格区分选言推理和选言三段论的基础上，笔者将选言推理分为两大块：选言三段论和除了选言三段论之外的其他选言推理。

一、侦查思维中的选言三段论

关于选言三段论的定义，有论著认为“前提包含一个析取（选言）判断，这种判断断言两个选言支至少一真，另一个前提断言其中一个选言支为假”①。笔者认为，这个定义并未清晰简洁地描述出选言三段论的结构特征，而且有“定义过窄”之嫌，因为这个定义只包含下文所述的选言三段论必然式，并未包含选言三段论或然式和选言三段论无效式。但是，很明显，后两者也是选言三段论。

笔者对于牟宗三先生给出的关于选言三段论的定义深表赞同，因此不敢另起炉灶。选言三段论，也称析取三段论，就是以析取判断为大前提，而以肯定或者否定的两端中任一端为小前提，而成的推理。

笔者认为，根据是否依据选言判断的性质以及结论的性质，侦查思维中的选言三段论可以分为选言三段论必然式、选言三段论或然式和选言三段论无效式。

（一）选言三段论必然式

选言三段论必然式是这样一种推理：前提之一是一个选言判断，另一前提是一个对该选言判断的某个选言支进行否定的直言判断，结论是对一个对该选言判断的另一个选言支进行肯定的直言判断。它可以表示为：

---

①［美］欧文·M. 柯匹、卡尔·科恩：《逻辑学导论》（第13版），张建军等译，中国人民大学出版社2014年版，第318页。

P或者Q；

并非P；

所以，Q。

如果从真值的角度看，其公式也可以表示为：“或者P是真的，或者Q是真的；P不是真的；所以，Q是真的。”① 其推理特征是：“如果以一个析取判断为前提，而另一个前提对其中一个支判断加以否定，或者说它与该析取支相矛盾，那么，就可以有效地推出析取判断的另一个支判断为真。”②

其依据是：如果选言判断真，并且其中一部分选言支假，那么剩余的选言支中必有一真。“在每个为真的析取式中，至少有一个析取支必定是真的。因此，如果其中一个析取支为假，则另一个必定真。”③

选言三段论必然式的推理进程是“从否定到肯定”，并且以实然判断（直言判断）作为结论，也称选言推理否定肯定式。它是侦查思维中排除法和试错法的逻辑依据。

（二）选言三段论或然式

选言三段论或然式是这样一种推理：前提之一是一个选言判断，另一前提是一个对该选言判断的某个选言支进行肯定的直言判断，结论是对一个对该选言判断的另一个选言支进行或然性否定的模态判断。它可以表示为：

P或者Q；

P；

所以，可能并非Q。

其依据是：如果选言判断真，并且其中一部分选言支真，那么剩余的选言支可能假。

选言三段论或然式的推理进程是“从肯定到否定”，并且以或然判断作为结论，也称选言推理肯定否定或然式。

---

① ［美］欧文·M.柯匹、卡尔·科恩：《逻辑学导论》（第13版），张建军等译，中国人民大学出版社2014年版，第318页。

② ［美］欧文·M.柯匹、卡尔·科恩：《逻辑学导论》（第13版），张建军等译，中国人民大学出版社2014年版，第315页。

③ ［美］欧文·M.柯匹、卡尔·科恩：《逻辑学导论》（第13版），张建军等译，中国人民大学出版社2014年版，第371页。

（三）选言三段论无效式

选言三段论无效式是这样一种推理：前提之一是一个选言判断，另一前提是一个对该选言判断的某个选言支进行肯定的直言判断，结论是对一个对该选言判断的另一个选言支进行否定的直言判断。它可以表示为：

P或者Q；

P；

所以，并非Q。

选言三段论无效式的推理进程是“从肯定到否定”，并且以实然判断（直言判断）作为结论，也称选言推理肯定否定无效式。该推理式之所以无效，是因为“两个支判断可能同时为真，肯定析取式的一个支判断为真，并不能推出另一个支判断为假”①。

不难理解的是，选言三段论或然式和选言三段论无效式推理进程相似，但是结论性质不同：前者的结论是一个或然判断，后者的结论是一个实然判断。

不少论著提出了所谓的互斥选言三段论或者不相容选言三段论。笔者认为所谓的互斥选言三段论没有逻辑上的必要性。(1) 如前所述，由于所谓的互斥选言判断没有逻辑上的必要性，以互斥选言判断作为前提之一的互斥选言三段论自然也没有逻辑上的必要性。(2) 互斥选言三段论也可以转换为必然式选言三段论。互斥选言三段论可以分为否定肯定式和肯定否定式。先看互斥选言三段论否定肯定式。互斥选言判断可以进一步表示为“（P或者Q）并且（并非P或者并非Q）”；可以从中分离出“（P或者Q）”作为的大前提；“（P或者Q）”再结合小前提“并非P”推出结论“Q”——这就是互斥选言三段论否定肯定式的完整过程。不难看出，它包含选言三段论必然式中的否定肯定式。因此，互斥选言三段论否定肯定式可以转换为选言三段论必然式。再看互斥选言三段论肯定否定式。互斥选言判断可以进一步表示为“（P或者Q）并且（并非P或者并非Q）”；可以从中分离出“并非P或者并非Q”作为的大前提；“（并非P或者并非Q）”再结合与小前提“P”等价的“并非（并非P）”推出结论“并非Q”——这就是互斥选言三段论肯定否定式的完整过程。不难看出，它也包含选言三段论必然式

① ［美］欧文·M. 柯匹、卡尔·科恩：《逻辑学导论》（第13版），张建军等译，中国人民大学出版社2014年版，第316页。

中的否定肯定式。因此，互斥选言三段论肯定否定式也可以转换为选言三段论必然式。这一点正如国外学者所言："作为前提之一的互斥选言判断在推理中实际上并没有起作用。结论是从省略的、未表达出来的被断定为真的前提'并非P或者并非Q'再结合前提P推出来的。如果用这个揭示出来的前提代替原来的互斥析取判断，所得到的推理是一个明显有效的析取三段论。表面上的例外实际上不是例外，认为该推理无效的异议是不成立的。"①

二、侦查思维中的其他必然式选言推理

根据应用频率的高低，侦查思维中除了选言三段论之外的其他选言推理包括选言假言转换式、选言推理否定式、选言推理分配式、选言推理重言式、选言推理零一式和选言推理引入式。

（一）选言假言转换式

它可以表示为："P或者Q"等价于"如果并非P，那么Q"。

这个推理式的意思是：如果选言判断为真，那么如果其中一个选言支为假，那么另一选言支为真，一般用于一个选言判断和一个假言判断之间的等价转换。在侦查思维中，人们可以将形如"或者……或者……"的选言判断等价转换为"（如果）不是……，（那么）就是……"。

例如，这起伤人案或是由于故意，或是由于过失。所以，（如果）这起伤人案不是由于故意，（那么）就是由于过失。

（二）选言推理否定式

它可以表示为："并非（P或者Q）"等价于"并非P并且并非Q"。

其依据是：当且仅当选言判断的所有选言支为假，该选言判断为假。

这个推理式的意思是：一个选言判断的否定等价于每个选言支的否定的合取。

例如，在某次侦查讯问中，犯罪嫌疑人说：小张或者小刘中至少有一个是共

① ［美］欧文·M. 柯匹、卡尔·科恩：《逻辑学导论》（第13版），张建军等译，中国人民大学出版社2014年版，第316页。

同参与作案的犯罪嫌疑人。但是，侦查人员通过进一步的侦查发现，小张和小刘中均无作案时间，并没有共同参与作案。由此，侦查人员认定：该犯罪嫌疑人在说谎。

（三）选言推理分配式

它可以表示为："P 或者（Q 并且 R)"等价于"(P 或者 Q）并且（P 或者 R)"。

这个推理式的意思是：一个选言支和一个合取式的析取，等价于该选言支分别与该合取式的每个的合取支构成的析取式的合取。也就是说，析取分配合取，得到合取。

（四）选言推理重言式

它可以表示为："P 或者 P"等价于"P"。

这个推理式的意思是：一个选言支与其本身构成的选言判断，等价于该选言支本身。该选言推理式在侦查思维中除了在比较复杂的推理中用于将"P 或者 P"等价于推出"P"之外，一般极少运用。

（五）选言推理零一式

它可以表示为："P 或者（Q 并且并非 Q)"等价于"P"。

这个推理式的意思是：一个选言支与一个矛盾式的析取，等价于该选言支本身。根据选言判断的真值特征，由于矛盾式"Q 并且并非 Q"的真值永远为假，"P 或者（Q 并且并非 Q)"的真值与"P"的真值完全相同。①

（六）选言推理引入式

它可以表示为：

P;

所以，P 或者 Q。

这个推理式的意思是：从某选言判断的一个选言支的肯定能够推出该选言判断的肯定。其依据是：只要某个判断真，那么包含该判断作为支判断的选言判断

① ［美］欧文·M. 柯匹、卡尔·科恩：《逻辑学导论》（第 13 版），张建军等译，中国人民大学出版社 2014 年版，第 318 页。

为真。该选言推理式在侦查思维中极少单独运用，一般与前述的假言推理联合运用。

第三节 侦查思维中的选言三段论必然式

在侦查思维中，选言三段论必然式是选言三段论的常用形态和理想形态。

一、侦查思维中的选言三段论必然式的操作步骤

在侦查思维中，选言三段论必然式的运用需要遵循特定的步骤进行。

1. 构建作为大前提的选言判断——设疑

这一阶段也称摸底或者设疑，是指侦查人员开展调查，从而划定或者设定一个与犯罪有关的人、事、物特别是犯罪嫌疑人的大致范围，其逻辑作用在于确定选言三段论作为大前提的选言判断。在这一阶段，大前提的支判断越多，意味着侦查人员需要查证的范围越大。

2. 构建否定大前提的一部分选言支的小前提——排疑

它是指在侦查的初始阶段，根据已经掌握的查证属实的某些案情事实材料（主要是从现场勘查中获得的第一手案情事实材料），通过对该案件的某些疑点（包括作案嫌疑人）的排除，以作出否定这些疑点的断言。这一步其实就是逐步否定一个关于某案件案情事实的选言判断中的若干个选言支，即在已经认定或者假定的关于案情事实的几个可能性中，结合该案的其他案情事实逐步否定其中一些可能性，目的是不断缩小侦查范围。这一步构建的选言三段论的小前提可能是对大前提中的某个选言支的否定，也可能是大前提中的多个选言支构成的同时否定。

有学者认为，为了快速排除大前提中的若干选言支，可以从有无作案时间、有无作案因素和有无犯罪事实三个方面来对大前提的某些选言支进行排除或者否定。①

3. 肯定大前提的剩余选言支中必有一真——认定

认定是指在侦查的某个阶段，根据某些已知的、查证属实的案情事实材料，

① 印大双：《论侦查实践中的排疑法与选言推理》，载《广西警官高等专科学校学报》2009年第4期。

通过上述的对该案件某些疑点的排除，以认定剩余的可能性即断定某案情事实（包括犯罪嫌疑人）。这一步其实是对某种可能性作出断定或者认定的过程。这一步得出的选言三段论的结论可能是一个直言判断，也可能是选言判断。当选言三段论的选言支较多而某次只能否定其中一个选言支时，得到的结论就是由大前提中的剩余选言支构成的一个选言判断。

二、侦查思维中的选言三段论必然式的优缺点

侦查思维中的选言三段论必然式既有优点，也具有一些缺点。

（一）侦查思维中的选言三段论必然式的优点

侦查思维中的选言三段论必然式的优点体现在诸多方面。

1. 选言三段论必然式确保了从真实前提得出真实结论。只要选言三段论必然式的前提都真实，那么得出的结论必然真实。这种形式是选言推理的普遍有效形式，在运用它时，不必去考虑选言前提是否相容的问题。

2. 选言三段论必然式从否定到肯定的推理过程体现了认识逐渐确定的进程。侦查思维中的选言三段论必然式的基本特征就是由不确定到确定，从较少确定到较多确定。在侦查思维中，侦查人员提出的关于犯罪嫌疑人等犯罪要素的猜想一般是多元的，即多种可能性并存的，侦查人员可以根据真实性、可控性、可行性和效率性标准进行择优选择甚至排他性选择。从某种程度上说，选言三段论必然式的过程就是思维由不确定状态过渡到确定状态的过程。这体现了侦查人员对案件认识的逐渐确定、由浅入深的螺旋式递进、深化和上升的基本进程。

3. 选言三段论必然式可以间接确定犯罪嫌疑人、认定犯罪事实。在侦查工作的初始阶段，侦查人员把握的事实材料非常有限，常常缺乏充分的事实材料去正面直接确定犯罪嫌疑人。但是，从反面来否定某些选言支反而显得相对容易，只要找到足够的证据去否定某些选言支即可。运用选言三段论必然式，否定的支判断越多，就说明排除的不可能因素越多，侦查范围就变得越小。在缺乏足够事实难以直接确定犯罪嫌疑人的情况下，选言三段论必然式能够缩小侦查范围进而可以间接确定可能的犯罪嫌疑人。在侦查中，当侦查人员还没有足够的证据来证明某一选言支的真实性，但有证据能够否定其余的选言支时，可以用这种方法缩小犯罪嫌疑人的范围。

（二）侦查思维中的选言三段论必然式的缺点

侦查思维中的选言三段论必然式也具有一些缺点。

1. 选言三段论必然式的大前提的选言支是否穷尽和选言支之间是否互斥难以判定

选言判断的选言支是否穷尽和选言支之间是否互斥不是一个纯形式问题，而是一个经验内容问题，需要侦查人员的背景知识的参与。从逻辑上看，选言判断的选言支是否穷尽和选言支之间是否互斥难以判定；从运用上看，由于客观情况的复杂性和认识的局限性，选言判断的选言支是否穷尽和选言支之间是否互斥也是难以判定的。

2. 选言三段论必然式的应用条件较为严苛。侦查思维中的选言三段论必然式的应用前提是犯罪嫌疑人或者涉案事物牵涉范围相对较小。对于因果关系明显、案件性质明确、痕迹物证特征突出、侦查范围不大的案件，应用选言三段论必然式进行摸排效果较为明显，而且是一项简单又行之有效的措施。否则，耗费的时间、人力、金钱成本势必成倍增长，难以在规定的侦查期限之内迅速有效地达到预期目的。特别是在网络犯罪个案信息研判中，运用选言三段论必然式进行摸排需要诸如时空、作案技术和软件、涉案物品和工具、犯罪嫌疑人个体自然特征、网络行为的反常表现以及其他因素等摸排条件。这些都需要大量的前期工作。

3. 选言三段论必然式的结论仍然仅仅是一种侦查猜测。选言三段论必然式结论的真实性是建立在对其他选言支否定的基础上的，是靠否定其他支判断来肯定其自身成立的，在未经证实之前，仅仅是一种假说或者推论，而不是事实。这一点，对确定犯罪嫌疑人，对认定犯罪事实而言，是远远不够的。毕竟定案必须而且只能在案情事实即证据的基础上来进行，而不能在推论或者假说的基础上进行。

三、侦查思维中运用选言三段论必然式的合理性原则

基于侦查思维中的选言三段论必然式的上述缺点，为了确保得出真实结论，在侦查思维中运用选言三段论必然式时，侦查人员必须遵循一些合理性原则。

（一）确保选言判断的选言支至少相对穷尽，避免“假二择一”谬误

确保作为前提的选言判断的真实是确保选言三段论必然式结论真实的必要条件。因此，在侦查思维中运用选言三段论必然式时，必须确保作为前提之一的选言判断的真实。在难以做到绝对穷尽的情况下，确保做到事实穷尽。

如前所言，选言支穷尽对于选言三段论非常重要，它关系着作为选言三段论前提之一的选言判断的真假，从而最终关系着结论之真假。从某种程度上说，侦查思维过程就是从多种可能性中确定某种可能性的过程。因此，每一种重要的可能性，侦查人员都不应该有所遗漏或者轻视，应该积极重视。如果遗漏的选言支陈述的情况恰好就是陈述案情事实真相的那个选言支，那么侦查就要走弯路甚至形成暂时难以侦破的悬案。如此，则前功尽弃，功亏一篑，得不偿失，错失良机。侦查工作无论如何强调选言支穷尽，都丝毫不过分。侦查人员务必树立“穷尽选言支，至少也要相对穷尽选言支”的自觉意识。对此，侦探史上的传奇人物福尔摩斯曾深有感触地说：“一个侦探总是应该探索是否还有第二种可能性，并且防备确有这种可能性。这是侦查罪案的首要原则。”这里所谓的首要原则就是穷尽性要求。

基于“一切皆有可能”，选言支相对穷尽仅是不得已而为之的次优选择，侦查人员只能在情非得已、迫不得已的情形下如此操作，不能以“时间紧、快办案”为理由，随意地忽视、排除一些选言支陈述的情况的可能性，而应该“在办案条件许可的情况下，尽可能做到穷尽各种可能情况的存在，即穷尽选言支。在这里，具备穷尽选言支的自觉意识是非常重要的，是一名优秀的办案人员所不可或缺的精神素质之一”①。

选言支不穷尽的一个典型表现就是所谓的“假二择一”谬误（false dichotomy）。在选言三段论必然式推理中，推理者给出了一个形如“P 或者 Q”的选言判断作为前提之一，这个前提所提供的两种不大可能的选择好像是仅有的选择，然后从中排除一种推理者所不期望的选项，保留所期望的那个选项作为结论，这样的推理就会产生“假二择一”谬误。“假二择一”谬误，也称“假的双叉”谬误（false bifurcation）、“非此即彼”谬误（either－or fallacy）和“假二分法”谬误，就是人们所谓的“从一个极端走向另一个极端”。如果一个选言三段论前提

① 刘汉民：《逻辑》，上海交通大学出版社 2015 年版，第 88 页。

中的二支选言判断是假的，那么它就犯了“假二分法”谬误。[①] 人们经常在两个选项之间作出选择，而当时还有其他选择。如果选言判断的两个选言支没有穷尽所有的选言支，那么由于它们之间可能是“不能同真可能同假”的反对关系，该选言判断就可能是假的。在这种谬误中，没有一个选言判断所提供的选项就是所涉及情况中的仅有选项或者全部选项，因为事实上还存在着所涉及情况的至少第三种可能选项。

“假二择一”谬误是一种虚假预设谬误，它预设了：作为前提之一的选言判断的两个选言支穷尽了所有的选言支，因而必然为真。在“假二择一”谬误中，所提供的两种选项不仅没有穷尽所有可能的选项，而且所提供的两个选项都是不大可能的，甚至事实上为假的。对这种谬误，也可以说它制造了一个貌似真实，实际上确实假的或可能假的前提。[②]

在侦查思维中，有两种方法避免“假二择一”谬误。一种方法是列举某一选言判断所涉及的所有选言支，以事实排除其他选言支为真的可能性，保留暂时无法通过事实排除的剩余的两个选言支构成一个必然真的选言判断。另一种方法是以其中一个暂时无法通过事实排除的可能性“P”作为一个选言支，以所有剩余的暂时无法通过事实排除的可能性“非 P”作为另一个选言支，形成一个形如“P 或者并非 P”或者“……或者其他……”的选言判断。如此形成的选言判断的两个选言支之间是矛盾关系，而且穷尽了所有选言支，因此可以确保作为前提之一的选言判断真实。

导致“假二择一”谬误的主观原因之一是对案情真相存在的各种可能性了解不足，或者不懂得选言判断对选言支穷尽的逻辑要求。侦查中常见的“这里或是第一现场，或是第二现场”“死者或是死于自杀，或是死于他人”“犯罪嫌疑人或是从大门进入室内盗窃的，或是从窗户进入室内盗窃的”等选言判断在尚未排除情况可能性的情况下，都犯了这种错误。

（二）确保前提中的直言判断对选言判断的选言支的否定必须有充分证据，而且可以依次进行

选言三段论必然式结论之得出是建立在直言判断对选言判断的选言支进行

① ［美］欧文·M. 柯匹、卡尔·科恩等：《逻辑要义》（第 2 版），胡泽洪等译，世界图书出版公司 2013 年版，第 51 页。

② ［美］D·Q. 麦克伦尼：《简单的逻辑学》，赵明燕译，浙江人民出版社 2013 年版，第 49 页。

否定的基础之上的，这必须有充分的事实依据。比如，不具有作案时间、不在场证据就具有极强的否定排除作用。如果直言判断对选言判断的选言支的否定缺乏充分的依据或者理由，那么直言判断可能为真，结论的真实就是不能确保的。

为了否定选言判断中的选言支，有时候需要运用假言三段论。其方法是：在未知选言判断的某个选言支真假如何的情况下，先假设它为真；然后从该假设出发推出一个虚假的结论；从而反推先前的假设不成立，即不能假设该选言判断的该选言支为真；最后推出该选言判断的该选言支为假。这一过程采用的是假言推理的否定后件式，可以表示为：

如果 P，那么 E；

并非 E；

所以，并非 P。

如上所述，由于选言三段论必然式的前提中的选言判断多是多支选言判断，加之在侦查的某个阶段上掌握的事实材料暂时难以充足，在选言三段论必然式中用直言判断否定选言判断的部分选言支时，不必一次性完成，可以随着事实材料的增多逐步推进、依次进行。也就是说，“在已有证据证实选言判断中的某个或者某些选言支为假的情况下，可以先行运用选言三段论必然式排除这个或者这部分选言支，得出一个新的选言判断作为结论；随着侦查的逐步推进以及掌握的事实材料的逐渐增多，再以该选言三段论必然式的结论为前提之一，以否定其中某个或者某些选言支的事实判断为另一前提，再次运用选言三段论必然式得出另一结论……如此连续运用选言三段论必然式，不断缩小侦查的范围，直到在法定的程序和期限内确定那个或者那些最可能甚至唯一的选言支为止”①。这一过程可以表示为：

P 或者（Q 或者 R）；

并非 P；

所以，Q 或者 R；

并非 Q；

所以，R。

---

① 马前进：《刑事个案犯罪信息研判中的常用三段论》，载《浙江警察学院学报》2017 年第 4 期。

（三）将选言三段论必然式的结论诉诸事实进行检验

运用选言三段论必然式得出的结论必须接受证据的验证，以具备直接证据的佐证力。尽管选言三段论必然式是一种前提之真可以保证结论之真的推理，但我们仍然不能对它的结论抱绝对置信的态度，而应该在此结论的基础上，进一步寻找证据，从正面去证实它。选言三段论必然式在形式上是有效的和遵守规则的，如果其前提都是真实的，那么得出的结论就具有逻辑上的真实性保证。但是，逻辑真实性不能代替事实真实性。如前所述，选言三段论必然式的结论最终还仅仅是一种推论、一种假说，而不是事实，不能作为定案之依据，至多只能作为侦查办案的线索。为此，必须对选言三段论必然式的结论进行检验以判定其事实上的真假。

第八章　侦查思维中的直言推理

侦查思维中的直言推理包括直言直接推理和直言三段论。直言直接推理是以一个直言判断或者其否定为前提得出另一直言判断或者其否定的推理，包括直言对当推理和直言变形推理。直言三段论是直言间接推理的主要形态，也是直言推理的重要甚至主要内容。

第一节　侦查思维中的直言判断及其对当关系推理

在刑事个案犯罪侦查中，为了最终发现、查明和确认犯罪事实，确定犯罪嫌疑人，必须最终形成直言判断。基于直言判断之间的对当关系，可以进行对当关系推理。

一、侦查思维中的直言判断

直言判断是判断的一种最简单的类型。直言判断有两种界定方法。一种方法是从外延的角度即类与类之间关系的角度进行界定。一个类就是具有某种共同属性的所有对象的汇集。类可以根据其中分子的数量的多少分为五种：空类、个体类、有限类、无限类和全类。[①]

按照这一角度，直言判断是“肯定或者否定某一类 S 全部或者部分地包含于另一个类 P 之中”的判断，[②] S 被称为主项，P 被称为谓项。两个类之间有四种

① 牟宗三：《理则学》（修订版），江苏教育出版社 2006 年版，第 9 页。

② ［美］欧文·M. 柯匹、卡尔·科恩、丹尼尔·E. 弗莱格：《逻辑要义》（第 2 版），胡泽洪等译，世界图书出版公司 2013 年版，第 65 页。

不同类型的关系：全部包含于、全部排斥、部分包含于和部分排斥。[①]

另一种方法是从内涵的角度即思维对象是否具有某种性质的角度进行界定。按照这一角度，直言判断是对某类对象的全部、一些或者某个是否具有某种性质进行直接断言的判断。学者牟宗三先生就是主张从内涵的角度对直言判断进行界定的。他认为，直言判断是用共相来论谓殊相的一种判断。谓词表示共相，主词表示殊相。论谓具有确定的意义，即谓词表述了个体的一种性质（property）。主谓式判断是以事物之体与性的主从关系或隶属关系为基础的。在主谓式判断中，主词代表本体，谓词代表属性。属性就是隶属于本体而为其性。[②] 在这个意义上，直言判断也被称为性质判断。

一个标准形式的直言判断是由量项、主项、联项和谓项四部分构成的。主项和谓项指称的对象就是直言判断所断定的两个类；量项就是直言判断所关注的那类对象的数量；联项也称质，是直言判断的断定方式。牟宗三先生认为，质的概念具有以下四种含义：[③]

（1）内涵的论谓。这是直接从主谓形式引申出来的，它表达谓词概念和主词概念之间的“意义联结”。如果主词总是指特殊的个体，则“是”字表示用谓词概念表达的义理来论谓具体的个体；“不是”则表示谓词概念所表示的表达的义理不能论谓主词所指的个体。这样，“是”或者“不是”就是对于主谓判断从概念内涵上作“内涵上的解析”。

（2）类与其分子之间的隶属关系。表示这类关系的，大多是个体判断或者单称判断。

（3）类与类之间的包含关系。

（4）任一项的自身同一或者两项之间的同一关系。前者诸如 A 是 A。后者多表现为随定义而来的判断。

按照谓词是否已经包含在主词之中，康德把直言判断分为分析判断和综合判断。[④] 按照主词是否有存在含义，牟宗三先生把直言判断分为存在判断和非存在判断。

---

① ［美］欧文·M. 柯匹、卡尔·科恩、丹尼尔·E. 弗莱格：《逻辑要义》（第 2 版），胡泽洪等译，世界图书出版公司 2013 年版，第 65 页。

② 牟宗三：《理则学》（修订版），江苏教育出版社 2006 年版，第 19～20 页。

③ 牟宗三：《理则学》（修订版），江苏教育出版社 2006 年版，第 23～25 页。

④ 牟宗三：《理则学》（修订版），江苏教育出版社 2006 年版，第 21～22 页。

直言判断的形式可以表示为：所有/有些/某一 S 是/不是 P。直言判断根据断定方式可以分为肯定判断和否定判断；根据主项被断定的范围分为全称判断、特称判断和单称判断。直言判断的作用在于：它断定了主项所指称的类的所有分子或者至少存在分子，包含在谓项所指称的类之中，或者被排斥在谓项所指称的类之外。无论是根据直言判断的定义还是类与类之间的四种关系，直言判断可以没有剩余地分为四类：全称肯定判断（universal affirmative judgement）、全称否定判断（universal negative judgement）、特称肯定判断（particular affirmative judgement）和特称否定判断（particular negative judgement）。

全称肯定判断是"肯定一个类 S 全部地包含于另一个 S 之中"① 的判断，可以表示为"所有 S 都是 P"，可以简写为 SAP。例如，"所有犯罪行为都是违法行为"。它断言主项类的每个成员也是谓项类的成员。

全称否定判断是"否定一个类 S 部分地包含于另一个 S 之中"② 的判断，可以表示为"所有 S 都不是 P"，可以简写为 SEP。例如，"所有犯罪行为都不是合法行为"。它断言主项类的所有成员都被排除在谓项类之外。

特称肯定判断是"肯定一个类 S 部分地包含于另一个 S 之中"③ 的判断，可以表示为"有 S 是 P"，可以简写为 SIP。例如，"有犯罪行为是醉驾行为"。它断言主项类中至少存在一个成员也是谓项类的成员。

特称否定判断是"否定一个类 S 全部地包含于另一个 S 之中"④ 的判断，可以表示为"有 S 不是 P"，可以简写为 SOP。例如，"有犯罪行为不是醉驾行为"。它断言主项类中至少存在一个成员被排除在整个谓项类之外。

由于特称判断的量项的含义是"至少有一个"，其上限可以指称全部，下限可以指称一个，因此相对于全称判断而言，特称判断是一种更加灵活的断言，更加不容易被事实证伪。

需要注意的是，侦查思维中常见的单称判断可以转换为同质的全称判断。单

---

① ［美］欧文·M. 柯匹、卡尔·科恩、丹尼尔·E. 弗莱格：《逻辑要义》（第 2 版），胡泽洪等译，世界图书出版公司 2013 年版，第 66 页。

② ［美］欧文·M. 柯匹、卡尔·科恩、丹尼尔·E. 弗莱格：《逻辑要义》（第 2 版），胡泽洪等译，世界图书出版公司 2013 年版，第 67 页。

③ ［美］欧文·M. 柯匹、卡尔·科恩、丹尼尔·E. 弗莱格：《逻辑要义》（第 2 版），胡泽洪等译，世界图书出版公司 2013 年版，第 67 页。

④ ［美］欧文·M. 柯匹、卡尔·科恩、丹尼尔·E. 弗莱格：《逻辑要义》（第 2 版），胡泽洪等译，世界图书出版公司 2013 年版，第 67 页。

称肯定判断“a 是 P”可以转换为“所有等同于 a 的 S 都是 P”；同理，单称否定判断“a 不是 P”可以转换为“所有等同于 a 的 S 都不是 P”。例如，“张某是某电信诈骗案件的犯罪嫌疑人”可以转换为“所有等同于张某的人都是某电信诈骗案件的犯罪嫌疑人”。这样处理的依据在于，作为单称判断的主项的单独概念可以看成前述的一种特殊的类——只包含一个分子的个体类。①

二、侦查思维中的直言判断之间的对当关系

直言判断之间的对当关系是指具有相同主项和谓项的四种直言判断之间存在的真假制约关系。虽然四种直言判断仅仅断定了两个类之间的关系，并不断定这些直言判断本身的真假，但是借助于直言判断之间的对当关系，当已知其中一种直言判断的真假时，可以推出具有相同主项和谓项的其余三个直言判断的真假。

（一）直言判断之间的矛盾关系

直言判断之间的矛盾关系无疑是最简单和最直接的对当关系，它是主项和谓项均相同而量项和联项均不同的两对直言判断全称肯定判断“所有 S 都是 P”与特称否定判断“有 S 不是 P”之间、全称否定判断“所有 S 都不是 P”与特称肯定判断“有 S 是 P”之间的对当关系。

那么，这两对直言判断之间的矛盾关系到底是怎样的真假制约关系呢？有何特征？

先考察当两个具有矛盾关系的直言判断中一个为真时，另一个真假如何。

1. 当全称肯定判断“所有 S 都是 P”真时，特称否定判断“有 S 不是 P”为假。

例如，当“所有犯罪行为都有犯罪时间”真时，“有犯罪行为没有作案时间”为假。

2. 当特称否定判断“有 S 不是 P”真时，全称肯定判断“所有 S 都是 P”为假。

例如，当“有犯罪行为不是醉驾行为”真时，“所有犯罪行为都是醉驾行为”为假。

① 牟宗三：《理则学》（修订版），江苏教育出版社 2006 年版，第 9 页。

3. 当全称否定判断“所有S都不是P”真时，特称肯定判断“有S是P”为假。

例如，当“所有犯罪行为都不是合法的行为”真时，“有犯罪行为是合法的行为”为假。

4. 当特称肯定判断“有S是P”真时，全称否定判断“所有S都不是P”为假。

例如，当“有犯罪行为是醉驾行为”真时，“所有犯罪行为都不是醉驾行为”为假。

这表明，两个具有矛盾关系的直言判断中如果其中一个真，那么另一个为假。也就是说，它们“不能同真”。

再考察当两个具有矛盾关系的直言判断中一个为假时，另一个真假如何。

1. 当全称肯定判断“所有S都是P”假时，特称否定判断“有S不是P”为真。

例如，当“所有犯罪行为都是醉驾行为”假时，“有犯罪行为不是醉驾行为”为真。

2. 当特称否定判断“有S不是P”假时，全称肯定判断“所有S都是P”为真。

例如，当“有犯罪行为没有作案时间”假时，“所有犯罪行为都有犯罪时间”为真。

3. 当全称否定判断“所有S都不是P”假时，特称肯定判断“有S是P”为真。

例如，当“所有犯罪行为都不是醉驾行为”假时，“有犯罪行为是醉驾行为”为真。

4. 当特称肯定判断“有S是P”假时，全称否定判断“所有S都不是P”为真。

例如，当“有犯罪行为是合法的行为”假时，“所有犯罪行为都不是合法的行为”为真。

这表明，两个具有矛盾关系的直言判断中如果其中一个假，那么另一个为真。也就是说，它们“不能同假”。

国外学者对于矛盾关系的定义是：“两个具有相同主项和谓项的判断，如果一个是另一个的否定，即它们既不能同时是真的也不能同时是假的，那么它们就是相互矛盾的。”① 这一定义的不足在于“否定”的含义太含糊，所以对矛盾关系的界定也不太恰当。

牟宗三先生对直言判断之间的矛盾关系的概括是：②

（1）不能同真；

（2）不能同假；

（3）因为不能同真，所以由一真可推知另一假；

（4）因为不能同假，所以由一假可推知另一真。

具有矛盾关系的两个直言判断之中必定是一真一假。至于哪一个为真、哪一个为假，则需要根据具体情况进行具体分析。直言判断 SAP 与 SOP 之间之所以具有矛盾关系，是因为它们的量项和联项完全不同；直言判断 SEP 与 SIP 之间之所以具有矛盾关系，也是因为它们的量项和联项完全不同。直言判断之间的矛盾关系是一种互斥且穷尽的关系。

（二）直言判断之间的反对关系

直言判断之间的反对关系是指主项和谓项相同的两个全称判断“所有 S 是 P”和“所有 S 不是 P”之间的对当关系。国外学者对于反对关系的定义是：“两个具有相同主项和谓项的判断，如果它们不能都是真的，但是可能同时是假的，那么它们就是相互反对的。”③ 该定义对于反对关系的界定较为合适。

那么，这两对直言判断之间的反对关系到底是怎样的真假制约关系呢？有何特征？

先考察当两个具有反对关系的直言判断中一个为真时，另一个真假如何。

1. 当全称肯定判断“所有 S 是 P”真时，全称否定判断“所有 S 不是 P”为假。

例如，当“所有醉驾行为都是犯罪行为”真时，“所有醉驾行为都不是犯罪行为”为假。

---

① ［美］欧文·M. 柯匹、卡尔·科恩、丹尼尔·E. 弗莱格：《逻辑要义》（第 2 版），胡泽洪等译，世界图书出版公司 2013 年版，第 75 页。

② 牟宗三：《理则学》（修订版），江苏教育出版社 2006 年版，第 38～39 页。

③ ［美］欧文·M. 柯匹、卡尔·科恩、丹尼尔·E. 弗莱格：《逻辑要义》（第 2 版），胡泽洪等译，世界图书出版公司 2013 年版，第 76 页。

2. 当全称否定判断“所有S不是P”真时，全称肯定判断“所有S是P”为假。

例如，当“所有醉驾行为都不是合法行为”真时，“所有醉驾行为都是合法行为”为假。

这表明，两个具有反对关系的全称判断中如果其中一个真，那么另一个为假。也就是说，它们不能同真。

再考察当两个具有反对关系的直言判断中一个为假时，另一个真假如何。

1. 当全称肯定判断“所有S是P”假时，全称否定判断“所有S不是P”可能真。

例如，当“所有醉驾行为都是合法行为”假时，“所有醉驾行为都不是合法行为”为真。

2. 当全称肯定判断“所有S是P”假时，全称否定判断“所有S不是P”也可能假。

例如，当“所有犯罪行为都是醉驾行为”假时，“所有犯罪行为都不是醉驾行为”为假。

3. 当全称否定判断“所有S不是P”假时，全称肯定判断“所有S是P”可能真。

例如，当“所有醉驾行为都不是犯罪行为”假时，“所有醉驾行为都是犯罪行为”为真。

4. 当全称否定判断“所有S不是P”假时，全称肯定判断“所有S是P”也可能假。

例如，当“所有犯罪行为都不是醉驾行为”假时，“所有犯罪行为都是醉驾行为”为假。

这表明，两个具有反对关系的全称判断中如果其中一个假，那么另一个真假不定。也就是说，它们可能同假。

牟宗三先生对直言判断之间的反对关系的概括是：①

（1）不能同真；

（2）可能同假；

（3）因为不能同真，所以由一真可推知另一假；

---

① 牟宗三：《理则学》（修订版），江苏教育出版社2006年版，第41页。

（4）因为可能同假，所以由一假不可推知另一真。

两个直言判断之间的反对关系包括两种情形：（1）两个全称判断一真一假；（2）两个全称判断均为假。直言判断之间的反对关系是一种互斥而不穷尽的关系。

（三）直言判断之间的下反对关系

直言判断之间的下反对关系，是指主项和谓项相同的两个特称判断“有 S 是 P”和“有 S 不是 P”之间的对当关系。国外学者对于下反对关系的定义是：“两个具有相同主项和谓项的判断，如果它们虽然可以都是真的但不能都是假的，那么它们就是相互下反对的。”① 该定义对于下反对关系的界定较为合适。

那么，这两对直言判断之间的下反对关系到底是怎样的真假制约关系呢？有何特征？

先考察当两个具有下反对关系的直言判断中一个为真时，另一个真假如何。

1. 当特称肯定判断“有 S 是 P”真时，特称否定判断“有 S 不是 P”可能真。

例如，当“有犯罪行为是醉驾行为”真时，“有犯罪行为不是醉驾行为”也真。

2. 当特称肯定判断“有 S 是 P”真时，特称否定判断“有 S 不是 P”也可能假。

例如，当“有醉驾行为是犯罪行为”真时，“有醉驾行为不是犯罪行为”为假。

3. 当特称否定判断“有 S 不是 P”真时，特称肯定判断“有 S 是 P”可能真。

例如，当“有犯罪行为不是醉驾行为”真时，“有犯罪行为是醉驾行为”也真。

4. 当特称否定判断“有 S 不是 P”真时，特称肯定判断“有 S 是 P”也可能假。

例如，当“有醉驾行为不是合法行为”真时，“有醉驾罪行为是合法行为”

---

① ［美］欧文·M. 柯匹、卡尔·科恩、丹尼尔·E. 弗莱格：《逻辑要义》（第 2 版），胡泽洪等译，世界图书出版公司 2013 年版，第 76 页。

为假。

这表明，两个具有下反对关系的特称判断中如果其中一个真，那么另一个真假不定。也就是说，它们可能同真。

再考察当两个具有下反对关系的特称判断中一个为假时，另一个真假如何。

1. 当特称肯定判断“有S是P”假时，特称否定判断“有S不是P”为真。

例如，当“有犯罪行为是合法行为”假时，“有犯罪行为不是合法行为”为真。

2. 当特称否定判断“有S不是P”假时，特称肯定判断“有S是P”为真。

例如，当“有醉驾行为不是犯罪行为”假时，“有醉驾行为是犯罪行为”为真。

这表明，两个具有下反对关系的特称判断中如果其中一个假，那么另一个为真。也就是说，它们不能同假。

牟宗三先生对直言判断之间的下反对关系的概括是：[①]

（1）可能同真；

（2）不能同假；

（3）因为可能同真，所以由一真不可推知另一假；

（4）因为不能同假，所以由一假可推知另一真。

两个直言判断之间的下反对关系包括两种情形：（1）两个特称判断一真一假；（2）两个特称判断均为真。直言判断之间的下反对关系是一种相容且穷尽的关系。

（四）直言判断之间的差等关系

直言判断之间的差等关系，是指主项、谓项和联项均相同而量项不同的两对直言判断全称肯定判断“所有S都是P”与特称肯定判断“有S是P”之间、全称否定判断“所有S都不是P”与特称否定判断“有S不是P”之间的对当关系。国外学者对于差等关系的定义是：“两个具有相同主项和谓项的全称判断和特称判断，如果全称判断是真的，对应的特称判断也是真的，那么它们之间的关系就是差等关系。”[②] 该定义对于差等关系的界定较为合适。

---

① 牟宗三：《理则学》（修订版），江苏教育出版社2006年版，第42～43页。

② ［美］欧文·M. 柯匹、卡尔·科恩、丹尼尔·E. 弗莱格：《逻辑要义》（第2版），胡泽洪等译，世界图书出版公司2013年版，第77页。

那么，这两对直言判断之间的差等关系到底是怎样的真假制约关系呢？有何特征？

先考察当两个具有差等关系的直言判断中一个为真时，另一个真假如何。

1. 当全称肯定判断“所有 S 都是 P”真时，特称肯定判断“有 S 是 P”为真。

例如，当“所有犯罪行为都有犯罪时间”真时，“有犯罪行为有作案时间”为真。

2. 当特称肯定判断“有 S 是 P”真时，全称肯定判断“所有 S 都是 P”可能真。

例如，当“有犯罪行为是违法行为”真时，“所有犯罪行为都是违法行为”也真。

3. 当特称肯定判断“有 S 是 P”真时，全称肯定判断“所有 S 都是 P”也可能假。

例如，当“有犯罪行为是醉驾行为”真时，“所有犯罪行为都是醉驾行为”为假。

4. 当全称否定判断“所有 S 都不是 P”真时，特称否定判断“有 S 不是 P”为真。

例如，当“所有犯罪行为都不是合法的行为”真时，“有犯罪行为不是合法的行为”为真。

5. 当特称否定判断“有 S 不是 P”真时，全称否定判断“所有 S 都不是 P”可能真。

例如，当“有犯罪行为不是合法的行为”真时，“所有犯罪行为都不是合法的行为”也真。

6. 当特称否定判断“有 S 不是 P”真时，全称否定判断“所有 S 都不是 P”也可能假。

例如，当“有犯罪行为不是醉驾行为”真时，“所有犯罪行为都不是醉驾行为”为假。

这表明，两个具有差等关系的直言判断中如果全称判断真，那么特称判断也真；但是如果特称判断真，那么全称判断却真假不定。也就是说，它们“可能同真”。

再考察当两个具有差等关系的直言判断中一个为假时，另一个真假如何。

1. 当全称肯定判断“所有S都是P”假时，特称肯定判断“有S是P”可能真。

例如，当“所有犯罪行为都是醉驾行为”假时，“有犯罪行为是醉驾行为”为真。

2. 当全称肯定判断“所有S都是P”假时，特称肯定判断“有S是P”也可能假。

例如，当“所有醉驾行为都是合法的行为”假时，“有醉驾行为是合法的行为”也假。

3. 当特称肯定判断“有S是P”假时，全称肯定判断“所有S都是P”为假。

例如，当“有醉驾行为是合法的行为”假时，“所有醉驾行为都是合法的行为”也假。

4. 当全称否定判断“所有S都不是P”假时，特称否定判断“有S不是P”可能真。

例如，当“所有犯罪行为都不是醉驾行为”假时，“有犯罪行为不是醉驾行为”为真。

5. 当全称否定判断“所有S都不是P”假时，特称否定判断“有S不是P”也可能假。

例如，当“所有犯罪行为都不是违反刑法的行为”假时，“有犯罪行为不是违反刑法的行为”也假。

6. 当特称否定判断“有S不是P”假时，全称否定判断“所有S都不是P”也假。

例如，当“有犯罪行为不是违反刑法的行为”假时，“所有犯罪行为都不是违反刑法的行为”也假。

这表明，两个具有差等关系的直言判断中如果全称判断假，那么特称判断真假不定；但是如果特称判断假，那么全称判断也假。也就是说，它们“可能同假”。

牟宗三先生对直言判断之间的差等关系的概括是:①

（1）可能同真；

① 牟宗三:《理则学》（修订版），江苏教育出版社2006年版，第42～43页。

（2）可能同假；

（3）由全称判断真可推知特称判断真，但是反之不然；

（4）由特称判断假可推知全称判断假，但是反之不然。

直言判断之间的差等关系是一种相容而不穷尽的关系。

三、侦查思维中的直言对当推理

直言对当推理是指根据直言判断之间的对当关系，从一个已知真假的直言判断推出另一具有相同主项和谓项的直言判断的真假。

（一）直言对当推理的类型

1. 直言判断之间的矛盾关系推理

根据直言判断之间的矛盾关系的特征，直言判断之间的矛盾关系推理的规则是：可以从具有矛盾关系的一对直言判断中一个的否定推出另一个的肯定；也可以从具有矛盾关系的一对直言判断中一个的肯定推出另一个的否定。①

基于此，直言判断之间的矛盾关系推理有效式有：

（1）从“并非‘所有S都是P’”推出“有S不是P”；

（2）从“并非‘所有S都不是P’”推出“有S是P”；

（3）从“并非‘有S是P’”推出“所有S都不是P”；

（4）从“并非‘有S不是P’”推出“所有S都是P”；

（5）从“所有S都是P”推出“并非‘有S不是P’”；

（6）从“所有S都不是P”推出“并非‘有S是P’”；

（7）从“有S是P”推出“并非‘所有S都不是P’”；

（8）从“有S不是P”推出“并非‘所有S都是P’”。

不难看出，“并非‘所有S都是P’”与“有S不是P”、“并非‘所有S都不是P’”与“有S是P”、“并非‘有S是P’”与“所有S都不是P”、“并非‘有S不是P’”与“所有S都是P”能够相互推出。

因此，它们彼此之间是等价的，即：

---

① ［美］欧文·M. 柯匹、卡尔·科恩、丹尼尔·E. 弗莱格：《逻辑要义》（第2版），胡泽洪等译，世界图书出版公司2013年版，第75页。

（1）“并非‘所有S都是P’”等价于“有S不是P”；

（2）“并非‘所有S都不是P’”等价于“有S是P”；

（3）“并非‘有S是P’”等价于“所有S都不是P”；

（4）“并非‘有S不是P’”等价于“所有S都是P”。

当然，相互等价的判断在前提或者结论中可以相互替换。

2. 直言判断之间的反对关系推理

根据直言判断之间的反对关系的特征，直言判断之间的反对关系推理的规则是：可以从一对具有反对关系的全称判断中的一个的肯定推出另一个的否定，但是不能从一对具有反对关系的全称判断中的一个的否定为前提得出确然性结论。①

基于此，直言判断之间的反对关系推理有效式有：

（1）从“所有S是P”推出“并非‘所有S不是P’”；

（2）从“所有S不是P”推出“并非‘所有S是P’”。

其余违反规则的推理式，诸如从“并非‘所有S是P’”推出“所有S不是P”或者从“并非‘所有S不是P’”推出“所有S是P”都是无效的，不能得出确然性的结论。

3. 直言判断之间的下反对关系推理

根据直言判断之间的下反对关系的特征，直言判断之间的下反对关系推理的规则是：可以从一对具有下反对关系的特称判断中的一个的否定推出另一个的肯定，但是不能从一对具有下反对关系的特称判断中的一个的肯定为前提得出确然性结论。②

基于此，直言判断之间的下反对关系推理有效式有：

（1）从“并非‘有S是P’”推出“有S不是P”；

（2）从“并非‘有S不是P’”推出“有S是P”。

而其余违反规则的推理式，诸如从“有S是P”推出“并非‘有S不是P’”，或者从“有S不是P”推出“并非‘有S是P’”都是无效的，不能得出确然性的结论。

---

① ［美］欧文·M. 柯匹、卡尔·科恩、丹尼尔·E. 弗莱格：《逻辑要义》（第2版），胡泽洪等译，世界图书出版公司2013年版，第75页。

② ［美］欧文·M. 柯匹、卡尔·科恩、丹尼尔·E. 弗莱格：《逻辑要义》（第2版），胡泽洪等译，世界图书出版公司2013年版，第76页。

4. 直言判断之间的差等关系推理

根据直言判断之间的差等关系的特征，直言判断之间的差等关系推理的规则是：可以从一对具有差等关系的直言判断中的全称判断推出特称判断，也可以从一对具有差等关系的直言判断中的特称判断的否定推出全称否定判断的否定，但是不能从一对具有差等关系的直言判断中的全称判断的否定或者特称判断的肯定为前提得出确然性结论。

基于此，直言判断之间的差等关系推理有效式有：

（1）从“所有S都是P”推出“有S是P”；

（2）从“所有S都不是P”推出“有S不是P”；

（3）从“并非‘有S是P’”推出“并非‘所有S都是P’”；

（4）从“并非‘有S不是P’”推出“并非‘所有S都不是P’”。

其余违反推理规则的推理式，诸如从“有S是P”推出“所有S都是P”，或者从“并非‘所有S都是P’”推出“并非‘有S是P’”，或者从“有S不是P”推出“所有S都不是P”，或者从“并非‘所有S都不是P’”推出“并非‘有S不是P’”都是无效的，不能得出确然性的结论。

（二）直言对当推理的优点和缺点

1. 直言对当推理的优点

直言对当推理的优点主要表现在两个方面。

（1）直言对当推理是最简单的直言直接推理。所谓直言直接推理就是以一个直言判断或者其否定为前提得出另一个直言判断或者其否定的推理，包括直言对当关系推理和直言变形推理。掌握了直言判断之间的对当关系，可以直观地根据一个给定真假的直言判断推出其余三种直言判断的真假。例如，给定SAP真，根据反对关系，可以推出SEP为假；根据矛盾关系，可以推出SOP也为假；根据差等关系，可以推出SIP为真。

（2）根据直言对当推理，可以从其中的两种或者三种对当关系推出剩余的对当关系。比如，根据矛盾关系，当SAP真时，SOP为假；根据下反对关系，当SOP假时，SIP为真；根据差等关系，当SIP真时，SEP为假；根据矛盾关系，当SAP假时，SOP为真；根据下反对关系，当SOP真时，SIP真假不定；根据差等关系，当SIP真假不定时，SEP真假不定。根据假言连锁推理的规则，当SAP真时，SEP为假；当SAP假时，SEP真假不定——这正是直言判断SAP和SEP

之间的反对关系。也就是说，可以根据矛盾关系、下反对关系和差等关系推出反对关系。这表明，四种对当关系不仅是内在地一致的，而且是内在地统一的。

2. 直言对当推理的缺点

直言对当推理的缺点也主要表现在两个方面。

（1）直言对当推理是在具有相同主项和谓项的四种直言判断之间进行的。如果不具有相同的主项或者谓项，则难以进行对当关系推理。例如，人们无法从“该刑事个案的犯罪嫌疑人不是张某”的真假推出“有些犯罪嫌疑人是惯犯”之真假如何。

（2）有些情形下，以给定真假的直言判断作为前提，不能推出有确定真假的结论。比如，从 SIP 不能推出 SAP 真假如何，从 SEP 假不能推出 SOP 真假如何，从 SEP 假不能推出 SAP 真假如何，从 SIP 真不能推出 SOP 真假如何，等等。该缺点在一定程度上限制了直言对当关系推理的应用范围。

（3）直言对当推理是以存在公理为前提的。① 存在公理也称存在预设②、“主项非空”预设或者存在含义，“如果一个判断之为真需要主项类至少有一个成员，那么我们就说该判断有存在含义”③。也有学者认为，一个直言判断，如果其主项和谓项所指称的类不是空类，那么它具有存在含义。④ 只有在主项非空预设下，上述的四类对当关系才全部成立，人们也才能根据这些对当关系进行真假推理。如果撤除了主项非空预设，上述的四类对当关系中只有矛盾关系还成立，其余的三类对当关系不再成立。比如，如果撤除存在公理，那么由于 SAP 和 SEP 没有假定主项 S 非空，SAP 和 SEP 可以同真，但是不能同假——这样，SAP 与 SEP 之间不是反对关系，而是下反对关系了。基于同理，SIP 与 SOP 之间是不能同真可能同假的反对关系而不再是下反对关系，全称判断与特称判断之间是特称判断蕴含全称判断的关系而不再是全称判断蕴含特称判断的关系。

---

① 牟宗三：《理则学》（修订版），江苏教育出版社 2006 年版，第 36 页。

② 预设也称基本假定。任何理论都有其基本假定，这些基本假定或者是不证自明，或者是无需证明，或者是难以证明甚至不可能证明的。评价预设的标准不是是否真实，而是是否恰当或者是否可接受。当然，是否恰当或者是否可接受，主要与具体的情境（situation）有关。

③ ［美］欧文·M. 柯匹、卡尔·科恩、丹尼尔·E. 弗莱格：《逻辑要义》（第 2 版），胡泽洪等译，世界图书出版公司 2013 年版，第 65 页。

④ 陈波：《逻辑学概论》，北京师范大学出版社 2007 年版，第 126 页。

（三）运用直言对当推理的合理性原则

在侦查思维中，运用直言对当推理需要遵守一些合理性原则。

1. 注意存在预设是否必要、是否恰当、是否可以接受。

2. 尽量遵守推理规则从真实前提得出确然性结论；如果违反推理规则，只能得出或然性结论而不能得出确然性结论。例如，从“并非‘所有S不是P’”可以推出“可能‘所有S都是P’”，而不能推出“所有S都是P”。

3. 将推理结论诉诸事实进行直接检验以判定其事实上的真假。

第二节　侦查思维中的直言变形推理

在侦查思维中，直言变形推理也是一种简单易用的直言推理，它是“通过改变一个直言判断的形式而推出另一直言判断作为结论的推理”①，包括直言换质推理、直言换位推理及其综合运用推理。

一、侦查思维中的直言换质推理

（一）侦查思维中的直言换质推理的定义和步骤

侦查思维中的直言换质推理，简称换质法，是保持某直言判断的量项和主项不变，改变（否定）该直言判断的质（即联项），同时否定该直言判断的谓项，从而得到一个新的直言判断作为结论。有论著如此定义直言换质推理：“（它）是一种改变判断的质的直接推理，它把一个判断从肯定变为否定的或者将否定的变为肯定的，并且把谓项换成它的补项。”② 直言换质推理的前提称为被换质判断，结论被称为换质判断。

进行直言换质推理需要经历两个步骤：（1）将作为前提的直言判断的质（即联项）进行否定后替换为结论的质；（2）将作为前提的直言判断的谓项的补项替

---

① 黄伟力：《法律逻辑学导论》，上海交通大学出版社2011年版，第133页。

② ［美］欧文·M. 柯匹、卡尔·科恩、丹尼尔·E. 弗莱格：《逻辑要义》（第2版），胡泽洪等译，世界图书出版公司2013年版，第84页。

换为结论的谓项。正如有些论著所言:“(1)改变质(并不改变量),(2)把谓项换成它的补项。”① 在直言换质推理中,主项保持不变,前提的量也不需改变。

那么,何谓补项呢?补项与概念有关,概念是指称类的,是反映某类对象及其属性的思维形态。类就是具有共同特征的所有对象的汇集,包括空类、个体类、有限类、无限类和全类。这种共同属性称为“类的定义特征”,可能是简单属性,也可能是复合属性。任何类都有一个相应的补类,补类是指不属于某类的所有对象的汇集,“由某类的外面的一切事物组成的群体”② 由于类是通过识别该类的所有成员都共有的类定义特征而形成的,“一个类的补的成员就是所有那些不具有那个类定义特征的对象”③。补类可以分为绝对补类和相对补类:绝对补类是一切事物中除去某类事物之外的其他所有事物,它是一个大全类即最高的类;相对补类是从包括某类事物的更大类事物中除去该类事物之外的其他所有事物,它也包含于这个所谓的更大类之中。例如,刑警类的绝对补类就是世界上除了刑警类之外的一切事物,表达一个大全类;刑警类的相对补类就是从包括刑警类的更大类事物即警察类中除去刑警类之外的其他所有警察,它也包含于警察这个类之中。

补项就是通常在某该概念前添加诸如“不”“非”“无”等表示排除意义的前缀而形成的新概念,它是反映某概念所反映的某类对象之外的所有对象及其属性的思维形态。所以,概念“P”的补项就是“非 P”。任何概念都有一个相应的补项,一个概念及其补项之间是矛盾关系。与补类分为绝对补类和相对补类相对应,补项也可以分为绝对补项和相对补项:绝对补项是反映绝对补类及其属性的概念,相对补项是反映相对补类及其属性的概念。一个概念及其补项之和称为该概念所在的论域。

由于概念属于关系的层级性,概念的论域也是多层级的。基于此,相对于不同的论域,同一概念具有不同的相对补项。至于到底采用哪个论域以及得出什么样的相对补项,则完全根据实际推理情形而定。例如,如果概念“刑警”的论域是警察,那么其补项是“非刑警的警察”;如果概念“刑警”的论域是公务员,那么其补项是“非刑警的公务员”;如果概念“刑警”的论域是公民,那么其补

① [美] 欧文·M. 柯匹、卡尔·科恩、丹尼尔·E. 弗莱格:《逻辑要义》(第 2 版),胡泽洪等译,世界图书出版公司 2013 年版,第 83 页。

② [美] 帕特里克·赫尔利:《简明逻辑学导论》(第 10 版),陈波等译,世界图书出版公司 2010 年版,第 162 页。

③ [美] 欧文·M. 柯匹、卡尔·科恩、丹尼尔·E. 弗莱格:《逻辑要义》(第 2 版),胡泽洪等译,世界图书出版公司 2013 年版,第 83 页。

项是“非刑警的公民”。

正如概念是指称类的，补项是指称补类的。所以，补类和补项是密切联系的。直言换质推理结论中的补项多数是绝对补项，也有一些是相对补项。

（二）侦查思维中的直言换质推理的依据、规则和有效推理式

侦查思维中的直言换质推理的依据是所谓的不矛盾原理和排中原理。

不矛盾原理断言：“没有判断是既真又假的。”① 运用于概念上，就是两个相互矛盾的属性 P 和非 P 不能同时加在某一概念 S 指称的某类中的全部分子或一些分子上。根据不矛盾原理，在某一特定思维进程特别是推理进程之中，概念 S 指称的某类中的全部分子或一些分子不可能同时具有概念 P 指称的属性和概念非 P 指称的属性。也就是说，如果直言判断的主项 S 指称的某类中的全部分子或一些分子具有概念 P 指称的属性，那么该直言判断的主项 S 指称的某类中的这些分子必然不具有概念非 P 指称的属性。基于此，“所有/有些 S 是 P” 可以推出 “所有/有些 S 不是非 P”。

排中原理断言：“每个判断或者是真的或者是假的。”② 运用于概念上，就是两个相互矛盾的属性 P 和非 P 不能同时不加在某一概念 S 指称的某类中的全部分子或一些分子上。根据排中原理，在某一特定思维进程特别是推理进程之中，概念 S 指称的某类中的全部分子或一些分子不可能同时不具有概念 P 指称的属性和概念非 P 指称的属性。也就是说，如果直言判断的主项 S 指称的某类中的全部分子或一些分子不具有概念 P 指称的属性，那么该直言判断的主项 S 指称的某类中的这些分子必然具有概念非 P 指称的属性。基于此，“所有/有些 S 不是 P” 可以推出 “所有/有些 S 是非 P”。

侦查思维中的直言换质推理必须遵守如下规则：

1. 将前提的联项进行否定后作为结论的联项。因此，如果前提的联项是肯定的，那么结论的联项就是否定的；如果前提的联项是否定的，那么结论的联项就是肯定的。

2. 将前提的谓项进行否定后所得到的与前提中的谓项之间是矛盾关系的词

---

① ［美］欧文·M. 柯匹、卡尔·科恩、丹尼尔·E. 弗莱格：《逻辑学导论》（第 13 版），张建军等译，中国人民大学出版社 2014 年版，第 389 页。

② ［美］欧文·M. 柯匹、卡尔·科恩、丹尼尔·E. 弗莱格：《逻辑学导论》（第 13 版），张建军等译，中国人民大学出版社 2014 年版，第 389 页。

项作为结论的谓项。也就是说，结论的谓项与前提的谓项之间必须是矛盾关系，不能是诸如反对关系之外的其他关系。

3. 前提的量项在结论中保持不变，前提的主项位置在结论中保持不变。如果前提是全称判断，那么结论也必须是全称判断；如果前提是特称判断，那么结论也必须是特称判断。

既然“所有 S 是 P”与“所有 S 不是非 P”、“所有 S 不是 P”与“所有 S 是非 P”、“有些 S 是 P”与“有些 S 不是非 P”、“有些 S 不是 P”与“有些 S 是非 P”都可以相互推出，那么它们的前提和结论就是等价的，即侦查思维中的直言换质推理有效式为：

“所有 S 是 P”等价于“所有 S 不是非 P”；

“所有 S 不是 P”等价于“所有 S 是非 P”；

“有些 S 是 P”等价于“有些 S 不是非 P”；

“有些 S 不是 P”等价于“有些 S 是非 P”。

直言换质推理的实质是对联项和谓项进行双重否定，即否定联项的同时否定谓项。

不难理解，直言换质推理的所谓“换质”，主要因为将前提的质否定后作为结论的质，但是直言换质推理又不能仅仅停留在换质上，还得换谓项，“对一个直言判断进行换质，就是改变（否定）其质，并用谓项的补项替换原来的谓项”①。如果对一个直言判断仅仅换质而不换谓项，如将“所有 S 都是 P”直接换成“所有 S 都不是 P”，“所有 S 都不是 P”直接换成“所有 S 都是 P”，根据全称肯定判断和全称否定判断之间的反对关系，当“所有 S 都是 P”真时“所有 S 都不是 P”必然假，“所有 S 都不是 P”真时“所有 S 都是 P”必然假，即“所有 S 都是 P”不能推出“所有 S 都不是 P”，“所有 S 都不是 P”不能推出“所有 S 都是 P”。将“有 S 是 P”直接换成“有 S 不是 P”，“有 S 不是 P”直接换成“有 S 是 P”，根据特称肯定判断和特称否定判断之间的下反对关系，“有 S 是 P”真时“有 S 不是 P”真假不定，“有 S 不是 P”真时“有 S 是 P”真假不定，即“有 S 是 P”不能推出“有 S 不是 P”，“有 S 不是 P”不能推出“有 S 是 P”。

① ［美］欧文·M. 柯匹、卡尔·科恩、丹尼尔·E. 弗莱格：《逻辑学导论》（第 13 版），张建军等译，中国人民大学出版社 2014 年版，第 219 页。

（三）侦查思维中的直言换质推理的作用和优缺点

1. 直言换质推理在侦查思维中的作用

（1）直言换质推理有助于从正反两个方面反映主项所指称的同一思维对象，将肯定判断变成否定判断，有助于帮助人们从同一性中找出差异性；而将否定判断变成肯定判断，有助于帮助人们从差异性中找出同一性。

（2）直言换质推理是语法修辞、转换句式、加强表达效果的重要方法。因为，虽然它的前提与结论具有相同的意思，但是它的结论对前提的意义有所加强，它可以将前提中蕴含的、不明显的含义以更加明显的方式揭示出来，可以增强表达力，更新表达方式。例如，“交通肇事逃逸行为是违法的，而不是合法的”，一方面肯定了交通肇事逃逸行为具有违法的属性，另一方面又否定了交通肇事逃逸行为具有合法的属性，使得表达更加明确有力，不但加强了肯定的语气，而且包含着驳斥的成分。

2. 侦查思维中的直言换质推理具有的优缺点

侦查思维中的直言换质推理具有诸多方面的优点。（1）直言换质推理操作简单。要进行直言换质推理，不需要改变直言判断的主项和量项，而是改变它的质，并用谓项的补项替换原来的补项。（2）直言换质推理都是有效的。直言换质推理无一例外都是有效的，直言换质推理“应用到任何标准式直言判断，都是有效的直接推理”①。对任何一个直言判断而言，直言换质推理都是有效的。（3）直言换质推理的前提和结论是等价的。直言换质推理的前提和结论是等价的，“四种类型的直言判断中的每一种都与它的换质逻辑上等值（而且具有相同的意思）”②，“任何标准形式的直言判断的换质判断都等价于原来的判断”③。因为直言换质推理的前提和结论是等价的，具有完全相同的真值，所以“如果我们将刚好为真的全称肯定判断换质，那么所得到的判断就将是真的；如果我们将刚好为假的特称

① ［美］欧文·M. 柯匹、卡尔·科恩、丹尼尔·E. 弗莱格：《逻辑学导论》（第13版），张建军等译，中国人民大学出版社2014年版，第219页。

② ［美］帕特里克·赫尔利：《简明逻辑学导论》（第10版），陈波等译，世界图书出版公司2010年版，第163页。

③ ［美］欧文·M. 柯匹、卡尔·科恩、丹尼尔·E. 弗莱格：《逻辑要义》（第2版），胡泽洪等译，世界图书出版公司2013年版，第84页。

否定判断换质，那么所得到的判断就将是假的，如此等等”①。由于这每种推理的“结论必定具有与它的前提相同的真值，如果前提被假定为真，就必然会是结论为真”②。

直言换质推理的缺点在于两个方面。（1）直言换质推理预设了所谓的“对偶性原则（principle of duality）”和双重否定原则。对偶性原则是指：“对于任一概念‘P’，如果加以否定，则得一负概念‘非P’；而‘非P’加以否定，即得一正概念‘P’。”③ 据此，“P的否定就是非P，非P的否定就是P。这两者可以穷尽一全体，即再无第三者：不是P就是非P，不是非P就是P。如此，P+非P=1，这就是对偶性原则，它是逻辑学中一条最根本的原则。其中的1就是所谓的论域。作为一个逻辑概念，论域有层次，有限制，由P和非P两项合成。而P和非P作为逻辑概念，也都是有层次的。”④ 双重否定原则，也称“重负原则，即两否定等于肯定”⑤。根据该原则，“正如一个类是其补类的补一样，一个概念也是其补项的补”⑥。

但是，对偶性原则是否成立依具体的论域而定，如果论域不明确或不保持同一，那么对偶性原则可能不再成立，从而导致所谓的“偷换概念”谬误。比如，如果“非逻辑侦查思维”的论域是侦查思维，那么“非非逻辑侦查思维”就等同于“逻辑侦查思维”，即“逻辑侦查思维”+“非逻辑侦查思维”=“侦查思维”；如果“非逻辑侦查思维”的论域是一切事物，那么“非非逻辑侦查思维”就不等同于“逻辑侦查思维”，它反映一切事物中除去非逻辑侦查思维（即形象侦查思维和直觉侦查思维）之外的所有其他事物，即“非逻辑侦查思维”+“其他”=“一切事物”。

（2）在实际运用中，人们容易将两个相互反对的概念误作互补概念。两个概念之间的相互否定包括相互反对和相互矛盾。无论P_1和P_2之间是反对关系还是矛盾关系，从肯定判断“所有/有些S是P_1”可以推出否定判断“所有/有些S

① ［美］帕特里克·赫尔利：《简明逻辑学导论》（第10版），陈波等译，世界图书出版公司2010年版，第163页。

② ［美］帕特里克·赫尔利：《简明逻辑学导论》（第10版），陈波等译，世界图书出版公司2010年版，第164页。

③ 牟宗三：《理则学》（修订版），江苏教育出版社2006年版，第53页。

④ 牟宗三：《理则学》（修订版），江苏教育出版社2006年版，第53页。

⑤ 牟宗三：《理则学》（修订版），江苏教育出版社2006年版，第49页。

⑥ ［美］欧文·M. 柯匹、卡尔·科恩、丹尼尔·E. 弗莱格：《逻辑学导论》（第13版），张建军等译，中国人民大学出版社2014年版，第218页。

不是 P_2”。比如，可以从“这里是第一现场”推出“这里不是第二现场”，也可以从“该杀人案是故意杀人案”推出“该杀人案不是过失杀人案”。但是，如果 P_1 和 P_2 之间是反对关系而非矛盾关系，那么从否定判断“所有/有些 S 不是 P_1”不能推出肯定判断“所有/有些 S 是 P_2”。比如，不能从“这里不是第二现场”推出“这里是第一现场”。

当然，两个相互否定的概念之间是相互反对还是相互矛盾，也取决于具体的论域。例如，如果以杀人案为论域，那么自杀和他杀之间就是矛盾关系，二者之间不存在其他情形；如果以死亡为论域，那么自杀和他杀之间就是反对关系，二者之间还存在意外死亡等其他情形。

二、侦查思维中的直言换位推理

（一）侦查思维中的直言换位推理的定义和规则

侦查思维中的直言换位推理，简称换位法，是“一种仅仅通过交换直言判断中主、谓项的位置而进行的推理”①，它保持某直言判断的质即联项不变，并且将该直言判断的主项和谓项相互换位，从而得到一个新的直言判断作为结论。也有论著如此定义直言换位推理：“将直言判断的主项和谓项的位置进行交换。”②需要注意的是，“一个直言判断的换位判断与原直言判断概念相同（只是位置互换），并且质相同”③。直言换位推理中，作为前提的直言判断叫作被换位判断，得到的作为结论的直言判断叫作换位判断。

侦查思维中的直言换位推理必须遵守如下规则：(1) 将前提的主项和谓项换位后分别作为结论的主项和谓项，即前提的主项作为结论的谓项，前提的谓项作为结论的主项。(2) 前提的联项保持不变作为结论的联项，即如果前提是肯定的，那么结论也必须是肯定的；如果前提是否定的，那么结论也必须是否定的。(3) 如果某个项（概念）在前提中没有被断定全部外延，那么它在结论中也不

① ［美］欧文·M. 柯匹、卡尔·科恩、丹尼尔·E. 弗莱格：《逻辑学导论》（第 13 版），张建军等译，中国人民大学出版社 2014 年版，第 216 页。

② ［美］欧文·M. 柯匹、卡尔·科恩、丹尼尔·E. 弗莱格：《逻辑要义》（第 2 版），胡泽洪等译，世界图书出版公司 2013 年版，第 81 页。

③ ［美］欧文·M. 柯匹、卡尔·科恩、丹尼尔·E. 弗莱格：《逻辑学导论》（第 13 版），张建军等译，中国人民大学出版社 2014 年版，第 217 页。

能被断定全部外延。

（二）侦查思维中的直言换位推理的有效式和无效式

1. 侦查思维中的直言换位推理的有效式

（1）所有S都是P├有P是S

根据上述推理规则（1），结论的主项是P，谓项是S。根据上述推理规则（2），结论也必须是肯定判断。如此，结论应该是一个形如"……P是S"的直言判断。根据上述推理规则（3），前提"所有S都是P"中没有被断定全部外延的"P"在结论中也不能被断定全部外延，结论"……P是S"中"P"之前的量项只能是特称量项"有"。因此，从"所有S都是P"推出的结论是"有P是S"。比如，从直言判断"所有刑警都是警察"能够推出"有警察是刑警"。

虽然从"所有S都是P"可以推出"有P是S"，但不能等价推出，因为从结论"有P是S"不能推出"所有S都是P"，否则会违反上述推理规则（3）。从"所有S都是P"可以推出"有P是S"被称为"限制换位或差等换位"①，或"偶然换位"②，它"不产生一个等价判断"③。从根本上说，全称肯定判断"所有S都是P"与其推出的结论"有P是S"不等价，在于全称肯定判断"所有S都是P"的主项S和谓项P外延被该直言判断断定的情况不同：主项S的外延被该直言判断全部断定，但是谓项P的外延未被该直言判断全部断定。

（2）所有S都不是P≡所有P都不是S

根据上述推理规则，直言判断"所有S都不是P"能够等价换位得出"所有P都不是S"。比如，从判断"所有没有作案时间的人都不是作案者"等价换位推出"所有作案者都不是没有作案时间的人"。

（3）有S是P≡有P是S

根据上述推理规则，判断"有S是P"能够等价换位得出"有P是S"。比如，从判断"有左撇子是惯犯"等价换位推出"有惯犯是左撇子"。

不难看出，前提"所有S都不是P"与其换位后得出的结论"所有P都不是

---

① ［美］欧文·M. 柯匹、卡尔·科恩、丹尼尔·E. 弗莱格：《逻辑要义》（第2版），胡泽洪等译，世界图书出版公司2013年版，第83页。

② ［美］欧文·M. 柯匹、卡尔·科恩、丹尼尔·E. 弗莱格：《逻辑学导论》（第13版），张建军等译，中国人民大学出版社2014年版，第217页。

③ ［美］欧文·M. 柯匹、卡尔·科恩、丹尼尔·E. 弗莱格：《逻辑要义》（第2版），胡泽洪等译，世界图书出版公司2013年版，第83页。

S”是等价的，前提“有S是P”与其换位后得出的结论“有P是S”也是等价的。其原因在于，“被换位判断与其换位判断是等价的当且仅当它们的项有同样的外延是否被全部断定的情况”①。具体而言，全称否定判断“所有S都不是P”的主项S和谓项P的外延都被该判断全部断定，特称肯定判断“有S是P”的主项S和谓项P的外延都未被该判断全部断定。

所以，“给一个全称否定判断或特称肯定判断换位就给出一个总是有与给定的判断相同的真值（和相同的意思）的新判断”②。因为这两个换位推理是将前提和结论的主项和谓项直接换位的，所以也称自由换位或等价换位。其作用在于，“因为全称否定判断和特称肯定判断产生必然决定的结果，所以它就被用来作为以这些类型的判断为前提的直接推理的基础”③。由于这两种推理的前提和结论是等价的，即“这两种形式的推理的结论必然地具有与前提相同的真值，如果前提被假定为真，那么就必然地会是结论为真”④。

2. 侦查思维中的直言换位推理的无效式

（1）所有S都是P├所有P都是S

如果从直言判断“所有S都是P”直接换位得出“所有P都是S”，则是违反了上述推理规则（3），是无效推理式，犯了所谓“不当换位”或“不当扩大”的谬误。比如，从直言判断“所有刑警都是警察”直接换位推出“所有警察都是刑警”就是一个无效的直言换位推理。进行如此的换位，即使直言判断“所有S都是P”真，得出的直言判断“所有P都是S”也是真假不定的。

（2）有S不是P├有P不是S

根据上述推理规则（1），如果“有S不是P”能够进行直言换位推理，那么得出的结论的主项是P，谓项是S；根据上述推理规则（2），得出的结论也必须是否定判断。如此，如果“有S不是P”能够进行直言换位推理，那么得出的结论应该是“有P不是S”。但是，前提“有S不是P”中没有被断定全部外延的

① ［美］欧文·M. 柯匹、卡尔·科恩、丹尼尔·E. 弗莱格：《逻辑要义》（第2版），胡泽洪等译，世界图书出版公司2013年版，第81页。

② ［美］帕特里克·赫尔利：《简明逻辑学导论》（第10版），陈波等译，世界图书出版公司2010年版，第161页。

③ ［美］帕特里克·赫尔利：《简明逻辑学导论》（第10版），陈波等译，世界图书出版公司2010年版，第161页。

④ ［美］帕特里克·赫尔利：《简明逻辑学导论》（第10版），陈波等译，世界图书出版公司2010年版，第161页。

“S”在结论“有P不是S”中却被断定全部外延了，违反了上述推理规则（3）。所以，如果从直言判断“有S不是P”直接换位得出“有P不是S”，违反了上述推理规则（3），是无效推理式，犯了所谓“不当换位”或“不当扩大”的谬误。比如，从直言判断“有警察不是刑警”直接换位推出“有刑警不是警察”就是无效的直言换位推理。进行如此的换位，即使直言判断“有S不是P”真，直言判断“有P不是S”也是真假不定的。

（三）侦查思维中的直言换位推理的作用和优缺点

1. 侦查思维中的直言换位推理的作用

侦查思维中的直言换位推理的作用主要在于两个方面。（1）直言换位推理改变了判断的主项，改变了断定的思维对象，从而获得了新的直言判断。这有助于人们改变思维重点，从不同角度去理解一个直言判断主项和谓项之间的关系，全面地认识思维对象。（2）直言换位推理有助于明确一个直言判断的谓项是被该直言判断断定了全部外延，探究了有些判断主项和谓项可以直接换位和有些判断主项和谓项不可以直接换位的原因所在。

2. 侦查思维中的直言换位推理的优缺点

直言换位推理的优点在于其操作简单。要进行直言换位推理，不需要改变直言判断的质，而是改变它的主项和谓项的位置即可。直言换位推理的缺点在于：（1）直言换位推理不都是有效的。四种直言判断中，全称肯定判断“所有S都是P”不能推出“所有P都是S”，只能推出“有P是S”，而且结论和前提不是等价的；而特称否定判断“有S不是P”则根本无法进行有效的直言换位推理；只有全称否定判断和特称肯定判断能够进行有效的直言换位推理。（2）直言换位推理需要预设“主项非空”。除了全称否定判断的直言换位推理不需要预设“主项非空”之外，从全称肯定判断“所有S都是P”推出特称肯定判断“有P是S”以及从特称肯定判断“有S是P”推出特称肯定判断“有P是S”都需要以“主项非空”为基本预设。否则，连这两个推理式也不再有效。“主项非空”预设，也称存在预设或者存在含义，“如果一个直言判断之为真需要主项类至少有一个成员，那么我们就说该判断有存在含义”①。

---

① ［美］欧文·M. 柯匹、卡尔·科恩、丹尼尔·E. 弗莱格：《逻辑要义》（第2版），胡泽洪等译，世界图书出版公司2013年版，第73页。

三、侦查思维中直言换质推理和直言换位推理的综合运用

（一）侦查思维中直言换质推理和直言换位推理综合运用的有效推理式

1. “所有S都是P”根据直言换质推理等价推出“所有S都不是非P”，“所有S都不是非P”根据直言换位推理等价推出“所有非P都不是S”；“所有非P都不是S”根据直言换质推理等价推出“所有非P都是非S”；“所有非P都是非S”根据直言换位推理推出“有非S是非P”；“有非S是非P”根据直言换质推理等价推出“有非S不是P”。

2. “所有S都是P”根据直言换质推理等价推出“所有S都不是非P”，“所有S都不是非P”根据直言换位推理等价推出“所有非P都不是S”；“所有非P都不是S”根据直言换质推理等价推出“所有非P都是非S”；“所有非P都是非S”根据直言换位推理推出“有非S是非P”；“有非S是非P”根据直言换位推理等价推出“有非P是非S”；“有非P是非S”根据直言换质推理等价推出“有非P不是S”。

3. “所有S都是P”根据直言换位推理推出“有P是S”；“有P是S”根据直言换质推理等价推出“有P不是非S”。

4. “所有S都是P”根据直言换位推理推出“有P是S”；“有P是S”根据直言换位推理等价推出“有S是P”；“有S是P”根据直言换质推理等价推出“有S不是非P”。

5. “所有S都不是P”根据直言换质推理等价推出“所有S都是非P”；“所有S都是非P”根据直言换位推理推出“有非P是S”；“有非P是S”根据直言换质推理等价推出“有非P不是非S”。这正是全称否定判断直言逆否推理的过程。

6. “所有S都不是P”根据直言换质推理等价推出“所有S都是非P”；“所有S都是非P”根据直言换位推理推出“有非P是S”；“有非P是S”根据直言换位推理等价推出“有S是非P”；“有S是非P”根据直言换质推理等价推出“有S不是P”。

7. “所有S都不是P”根据直言换位推理等价推出“所有P都不是S”；“所有P都不是S”根据直言换质推理等价推出“所有P都是非S”；“所有P都是非

S”根据直言换位推理推出“有非S是P”；“有非S是P”根据直言换质推理等价推出“有非S不是非P”。

8.“所有S都不是P”根据直言换位推理等价推出“所有P都不是S”；“所有P都不是S”根据直言换质推理等价推出“所有P都是非S”；“所有P都是非S”根据直言换位推理推出“有非S是P”；“有非S是P”根据直言换位推理等价推出“有P是非S”；“有P是非S”根据直言换质推理等价推出“有P不是S”。

9.“有S是P”根据直言换位推理等价推出“有P是S”；“有P是S”根据直言换质推理等价推出“有P不是非S”。

10.“有S不是P”根据直言换质推理等价推出“有S是非P”；“有S是非P”根据直言换位推理等价推出“有非P是S”；“有非P是S”根据直言换质推理等价推出“有非P不是非S”。这正是特称否定判断直言逆否推理的过程。

（二）侦查思维中的直言逆否推理

侦查思维中直言换质推理和直言换位推理综合运用的常用推理式就是所谓的直言逆否推理。

1. 侦查思维中的直言逆否推理的定义及有效式

侦查思维中的直言逆否推理，也称换质位法或者“换主谓之质位”[①]，是指保持作为前提的直言判断的联项不变，将其主项和谓项同时否定后再相互换位得出一个新的直言判断作为结论。有论著如此定义直言换质位推理：“是这样的一个过程：将直言判断的主项换成其谓项的补，将谓项换成其主项的补。”[②] 直言逆否推理中，作为前提的直言判断叫作被换质位判断，得到的作为结论的直言判断被称为换质位判断。

有论著认为直言逆否推理的步骤是：“（1）交换主项和谓项，（2）把主项和谓项都换成它们的补项。”[③] 其实，从上述推理过程可以看出，直言逆否推理的步骤是先进行直言换质推理，再进行直言换位推理，最后进行直言换质推理。

---

① 牟宗三：《理则学》（修订版），江苏教育出版社2006年版，第51页。

② ［美］欧文·M. 柯匹、卡尔·科恩、丹尼尔·E. 弗莱格：《逻辑要义》（第2版），胡泽洪等译，世界图书出版公司2013年版，第85页。

③ ［美］欧文·M. 柯匹、卡尔·科恩、丹尼尔·E. 弗莱格：《逻辑学导论》（第13版），张建军等译，中国人民大学出版社2014年版，第219～220页。

直言逆否推理有效式分别如下。

（1）所有 S 都是 P≡所有非 P 都是非 S

从前述直言换质推理和直言换位推理综合运用有效推理式 1 可以看出，全称肯定判断“所有 S 都是 P”可以等价推出“所有非 P 都是非 S”。在侦查思维中，从前提“所有作案者都是具有作案时间的人”可以等价推出“所有不具有作案时间的人都是非作案者”。

（2）所有 S 都不是 P ⊢有非 P 不是非 S

从前述直言换质推理和直言换位推理综合运用有效推理式 5 可以看出，全称否定判断“所有 S 都不是 P”能够逆否推出“有非 P 不是非 S”。在侦查思维中，从前提“所有犯罪行为都不是合法行为”可以推出“有些违法行为不是非犯罪行为”。

此外，根据差等关系，从全称否定判断“所有 S 都不是 P”可以推出特称否定判断“有 S 不是 P”，而正如后文将要揭示的那样，特称否定判断“有 S 不是 P”又能够等价推出“有非 P 不是非 S”。所以，从全称否定判断“所有 S 都不是 P”可以推出“有非 P 不是非 S”。

需要注意的是，由于得出的结论与前提不等价，从全称否定判断“所有 S 都不是 P”到特称否定判断“有非 P 不是非 S”的直言逆否推理也被称为限制逆否推理或差等逆否推理。

（3）有 S 不是 P≡有非 P 不是非 S

从前述直言换质推理和直言换位推理综合运用有效推理式 1 可以看出，特称否定判断“有 S 不是 P”能够等价推出“有非 P 不是非 S”。在侦查思维中，从前提“有作案者不是惯犯”可以等价推出“有非惯犯不是非作案者”。

全称肯定判断和特称否定判断的逆否推理得到的结论与前提是等价的，“全称肯定判断与它的换质位是逻辑上等值的（并且具有相同的意思），特称否定判断与它的换质位是逻辑上等值的（并且具有相同的意思）”①。全称否定判断不能直接进行直言逆否推理，但是又可以在主项非空的预设下，进行限制逆否推理，得出一个与前提不等价的判断作为结论；至于特称肯定判断则无法进行直言逆否推理，无论直接的还是限制的均不可，因为“将一个全称否定判断和特称肯定判

① ［美］帕特里克·赫尔利：《简明逻辑学导论》（第 10 版），陈波等译，世界图书出版公司 2010 年版，第 165 页。

断直接进行直言换质位，得出的新的直言判断的真值相对于给定的判断是逻辑上未定的”①。

2. 侦查思维中的直言逆否推理无效式

（1）所有S都不是P ├所有非P都不是非S

如果从全称否定判断“所有S都不是P”逆否推出“所有非P都不是非S”，则是无效推理式，会犯“不当换质位”的谬误。

（2）有S是P ├有非P是非S

从前述直言换质推理和直言换位推理综合运用有效推理式9可以看出，特称肯定判断“有S是P”不能逆否推出“有非P是非S”。此外，根据差等关系，特称肯定判断“有S是P”真时，全称肯定判断“所有S都是P”真假不定；由于“所有S都是P”等价于“所有非P都是非S”，“所有S都是P”真时，“所有非P都是非S”也真；根据差等关系，“所有非P都是非S”真时，“有非P是非S”也真。所以，特称肯定判断“有S是P”真时，“有非P是非S”真假不定，即特称肯定判断“有S是P”不能逆否推出“有非P是非S”。

如果从特称肯定判断“有S是P”逆否推出“有非P是非S”，则是无效推理式，会犯“不当换质位”的谬误。

已故著名学者牟宗三先生认为，直言换质推理和直言换位推理是两种基本的直言变形推理，据此可以推出包括直言逆否推理的其他四种直言变形推理：②

1. 换谓词之质位：（1）从“所有S都是P”推出“所有非P都不是S”；（2）从“所有S都不是P”推出“有非P都是S”；（3）从“有S不是P”推出“有非P都是S”。

2. 换主词之质位：（1）从“所有S都是P”推出“有P不是非S”；（2）从“所有S都不是P”推出“所有P都是非S”；（3）从“有S是P”推出“有P不是非S”。

3. 换主词之质：（1）从“所有S都是P”推出“有非S不是P”；（2）从“所有S都不是P”推出“有非S是P”。

4. 换主谓之质：（1）从“所有S都是P”推出“有非S是非P”；（2）从“所有S都不是P”推出“有非S不是非P”。

---

① ［美］帕特里克·赫尔利：《简明逻辑学导论》（第10版），陈波等译，世界图书出版公司2010年版，第165页。

② 牟宗三：《理则学》（修订版），江苏教育出版社2006年版，第50～52页。

当然，这四种有效推理都可以在前述的直言换质推理和直言换位推理综合运用的10个有效推理式中找到。

（三）侦查思维中综合运用直言换质推理和直言换位推理的合理性原则

在将直言换质推理和直言换位推理联合运用时，需要遵循一些合理性原则。

1. 等价的直言变形推理如直言换质推理和直言换位推理中的自由换位推理不能连续两次使用，否则会倒退回去而使得推理过程无进展。

2. 直言换质推理和直言换位推理的综合运用可视具体情况决定换质、换位的先后顺序和推出阶段性结论。

3. 直言换质推理和直言换位推理的综合运用不是无止境的，当且仅当得出的结论是特称否定判断时，其综合运用宣告终结。

4. 如果前提存在着某个等价判断，那么前提能否推出某结论可以转化为前提的某等价判断能否推出该结论；如果结论存在着某个等价判断，那么前提能否推出该结论可以转化为前提能否推出该结论的某等价判断。比如，为了从“有些非正常死亡是犯罪造成的”推出“有些非犯罪造成的死亡不是正常死亡”是否有效，可以先假设“非正常死亡”为S，“犯罪造成的死亡”为P，则前提形式化为“有S是P”，结论形式化为“有非P不是非S”。根据直言逆否推理，“有非P不是非S”等价于“有S不是P”。因此，“有S是P”能否推出“有非P不是非S”的问题就转换为“有S是P”能否推出“有S不是P”的问题。而根据下反对关系，“有S是P”不能推出“有S不是P”。所以，“有S是P”也不能推出“有非P不是非S”，即从“有些非正常死亡是犯罪造成的”推出“有些非犯罪造成的死亡不是正常死亡”是无效的。

5. 注意保持某个主项或谓项的论域始终不变，不能随意扩大或缩小，否则会导致“偷换概念”的谬误。例如，假定前提“所有非逻辑侦查思维都是侦查思维”为真，直言逆否推理得出的结论“所有非侦查思维都是逻辑侦查思维”却是错误的。

原因何在？结论为假的原因要么是推理过程有问题，要么是前提有问题。如果假定前提为真，没有问题，那么问题一定出在推理过程上。从“所有非逻辑侦查思维都是侦查思维”到“所有非逻辑侦查思维都不是非侦查思维”，再到“所有非侦查思维都不是非逻辑侦查思维”，再到“所有非侦查思维都是非非逻辑侦查思维”都没有问题。所以，问题必定出在从“所有非侦查思维都是非非逻辑侦查思维”到“所有非侦查思维都是逻辑侦查思维”上。具体而言，问题就在于“非非逻辑侦查思维”是否等同于“逻辑侦查思维”？

根据语境，前提“所有非逻辑侦查思维都是侦查思维”中的主项“非逻辑侦查思维”的论域是“侦查思维”，而中间结论“所有非侦查思维都是非非逻辑侦查思维”中的“非逻辑侦查思维”的论域是“除了非逻辑思维之外的一切事物”。如此，“非逻辑侦查思维”的论域从“侦查思维”被不恰当地扩大成了“除了非逻辑思维之外的一切事物”了，它的论域前后不同，没有保持同一，犯了“偷换概念”谬误，从而概念“非非逻辑侦查思维”自然不能等同于概念“逻辑侦查思维”。这种错误隐藏极深，而且貌似有理，极难发现。已故著名学者牟宗三先生较早地注意到了这个问题，并专门探讨了这个问题，[①] 可谓颇有先见之明。

第三节　侦查思维中的直言三段论

在侦查思维中，侦查人员时常根据一些普遍性的直接断定，结合断定刑事个案案情事实的直接断定，得出一个关于刑事个案案情事实的新判断。这种思维方法的逻辑依据就是所谓的直言三段论。

一、侦查思维中直言三段论的含义、公理和特征

（一）侦查思维中直言三段论的含义和公理

1. 侦查思维中直言三段论的含义

直言三段论是直言推理的主要形态，也是三段论推理的常见形态。直言推理是指以若干个直言判断为前提推出另一直言判断或者包含直言判断的或然性判断的推理。三段论是以两个判断作为前提，一个判断作为结论，总共三个判断构成的推理形态，包括多种不同的类型。但是在不严格的意义上，人们通常将直言三段论简称为三段论，或者将三段论限定为仅仅指称直言三段论。为了不致引起不

① 牟宗三：《理则学》（修订版），江苏教育出版社2006年版，第53～56页。

必要的混乱，笔者还是采用直言三段论这一术语。

较早系统研究直言三段论的是古希腊的逻辑学家亚里士多德，他的逻辑著作被后人编为《工具论》，它是古代最完备的一部逻辑著作。该书所包含的各个部分及其内容如下：《范畴篇》（Categories）主要研究各类语词及其意义；《解释篇》（On Interpretation）主要研究语言和思想之间的关系以及各种判断之间的关系；《前分析篇》（Prior Analytics）主要研究正确推理的普遍形式——直言三段论和模态三段论；《后分析篇》（Posterior Analytics）主要研究对话和辩论的理论和方法；《论辩篇》（Topics）和《辩谬篇》（On Sophistical Refutations）主要研究对话和辩论中的各种谬误。

直言三段论主要出现于《工具论》中的《前分析篇》之中，并且成为亚里士多德所开创的传统词项逻辑的核心，这种逻辑是建立在词项“包含关系”的基础之上的，因而它主要是一种词项逻辑或者类逻辑。后来，经过逻辑学家的不断充实完善，直言三段论已经成为一种非常成熟和完备的推理模式。

侦查思维中的直言三段论是指侦查思维中的这样一种推理：前提是两个包含一个共同概念的已知直言判断，结论是一个断言这两个直言判断的剩余两个概念之间关系的新的直言判断或者包含这样的直言判断的或然性判断。

2. 侦查思维中的直言三段论的公理

侦查思维中的直言三段论依据的公理主要是曲全公理和存在公理。

（1）曲全公理

曲全公理是说，凡是论谓全体的必亦论谓部分。从概念的外延方面说，表示类的包含关系，即副类包含在全类中；从内涵方面说，则表示：凡是论谓全类的，也论谓其中之副类。其换个说法就是：凡是对一类对象有所断定者，对该类中的每一个子类也必有同样的断定；具体而言，凡是对一类对象有所肯定者，对该类中的每一个子类也必有同样的肯定；凡是对一类对象有所否定者，对该类中的每一个子类也必有同样的否定。类包括空类、个体类、有限类、无限类和全类。

（2）存在公理

存在公理也称存在预设、“主项非空”预设或者存在含义，“如果一个判断之为真需要主项类至少有一个成员，那么我们就说该判断有存在含义”①。也有

① ［美］欧文·M. 柯匹、卡尔·科恩、丹尼尔·E. 弗莱格：《逻辑要义》（第2版），胡泽洪等译，世界图书出版公司2013年版，第73页。

学者认为，一个直言判断，如果其主项和谓项所指称的类不是空类，那么就说它具有存在含义。① 笔者认为，侦查思维中的概念大多是实概念，直言判断都是以主项非空为基本预设的。

（二）侦查思维中的直言三段论的特征

1. 从构成概念上看，直言三段论是由三个各自出现两次的不同概念即小项、中项和大项构成，而且中项在直言三段论中处于核心地位

一个标准的直言三段论必须包括而且仅仅包括三个不同的概念，即中项、小项和大项：中项是指直言三段论中在一个已知判断的主项位置或者谓项位置上和另一已知判断的主项位置或者谓项位置上的共同项，小项是指直言三段论中推出的新判断的主项，大项是指直言三段论中推出的新判断的谓项。直言三段论的三个概念在两个已知直言判断和推出的直言判断或者或然性判断所包含的直言判断中各出现两次：大项在一个已知直言判断的主项位置或者谓项位置上和推出的直言判断或者或然性判断所包含的直言判断的谓项位置上各出现一次即出现两次，小项在另一已知直言判断的主项位置或者谓项位置上和推出的直言判断或者或然性判断所包含的直言判断的主项位置上各出现一次即出现两次；中项在一个已知直言判断的主项位置或者谓项位置上和另一已知直言判断的主项位置或者谓项位置上各自出现一次而不在推出的直言判断或者或然性判断所包含的直言判断的主项位置或者谓项位置上出现即出现两次。此外，在直言三段论的三个概念中，中项无疑是最重要的概念，处于核心地位。因为正是中项通过与大前提结合和与小前提结合，使得小项和大项产生联系以推出结论的。如前所述，直言判断实际上是陈述或者断言主项所指称的对象类和谓项所指称的对象类之间的关系。直言三段论的大前提陈述或者断言大项所指称的对象类和中项所指称的对象类之间的关系，小前提陈述或者断言小项所指称的对象类和中项所指称的对象类之间的关系。这样，借助于中项所指称的对象类，小项所指称的对象类和大项所指称的对象类之间的关系就可能揭示出来。正如牟宗三先生所言："要想得到一个 S—P 的结论，必须加以中词 M 为中介，使 M 与 P 发生关系，为一段；再使 M 与 S 发生关系，又为一段；然后 S 与 P 即有关系可言，此为结论。"②

---

① 陈波：《逻辑学概论》，北京师范大学出版社 2007 年版，第 126 页。

② 牟宗三：《理则学》（修订版），江苏教育出版社 2006 年版，第 79 页。

2. 从构成判断上看，直言三段论的前提由两个直言判断构成，结论是一个新的直言判断或者包含直言判断的或然性判断

任何推理的方向都是从既有前提推出结论，直言三段论亦是如此。直言三段论的前提由两个直言判断构成：中项结合大项形成的直言判断称为大前提，一般置于直言三段论的首位；中项结合小项形成的直言判断称为小前提，一般置于直言三段论的次位；由小项和大项结合而成的新直言判断或者包含该新直言判断的或然性判断称为结论，一般置于末位。侦查思维中的直言三段论的大前提一般是断言一般性原理和常识的全称判断，主要包括科学原理、经验常识和法律条文；小前提一般是断言某犯罪嫌疑人某一属性的单称判断，一般是针对某犯罪嫌疑人个体的，表现为“某犯罪嫌疑人是/不是……”的形式；结论一般也是断言该犯罪嫌疑人另一属性的单称判断或者包含这样的单称判断的或然性判断，即断言该犯罪嫌疑人是否可能涉嫌犯罪、可能涉嫌何种犯罪以及是否可以采取强制措施、可以采取何种强制措施。

3. 直言三段论的形式由直言三段论的式和格唯一地决定

直言三段论的式是指直言三段论的大前提、小前提和结论所在的直言判断类型的组合。例如，如果某个直言三段论的大前提、小前提和结论都是全称肯定判断，那么其式就是 AAA。但是，仅考察直言三段论的大前提、小前提和结论所在的直言判断的类型还不能完全揭示直言三段论的特征，特别是也不足以把式相同而中项在两个前提中位置上的不同区别开来。因此，必须深入直言三段论的大前提和小前提的内部，考察中项在大前提的主项位置或者谓项位置上和小前提的主项位置或者谓项位置上的不同。这就涉及直言三段论的格的问题。直言三段论的格是指中项在大前提的主项位置或者谓项位置上和小前提的主项位置或者谓项位置上共同出现的位置特征。中项在大前提的主项位置或者谓项位置上和小前提的主项位置或者谓项位置上的不同组合共有四种情况，因此直言三段论有四个不同的格。

将直言三段论的式和格结合起来考察直言三段论，就能完全确定直言三段论的形式。表达一个直言三段论有两种方法：一种方法是按照大前提、小前提和结论顺序将这三个判断的完整形式表述出来，其形式为“大前提，小前提∴结论”。这种方法的优点是可以直接判断该直言三段论属于哪一格。另一种方法是用格与式来简洁地表达一个直言三段论，其格式为“大前提的单字母形式＋小前提的单字母形式＋结论的单字母形式—所在格序号”，如 AAA－1 就表示第一格的 AAA

式。当然，这两种方法表示的直言三段论形式是可以相互转化的。比如，AAA－1 还原成完成形式就是 MAP，SAM∴ SAP。

二、侦查思维中直言三段论的类型和常用形式

（一）侦查思维中直言三段论的类型

侦查思维中的直言三段论可以分为必然式直言三段论、或然式直言三段论和无效式直言三段论。

1. 侦查思维中的必然式直言三段论

侦查思维中的必然式直言三段论是指这样一类直言三段论：其结论是直言判断，而且如果其前提真实，那么其真实前提就可以确保其结论真实。必然式直言三段论无疑是最理想的直言三段论推理式。为了确保从真实前提得出的结论真实，人们总结出了一些规则。因此，一个直言三段论其前提真实时，能否确保得出的直言判断真实，取决于该直言三段论是否遵守了这些规则。关于这些规则，人们并未形成一致的看法。笔者认为，这些规则到底应该包含哪些内容、应该如何陈述、是否应该分类，不仅要考虑学理上的要求，还要兼顾实用性和易用性的需要。从侦查思维中的推理实际出发，笔者认为，必然式直言三段论的推理规则包括：（1）一个直言三段论的两个前提中必须包含中项，避免处于中项位置上的语词表达两个不同的概念；（2）前提中必须至少有一个直言判断对中项的外延作全部断定；（3）两个前提中必须至少包含一个肯定判断，不能都是否定判断；（4）前提中必须至少包含一个全称判断，不能都是特称判断；（5）如果大前提或者小前提没有对大项或者小项的外延作全部断定，那么结论对大项或者小项的外延也不能作全部断定；（6）如果前提是一个肯定判断和一个否定判断，那么结论必须是否定判断；（7）如果前提都是肯定判断，那么结论必须也是肯定判断；（8）如果前提是一个全称判断和一个特称判断，那么其结论必须是特称判断。

需要注意的是：（1）规则并没有规定“如果大前提或者小前提对大项或者小项的外延作了全部断定，那么结论是否对大项或者小项的外延作全部断定”；（2）规则也没有规定“如果前提都是全称判断，那么结论是否必须也是全称判断”。“没有规定”意味着可能如此，可能不如此。必然式直言三段论的根据是：

“首先确定某一部分是属于某整体的，然后得出某一部分的组成成员也是属于该整体的。如果A是某个整体的一部分，那么B，假设它是A的一部分，也一定属于该整体。”[①] 学者牟宗三先生不仅对这些规则的表述略有不同，而且还增加了一条规则：不能大前提是特称判断同时小前提是否定判断。[②] 笔者认为，这没有理论和实践上的必要。此外，西方逻辑学界还增加了另一条规则：“从两个全称前提得不出特称结论。”[③] 基于存在公理，笔者认为该规则是不必要和不适合的。

还有不少论著提到了每个格的所谓特殊规则问题。笔者以为，这种提法是有问题的。因为所谓规则，就是只要全部遵守就能保证有效；只要违反其中一个，就会出现问题。很明显，这些所谓的特殊规则即使全部遵守也不足以保证有效。所以，笔者这里并未列出每个格的所谓特殊规则。此外，列出每个格的所谓特殊规则也无多大实践意义和学术意义。

2. 侦查思维中的或然式直言三段论

侦查思维中的或然式直言三段论是指没有遵守必然式直言三段论的推理规则因而只能从真实前提得出一个包含直言判断的或然性判断作为结论的直言三段论推理式。如前所述，如果一个直言三段论没有遵守必然式直言三段论的推理规则，那么无论其前提和结论之内容是什么，即使其前提为真，也不能确保得出的直言判断真实。如此，人们可以退而求其次：既然不能得出直言判断，那么可以得出一个包含直言判断的或然性判断作为结论，即在一个基于真实前提也不能确保真实的直言判断之前加上诸如“可能”这样的模态断定前缀。从逻辑上说，所有违反必然式直言三段论的推理规则的直言三段论都可以而且只能得出一个或然性结论，只是结论或然性的程度不同，这些或然式直言三段论的应用范围和频率不同而已。或然式直言三段论得出的或然性结论为真的可能性也与违反规则的数量和程度成反比。很明显，或然式直言三段论违反的必然式直言三段论的推理规则越少，得出的或然性结论为真的可能性也越大；违反的必然式直言三段论的推理规则越多，得出的或然性结论为真的可能性也越小。

3. 侦查思维中的无效式直言三段论

侦查思维中的无效式直言三段论是指没有遵守必然式直言三段论的推理规则

① ［美］D·Q. 麦克伦尼：《简单的逻辑学》，赵明燕译，浙江人民出版社2013年版，第82页。

② 牟宗三：《理则学》（修订版），江苏教育出版社2006年版，第80页。

③ ［美］欧文·M. 柯匹、卡尔·科恩、丹尼尔·E. 弗莱格：《逻辑要义》（第2版），胡泽洪等译，世界图书出版公司2013年版，第109页。

因而从真实前提不能得出直言判断作为结论却以直言判断作为结论的直言三段论推理式。如果直言三段论违反了必然式直言三段论的推理规则，那么它只能以或然性判断作为结论，不能以直言判断作为结论；如果非要得出一个直言判断作为结论，那么就属于无效式直言三段论，而且无效式直言三段论的直言性结论容易误导侦查人员对该直言性结论给予很高的置信度而忽略对它的检验。侦查思维中的必然式直言三段论共有 24 个，或然式直言三段论共有 232 个，无效式直言三段论共有 232 个。不难理解的是，或然式直言三段论和无效式直言三段论的共同点在于没有遵守必然式直言三段论的推理规则，不同点在于结论的性质不同：前者的结论是或然性判断，后者的结论是直言判断。也正是结论的性质不同导致了或然式直言三段论和无效式直言三段论不同的应用价值。

（二）侦查思维中的直言三段论的常用形式

1. 侦查思维中的直言三段论的一般常用形式

（1）从“所有 M 都是 P”和“某 S 是 M”推出“该 S 是 P”。例如，所有醉酒者都是涉嫌犯罪的，张某是醉酒者，所以，张某是涉嫌犯罪的。它的大前提是全称肯定判断，小前提是单称肯定判断，结论也是单称肯定判断，中项位于大前提的主项位置和小前提的谓项位置上。

（2）从“所有 M 都不是 P”和“某 S 是 M”推出“该 S 不是 P”。例如，所有醉驾者都不是可以驾驶机动车的，张某是醉驾者，所以，张某不是可以驾驶机动车的。它的大前提是全称否定判断，小前提是单称肯定判断，结论是单称否定判断，中项位于大前提的主项位置和小前提的谓项位置上。

（3）从“所有 P 都是 M”和“某 S 不是 M”推出“该 S 不是 P”。例如，所有犯罪嫌疑人都是具备作案时间的，张某不具备作案时间，所以，张某不是犯罪嫌疑人。它的大前提是全称肯定判断，小前提是单称否定判断，结论是单称否定判断，中项位于大前提的谓项位置和小前提的谓项位置上。

（4）从“所有 P 都不是 M”和“某 S 是 M”推出“该 S 不是 P”。例如，所有可以驾驶机动车的都不是醉驾者，张某是醉驾者，所以，张某不是可以驾驶机动车的。它的大前提是全称否定判断，小前提是单称肯定判断，结论是单称否定判断，中项位于大前提的谓项位置和小前提的谓项位置上。

（5）从“所有 P 都是 M”和“某 S 是 M”推出“可能该 S 是 P”。例如，所有作案者都有作案时间，李某有作案时间，所以，可能李某是作案者。它的大前提是全称肯定判断，小前提是单称肯定判断，结论是或然性单称肯定判断，中项位于大前提的谓项位置和小前提的谓项位置上。

（6）从“所有 M 都是 P”和“某 S 不是 M”推出“可能该 S 不是 P”。例如，所有醉驾者都是涉嫌犯罪的，张某不是醉驾者，所以，可能张某不是涉嫌犯罪的。它的大前提是全称肯定判断，小前提是单称否定判断，结论是或然性单称否定判断，中项位于大前提的主项位置和小前提的谓项位置上。

（7）从“有 M 是 P”和“某 S 是 M”推出“可能该 S 是 P”。例如，大多数惯犯具有极强的反侦查意识，本案中的王某是惯犯，所以，可能王某具有极强的反侦查意识。它的大前提是特称肯定判断，小前提是单称肯定判断，结论是或然性单称肯定判断，中项位于大前提的主项位置和小前提的谓项位置上。

2. 侦查思维中的直言三段论的特殊常用形式

侦查思维中的直言三段论的特殊常用形式主要是所谓的定义三段论，即以一个定义形式的全称肯定判断作为大前提的直言三段论。基于此，侦查思维中的定义三段论包括两种形式。

（1）肯定式定义三段论。肯定式定义三段论可以表述为：“所谓 M 就是 P，某 S 是 M，所以，某 S 是 P。”例如，所谓醉驾是指驾驶机动车时每 100 毫升血液酒精含量大于 80 毫克的行为，张某的行为是醉驾，所以，张某的行为是驾驶机动车时每 100 毫升血液酒精含量大于 80 毫克的醉驾行为。

（2）否定式定义三段论。否定式定义三段论可以表述为：“所谓 M 就是 P，某 S 不是 M，所以，某 S 不是 P。”例如，所谓醉驾是指驾驶机动车时每 100 毫升血液酒精含量大于 80 毫克的行为，刘某的行为不是醉驾，所以，刘某的行为不是驾驶机动车时每 100 毫升血液酒精含量大于 80 毫克的醉驾行为。

三、侦查思维中直言三段论的优缺点和合理性原则

（一）侦查思维中直言三段论的优缺点

1. 侦查思维中的直言三段论的优点①

侦查思维中的直言三段论的主要优点在于其结构简洁。由于直言判断直接断

① 马前进：《刑事个案犯罪信息研判中的常用三段论》，载《浙江警察学院学报》2017 年第 4 期。

定两类对象之间的关系，因而是最简单的判断。在侦查思维中，当侦查人员暂时无法或不能确定两个概念之间的关系以形成新的直言判断时，可以根据两个概念与另一概念之间的关系来间接确定这两个概念之间的关系。直言三段论的结构简洁特征无疑增加了其易用性。此外，基于前述的侦查思维中的直言三段论的大前提、小前提和结论的特殊性，侦查思维中的直言三段论典型地体现了演绎推理从一般到特殊或者将普遍性原理应用于特殊个体的思维进程。

2. 侦查思维中的直言三段论的缺点

侦查思维中的直言三段论的主要缺点在于其极高的出错概率，即容易违反必然式直言三段论的推理规则却得出直言判断作为结论。无效式直言三段论数量多达 232 个，约占全部 488 个直言三段论推理式的 47.5%。很明显，极高的出错概率源于必然式直言三段论的复杂而严苛的推理规则。必然式直言三段论的推理规则是如此复杂而严苛，以至于难以做到尽数遵守，甚至难以理解。这一比率警示侦查人员，在侦查思维中运用直言三段论推理极易出错，因此必须提高警惕。

（二）侦查思维中运用直言三段论的合理性原则

1. 确保大前提真实和小前提查证属实

侦查思维中的直言三段论的大前提一般表现为科学原理、经验常识和法律条文等，其真实性是较易确定的；真正需要下功夫确定真实性的前提是直言三段论的小前提。小前提的真实性必须是确定的，而且必须是查证属实的，即得到相关证据证实的，切忌采用真实性未知、可能真、想当然真甚至虚假的单称判断作为小前提。

2. 要么遵守推理规则，要么得出或然性结论

就推理价值而言，必然式直言三段论高于或然式直言三段论，因为其直言性结论是从真实前提必然得出的，所以必然式直言三段论自然是侦查人员理想的直言三段论类型。但是，必然式直言三段论只有 24 个推理式，而或然式直言三段论有 232 个推理式。因此，就应用范围而言，或然式直言三段论大于必然式直言三段论。侦查思维中运用直言三段论时最好能够遵守推理规则，但是由于直言三段论推理规则的复杂性和严苛性，有时候尽数遵守推理规则是很难甚至不可能的。在这种情况下，得出或然性结论不失为一个可行的选择。而且，相比而言，或然性结论比直言性结论面临的否证威胁更少，留下一个修正的灵活空间。

3. 将直言三段论的结论诉诸事实进行检验

即使前提真实的必然式直言三段论能够得出确保真实的直言判断，其结论的真实也仅仅是逻辑上的真实，不是事实上的真实。况且，相对而言，或然式直言三段论的应用范围更广，却只能得出或然性结论。也就是说，直言三段论的结论仅仅是一种推论，不是事实，更不能作为定案之依据。在未经检验之前，直言三段论的结论事实上的真假是未知的甚至不确定的。因此，为了判定直言三段论的结论事实上的真实性，必须诉诸事实进行检验。

【案例】在某凶杀案件现场发现一个柳条筐。侦查人员进行侦查思维活动后认为，这个柳条筐可能是犯罪嫌疑人留下的。但是这个初步的结论还不能指向犯罪嫌疑人人身，还不能同需要擒获的犯罪嫌疑人直接联系起来。因此，该结论一时也难以得到检验或证实。于是，侦查人员进一步分析后得出结论：既然柳条筐可能是犯罪嫌疑人遗留下来的，那么该柳条筐上必定多多少少留有犯罪嫌疑人的痕迹。于是，侦查人员对该柳条筐进行物证分析，果然在柳条筐内发现了猫毛和猫吃剩的生鱼。据此，侦查人员进一步推测得出另一结论：该柳条筐是用于装猫的。问题是，什么人会随身带着装猫的柳条筐呢？日常经验告诉侦查人员：即使是爱猫成痴的人也不会用柳条筐装猫，因为他们一般会用十分精致、美观的猫笼子装猫，也不会随身携带猫笼子四处游走。排除了爱猫者的可能性后，结合猫贩子会随身带着装猫的柳条筐的认识，侦查人员猜想犯罪嫌疑人可能是猫贩子。侦查人员据此设定了侦查的方向和范围，寻找猫贩子。通过调查走访，侦查人员得知：有目击者看见一个带着柳条筐的青年，来买过 8 只猫，并在附近池塘内捕鱼喂猫；该猫贩子姓郭，19 岁，家住河南省，身材较高，左眼有白内障。

至此，案情获得了重大进展，侦查方向和范围越来越清晰，已经接近侦破的边缘了。但是，河南省有数十个县市，与该嫌疑人同名同姓者也为数不少，从何处入手比较容易找到犯罪嫌疑人呢？侦查人员再次进行犯罪信息分析研判：一般而言，最需要猫的地方都是鼠患猖獗的地方。恰好侦查人员又了解到：河南省虞城县鼠患严重，从事家猫贩卖的人较多。于是，侦查人员得出结论：犯罪嫌疑人可能就是虞城县人。于是，侦查人员连夜赶赴河南省虞城县，在当地公安机关的配合下，对从事家猫贩卖的、年龄 19 岁左右的郭姓青年人进行查访，最终将犯罪嫌疑人郭某捉拿归案。

在该刑事个案的侦查思维中，侦查人员前后运用了六个直言三段论。

第一个直言三段论是：有些案发现场的遗留物是犯罪嫌疑人留下的，该案件中的柳条筐是案发现场的遗留物，所以，该案件中的柳条筐可能是犯罪嫌疑人留下的。其形式可以表示为：有 M 都是 P，某个 S 是 M，所以，某个 S 可能是 P。

第二个直言三段论是：所有案发现场留下的犯罪嫌疑人物品都必定多多少少留有犯罪嫌疑人的痕迹，该案件中的柳条筐可能是案发现场留下的犯罪嫌疑人物品，所以，该案件中的柳条筐上必定多多少少留有犯罪嫌疑人的痕迹。其形式可以表示为：所有 M 都是 P，某个 S 可能是 M，所以，某个 S 可能是 P。

第三个直言三段论是：所有猫贩子会随身带着装猫的柳条筐，该案件中的贩子嫌疑人随身带着装猫的柳条筐，所以，该案件中的贩子嫌疑人可能是猫贩子。其形式可以表示为：所有 P 都是 M，某个 S 是 M，所以，某个 S 可能是 P。

第四个直言三段论是：所有最需要猫的地方都是鼠患猖獗的地方，该案件中的河南省虞城县鼠患严重，所以，该案件中的河南省虞城县可能是最需要猫的地方。该直言三段论的形式同第三个直言三段论。

第五个直言三段论是：很多最需要猫的地方的人是猫贩子，该案件中的河南省虞城县可能是最需要猫的地方，所以，该案件中的河南省虞城县很多人可能是猫贩子。其形式可以表示为：有 M 都是 P，某个 S 可能是 M，所以，某个 S 可能是 P。

第六个直言三段论是：很多河南省虞城县人是从事家猫贩卖的猫贩子，该案件中的犯罪嫌疑人是猫贩子，所以，该案件中的犯罪嫌疑人可能是河南省虞城县人。其形式同第一个直言三段论。

第九章　侦查思维中的模态推理

“模态”一词是英文“model”的音译，而“model”来源于拉丁文“modalis”。“Modalis”的原初含义有形态、样式、模式等。模态反映了事物或者认识存在或者发展的样式、程度、趋势等性质。模态分为广义的模态和狭义的模态：广义的模态是指一切非实态的属性，即除了实态之外的一切属性；狭义的模态就是所谓的真势模态，也称真值模态，是指事物或者认识的必然性和可能性等属性。广义的模态主要包括：（1）真势模态：必然真、可能真、偶然真（事实真）；（2）认知模态：确证（知道其为真）、假（知道其为假）、不可判断；（3）道义模态：应该、允许、禁止；（4）存在模态：全称、存在、空有。笔者这里探讨广义的模态推理，但是不打算讨论所有的模态推理。由于真势模态和道义模态是侦查思维中最常用的两种模态，因此笔者在这里主要探讨侦查思维中的真势模态推理和道义模态推理。

第一节　侦查思维中的真势模态推理

一、侦查思维中的真势模态判断和可能世界

在侦查思维中，侦查人员不仅经常断言某案情事实确实如何如何，而且还断言某案情事实必然如何如何或者可能如何如何。比如，犯罪嫌疑人必然是一个极端残忍的人；被害人可能是从事娱乐服务业的，等等。断言某案情事实确实如何如何的判断称为实态判断，断言某案情事实必然或者可能如何如何的判断称为模态判断。模态判断由被称为模态算子的符号和实态判断构成。符号□和◇被称为模态算子，分别表达了事物为真（必然的）或者为假（可能的）的模态。这两

个算子其实是相互联系和可以相互转化的。如果用P表示一个实态陈述，那么，断言P必然真的模态判断用□P表示（读作必然P或者P是必然的），断言P可能真的模态判断用◇P表示（读作可能P或者P是可能的）——前者被称为必然判断，后者被称为可能判断。□P与￢◇￢P是等价的，即所谓的必然P等价于不可能非P；◇P与￢□￢P是等价的，即所谓的可能P等价于不必然非P。

有学者论述了侦查推理与可能世界的关系。[①] 在侦查初期，侦查人员（认知主体）所面对的是一个不确定的场景，形成这一场景的原因有多种可能性，用认知逻辑的观点来看，表现为认知主体在某个状态中，尽量多地考虑相关的可能状态。首先，这些可能状态（包括现实状态）里的每一个都表达了主体所考虑的关于案件的一种可能性，这就可以用可能世界模型来处理侦查推理了；其次，在案件的侦查过程中，侦查人员主要关心一些与案件有因果联系的判断，而一个因果联系可以外延地表达为一个偏序关系，再把这一偏序关系嵌入可能世界模型中，这样就得到一个带因果关系的可能世界模型，可以恰当地为侦查逻辑的形式化服务；最后，如果侦查人员在不同的因果关系中找到了一个造成案件结果的共同原因，那么，侦查人员有理由相信这一共同原因可以成为破案的重要线索。用认知逻辑的方式表达就是：侦查人员相信这个共同原因。这可以把串并案件的思路在可能世界模型中部分地形式化。

（一）传统真势模态推理与可能世界

真势模态反映了人们对事物或者事件的认识、观念和态度，除了前述的必然性、可能性之外，类似的性质还包括不可能性、偶然性、必然的可能性和可能的必然性以及这类性质的多次叠置或者组合。

根据不同的标准，真势模态可以分为不同的类型：（1）主观模态和客观模态。主观模态是指认识中的确定性或者不确定性等类性质。比如，犯罪嫌疑人可能是张某。犯罪嫌疑人是否是张某，是既定的事实，但是侦查人员对于这一事实的了解在主观方面还不确定。客观模态是指客观存在的必然性或者可能性，表达的是人们对客观存在的态度。客观模态又分为逻辑的模态和经验的模态。逻辑的模态是指逻辑上的必然性或者可能性，其真假不取决于经验内容。只要其否定必

---

① 郭良明、徐海晋：《传统侦查推理的形式化：用认知逻辑的观点处理假设、溯因和类比》，载《公安学刊——浙江警察学院学报》2012年第3期。

定会导致一个逻辑矛盾，该模态就是逻辑必然性模态；只要其不包含逻辑矛盾，该模态就是逻辑可能性模态。经验的模态也称物理的模态或者非逻辑的模态，是指事实上的必然性或者可能性，其真假取决于经验内容。（2）从物模态和从言模态。从物模态也称事物的模态，是指关于事物或者对象的模态，其形式可以表示为：……必然/可能……。例如，上述的“犯罪嫌疑人可能是张某”就是陈述犯罪嫌疑人这一主体具有的模态。从言模态是指关于判断本身的模态，其形式可以表示为：必然/可能……。

传统的真势模态推理是指从古希腊的亚里士多德到中世纪研究的真势模态推理。最早研究真势模态推理的是古希腊的亚里士多德。他提出了真势模态推理的一些基本原理，并创立了真势模态三段论系统。后来，他的学生泰奥弗拉斯多构建了一个不同于真势模态三段论系统的系统，提出了结论从弱原则。再后来，麦加拉—斯多亚学派详细探讨了一些模态概念。中世纪的逻辑学家则较为深入地探讨了真势模态判断之间的对当关系，并由此建立了真势模态对当方阵。

由于“可能 P”等价于“不必然非 P”，“可能非 P”等价于“不必然 P”，因此必然就成为真势模态推理中的核心概念。关于必然性，一些哲学家对此多有讨论，其中不乏精辟而独到的见解。

休谟在把判断分为事实判断和价值判断的基础上，提出了两种必然性：一种是关于数学判断的必然性，这是观念之间关系的判断的逻辑必然性，是先验的；另一种是关于事实的必然性，这是因果的必然性，仅仅是心灵的习惯。他完全否认客观事物具有必然性。

康德提出了三种必然性。第一种是分析的必然性。他把判断分为分析判断和综合判断。分析判断的主词所表达的概念包含谓词所表达的概念，因此分析判断具有必然性，是一种分析的必然性。综合判断的主词表达的概念不包含谓词所表达的概念，因此综合判断不都具有必然性。第二种是先验的必然性。综合判断中的先验综合判断虽然主词表达的概念不包含谓词表达的概念，但是也是必然的，只是其必然性不依赖于经验，是先验的，是根据谓项范畴形成的。第三种是认识的必然性。康德根据质、量、关系、模态将判断分为四类：（1）质的分类：肯定、否定、无限；（2）量的分类：全称、特称、单称；（3）分析的分类：直言、假言、选言；（4）模态的分类：或然、实然、必然，分别表示可能性、真实性和必然性。假言判断和选言判断的支判断都表示可能性。

如前所述，任何判断必有真假，或者为定性的，即要么真，要么假；或者为定量的，即真值度或者为真的概率。实态判断可以直接或者间接与现实世界中的客观事实进行对照，从而判定其真假；但是，模态判断显然不能如此判定真假。模态判断的真假与其包含的实态陈述的真假有关，但是又显然不仅仅取决于其包含的实态陈述的真假。即使最后的证据证实犯罪嫌疑人是一个极端残忍的人，也不足以表明“犯罪嫌疑人必然是一个极端残忍的人”为真；即使最后的证据表明被害人不是从事娱乐服务业的，“被害人可能是从事娱乐服务业的”也可以为真。因此，模态判断的支判断的真值决定不了模态判断的真值，除了与其包含的支判断即实态陈述的真值有关之外，模态判断的真值必定与某种其他因素有关。

为了解决这一问题，人们开始寻找那个决定真势模态判断真值的另一未知的、潜在的因素。17 世纪德国哲学家和逻辑学家莱布尼茨最先提出了可能世界概念，他把某种情形下的所有可能性的汇集或者集合形象地称为可能世界。他认为可能世界有很多，现实世界只是可能世界中的一个。可能世界就是不包含矛盾的世界。真理有推理真理和事实真理。推理真理是必然的，其反面是包含矛盾的、不可能的；事实真理是偶然的，其反面是不包含矛盾的、可能的。一个判断 P 是必然的，当且仅当非 P 导致逻辑矛盾；一个判断 P 是不可能的，当且仅当 P 导致逻辑矛盾；一个判断 P 是可能的，当且仅当非 P 不导致逻辑矛盾。也就是说，必然 P 等价于不可能非 P。一个判断 P 是必然的，当且仅当 P 在所有可能世界中都是真的；一个判断 P 是可能的，当且仅当 P 在至少一个可能世界中都是真的。

根据可能世界理论，可以界定必然真和必然假等概念：

当 P 在所有可能世界中都真时，“必然 P”就是真的，否则就是假的；

当 P 在所有可能世界中都假时，“必然非 P”就是真的，否则就是假的；

当 P 在至少一个可能世界中为真时，“可能 P”就是真的，否则就是假的；

当 P 在至少一个可能世界中为假时，“可能非 P”就是真的，否则就是假的。

很明显，这一标准过于苛刻，甚至也没有必要。因为它对于必然的要求太强，以至于反而削弱了它对现实世界的解释力。根据该定义，必然真的判断就是所谓的重言式，必然假的判断就是所谓的矛盾式。

事实上，对于某个特定的对象，未必需要与所有的可能世界都相关，有些可能世界在内容上与该对象并无联系。因此，没有必要甚至也没有可能考虑该对象在所有可能世界中的情况，只需要考虑与该对象有关的可能世界即可。克里普克对这一可能世界构想进行了修正，提出了“可达性”概念。据此观点：一个可能世界W可达另一个可能世界W'，当且仅当，W中的真判断在W'中可能是真的。W可达W'，记为WRW'或RWW'。

根据可达性概念，必然性和可能性的定义可以修正为：判断A在可能世界W中是必然真的，当且仅当，该判断A在W可达的所有可能世界W'中均为真；判断A在可能世界W中是可能真的，当且仅当，该判断A在W可达的至少一个可能世界W'中为真。

如此，判断A在可能世界中是必然的，不再要求它在所有可能世界中都是真的，而是要求它在W可达的所有可能世界中都是真的即可。如果某些可能世界与W没有可达关系，那么即便判断A在这些可能世界为假，判断A在可能世界W中仍然是必然的。相对于莱布尼茨对必然和可能的定义，克里普克将绝对的必然和可能修正为相对的必然和可能，这不仅在直观上更符合现实，也加强了对现实的解释力和应用性。

其实，克里普克的可达性概念强调了真势模态判断之真假与所在的可能世界的相关性。根据相关性概念，必然P（P的内容必然是真的）在S情形下为真等于P事实上在所有与S有关的状况下都为真；可能P（P的内容可能是真的）在S情形下为真等于P事实上在与S有关的至少一种状况下为真。这就表明了模态判断的真值不仅与P的真值有关，而且与可能世界有关。如此，从可能P和可能Q不能推出“可能（P并且Q）”。因为，可以找到P在其中成立的某个可能世界，也可以找到Q在其中成立的另一可能世界，但是未必就可以找到P和Q在其中都成立的那个可能世界。但是，从必然P和必然Q能够有效推出“必然（P并且Q）”。因为，既然P和Q在所有可能世界中都成立，那么（P并且Q）在所有可能世界也成立。

根据上述观点，在侦查思维中，必然真判断主要是如下几类：（1）逻辑真理，主要表现为重言式；（2）数学规律、规则；（3）分析判断，即通过对其中的概念的意义进行分析即可确定其为真而无需与经验事实对照的判断；（4）自然科学中的规律、原理等。与此对应的是，一切不与必然真判断矛盾的判断都是可能判断。

在侦查思维中，可能世界模型可以精确地表示为：

（1）记 $w=\{w_0, w_1, w_2, w_3\cdots\cdots\}$ 为一非空集，称为可能世界集；

（2）f是一赋值函数，在每一可能世界上为每一原子判断公式指派一真值；

（3）R称为可通达关系，在这里指认知主体在某一可能世界（可以是现实世界）能否思维到另一可能世界，如认知主体在 w_0 可以思维到 w_1，就可表示为 w_0 和 w_1 有 R 关系，记为 w_0Rw_1。①

比如某小区内发生一起命案，通过现场勘查，假设目前所掌握的情况有：（1）尸体表面并无伤痕；（2）客厅的饭桌上摆放着较多的空酒瓶，并且死者体内检出较高浓度的酒精成分；（3）死者的病例卡上注明死者有心脏病。

如果用 A 表示死于酒精中毒，用 B 表示死于心脏病突发，则死者死因的可能性有：（1）死于酒精中毒，并非死于心脏病突发；（2）并非死于酒精中毒，死于心脏病突发；（3）死于酒精中毒，且死于心脏病突发（这种情况表明两种原因同时导致死者死亡，如由酒精中毒导致心脏病突发而死）；（4）并非死于酒精中毒，并非死于心脏病突发。用 A 和 B 来表示，简单来说就是：（1）A 真，B 假；（2）A 假，B 真；（3）A 真，B 真；（4）A 假，B 假。把每种可能状态都看成一个可能世界，那么侦查人员对 2 个原因的不确定，就可以表示为侦查人员考虑 4 个可能世界；同理，对 3 个原因的不确定就可以表示为考虑 8 个可能世界，对 n 个原因的不确定，就可以表示为考虑 2^n 个可能世界。

根据上述情况，侦查人员就可以对案情的 4 个可能世界用模型表达如下：

记 $W = \{w_0, w_1, w_2, w_3\}$

w_0 代表第（1）种可能状态，即 A 真，B 假；

w_1 代表第（2）种可能状态，即 A 假，B 真；

w_2 代表第（3）种可能状态，即 A 真，B 真；

w_3 代表第（4）种可能状态，即 A 假，B 假。

用 T 代表真，F 代表假，则四种可能性分别为：

（1）$f(w_0)(A) = T$，$f(w_0)(B) = F$，即在 w_0 中，A 为真，B 为假；（2）$f(w_1)(A) = F$，$f(w_1)(B) = T$，即在 w_1 中，A 为假，B 为真；（3）$f(w_2)(A) = T$，$f(w_2)(B) = T$，即在 w_2 中，A 为真，B 为真；（4）$f(w_3)(A) = F$，$f(w_3)(B) = F$，即在 w_3 中，A 为假，B 为假。

（二）严格蕴含与现代真势模态推理

现代真势模态推理是在数理逻辑的推动下产生和发展起来的，其创始人是美

---

① 郭良明、徐海晋：《传统侦查推理的形式化：用认知逻辑的观点处理假设、溯因和类比》，载《公安学刊——浙江警察学院学报》2012 年第 3 期。

国哲学家和逻辑学家刘易斯。刘易斯发现，“实质蕴含”概念会导致所谓的“实质蕴涵怪论”。实质蕴含，也称实质条件或者真值函项蕴含，是用于表达两个判断之间的真值条件性质的。在这种蕴含中，条件判断的真值仅仅取决于构成它的两个支判断即前件和后件的真值，而不要求前件和后件之间具有内容或者语义上的关联。这种形式化抽象有其必要性，但是容易导致所谓的“实质蕴涵怪论”问题。所谓“实质蕴涵怪论”就是根据“实质蕴含”的定义为真但是在直观上又有问题的一些判断形式。常见的“实质蕴涵怪论”有：

如果（P 并且非 P），那么 Q

它的意思是：两个相互矛盾的判断组成的合取式可以蕴含任何判断。

它应用于推理中就是所谓的防爆原则：矛盾可以推出一切。

如果 P，那么（如果 Q，那么 P）

它的意思是：如果一个判断真，那么它可以被任何判断蕴含。

如果非 P，那么（如果 P，那么 Q）

它的意思是：如果一个判断假，那么它可以蕴含任何判断。

如果 P，那么（Q 或者非 Q）

它的意思是：任何判断可以蕴含两个相互矛盾的判断组成的析取式。

或者（如果 P，那么 Q），或者（如果非 P，那么非 Q）

它的意思是：或者 P 是 Q 的充分条件，或者 P 是 Q 的必要条件，不可能 P 既不是 Q 的充分条件也不是 Q 的必要条件。

“实质蕴含怪论”分为两类：一类与反事实条件句有关，另一类涉及多余前提。反事实条件句是指前件违反事实的条件句。因为条件违反事实，所以前件事实上为假；既然前件事实上为假，则无论后件如何，该条件句都是真的。在第二类情形下，虚假地将一个为假的判断作为条件句的后件而将一个与之无关的真假不确定的判断作为其前件构成一个条件句。

可以看出，导致“实质蕴含怪论”的原因之一在于条件判断的前件和后件在内容或者意义上的无关联。为此，人们提出了诸如严格蕴含、相干蕴含等理念。其中，美国逻辑学家刘易斯 1912 年提出了“严格蕴含”概念，以区别于罗素的“实质蕴含”概念。刘易斯认为，之所以出现“实质蕴含怪论”，是因为实质蕴含词“P 蕴含 Q”的定义“并非（P 并且非 Q）”不能反映联结词“如果……，那么……”的逻辑性质。他认为“如果 P，那么 Q”应该定义为“P 真而 Q 假是不可能的”。严格蕴含也称严格条件，是指遵照来自模态逻辑的必然性算子行事的实质条件，可以表示为：（如果P，那么P）是必然的，也可以表示为：（P并且非Q）是不可能的。根据刘易斯的观点，“P严格蕴含Q”定义为“必然地，P蕴含Q”。

可见，“严格蕴含”理论具有重大意义，严格蕴含在一定程度上克服了实质蕴含因前件和后件的不相干到导致的“蕴含怪论”问题。

在分析实质蕴含面临的怪论并界定严格蕴含概念的基础上，刘易斯还提出了五个模态判断逻辑系统。经过发展，模态逻辑系统包括模态判断逻辑系统和模态谓词逻辑系统。模态判断逻辑系统是在经典判断逻辑系统的基础上增加模态算子“必然”和“可能”构成的，包括初始符号、形成规则和公理系统。模态谓词逻辑系统是在狭谓词演算的语言的基础上模态算子“必然”和以下的形成规则构成的：如果P是合式公式，那么必然P也是合式公式。

对模态判断逻辑语义学影响最大的是克里普克的可能世界语义学。用可能世界的概念分析事物的本质，形成本质主义。世界上的事物很多，但是都形成了不同的种类，而且都有表达其种类的名称。一个种类就其自身而言总有其是其所是的东西，这就是本质。本质就是该种类所具有、其他种类不具有，并在一切可能世界都具有的性质。否认了本质就否定了种类的存在，使得事物无法区分。种类的本质主要是该种类的内部结构特征。

维特根斯坦提出了家族相似理论和语言游戏理论，否认语言、游戏、家族、数等是有本质的，事实上，用成员资格固定性原理和跨世界外延性原理分析后发现，它们都是有本质的，主要是其内容结构。因此，家族相似理论和语言游戏理论是错误的。

含有“必然”“可能”等真势模态词的判断称为真势模态判断，以真势模态判断作为前提或者结论的推理称为真势模态推理。

从侦查思维的现实以及传统真势模态推理的简单易用性来看，相对于现代真势模态逻辑，传统真势模态逻辑在侦查思维中运用范围更大一些。有鉴于此，笔者这里主要探讨传统真势模态逻辑在侦查思维中的运用。

二、侦查思维中的真势模态推理

（一）侦查思维中的真势模态直接推理

真势模态直接推理主要是指真势模态对当推理。必然判断、可能判断、实然判断之间存在着某种真假制约关系。根据这种真假制约关系，可以从其中一个判断的真假推出另一个判断的真假。

1. 真势矛盾关系推理

必然P与可能非P之间、必然非P与可能P之间是不能同真，也不能同假的矛盾关系：如果其中一个真，那么另一个必假；如果其中一个假，那么另一个必真。因此，这几对判断之间的推理方向是从其中一个的肯定推出另一个的否定，也能从其中一个否定推出另一个的肯定。也就是说，这两对矛盾判断中的一个的否定就等价于另一个的肯定，反之亦然。这样，基于矛盾关系的真势模态推理的有效式有：

(1)“并非必然P”等价于“可能非P”；

(2)“并非必然非P”等价于“可能P”；

(3)“并非可能P”等价于“必然非P”；

(4)“并非可能非P”等价于“必然P”。

2. 真势反对关系推理

必然P与必然非P之间、必然P与非P之间、必然非P与P之间是不能同真、至少一假、也可能同假的反对关系：如果其中一个真，那么另一个必假；如果其中一个假，那么另一个真假不定。因此，这几对判断之间的推理方向是从其中一个的肯定推出另一个的否定，但是不能从其中一个否定推出另一个是肯定还是否定。这样，基于反对关系的真势模态推理的有效式有：

(1) 从“必然P”可以推出“并非必然非P”；

(2) 从“必然非P”可以推出“并非必然P”；

(3) 从“必然P”可以推出“并非非P”即“P”；

(4) 从“非P”可以推出“并非必然P”；

(5) 从“必然非P”可以推出“并非P”；

(6) 从“P”可以推出“并非必然非P”。

上述所有从右到左的推理都是无效的推理。

3. 真势下反对关系推理

可能P与可能非P之间、可能P与非P之间、可能非P与P之间是不能同假、至少一真、也可能同真的下反对关系：如果其中一个假，那么另一个必真；如果其中一个真，那么另一真假不定。因此，这几对判断之间的推理方向是从其中一个的否定推出另一个的肯定，但是不能从其中一个肯定推出另一个是肯定还是否定。这样，基于下反对关系的真势模态推理的有效式有：

（1）从“并非可能P”可以推出“可能非P”；

（2）从“并非可能非P”可以推出“可能P”；

（3）从“并非可能P”可以推出“非P”；

（4）从“并非可能非P”可以推出“P”；

（5）从“非P”可以推出“可能非P”；

（6）从“并非非P”即“P”可以推出“可能P”。

上述所有从右到左的推理都是无效的推理。

4. 真势差等关系推理

必然P与P之间、P与可能P之间、必然P与可能P之间、必然非P与非P之间、非P与可能非P之间、必然非P与可能非P之间，这每一对判断的前后都蕴含后者：如果前者真，那么后者必真；如果前者假，那么后者真假不定。因此，这几对判断之间的推理方向是从前者的肯定推出后者的否定，也能从后者的否定推出前者的否定。这样，基于差等关系的真势模态推理的有效式有：

（1）从“必然P”可以推出“P”；

（2）从“P”可以推出“可能P”；

（3）从“必然P”可以推出“可能P”；

（4）从“必然非P”可以推出“非P”；

（5）从“非P”可以推出“可能非P”；

（6）从“必然非P”可以推出“可能非P”。

上述所有从右到左的推理都是无效的推理。

（二）侦查思维中的真势模态三段论

真势模态三段论由两个判断作为前提和一个判断作为结论，并且前提或者结论中包含真势模态判断的推理，包括纯真势模态三段论和混合真势模态三段论。纯真势模态三段论的前提和结论都是真势模态判断，混合真势模态三段论的前提含有非模态判断即实然/直言判断。真势模态三段论是所谓的真势模态谓词逻辑的重要内容，它是在直言三段论的基础上加上诸如必然、可能这样的模态算子构成的。因此，既要遵守直言三段论的推理规则，又要遵守真势模态算子的一些运算规则。

真势模态三段论应该遵守的总的原则就是前述的结论从弱原则。结论从弱原则的内容是：结论的模态不能强于前提中较弱的模态，即必然强于实然（直言），实然强于可能。这表明了一个这样的事实：必然要发生的事情在现实中是会出现的，而在现实中出现的事情当然就是具有可能性的；反之，如果某件事情没有出现可能性，那么它在现实中也不会出现，从而这样的事情也不是必然出现的。这一原则又可以细化为如下规则：

（1）遵守直言三段论的所有规则；

（2）两个前提必然，则结论为必然；

（3）前提都是模态判断但不都是必然判断，则结论只能是可能判断；

（4）前提一个必然一个直言，结论只能是必然或者直言；

（5）如果大前提必然而小前提肯定，或者小前提是必然否定判断时，结论可以是必然判断。

（三）侦查思维中的真势模态复合推理

1. 从“可能（P并且Q）”推出“可能P并且可能Q”

该有效推理式的意思是：如果P并且Q是可能的，那么P是可能的并且Q也是可能的。注意，运用可能世界理论不难证明，该有效推理式从右向左推也是无效的。

2. 从“必然P或者必然Q”推出“必然（P或者Q）”

该有效推理式的意思是：如果P是必然的或者Q是必然的，那么P或者Q就是必然的。注意，正如前文已经论述的那样，该有效推理式从右向左推是无效的。

3. 从“必然（P或者Q）”和“必然非P”推出“必然Q”

该有效推理式的意思是：如果P或者Q是必然的，并且非P是必然的，那么Q也是必然的。

4. 从“必然（如果P那么Q）”推出“如果必然P那么必然Q”

该有效推理式也被称为公理K，其意思是：如果P蕴含Q是必然的，那么必然P蕴含必然Q。

5. 从“必然（如果P那么Q）”和“必然P”推出“必然Q”

该有效推理式的意思是：如果P蕴含Q是必然的，并且P是必然的，那么Q也是必然的。

6. 从“必然（如果P那么Q）”和“必然非Q”推出“必然非P”

该有效推理式的意思是：如果P蕴含Q是必然的，并且非Q是必然的，那么非 P 也是必然的。

7. “必然（P 并且 Q）”等价于“必然 P 并且必然 Q”

该等价推理式是必然词对于合取的分配律，其意思是：一个联言判断是必然的，当且仅当该联言判断的每个支判断都是必然的。

8. “可能（P 或者 Q）”等价于“可能 P 或者可能 Q”

该等价推理式是可能词对于析取的分配律，其意思是：一个选言判断是可能的，当且仅当该选言判断的每个支判断都是可能的。

9. “P 必然蕴含 Q”等价于“必然（P 蕴含 Q）”

该等价推理式是对必然蕴含模态词的定义，其意思是：P 必然蕴含 Q，当且仅当，P 蕴含 Q 是必然的。

10. “必然（如果 P 那么 Q）”等价于“不可能（P 真而 Q 假）”

该等价推理式是对必然蕴含判断的定义，由现代模态逻辑创始人刘易斯为了避免实质蕴涵怪论提出的。其意思是：P 必然蕴含 Q，当且仅当，P 真而 Q 假是不可能的。

（四）侦查思维中的真势模态叠置推理

1. 从“必然 P”推出“必然必然 P”

该有效推理式称为公理 4，其意思是：如果 P 是必然的，那么必然 P 也是必然的。

2. 从“可能 P”推出“必然可能 P”

该有效推理式称为公理 5，其意思是：如果 P 是可能的，那么可能 P 是必然的。

3. 从“（事实）P”推出“必然可能 P”

该有效推理式称为公理 B，其意思是：如果 P 是实然的，那么可能 P 就是必然的。

三、侦查思维中的真势模态推理系统

真势模态推理系统也称真势模态演算系统，包括真势模态判断推理系统和真势模态谓词演算系统，它是在复合推理规则构成的演算系统和谓词推理规则构成的演算系统的基础上增加若干公理和初始规则直接扩张得到的正则推理系统。鉴于真势模态判断推理系统在侦查思维中运用得更加普遍，因此笔者在这里仅仅介绍真势模态判断推理系统。

（一）K 系统

K 系统是在判断推理规则构成的演算系统 P 的基础上增加 K 公理和初始规则 N 得到的，即：

K（系统）=P+K（公理）+N

K 公理的内容是：从前提“必然（如果 P 那么 Q）”推出“如果必然 P 那么必然 Q”。

初始规则 N 也称必然化规则，其内容是：如果某前提集能够推出结论“A”，那么从该前提集能够推出结论“必然 A”。

（二）D 系统和 T 系统

这两个真势模态判断推理系统都是在系统 K 的基础上增加不同公理得到的。

1. D 系统

D 系统是在真势模态判断推理演算系统 K 的基础上增加 D 公理得到的，即

D（系统）=K（系统）+D（公理）

D 公理的内容是：从前提“必然 P”推出“可能 P”。

因为 K（系统）=P+K（公理）+N，所以：

D（系统）=P+K（公理）+N+D（公理）

2. T 系统

T 系统是在真势模态判断推理系统 K 的基础上增加 T 公理得到的，即：

T（系统）=K（系统）+T（公理）

T 公理也称必然性公理，它的内容是：从前提“必然 P”推出“（事实）P”。

因为 K（系统）=P+K（公理）+N，所以：

T（系统）=P+K（公理）+N+T（公理）

（三）S4 系统、S5 系统、B 系统

这几个真势模态判断推理系统都是在系统 T 的基础上增加不同公理得到的。

1. S4 系统

S4 系统是在真势模态判断演算系统 T 的基础上增加公理 4 得到的，即

S4 = T（系统） +4

公理4的内容是：从前提“必然P”推出“必然必然P”。

因为T（系统） = P + K（公理） + N + T（公理），所以：

S4 = P + K（公理） + N + T（公理） +4

2. S5系统

S5系统是在真势模态判断推理系统T的基础上增加公理E得到的，即

S5 = T（系统） +5

公理5的内容是：从前提“可能P”推出“必然可能P”。

因为T（系统） = P + K（公理） + N + T（公理），所以：

S5 = P + K（公理） + N + T（公理） +5

3. B系统

B系统是在真势模态判断推理系统T的基础上增加公理B得到的，即

B（系统） = T（系统） + B（公理）

公理B的内容是：从前提“（事实）P”推出“必然可能P”。

因为T（系统） = P + K（公理） + N + T（公理），所以：

B（系统） = P + K（公理） + N + T（公理） + B（公理）

第二节　侦查思维中的规范模态推理

在侦查思维中，无论犯罪嫌疑人的言行还是侦查人员的侦查活动都必须受到相应的法律规范甚至道德规范的制约。侦查工作本质上是一种执法活动，它本身也必须遵守法律的要求。由于法律本身的规范性特征，法律条文天然地表现为规范判断。侦查人员在依据相关的法律条文决定是否对犯罪嫌疑人采取强制措施以及采取何种强制措施时，必须结合已经查明的犯罪事实进行推理。关于这些法律规范的推理就是所谓的规范模态推理。规范模态推理的两个出发点：（1）法律规范和真值规范的类似；（2）法律规范是行为的规范。

但是规范模态也有不同于真值模态之处。真值模态中适用的排中律和矛盾律不适用于道义模态，也不能从一个判断的真推出该判断是应该的，拒绝了真值模态中“从有到可能”的法则。根源不同在于，规范模态主要指向行动，而真势模态主要指向事物。

一、侦查思维中的规范模态判断和理想世界

（一）侦查思维中的规范模态判断及其类型

规范模态判断也称道义模态判断，是指含有“必须”“禁止”“允许”等规范模态词以约束人们的言行的判断。规范模态判断的特征是：规范模态判断在内容上明确规定具有某种特征的个人或者组织在相关条件下必须履行或者可以履行或者不履行的某种行为；规范模态判断都具有一定的权威性和强制性，要求任何个人或组织严格遵守，否则可能承担相应的法律后果；由于道义模态判断规定和约束的是人们的行为，因此构成道义模态判断的非模态判断是陈述行为的判断，而不是陈述事物具有某种属性的判断；规范模态判断只有是否合理、是否恰当、是否被遵守的问题，而没有真和假的问题。也就是说，评价规范模态判断的真假标准不是是否真实，而是是否有效。根据规范模态判断本身是否包含其他判断，分为简单规范模态判断和复合规范模态判断。

1. 简单规范模态判断

根据含有的规范模态词的不同，简单规范模态判断包括三类：必须判断、禁止判断和允许判断。

必须判断是含有“必须”“应该”“一定”“有义务”等规范词，以规定某种行为必须实施的判断，它陈述了在法律上、道德上作为的义务。

禁止判断是含有“禁止”“不得”“不准”“不能”等规范词，以规定某种行为不得实施或者不能实施的判断，它陈述了在法律上、道德上不作为的义务。

允许判断是含有“可以”“允许”“准予”“有权”等规范词，以规定某种行为允许实施或者允许不实施的判断，它陈述了在法律上、道德上作为或者不作为的权利。在法律条文中，表达权利的条款都是允许判断。

表现为必须判断和禁止判断的法律规范基本上都是强制性规范；表现为允许判断的法律规范介于必须判断和禁止判断之间，人们可以实施，也可以不实施，因此它不是强制性规范。

从结构形式上看，规范模态判断由规范词和子判断构成，子判断陈述行为主体实施或者不实施某种行为。规范模态判断主要大量地存在于现行法律法规之条文之中。

2. 复合规范模态判断

现行法律条文一般都表现为复合规范模态判断，极少表现为简单模态规范判断。根据包含的联结项的不同，复合规范模态判断可以分为联言规范模态判断和假言规范模态判断。

联言规范模态判断一般由“并且”这样的联言联结项联结至少两个简单规范模态判断而成，可以表示为：应当/可以/禁止 P 并且应当/可以/禁止 Q。

例如：

审判人员、检察人员、侦查人员不得接受当事人及其委托的人的请客送礼，不得违反规定会见当事人及其委托的人。(《中华人民共和国刑事诉讼法》第三十条第一款)

公安机关经过侦查，对有证据证明有犯罪事实的案件，应当进行预审，对收集、调取的证据材料予以核实。(《中华人民共和国刑事诉讼法》第一百一十六条)

假言规范模态判断一般由“如果……，那么……”这样的假言联结项联结至少两个简单规范模态判断而成，可以表示为：如果 P，那么应当/可以/禁止 Q。它的前件一般是实态判断（直言判断），后件一般是简单规范模态判断，或者这样的若干个简单规范模态判断的合取，或者这样的若干个简单规范模态判断的析取。

例如：

公安机关或者人民检察院发现犯罪事实或者犯罪嫌疑人，应当按照管辖范围，立案侦查。(《中华人民共和国刑事诉讼法》第一百零九条)

任何单位和个人发现有犯罪事实或者犯罪嫌疑人，有权利也有义务向公安机关、人民检察院或者人民法院报案或者举报。(《中华人民共和国刑事诉讼法》第一百一十条第一款)

当事人和辩护人、诉讼代理人、利害关系人对于司法机关及其工作人员有下列行为之一的，有权向该机关申诉或者控告：

(一) 采取强制措施法定期限届满，不予以释放、解除或者变更的；

(二) 应当退还取保候审保证金不退还的；

(三) 对与案件无关的财物采取查封、扣押、冻结措施的；

(四) 应当解除查封、扣押、冻结不解除的；

(五) 贪污、挪用、私分、调换、违反规定使用查封、扣押、冻结的财物的。(《中华人民共和国刑事诉讼法》第一百一十七条)

（二）侦查思维中的规范模态判断的真值与理想世界

规范模态判断的真值在于其是否有效。这就涉及一个与前述的可能世界相似的概念——理想世界。在这个理想世界中，人人时时刻刻都是遵守法律的。由于这种情况在现实中很难实现，因此它仅仅存在于人们的理想之中。现实世界也是理想世界中的一个特例，它有自己的法律规范，只是不是人人时时刻刻都遵守法律而已。仿照前述可能世界理论中的可达关系，可以提出道义可达关系的概念。一个理想世界 W_i 可达另一理想世界 W_j，当且仅当，在 W_i 中成立的法律道德规范在 W_j 中也成立。W_i 可达 W_j，记为 W_iRW_j 或者 RW_iW_j。在 W_i 成立的法律道德规范在 W_j 中也成立，意味着 W_j 比 W_i 在道义方面实施得更加理想，在 W_i 应该做的在 W_j 中都做了，而在 W_i 中禁止做的在 W_j 中都没有做。

根据理想世界理论，可以确定道义模态判断的真值：（1）必须判断“必须P”在理想世界 W_i 中为真，当且仅当，行为 A 在 W_i 可达的所有理想世界中都为真；（2）禁止判断“禁止 P”在理想世界 W_i 中为真，当且仅当，行为 A 在 W_i 可达的所有理想世界中都为假；（3）允许判断“允许 P”在理想世界 W_i 中为真，当且仅当，行为 A 在 W_i 可达的至少一个理想世界中为真。

由于“禁止 P”等价于“必须非 P”，“禁止非 P”等价于“必须 P”，因此规范模态判断可以划归为四种：必须 P、必须非 P、允许 P、允许非 P。

二、侦查思维中的规范模态推理

（一）侦查思维中的规范模态直接推理

规范模态直接推理主要是指规范模态对当推理。与前述的直言判断之间的对当关系类似，必须判断、允许判断之间也存在某种真假制约关系。根据这种真假制约关系，可以从其中一个判断的真假推出另一个判断的真假。

1. 规范矛盾关系推理

必须 P 与允许非 P 之间、必须非 P 与允许 P 之间是不能同真，也不能同假的矛盾关系：如果其中一个真，那么另一个必假；如果其中一个假，那么另一个必真。因此，这几对判断之间的推理方向是从其中一个的肯定推出另一个的否定，也能从其中一个的否定推出另一个的肯定。也就是说，这两对矛盾判断中的一个的否定就等价于另一个的肯定，反之亦然。这样，基于矛盾关系的规范模态推理的有效式有：

（1）“并非必须 P”等价于“允许非 P”；

（2）“并非必须非 P”等价于“允许 P”；

（3）“并非允许 P”等价于“必须非 P”；

（4）“并非允许非 P”等价于“必须 P”。

2. 规范反对关系推理

必须 P 与必须非 P 之间是不能同真、至少一假、也可能同假的互斥关系：如果其中一个真，那么另一个个必假；如果其中一个假，那么另一真假不定。因此，这对判断之间的推理方向是从其中一个的肯定推出另一个的否定，但是不能从其中一个否定推出另一个是肯定还是否定。这样，基于反对关系的规范模态推理的有效式有：

（1）从“必须 P”可以推出“并非必须非 P”；

（2）从“必须非 P”可以推出“并非必须 P”。

上述所有从右到左的推理都是无效的推理。

3. 规范下反对关系推理

允许 P 与允许非 P 之间是不能同假、至少一真、也可能同真的相容关系：如果其中一个假，那么另一个必真；如果其中一个真，那么另一真假不定。因此，这对判断之间的推理方向是从其中一个的否定推出另一个的肯定，但是不能从其中一个肯定推出另一个是肯定还是否定。这样，基于下反对关系的规范模态推理的有效式有：

（1）从“并非允许 P”可以推出“允许非 P”；

（2）从“并非允许非 P”可以推出“允许 P”。

上述所有从右到左的推理都是无效的推理。

4. 规范差等关系推理

必须 P 与允许 P 之间、必须非 P 与允许非 P 之间，这每一对判断的前后都蕴含后者：如果前者真，那么后者必真；如果前者假，那么后者真假不定。因此，这几对判断之间的推理方向是从前者的肯定推出后者的否定，也能从后者的否定推出前者的否定。这样，基于差等关系的规范模态推理的有效式有：

（1）从“必须 P”可以推出“允许 P”；

（2）从“必须非 P”可以推出“允许非 P”；

（3）从“并非允许 P”可以推出“并非必须 P”；

（4）从“并非允许非 P”可以推出“并非必须非 P”。

如前所述，在真势模态推理中，从必然P可以推出P，从P可以推出可能P。但是，在规范模态推理中，能否进行类似的推理呢？如果必须P可以推出P，那就意味着所有必须做的都是现实已做的。但是，实际上，很多法律规定必须做的事情，在现实中并未完全做到，否则就不存在违法犯罪了。所以，不能从必须P推出P。同理，如果P可以推出允许P，那就意味着所有现实已做的都是允许做的。但是，实际上，很多已做的事情都是违法犯罪、为法律所不允许的事情。所以，也不能从P推出允许P。正是这一点，体现了真势模态对当推理和规范模态对当推理的不同之处——这是尤其值得注意的地方。

（二）侦查思维中的规范模态三段论

在决定是否对犯罪嫌疑人采取强制性措施以及采用何种强制措施时，规范模态三段论因其法律规范明确、推理具有必然性而被侦查人员大量运用。规范模态三段论是以法律规范作为大前提，以直言判断作为小前提，借助于中项的作用，得出一个法律规范判断作为结论的演绎推理。

1. 纯规范三段论

纯规范三段论是指两个前提和结论都是规范模态判断的三段论推理。除了遵守直言三段论的所有推理规则外，还得遵守前述的“结论从弱”原则：前提都是必须判断的，结论可以是必须判断，也可以是允许判断；前提一个是必须判断，一个是允许判断的，结论只能是允许判断。

2. 混合规范三段论

混合规范三段论是指大前提和结论都是规范模态判断，而小前提是直言判断的三段论推理。其一般形式为：

所有M必须/允许P（或者非P），所有S都是M，所以，所有S必须/允许P（或者非P）。

（三）侦查思维中的规范模态条件推理

1. 必须条件推理

根据必须判断所涉及的行为之间的条件关系进行的演绎推理。

（1）由必须到必须

如果A是必须，而B是A的必要条件，则B也是必须的。也就是从OA和A→B推出OB。

（2）由必须到禁止

如果 A 是必须的，而 B 是非 A 的充分条件，则 B 是禁止的。也就是从 OA 和 B→ ¬A 推出 FB。

2. 禁止条件推理

根据禁止判断所涉及的行为之间的条件关系进行的演绎推理。

（1）由禁止到禁止

如果 A 是禁止的，而 B 是 A 的充分条件，则 B 也是禁止的。也就是从 FA 和 B→A 推出 FB。

（2）由禁止到必须

如果 A 是禁止的，而 B 是非 A 的必要条件，则 B 是必须的。也就是从 FA 和 ¬A→B 推出 OB。

3. 允许条件推理

根据允许判断所涉及的行为之间的条件关系进行的演绎推理。

（1）由允许到允许

如果 A 是允许的，而 B 是 A 的必要条件，则 B 也是允许的。也就是从 PA 和 A→B 推出 PB。

（2）由允许到允许不

如果 A 是允许的，而 B 是非 A 的充分条件，则非 B 是允许的。也就是从 PA 和 B→ ¬A 推出 P ¬B。

第十章 侦查思维中的溯因推理和侦查假说

在侦查思维中，为了解释某种案件事实，侦查人员必须探究导致该案件事实产生的原因，这其中就会运用到溯因推理。溯因推理的结论表现为一个侦查假说，而且溯因推理是形成解释性侦查假说最常用的推理。此外，直觉思维方法对于形成侦查假说也具有重要的作用。

第一节 侦查思维中的溯因推理

在侦查中，刑事犯罪活动一般是在比较隐蔽的状态下进行的，而且整个犯罪事件又不具有可重复的特征。也就是说，从时间上看，侦查活动开始于犯罪活动发展之后，犯罪事实是时态上的“过去时”，是已经成为过去的历史。侦查人员不太可能目睹整个犯罪活动发生的全过程，只能从犯罪行为遗留下的犯罪事实出发，通过一系列侦查活动，来反推、追溯导致这些犯罪事实的可能原因。这种由现有案情事实逆向推导其产生的可能原因的推理就是溯因推理。

一、侦查思维中的溯因推理概述

（一）侦查思维中的溯因推理的含义

关于溯因推理的定义，目前学界尚未形成统一的认识。概括起来，学者们提出的关于溯因推理定义的观点包括因果说、相关说、理由说、前提说、推断说等。其中，因果说在学界最为流行，它认为溯因推理是从结果探究其原因的推理，所以也称溯因推理；至于推断说，波兰著名的法律逻辑学家齐姆宾斯基在其1976年出版的《法律应用逻辑》一书中认为：“（人们通常认为，）溯因推理是这样一种推理，它的前提是由结论推出来的。但是这一定义还必须做出如下补充：推理的前提不是仅仅由结论逻辑地推出来的，而是由结论和通常被省略的其他前提结合起来逻辑地推出来的。这涉及被省略的前提结合结论与已有前提之间的联系。”①

周安平教授在分析上述五种溯因推理定义的基础上，认为溯因推理是依据思维者的背景知识，借助假言推理的肯定后件式，由后件出发过渡到前件的逻辑推理。② 张学立教授辩证地分析了每种定义的优点和不足，给出了自己对于溯因推理的定义：溯因推理是从已知事实出发，结合侦查人员的背景知识，借助假言推理的肯定后件式，由后件出发过渡到前件的一种非归纳的或然性推理。③

笔者认为，可以从广义和狭义两个方面理解溯因推理。广义的溯因推理是从思维进程和思维方法的角度界定的，它是根据事物发展过程所造成的既有事实，推断导致该结果的一系列未知条件或者因素的整个思维进程；而狭义的溯因推理是从推理的角度界定的，它是从现有结果反推其可能原因的一种推理。限于篇幅和主题，笔者在这里采用狭义的溯因推理定义。笔者认为，溯因推理是以现有案情事实为起点，反推能够导致它的可能原因的推理，是一种由果到因的倒退式或然性推理。由果到因的推理是“通过援引反映某因果联系的判断，以及反映该因果联系中作为结果的事件存在的判断，进而推出一个结论”④。

例如，在某案件的侦查中，侦查人员在抓捕犯罪嫌疑人朱某后，用宿迁话与犯罪嫌疑人朱某交谈，犯罪嫌疑人朱某开口竟然说的也是正宗的宿迁话。远在千里之外的犯罪嫌疑人朱某一开口说的竟然是宿迁话！如何解释这个十分反常的现象？警方推理：如果犯罪嫌疑人是土生土长的宿迁籍人，那么他在毫无戒备的情况下脱口而出的就是宿迁话。据此，警方得出结论：犯罪嫌疑人朱某很可能是土生土长的宿迁籍人。警方这里就是以现有反常现象为推理起点，推出了导致这一反常现象的可能原因。当然，如果所谓的反常现象能够得到合理解释，那么反常现象也就不再是反常现象了。

溯因推理在侦查思维中的应用极其广泛，对于侦查思维工作具有特殊的作

---

① 张世萍、廖怀高：《略论溯因推理》，载《九江师专学报（哲学社会科学版）》2002 年第 4 期。

② 周安平：《论溯因推理》，载《晋阳学刊》1994 年第 2 期。

③ 张学立：《溯因推理独立存在的合理性问题探究》，载《信阳师范大学学报（哲学社会科学版）》2004 年第 10 期。

④ 周建武：《逻辑学导论——推理、论证和批判性思维》，清华大学出版社 2013 年版，第 304 页。

用，以至于刑事侦查人员特别是破案专家对此都倍加推崇。溯因推理是侦查思维中最常用的一种推理，而且可以相当有效地反推出案情事实，可以说是侦查人员不可或缺的思维工具。著名侦探福尔摩斯就曾说过："我已经对你说过，凡是异乎寻常的事物，一般都不是什么阻碍，反而是一种线索。在解决这类问题时，最主要的事情就是能够用推理的方法，一层层地溯因推理。这是一种很有用的本领，而且也是很容易的，不过，人们在实践中却不常应用它。在日常生活中，向前推理的用处大些，因此人们也就往往容易忽略溯因推理这一层。如果说有五十人能够从事物的各个方面加以综合推理的话，那么，能用分析的方法推理的，不过是个把人而已""大多数人都是这样：如果你把一系列的事实对他们说明以后，他们就能把可能的结果告诉你，他们能够把这一系列事实在他们脑子里联系起来，通过思考，就能得出个什么结果来。但是，有少数人，如果你把结果告诉了他们，他们就能通过他们内在的意识，推断出所以产生这种结果的各个步骤是什么。这就是在我说到'溯因推理'或者'分析的方法'时，我所指的那种能力。"①

如同溯因推理的定义未形成共识一样，溯因推理的形式和类型也尚未形成共识。当然，溯因推理的形式和类型取决于对溯因推理的界定。溯因推理的提出者皮尔斯将溯因推理称为"外展法"，并明确指出："尽管外展法很少受到逻辑规则的约束，但是仍然是逻辑的推理。诚然，其结论只具有或然性或者猜测性，不过它仍然有完整的、确定的逻辑形式。"② 美国科技哲学家 N. R. 汉森则明确地将溯因推理的形式表示为：

某一令人惊异的现象 P 被观察到；

如果 H 是真的，那么 P 理所当然地得到解释；

所以，有理由认为 H 是真的。③

溯因推理的这一模式就是"皮尔斯—汉森模式"。

也有学者认为溯因推理的形式可以表示为：

一般情况下，如果 A 发生，那么 B 将发生；

在某一具体情况下，B 发生；

所以，在某一具体情况下 A 可能发生。④

---

① ［英］阿瑟·柯南·道尔：《血字的研究》，人民文学出版社 2013 年版，第 119 页。

② ［美］N. R. 汉森：《发现的模式》，邢新力等译，中国国际广播出版社 1988 年版，第 93 页。

③ ［美］N. R. 汉森：《发现的模式》，邢新力等译，中国国际广播出版社 1988 年版，第 93 页。

④ 周建武：《逻辑学导论——推理、论证和批判性思维》，清华大学出版社 2013 年版，第 304 页。

除此之外，溯因推理的形式还有齐姆宾斯基模式、波利亚模式等。在比较各种溯因推理形式的基础上，笔者倾向于赞同何向东教授提出的模式，即溯因推理的形式为：

E　　　　　　　　（待解释的案件事实）

如果H，那么E　　（关于猜测的原因可以解释待解释的案件事实）

所以，可能H　　　（关于原因的猜测可能成立）

就溯因推理的独立性问题而言，有学者认为溯因推理是一种独立的推理类型。① 还有学者从心理学、逻辑学、哲学角度论述了溯因推理是一种独立的推理类型。② 有学者在将溯因推理与演绎推理、（狭义）归纳推理、类比推理进行全面的比较后认为溯因推理是一种独立的、特殊的不同于演绎推理、归纳推理和类比推理的新的推理类型。③ 有学者提供了溯因推理独立的理论依据和经验证据。④ 有学者认为溯因推理不是独立的推理，因为它或者可以划归为演绎推理（就其推理形式而言），或者可以划归为广义的归纳推理（就结论的或然性而言）。

笔者倾向于赞同实战部门同志的看法，即溯因推理不是一种独立的推理类型，而是假言推理直言推理乃至假言推理的特殊形态。这是因为，从推理形式上看，溯因推理的形式采用的是假言直言推理肯定后件或然式。

至于溯因推理形式的有效性问题，有学者甚至多数逻辑学者认为溯因推理采用的是假言直言推理的肯定后件式，因此溯因推理在形式上是无效的；有学者认为溯因推理的形式是有效的。比如，有学者在给出了溯因推理的新形式后，认为溯因推理从形式上看是普遍有效的。⑤ 有学者从模态推理和古典必然性推理的两个角度论证了溯因推理是一种必然性推理。⑥ 有学者从现代模态逻辑的角度论述了溯因推理在形式上是有效的，是一种必然性推理；但是，即使溯因推理形式是有效的，其结论也是或然的。⑦ 也有学者认为“溯因推理不是一种必然性推理，但是在一定条件下可以转化为必然性推理。这个条件就是在前提中穷尽引起某种

---

① 周光明：《论溯因推理》，载《求是》1997 年第 1 期。

② 张世萍、廖怀高：《略论溯因推理》，载《九江师专学报（哲学社会科学版）》2002 年第 4 期。

③ 张学立：《溯因推理新探》，载《黔南民族师范学院学报》2004 年第 1 期。

④ 张世萍、廖怀高：《略论溯因推理》，载《九江师专学报（哲学社会科学版）》2002 年第 4 期。

⑤ 李延铸：《溯因推理的逻辑结构和逻辑性质》，载《社会科学研究》1991 年第 6 期。

⑥ 张学立：《溯因推理的逻辑形式及其有效性判定》，载《西南师范大学学报（哲学社会科学版）》1996 年第 1 期。

⑦ 张学立：《溯因推理——一种独立的推理类型》，载《贵州社会科学》1998 年第 1 期。

结果的一切原因，在引起某种结果的各种原因中，如果能将可能引起某种结果的其他原因一一排除掉，留下一个唯一的原因，这个唯一的原因就是真正的原因。于是，溯因推理就从或然性推理转换为必然性推理”①。

笔者粗浅地认为，多数逻辑学者认为溯因推理是无效的，乃是因为他们将溯因推理的结论表述为一个实态（直言）判断“P”。如果采用或然性判断“可能P”作为溯因推理的结论，将正如一些学者主张和论证的那样，溯因推理在形式上是有效的，只是其结论是或然性判断而已。

（二）侦查思维中的溯因推理的要素

从溯因推理的上述形式结构可以看出，侦查思维中的溯因推理包括大前提、小前提和结论等要素。

1. 侦查思维中的溯因推理的大前提：关于已知案情事实的判断

该前提是溯因推理的大前提，也是溯因推理的起点，没有此前提就无所谓溯因推理。从形式上看，溯因推理的大前提一般表现为单称肯定判断。

2. 侦查思维中的溯因推理的小前提：断言案情事实之间存在因果关系的假言判断

该前提是溯因推理的小前提，也是溯因推理所依据的一般性知识；从形式上看，它一般表现为假言判断，它的前件和后件分别是可能原因的猜测和已知案情事实。此前提是溯因推理中基本性的前提，它表述了溯因推理的推理根据。

对于溯因推理的小前提陈述的内容，有学者认为是陈述因果关系的判断，有学者认为是陈述条件关系的判断，有学者认为是陈述相关关系的判断，有学者认为是陈述推断关系的判断。② 笔者认为，溯因推理的小前提是断言前件和后件之间存在因果关系的假言判断。

3. 侦查思维中的溯因推理的结论：对导致已知案情事实的可能原因进行猜测的或然性判断

溯因推理的结论就是对导致已知案情事实的可能原因的一种猜测，在形式上它表现为一个或然性判断。“可能”作为一种模态，可以分为客观模态和主观模态。无疑，溯因推理结论中的模态“可能”表示的是主观的模态，它只是在主观的意义

---

① 周建武：《逻辑学导论——推理、论证和批判性思维》，清华大学出版社2013年版，第304～305页。
② 孙再思：《关于溯因推理的几个问题》，载《求是学刊》1994年第5期。

上被使用，只是一个标志着对溯因推理的结论可以在一定程度上相信的概念，反映了一种不十分肯定的认识。从逻辑上说，当“Q”和“如果P，那么Q”真时，只是给侦查人员思维中断定“P”可能真提供了某种支持，只为侦查人员在某种程度上相信“P”可能真提供了证据，因为“Q”真只表明了“P”真的一种可能性，而不是在事实上肯定“P”真。在未经证实或者确证之前，溯因推理的结论都存在可信度问题，而且这种可信度有高低之分。基于证据支持程度的不同，溯因推理的结论的可信度或者可靠度可以借助于概率等定量分析工具进行描述或者刻画。

因此，对于溯因推理的结论“可能P”，应该按照日常生活中的实际意义来加以理解，即当我们断言可能P时，意味着P可能成立，也可能不成立。这不同于现代正则模态逻辑中的模态词“可能”的含义。因为在现代正则模态逻辑中，可能P并不意味着可能非P，所以有学者认为溯因推理的结论只是提供一种可能性，不能真正确认。[①]

（三）侦查思维中的溯因推理的特征

侦查思维中的溯因推理具有推理进程的逆向性、推理规则的灵活性和推理结论的或然性三个基本特征。

1. 推理进程的逆向性

溯因推理是从已知案情事实（Q）出发，借助于背景知识（如果P，那么Q）去逆向推可以导致该已知案情事实的可能原因（可能P）。这种思维的方向正好与人们常规思维的方向相反。一般而言，人们习惯于根据事物之间的规律性知识，从条件出发去探求结果。而溯因推理却是以已知事实为起点，借助于相关背景知识，去逆向推导使得已知事实产生的可能原因。这类似于数学中的倒推分析法，即从待解释的事实出发，通过分析各种背景知识和初始条件，一步步往回探索，从而发现或者选择能够对已知事实提供最佳解释的侦查猜测，这与常规思维过程相反，有利于破除思维定式。

一般说来，侦查工作始于刑事案件发生之后。侦查人员通常面对的是既有案情事实，而需待探索的则是作为能够导致这一结果的可能原因的其他相关案情事实。侦查人员只能根据已知的客观存在的犯罪事实开展侦查工作。刑事个案诸要素之间的因果关系是进行溯因推理的客观依据。从这个意义上讲，整个侦查思维

---

① 周安平:《溯因推理与侦查猜测》，载《江西公安专科学校学报》1999年第9期。

的过程实际上就是根据既有案情事实，去反推足以导致既有案情事实的一系列可能原因的过程。

2. 推理规则的灵活性

运用溯因推理去探究既有案情事实产生的可能原因，所受的逻辑规则的约束较小，因而灵活性较大，是一种很具创新思维的推理方法。有些案件发生的机制具有非观察性，不可进行直接的经验描述，对它们的认识只能是大胆地进行创造性的猜测。对于这一点，很多哲学家和科学家都给予了充分的肯定。当代著名的科学哲学家亨佩尔这样高度评价溯因推理的创造性："从材料到理论的过渡需要创造性的想象力。科学假说与科学理论不是从观察事实中导出，而是被发明出来借以解释这些事实的。它们包含着对所研究的现象之间可能具有的联系的猜测。"① 其实，不仅科学研究中的溯因推理如此，侦查思维中的溯因推理同样如此。有学者认为，溯因推理是最能体现创造性也最需要侦查人员发挥创造性的推理方法——此言有理。

溯因推理具有相当大的灵活性，甚至给人一种"自由创造"的直觉、顿悟之感。有人据此认为溯因推理是非逻辑的、纯直觉的。这是错误的。无疑，溯因推理是侦查思维这种创造性活动的主要形式之一，从现有已知案情事实到其可能原因的探索确实没有唯一的逻辑通道，也不可能遵循纯逻辑的固定程序来推理，而是需要侦查活动的主体——侦查人员发挥其创造性思维能力，透过现象挖掘其内在本质，揭示其深层机理。如果没有创造性的思维活动，侦查人员确实难以找到隐藏于案件事实背后的本质。但是，需要借助于创造性思维的溯因推理并不因此而是非逻辑的和纯直觉的。这主要是因为溯因推理也是一项以相关科学原理为指导，以侦查人员已经掌握的、查证属实的案情事实材料为依据的理性思维活动。在侦查思维中，虽然侦查人员借助于直觉、想象等方式也可能产生侦查猜测，但是有的侦查猜测一闪而过，旋即被侦查人员抛弃，而有的侦查猜测被侦查人员保留下来并最终予以证实，这不能不说溯因推理是具有较强的理性的。也就是说，侦查人员提出并坚持某一侦查猜测，多是运用了溯因推理等推理方法才得以实现，溯因推理并非某种超逻辑的、纯心理学的东西。

3. 推理结论的或然性

虽然推理在形式上是有效的，但是其结论是一个或然性判断"可能 P"。侦

---

① ［美］C. G. 亨佩尔：《自然科学的哲学》，陈维杭译，上海科学技术出版社 1986 年版，第 16～17 页。

查思维中的溯因推理的结论的或然性可以从两个方面来理解。

（1）溯因推理的形式决定了溯因推理结论的或然性。

从理论上看，对于小前提假言判断而言，即使后件被大前提已知案情事实所肯定而在事实上真实，也不能据此推出小前提的前件也在事实上真实，而是可能真实，也可能不真实。基于此，溯因推理的结论只能是或然性判断，而不能是实态直言判断。齐姆宾斯基指出："我们从真前提出发而得出假结论不是不可能的，但我们有理由期望结论是真的，这样的推理就是或然推理。"① 由于能够蕴含后件的前件往往并非只有一个，因此即使小前提中的前件不成立，其他的可能原因仍然可以蕴含后件从而使得小前提仍然成立。

（2）侦查思维的推测性决定了溯因推理结论的或然性。

侦查思维工作主要是在犯罪嫌疑人逃离现场以后才开始展开的。只有通过现场勘查、调查访问来收集案情材料，并在此基础上，对收集到的材料进行分析和研究，才能推断犯罪嫌疑人的特征、条件等。在侦查开始阶段，不仅很难把与案件有关的材料全部收集，而且对已经收集到的材料真假也一时难以分清，加上现场的人为或自然的破坏等因素都使得侦查人员很难作出必然性、确定性的结论。从现实来看，受认识能力、客观物质条件以及推理者的背景知识等因素的限制，溯因推理的结论只能是或然性判断。结论以或然性判断的形式出现，有利于防止侦查人员过于武断或者草率地做出断言，避免造成冤假错案，留下检验和修正结论的空间和必要性。

二、侦查思维中的溯因推理的主要类型和缺点

（一）侦查思维中的溯因推理的主要类型

关于溯因推理的类型，有学者将溯因推理分为联言式溯因推理和选言式溯因推理两种类型和五种模式。② 有学者认为除了具有可能原因式之外，还有必要条件式、充要条件式乃至二难式。③ 有学者将溯因推理分为联言式、选言式和假言式三种类型，假言式溯因推理又可以分为可能原因溯因推理、必要条件溯因推

① ［波兰］齐姆宾斯基：《法律应用逻辑》，刘圣恩等译，群众出版社1988年版，第168页。

② 周安平：《论溯因推理》，载《晋阳学刊》1994年第2期。

③ 朱武：《侦探的智谋》，南京出版社1995年版，第106～109页。

理、充要条件溯因推理。[①] 有学者在将溯因推理分为一般溯因推理和特殊溯因推理的基础上，给出了前者的两种形式和后者的三种形式。[②] 有学者认为溯因推理可以分为简单式和复杂式两种类型。[③] 意大利哲学家安伯托·艾科（Umberto Eco，1932～2016）将溯因推理分为直接型、竞争假说型、创造型、元溯因推理型四种类型；英国逻辑学家保罗·萨罗德（Paul Thagrand）将溯因推理分为简单型、存在型、类比型、形成规则型四种类型；舒姆认为这两人的分类是各自独立的，并将这两人分类结果结合起来，形成16种溯因推理类型。[④] 有学者提供了溯因推理从强到弱的五个推理模式。[⑤]

上述分类无疑是具有创新性的意义，但是存在分类标准混乱不一、实用性不大等问题。笔者认为，从侦查思维的实际出发，根据结构形式的不同，侦查思维中的溯因推理可以分为多元溯因推理、多级溯因推理、并案归纳溯因推理等类型。

1. 多元溯因推理

由于导致已知案情事实的可能原因的复杂多样性，进行溯因推理时应该考虑到各种可能性，这就要求侦查人员可以对导致同一已知案情事实的可能原因作出多种可能性猜测，这种溯因推理就是多元溯因推理。它的结构形式可以表示为：

Q 成立；

如果 P_1 成立，那么 Q 成立；

如果 P_2 成立，那么 Q 成立；

……

如果 P_n 成立，那么 Q 成立；

所以，（P_1 或者 P_1……或者 P_n）可能成立。

由于某案情事实的产生总是在特定因素、特定条件下作用的结果，侦查人员应该找出其真正机理。多元溯因推理的优势在于侦查人员可以根据其他已经查明的案件事实，运用其他推理方法，在比较多元解释优劣的基础上，进行筛选或者排除，以求揭露案件发生的最终真正原因。为了提高多元溯因推理的结论的可靠

① 王源生：《溯因推理的另类研究》，载《湘潭师范学院学报（社会科学版）》2002年第7期。

② 周继祥、刘玉兰：《溯因推理及其在侦查工作中的运用》，载《山东警察学院学报》2005年第5期。

③ 柴学友、朱武：《职务犯罪侦查逻辑》，中国检察出版社2009年版，第114～115页。

④ 梁庆寅、陈涛：《溯因推理在法律实践中的应用》，载《福建论坛》2009年第6期。

⑤ 张学立等：《刑事侦查中的溯因推理探微》，载《信阳师范学院学报（哲学社会科学版）》2008年第2期。

性，要确保所谓的多元可能原因之间是互斥和穷尽的。“穷尽”有两种方法。一种是绝对穷尽，即用逻辑方法穷尽一切可能。只要按同一标准划分，就有穷尽一切的可能。另一种是相对穷尽，即具体案件下的穷尽。在这种情形下，有的情况比较复杂，需要在排除其他情况后保留全部现实可能的情形。

例如，某地十余年前发生一起故意杀人案，犯罪嫌疑人朱某因为一时口角挥刀杀死了吴某。之后，犯罪嫌疑人朱某畏罪潜逃，杳无音信，宛如人间蒸发，公安机关数次追捕未果。十余年后的一天，一直负责侦办此案的专案组获得了一条重要线索：平时不出门的朱某的老母亲竟然坐上了从南京飞往昆明的飞机。朱某家经济并不富裕，其母亲平时更是省吃俭用，基本上不出门，为何这次要坐飞机到昆明呢？专案组根据常理进行溯因推理：家境并不富裕、平时更是省吃俭用、基本上不出门、年龄很大的朱某母亲从南京坐上了飞往昆明的飞机，有三种前件可以解释：朱某母亲去昆明探亲、旅游和见人。很明显，侦查人员这里的穷尽就是相对穷尽。①

2. 多级溯因推理

由于导致已知案情事实的可能原因的复杂多级性，侦查人员可以对导致同一案情事实的可能原因在不同层次上逐级向上追溯，这种溯因推理就是多元溯因推理。它的结构形式可以表示为：

Q 成立；

如果 P_1 成立，那么 Q 成立；

如果 P_2 成立，那么 P_1 成立；

……

如果 P_n 成立，那么 P_{n-1} 成立；

所以，P_n 可能成立。

侦查人员所探究的客观世界是普遍联系和永恒发展的，在其发展过程中形成的因果关系具有阶段性和层次性。与此相应的是，侦查人员对于案件本质或者规律的认识因受各种主、客观因素的制约也势必表现出阶段性和层次性。这样，随着获取的事实材料逐渐丰富，侦查人员对于某一案情事实的可能原因的认识也逐渐由浅入深，逐步深化。多级溯因推理的优势在于侦查人员可以探究案件事实产生的根本条件和终极原因，便于认定责任，采取防范对策，运用其他侦查措施。

---

① 本案详见第七章第二节。

在侦查思维中，到底追溯到哪一级，取决于侦查工作的实际需要、侦查人员的思维水平和客观认知条件等多种主客观因素。

例如，在一起故意杀人碎尸案件中，一名驾驶员张某回忆说，他在看到乘坐其出租车的男子将一只大旅行箱搬放到车子的后备厢里时有些吃力，就想帮其一把，结果被该男子拒绝。侦查人员据此进行溯因推理：如果该男子的大旅行箱装的是不想让人知道的物品，那么该男子会拒绝别人善意的帮助；如果该男子的大旅行箱装的是对其不利的隐秘物品，那么该男子不希望他人知道该物品；如果该男子的大旅行箱装的是犯罪行为留下的物品，那么该物品对该男子不利；如果该男子的大旅行箱装的是该碎尸案件中尚未寻获的其他尸块，那么该物品是犯罪行为留下的物品。所以，很有可能该男子的大旅行箱装的就是该碎尸案件中尚未寻获的其他尸块。

3. 并案归纳溯因推理

侦查思维中的并案归纳溯因推理是指侦查人员根据有关案件的若干现象或者事实都具有相似甚至相同的特征，进而推出这些相似甚至相同的特征是可能由同一可能原因所导致的。其结构形式可以表示为：

案件 E_1 具有属性 A、B、C；

案件 E_2 具有属性 A、B、C；

……

案件 E_n 具有属性 A、B、C；

如果 H（这些案件是同一作案人作为），那么案件 E_1、E_2……E_n 都具有属性 A、B、C；

所以，可能 H（这些案件是同一作案人作为）。

例如，某地公安机关在一个月之内接到十多起入室盗窃案件，其中 5 起久侦未破。有一天，又接到报案，当日上午 10 时许，窃贼捅开门上暗锁窜入 3 楼一住户家中，盗走存款数万元的定期银行存折一本。失主发现后立即到银行挂失，但是发现存款多数已被取走。侦查人员在分析案情时联想到前 5 起未侦破的案件，发现这 6 起案件有许多相似之处：一是作案时间都在上午 9 时左右，这时失主已经上班，家中无人；二是作案人选择的作案地点都是楼房住户；三是作案手段都是捅开暗锁入室行窃；四是被盗财物都是上万元的银行定期存折且得手后以迅雷不及掩耳之势抢在失主挂失前取走多数存款，留下少量不取完；五是根据银行柜台工作人员反映，几个案件的取款人年龄相近，特征相似，签字笔记经鉴定几乎出自同一人之手。于是侦查人员经过反复分析后认为，这6起极其相似的案件均系同一作案人所为。因为，同一作案人所犯的案件，总会出现若干相似甚至相同的特征。后续侦查表明，这6起案件确系同一人所为。

这种溯因推理是并案归纳和并案类比的综合运用，它在并案归纳概括的基础上推导多起案件之所以具有相似甚至相同特征的可能原因。运用这种推理时，既要注意对多起案件之间的相似甚至相同属性的归纳概括是否真实和全面，还要注意多起案件之间的相似甚至相同是否只有同一作案人才能导致或者解释。否则，得出的结论可靠度就会很低。

（二）侦查思维中的溯因推理的缺点

1. 侦查思维中的溯因推理的小前提无法刻画因果关系的复杂性

侦查思维中的溯因推理的小前提是一个断定因果关系的假言判断。刑事个案各个要素之间的因果联系通常是复杂的，除了“一因一果”的极端简单情形之外，还存在着诸多其他复杂情形：（1）某一案情事实在一种因果关系中是原因，在另一种因果关系中是结果；（2）某一案情事实与另一案情事实相互引起，相互作用，互为因果；（3）多因一果，即某一案情事实由多种原因共同引起或者由不同原因分别导致；（4）循环因果，即P因素导致Q因素，Q因素导致R因素，R因素导致S因素，S因素导致P因素。

2. 侦查思维中的溯因推理小前提的援引受制于侦查人员的背景知识

在侦查思维中运用溯因推理时，面对同一需要解释的案件事实，可以援引作为小前提的假言判断可能是多重的，而非单一的。选择什么样的假言判断作为溯因推理的小前提、选择作为溯因推理的小前提的假言判断的真实度如何、其前件和后件之间属于哪种类型的因果关系，都与侦查人员的背景知识有关。溯因推理小前提的确定在很大程度上依赖于个体经验、知识构成、认知能力等非逻辑因素。

背景知识是一个广义的、宽泛的概念，非三言两语可以解释清楚。侦查人员的背景知识既包括其在一定认识阶段上的感性认识和理性认识的总体，更包括侦查人员个体的个别经验知识。这些认识作为侦查人员的已有知识，势必参与到溯因推理小前提的选择之中，具有“双刃剑”的正负作用。

三、侦查思维中运用溯因推理的合理性原则

在侦查思维中，为了正确运用溯因推理，必须遵守一些合理性原则。关于运用溯因推理的合理性原则，有学者认为可以从如下几个方面考虑：(1）前提中反映某因果联系的判断是否为真；(2）结果在某一情况下是否确实发生了；(3）造成某一结果的原因是否只有一种；(4）是否排除了其他原因的可能性。①

（一）关于大前提的合理性原则

1. 确保溯因推理的大前提所陈述的案件事实是有必要解释的

所谓解释某个案件事实，就是探究该案件事实产生的原因。在侦查思维中，不是所有的事件或者现象都是需要解释的。某一案件事实是否有必要探究其产生原因，完全取决于案件侦查之需要。有的案件事实产生的原因是非常明显的，甚至无需通过推理就可以明了，这样的案件事实自然不需要探究其原因；有的案件事实对于案件侦查而言探究其原因并无太大的必要性或者现实意义。一般而言，在侦查思维中，那些明显反常的案件事实需要侦查人员特别留意以探究其原因，因为反常事件必有反常原因。在侦查思维中，保持对反常事件的高度关注有助于破除侦查困境和开创新的侦查局面。

2. 确保溯因推理的大前提所陈述的案件事实是查证属实的

溯因推理的起点必须是已经查证属实的案情事实，而不能是假定事实。在侦查思维中，由于犯罪嫌疑人作案后往往伪造现场、制造假象，或者是由于勘查现场不细，或者是由于技术鉴定上的失误等，有时往往会出现把彼种事实误认为此种事实的情况。因此，在侦查工作中运用溯因推理，首要的问题就是把事实调查清楚，以便确立真实的前提，这是正确运用溯因推理的首要条件。否则，得出的结论不可靠。

虽然案情事实本身是客观的、无真假可言，但是侦查人员对案情事实的认识的陈述是主观的，有真假之分。因此，在侦查活动中，侦查人员在面对所观察到的事实时，要特别注意事实所陈述的对象是真实的情况还是歪曲的情况。这在溯因推理中至关重要。如果有犯罪嫌疑人伪造证据、提供假的供述、证人作伪证等

① 周建武：《逻辑学导论——推理、论证和批判性思维》，清华大学出版社2013年版，第305页。

危害司法秩序的情况，或者由于侦查人员的失误，把本没有的情况当作发生了的某种情况，那么，以此虚假的案情事实陈述作为溯因推理的前提，进行推测所获得的结论就很可能是假的。这样的情况在侦查实践中一旦发生，就会严重干扰侦查活动，不仅带给侦查人员错误的线索，而且会延误对案件及时、有效地侦破。

为了确保溯因推理的大前提真实，首先，要求侦查人员的调查必须迅速及时、全面细致、避免各种主客观的不利影响，以便侦查人员所观察到的事实尽可能接近实际情况；其次，要求侦查人员获得的案情事实材料必须查证属实；最后，必要时将已有案情事实材料与其他案情事实材料相互印证。

（二）关于小前提的合理性原则

作为溯因推理的小前提，背景知识一是通过学习科学理论知识而获得，二是靠侦查人员的经验积累。刑事案件的复杂多样，尤其是近几年来智能犯罪数量上升，决定了刑事侦查所涉及的知识领域极其广泛，要求侦查人员精通各门专业知识显然是不现实的。但是，如果侦查人员能够尽可能地扩大知识面，通晓法医学、物证学、军事学、生物学、生理学、心理学、物理学、化学等知识，无疑会帮助侦查人员以有关的理论知识为基础建立起相应的正确的背景知识。同理，靠经验积累起来的背景知识，往往是侦查人员在侦查经历中通过分析归纳得来的，没有得到科学的证明，也难免出现反例。因此，侦查人员在积累经验时，应尽可能和理论知识结合起来，并尽可能地加以科学的阐述，以求得背景知识的可靠。

1. 要确保小前提的前件可能真实，并且不依赖于已知案情事实自身的特征

如前所述，如果小前提的后件真，那么即使其前件假，小前提也真。小前提的前件假包括逻辑假、理论假和事实假三种情形。逻辑假是指小前提的前件包含、隐含或者能够推出逻辑矛盾；理论假是指小前提的前件明显与已经证实的相关科学原理不符；事实假是指小前提的前件被事实证实为假。刑事个案侦查中运用溯因推理的目的是探求真相，即“求真”，因此绝对不能把逻辑假、理论假或者事实假的判断作为可以解释已知案情事实的可能原因，那无异于弄虚作假。只有排除了逻辑假、理论假和事实假，小前提的前件才是可能真实的，才可能成为能够解释已知案情事实的可能原因。这就要求侦查人员在寻求背景知识作为小前提时，必须严格检查小前提的前件的真实性，确保其是可能真的，可以按照逻辑

假—理论假—事实假的顺序逐步排除。

逆推时所设想的可能原因陈述不能依赖于被考察的已知案情事实自身的特征。因为可能原因是用以解释已知案情事实的，如果解释已知案情事实的可能原因陈述本身还需要被考察的已知案情事实来解释，就会陷入所谓的“循环推理”谬误。正如汉森所言：“为了能以‘如果P真，那么Q理所当然地可解释’的方式来表述，P和Q必定具有更深刻的逻辑性质。如果P是用以解释Q的，那么P本身就不能依赖于要求解释的Q的特征。”①

3. 确保小前提真实并且其前件和后件之间具有因果关系

侦查思维中的溯因推理的小前提表现为一个假言判断，它的后件正是大前提所陈述的内容。根据假言判断的性质，只要后件真，该假言判断就是真的。因此，只要作为大前提的已知案情事实陈述确实被查证为真实的，那么作为小前提的假言判断就是真的，即使前件和后件之间毫无关联。

以一个后件为真而前件和后件毫无关联的真实假言判断作为溯因推理的前提显然是很荒谬的事情，因为如前所述，侦查思维中之所以运用溯因推理，乃是为了寻求导致已知案情事实的可能原因，进而探究其他相关而未知的案情事实。为此，必须确保作为前提之一的假言判断的前件和后件之间存在着因果关系。否则，如果小前提的前件和后件之间不具有因果关系，溯因推理就失去了其推理的客观依据，运用溯因推理就显得毫无意义，也不可能得出有意义的结论。对此，美国哲学家汉森明确指出：“为了能以‘若H真，则P理所当然地可解释’的方式来表述，P和H必定具有更深刻的逻辑性质。”②

就该原则而言，侦查人员在侦查思维中运用溯因推理时要注意以下几点：

1. 不能在毫不相干的现象之间强加因果关系。例如，“某人曝尸荒野，其亲人会有心灵感应”。这里，“曝尸荒野”与“心灵感应”之间并没有因果关系。

2. 不能在虽然相干但是不具有因果关系的现象之间强加因果关系。例如，“如果说谁是凶手，那么谁身上就一定有血迹”。这里的“杀人凶手”与“身上一定有血迹”之间虽有关联性但是并无因果关系。

3. 不能忽略甚至要主动挖掘客观存在而不为人所知或者难以察觉的隐蔽的因果关系。由于人类认识的局限性和因果关系的隐蔽性，一些案情事实之间的因

① ［美］N. R. 汉森：《发现的模式》，邢新力等译，中国国际广播出版社1988年版，第131～132页。
② ［美］N. R. 汉森：《发现的模式》，邢新力等译，中国国际广播出版社1988年版，第131～132页。

果关系难以觉察甚至不为人所知，而这些因果关系对于侦查思维又是极其必要和重要的。这就要求侦查人员形成自觉的探究意识，在一些貌似不存在因果关系的现象之间发现因果关系并给予解释和证实。

（三）关于结论的合理性原则

1. 确保结论在导致某案件事实的诸多可能原因中是最可能的

虽然溯因推理的结论具有一定的或然性，但是在具体的推理中，只要侦查人员能穷尽原因的各种可能性，那么其中就必有一个是真的；如果不能穷尽原因的各种可能性，那么就有可能会漏掉真正的原因。因此，为提高其结论的可靠性，运用溯因推理时要穷尽原因的各种可能性。

刑事个案的复杂性要求侦查人员从不同的角度全方位、立体地分析思考案件问题，多维思维的特点在侦查思维中显得十分突出。溯因推理同样也适应了侦查思维的这种特点。虽然溯因推理从已有案情事实去探求其可能原因不能保证其结论的必然性，但能从该案情事实出发辐射出多种不同的可能原因供侦查人员参考，这集中体现在选言式溯因推理的运用上。

为了穷尽原因的各种可能性，侦查人员必须树立思维方式的发散性。思维方式的发散性，是指溯因推理在从已知事实出发，去推导导致已知事实的可能原因时，由于侦查人员视野开阔，溯因推理的结论呈现出放射性和开放状。溯因推理结论的或然性和可错性的特点，使得侦查人员可能且必须设想多种可能性，以尽量扩大选择余地，只有这样才不会轻易遗漏真正的原因。这种发散性思维方式有利于侦查人员挣脱思维的单一模式，充分调动思维的主动性和积极性，应用其丰富的背景知识，大胆拓宽思维空间，使溯因推理的结论呈现多元化，从而可能得出导致已知案情事实的真正原因。

虽然从理论上说，蕴含某已知案情事实的可能原因很少是单一的，而是多元的，但是就某一已知案情事实而言，它总是特定的原因在特定条件下作用的结果，不大可能其所有可能原因都出现，侦查人员应该寻找导致特定案情事实的特定原因。这需要借助于选言推理逐步排除那些并非真正原因的因素，保留甚至确定剩余的若干因素作为导致特定案情事实的真正原因。在前述的故意杀人案中，侦查人员在提出了朱某母亲乘坐飞机从南京飞往昆明的三种可能原因后，结合朱某母亲的其他事实，排除了朱某母亲从南京去昆明探亲和旅游的可能性，保留了朱某母亲从南京去昆明看人的可能性。

2. 溯因推理的结论应该是可检验的而且必须诉诸检验

溯因推理的结论在未经检验之前是一个侦查猜测。虽然侦查猜测可以借助于非推理方法得出，但是推理方法无疑是得出侦查猜测的主要方法和常用方法。而在得出侦查猜测的诸多推理类型之中，溯因推理是得出侦查猜测的主要和常用推理类型。这一点已在学界形成共识，甚至有学者专文论述了侦查猜测与溯因推理之间的天然、内在联系。

既然仅仅是侦查猜测，那就必须是可检验的。溯因推理的结论首先必须是可检验的，而不能是特设性的。如果溯因推理的结论不是可检验的，而是特设性的，那么从它就不能推出可检验的事实性判断；而且，对侦查思维而言，这样的推理也是没有价值可言的。例如，有人用“犯罪嫌疑人是超人”来解释犯罪现场没有留下任何指纹，就是这种情况。运用溯因推理需要避免使用一些不具有可检验性的特设性判断来解释某一案件事实。这样的特设性判断因为无法诉诸检验而永远不会被经验事实所证伪，但是它对于探究、发现导致某一刑事个案案情事实的可能原因毫无意义。

由于溯因推理的结论是或然的，因此在未经确证之前不能将其作为定案的依据，即不能作为刑事证据使用，而只能作为案情推断的线索。如果要以溯因推理的结论作为定案的依据，那么一定要调查确证它，这样才能不至于产生错误，保障办案的质量。溯因推理结论的或然性要求溯因推理的结论必须诉诸检验。检验溯因推理的结论的目的是判定其事实上的真假，以达确定的结果。由于溯因推理的结论的可错性，侦查人员不能偏执于溯因推理的结论，当一个方向走不通时，应及时调整侦查方向。

第二节　侦查思维中的侦查假说

在刑事案件侦查中，侦查人员对于所发生的刑事案件，最初由于掌握事实材料不多，对于整个案情或者某一情节不能作出确定的判断，而只能进行设想或推测。这种设想或者推测就是侦查假说。侦查思维中的侦查假说主要通过侦查推理的方式形成，而且侦查推理的结论在未经检验时表现为一个侦查假说。

一、侦查思维中的侦查假说概述

（一）侦查思维中的侦查假说及其特征

侦查思维中的侦查假说是指侦查人员基于某一案件已知的案情事实，对该案件的未知案情要素所作的猜想。这里的案件要素是指案件性质、作案时间、作案动机、作案手段、作案工具、作案者与被害人的关系以及作案者本身的情况等。[①]需要注意的是，侦查假说可以是关于刑事个案诸要素的任何一个方面的，但是关于犯罪嫌疑人人身的侦查假说无疑是最主要和最重要的方面，其他侦查假说都是围绕关于犯罪嫌疑人人身的侦查假说展开的。

例如，第一章第一节提到的杀人碎尸案中，侦查人员就通过推理提出了一系列侦查假说：现场发现的缺乏头颅和内脏的尸块是人体的；凶手的年龄应该相对成熟，绝不会是一个毛头小伙子；凶手的分尸地点是有独立的水源，很有可能就是在厨房，或者卫生间；凶手的反侦查能力很强；凶手有可能是厨师，如果不是，至少他厨艺熟练，对红案相当精通；现场发现的缺乏头颅和内脏的尸块属于同一个人；死者很可能是个爱美的女性；死者生前应该从事室内工作；死者的身高在155厘米左右；死者为年轻女性，年龄在30岁左右，而且有过生育史；死者死亡时间在24小时左右；凶手可能是在某集团下属的一个厂里烧水晶的；该案件可能是一起情杀案；凶手可能还没有离开本地，还在家中或单位。

无疑，侦查假说在侦查思维中处于核心地位。从某种程度上说，整个侦查思维过程就是侦查假说的形成、选择、排除、确定、判定、验证和论证的过程。当某一刑事个案的待解释的现有案情事实无法用同案的其他案情事实合理解释时，侦查人员就需要提出一个侦查假说。侦查假说弥补了在需要对案件各个要素作出解释时缺乏直接观察这一不足之处，而且体现了侦查人员的思维素质和能动性。

侦查人员之所以要提出侦查假说，是为了运用它去说明、解释某一刑事个案的案情事实。某一刑事个案中暂时无法合理解释的案情事实就是侦查人员必须面临和解决的问题。因此，某一刑事个案的案情事实是提出侦查假说的起点。从某种程度上说，没有待解决的问题，就没有侦查假说。

---

① 刘洪波等：《侦查思维谋略》，中国政法大学出版社2016年版，第62页。

侦查思维中的侦查假说与科学假说的不同，体现了侦查假说的基本特征。

1. 侦查假说一般是经验的，而科学假说一般是理论的

假说可以分为经验假说和理论假说。经验假说关注的是能够被观察到的某物的出现或者某事的发生，提出经验假说是出于实际目的。理论假说关注的是如何将某物概念化以形成理论。从层次上看，理论假说比经验假说的层次高。① 经验假说可以借助于感官形成，也可以借助于思维形成。但是，理论假说一般不能借助于感官形成，而只能借助于思维形成。侦查假说一般是经验的，是侦查思维乃至侦查活动的存在方式，任何刑事个案都必然是也实际上是运用侦查假说进行侦查的，侦查假说是侦查思维的必然形态。科学假说一般是理论的，是科学思维乃至科学活动的存在方式，是建立和发展科学理论的必由之路，整个科学就是在科学假说的基础上不断修正、发展和进步的。

2. 侦查假说一般是单称的，而科学假说一般是全称的

根据公安机关所办理的刑事案件侦查的特征，侦查假说一般表现为陈述"某对象的某个要素是什么"的单称判断。科学假说一般表现为陈述"某类对象的本质或者规律是什么"的全称判断。

3. 侦查假说一般是为了求真，而科学假说一般是为了寻找规律

侦查假说一般是针对刑事个案提出的，是对特定刑事个案的未知案情的猜测性判断，反映特定刑事个案的诸要素的属性，是为了查清刑事个案的诸要素，反推刑事个案诸要素，查明某刑事个案的真相，并在此基础上刻画作案者特征，以指导开展并完成侦查工作，最终抓获作案者。总之，提出侦查假说的目的不是寻找规律，而是探求真相。科学假说是针对一类现象提出的，是对对象普遍规律的猜测性判断，反映客观世界中存在的带有普遍性的一类事物，是为了揭示隐藏在现象背后的规律。

4. 侦查假说一般是可以证实的，而科学假说一般是只能确证的

由于侦查假说一般是针对刑事个案的，从它导出的可检验判断在数量上是有穷的，这些单独的可检验判断彼此之间具有内在的关联性。这些可检验判断如果同时又是穷尽的，那么它们就可以构成一个证据体系。刑事个案都是在特定的时空条件下，由特定的作案者实施的特定事件。"环环相扣的证据体系能够把每一

① ［美］欧文·M. 柯匹、卡尔·科恩：《逻辑学导论》（第13版），张建军等译，中国人民大学出版社2015年版，第315～319页。

起特定刑事个案的这些特征性统一起来，使得侦查人员寻找的对象与这些特征性具有某种一一对应的关系”①，即证据体系对侦查假说的支持是充分的和完全的，甚至是决定性的。这样，如果这个证据体系被证实，那么侦查假说也就得到了证实。

而科学假说一般是针对一类现象的，从它导出的可检验判断在数量上是无穷的。无论支持科学假说的可检验判断再多，也不可能穷尽时空上无限的可检验判断，更不能排除那些削弱侦查假说的可检验判断即反例的存在。因此，科学假说只能得到一定程度甚至很高程度的确证，但是永远不能从证据那里获得决定性的支持。科学假说无法得到证实，只是在不同程度上被确证而已。

侦查假说在本质上是一个必有真假但是真假暂时未知的判断。侦查假说必有真假，才有可能诉诸检验判定其真假；侦查假说真假未知，才有必要诉诸检验判定其真假。

（二）侦查思维中的侦查假说的形式、类型和作用

根据公安机关所办理的刑事案件侦查的特征，侦查假说的一般形式可以表示为“某犯罪嫌疑人可能……”，是一个单称、或然性模态、肯定判断。之所以侦查假说是一个单称判断，是因为侦查假说针对的是特定的个体嫌疑人；之所以侦查假说是一个或然性判断，是因为侦查假说具有猜测性；之所以侦查假说是一个肯定判断，是因为提出侦查假说的目的是确认案情事实。

公安机关在刑事案件侦查中发现某一案情事实并作出判断后，事实上就形成了一个关于该案情事实的侦查假说。毋庸置疑，侦查假说一定是关于案情事实的。侦查假说可以大致分为如下八类：

1. 关于犯罪行为是否存在的侦查假说；
2. 关于确认存在的犯罪行为的时间、地点、手段、后果以及其他情节的侦查假说；
3. 关于犯罪行为是否为犯罪嫌疑人实施的侦查假说；
4. 关于犯罪嫌疑人的身份的侦查假说；
5. 关于犯罪嫌疑人实施犯罪行为的动机、目的的侦查假说；
6. 关于犯罪嫌疑人的责任以及与其他同案人的关系的侦查假说；

① 朱武：《逻辑学》，警官教育出版社1999年版，第337页。

7. 关于犯罪嫌疑人有无法定从重、从轻、减轻处罚以及免除处罚的情节的侦查假说；

8. 关于有无其他与案件有关的事实的侦查假说。

侦查假说在侦查思维中的作用主要在于解释和预测两个方面。所谓解释就是用侦查假说来回答诸如“为什么”等问题，旨在探究关于某案件的某一已经或正在发生的案情事实的可能原因；所谓预测就是用侦查假说来回答“将如何”等问题，旨在探究关于某案件的某一已经或正在发生的案情事实的可能结果，诸如关于犯罪危害后果、嫌疑人的可能去向等要素。

如果用“可能 H”表示侦查假说，那么用侦查假说解释原因和预测结果都表现为一个假言判断“如果 H，那么 E”。这个假言判断不仅必须确保真实，而且其前件 H 和后件 E 之间必须具有语义或内容的联系。当然，这个假言判断可以是基于相关科学原理、经验常识、法律条文等得出的结论，也可以是经由有效的推理得出的真实结论。

例如，某年 2 月 19 日下午 2 时许，在江苏省南京市一古井里发现一具少女尸体。尸体下身裸露，赤足，双脚被白纱布紧紧捆扎着。经法医鉴定：该少女死前和死后曾被奸污；系颈部受压迫窒息而死。经解剖化验发现，死者胃里有萝卜丝等物，死亡时间约在饭后六七小时。在这两个侦查假说指导下，警方展开侦查活动。经查，死者为曹某，年仅 13 岁，住在古井附近李府巷，于 2 月 13 日下午失踪。当晚，家长曾到派出所报案，已查找 6 天。有人看见，曹某在失踪的当天下午 4 时左右，曾在离家不到 200 米的某理发店玩。曹某的姐姐说，其妹妹 4 点钟常要回家浇饭，晚上要与父亲一起看电影，不大可能走远。附近建筑工地一民工反映，13 日晚 9 时半至 10 时，见一身高一米七左右、身穿黄衣服、头戴鸭舌帽、年龄二十四五岁的男青年推着一辆自行车，靠在离工地不远的墙上直喘气，车后架上用毯子裹着一个大包袱，见工地上有人，便推车向东进入弓箭坊。侦查人员根据破案常识、法医鉴定和侦查材料，进一步作出了“死者是被那位推自行车的男青年强奸后杀害的”的侦查假说。后来又在此侦查假说指导下，展开进一步的侦查，终于破案。

（三）侦查思维中形成侦查假说的合理性原则

一般而言，从案情事实到侦查假说需要借助于思维，要么是直觉思维，要么是具象思维，要么是抽象思维。有学者认为，侦查假说的提出必须借助于侦查推理。[①] 其实，以侦查推理为核心内容的抽象侦查思维仅仅是提出侦查假说的一种方法而已。尽管如此，侦查人员在提出侦查假说时必须遵守一些合理性原则。

1. 客观性原则

提出的侦查假说必须源于事实，必须以已经查证属实的案情事实为依据，尽管这种事实可能是不完整、不系统甚至不充分的。虽然侦查假说也可以借助于想象、直觉等方法形成，但是由于侦查假说本身是关于嫌疑人及其相关情况的，因此已经查明的案件事实就是侦查假说形成的现实经验基础。任何侦查假说都有其或多或少的经验依据，这就要求侦查人员进行艰苦细致的调查取证工作。然而，在侦查思维中，侦查人员不可能等待案件事实全部查明之后，才形成侦查假说。因为这样势必造成侦查思维的停顿，使得机会可能永远失去，这样下一步的侦查活动就变得比较复杂和艰难了。不仅如此，在侦查思维中，侦查人员也不必因为存在着个别不利事实，就不敢形成侦查假说。总之，在侦查思维中，既需要基于已经查明的案件事实去形成侦查假说，又不能等到相关的案件事实全部查明后再去形成侦查假说。

侦查人员提出侦查假说，应避免纯粹的主观猜测、漠视忽视事实的想当然以及先入为主的主观偏见。如果提出侦查假说时违反了客观性原则，会导致诸如“主观臆断”“不当类比”“以闻为据”“想当然”“事实失真”“自相矛盾”“以人为据”。其中，主观臆断是侦查人员经常犯因而尤其要注意避免的谬误。提出侦查假说时没有相关的事实依据，便随便作出断定，从而产生的猜测称为主观臆断。简言之，主观臆断就是缺乏事实依据的主观猜测。

2. 新颖性原则

提出的侦查假说必须高于和异于现有已知事实，必须断言比待解释的案情事实更多更深的内容，而不能等同于待解释的案情事实或者是对现有案情事实的简单重复。

侦查假说是为了探究案件本相，即原因、本质或者规律等。侦查假说必须源于事实，同时又不能是对事实的重复或者总结，“侦查假说不能只是换个说法重

① 刘洪波等：《侦查思维谋略》，中国政法大学出版社2016年版，第63页。

述待解释的现象”①。也就是说，侦查假说还必须高于现有已知事实。

提出侦查假说是为了借以发现更多的未知案情事实，它必须在侦查人员对现有案情事实认识的基础上得出更全面和更深刻的异于现有案情事实的新判断和新认识。如果侦查假说不能高于现有案情事实，那么它也就失去了存在的意义和价值。

侦查假说高于和异于现有已知事实体现在两个方面：（1）侦查假说能够解释出同案其他事实；（2）侦查假说能够预测出同案将来可能发生的事件。

侦查假说的关键指向应当是案件的嫌疑人或怀疑对象。如果警方没有明确的嫌疑人或者怀疑对象，那么由于缺少最重要的要件，侦查假说还不能说已经建立。侦查假说指向人身的意义在于：（1）指向人身是破案的入手，建立侦查假说表明侦查有了具体方向——这有心理意义。（2）指向人身意味着适用侦查手段和可能采取强制措施——这有程序意义。（3）指向人身是组织证据推证的起点——这有逻辑意义。侦查假说是人身指向和案情倾向解释的结合。因此，仅仅是指向人身而没有案情倾向解释，也不能称为侦查假说。

3. 可检验性原则

只有可检验的侦查假说才是有价值的。侦查假说的可检验性包括理论上的可检验性和实践上的可检验性。

侦查假说理论上的可检验性是指能够从侦查假说演绎推出至少一个可直接检验的判断。一个不具有可检验性的侦查假说，除了它所偏爱的那个事实之外，它不能演绎出其他的可直接检验的判断。侦查假说实践上的可检验性是指在现有的法律、伦理、技术等客观条件以及侦查人员的经验、能力、知识等主观条件下存在某个可行的程序来判定从侦查假说演绎出的可检验判断的真假。

为了确保侦查假说理论上的可检验性，必须确保侦查假说是精确的，而不能太含糊或者太宽泛。如果一个侦查假说太含糊，那么它事实上不能得到任何确定的证实。如果一个侦查假说太宽泛，几乎相当于什么也没有断言。英国科学哲学家卡尔·波珀（K. Popper）首先发现了假说的这个问题。他主张，一个假说必须是可证伪的，为此，一个假说必须被足够严格地限定以确保精确。虽然波珀的证伪主义主张受到了许多科学哲学家的批评，但是这一主张还是具有其合理内核。

① ［美］欧文·M. 柯匹、卡尔·科恩、丹尼尔·E. 弗莱格：《逻辑要义》（第2版），胡泽洪等译，世界图书出版公司2013年版，第246页。

为了使得事实能够检验某一侦查假说，侦查假说必须是精确的。

二、侦查思维中形成侦查假说的步骤

侦查假说的形成过程与方式是复杂多样的，既没有唯一的“逻辑通道”，也没有普遍适用的机械程序。但是，就侦查活动特别是侦查思维的一般程序或者规律而言，侦查假说的形成大致需要经历两个步骤：初始阶段和完成阶段。

（一）形成侦查假说的初始阶段

形成侦查假说的初始阶段，是指侦查人员根据已经获得的、查证属实的案情事实材料、相关理论知识以及现行法律规定，通过推理等思维加工方法提出初步的、常识性的猜想。

1. 根据初步加工的犯罪事实材料进行推测

在对犯罪事实材料进行初步加工后，不能停留于此，必须对其进行再次加工，这就是所谓的“案情分析”。对犯罪事实材料进行再次加工主要借助于思维，具体而言，就是根据初步加工的犯罪事实材料进行推测。推测是基于初步加工的犯罪事实材料、旨在形成侦查假说的推理和诸如直觉、顿悟、猜测或者想象的非推理。换言之，推测就是在一些案情事实基础上（或者假设上）做出异于或超出这些事实（或假设）的猜测。因为推测包含直觉、顿悟、想象这些非推理形式，所以在逻辑上，“推测”一词不等于“推理”，推测包括推理。

推测的要素应当包括：前提（直接或间接的观察所得事实）、背景根据（案情背景和知识背景）、假设（假定性的前提）、推断方式（推理、直觉、灵感和联想）、结论和置信度。

无疑，推理是推测的主要形式。在侦查思维中，不是所有的推理都会被运用。笔者粗浅地认为，侦查思维中常用的推理类型主要是类比推理、假言推理、直言三段论和选言推理。不难理解的是，建立侦查假说的整体过程具有或然的性质。当然，直觉的作用不容忽视。

在这一阶段，侦查人员的背景知识至关重要。可以区分专家和新手的主要方面是知识储存中的特有知识。西蒙称，专家的技能是以大量思想成果为基础的，顿悟和直觉在认知中，与分析没有明显的界限。在较为复杂的情景中，更复杂的分析在所难免。为此，有学者提出了“侦查意识”这一概念。为了迅速、准确、及时作出推测，侦查人员必须具备诸如物证学、心理学、行为学等多学科的知识储备作为背景知识。

在这一初始阶段，诸如枚举推理、类比推理、回溯推理等或然性推理具有重要的作用。从观察到的相对有限的案情事实出发进行推理，作出对案件其他事实进行猜测的侦查假说，是富有创造性的，也是需要创造性的，需要侦查人员进行逻辑思维的概括升华或者跨域迁移。

例如，在一起盗窃案的现场，侦查人员经过初步勘查，只发现了犯罪嫌疑人所遗留下的一双长 25 厘米的深蓝色旧泡沫拖鞋。面对这仅有的线索，侦查人员丝毫没有气馁，对这双鞋子进行了分析研判，发现了一些细节：（1）鞋子上有点状油漆；（2）鞋子的裂缝之内有河沙、石灰、水泥和碎石，鞋带上捆的铁丝是捆钢筋用的铁丝；（3）鞋底上有月牙状裂纹。

针对这些看起来极为平常甚至毫不起眼的事实，侦查人员分别进行推测，提出如下初步猜测：（1）表明犯罪嫌疑人可能是从事刷漆工作的，至少他曾经到过刷漆的地方；（2）表明犯罪嫌疑人可能在建筑单位从事土石建工作；（3）表明犯罪嫌疑人可能经常穿这双鞋子来回到工作地点才导致此种磨损。

2. 根据推测的结论提出竞争性侦查假说

如上所述，建立侦查假说的整体过程具有或然的性质，这主要是指侦查推理的结论或者其他非推理的侦查推测的断言具有或然的性质。无论它们在逻辑上是否相对于前提必然真，它们由于尚未诉诸证据进行检验，因而事实上不是必然真，而仅仅是可能真的。这种具有猜测性、解释性、假定性、科学性、倾向性的结论或者断言就是前述的所谓侦查假说。提出侦查假说是为了对初步加工的刑事个案案情事实材料进行合理解释。

侦查假说是科学假说概念在侦查思维中的移植和运用，但是侦查假说具有不同于科学假说的显著特征。侦查假说与科学假说的不同之处主要在于：侦查人员提出侦查假说的目的在于探究事实真相，而不是发现经验定律进而形成理论；侦查假说是关于刑事个案的特定性的具体事实猜想，而不是关于一类刑事案件的共性或者规律；侦查假说具有具体针对性，不具有普遍抽象性；在判断形式上，侦查假说的一般形式为可能单称判断："某刑事个案的犯罪嫌疑人可能是某人或者某些人"（由案到人的侦查模式）或者"某人可能涉嫌某刑事案件"（由人到案的侦查模式）。

由于误解了波兰齐姆宾斯基著的《法律应用逻辑》中互不相容的竞争性侦查

假说的观点，有些学者提出了建立侦查假说必须穷尽的要求。这种误解是不恰当的。因为如果一个侦查假说穷尽了一切可能性，那么该侦查假说就是一个必然真实的选言判断。这样的侦查假说既然是必然真的，其真值就是确定的，不再具有假定性和倾向性了，也就不称其为侦查假说了。

从一般假设到侦查假说，需要逻辑的审慎和保留。一般假设转变侦查为假说应当经历初步审查和检验过程，一个侦查假说建立应当是抉择的结果（当然还保留着谨慎）。侦查假说总是渗入了侦查人员的态度，是有相当偏向性的。一种认知上不确定的问题有多种解释的可能性。也就是说，一个考虑全面的侦查人员对问题的解释可以作出多个不同的假设，如果我们注意到这一步骤的重要性，那么我们就会审慎地排除多样的假设，对不能证伪的并存假设给予比较。也就是说，作为对已有案情事实的解释，可能存在多个竞争性侦查假说。

（二）形成侦查假说的完成阶段——对竞争性侦查假说进行初步筛选

所谓竞争性侦查假说是指不可能都真的一系列侦查假说，因为对于同一个案案情事实，最接近真相的侦查假说只可能有一个，不可能有多个。既然这些竞争性侦查假说不可能都真，它们的真假程度也势必不同，那么侦查人员没有必要全部予以采信；由于侦查时效等法定条件的限制，侦查人员也没有可能全部予以采信。因此，如果形成了竞争性的侦查假说，那就必然存在一个对它们进行初步筛选的程序。

初步猜测确定之后，侦查假说的形成进入完成阶段。所谓形成侦查假说的完成阶段是指从已经确定的初步猜测出发，运用相关的理论知识和法律法规以及相关的案情事实材料，进行系统说明和解释，以形成一个比较严密、完整而确定的侦查假说。在上述的盗窃案中，侦查人员将形成的初步猜测进行整合，形成了一个完整的侦查假说："犯罪嫌疑人很可能是一个经常穿着泡沫拖鞋在基建单位工作或者出入建筑单位的人员。"

在这一阶段，侦查人员主要运用演绎推理方法。因为该阶段的主要任务是扩大侦查假说的解释力，以便确定侦查假说尽可能真实或者具有更强的指导意义。侦查假说的功能主要体现于两个方面：一是侦查假说对于其他已经查明的案情事实能够给予圆满解释；二是侦查假说能够推导出较多的可由经验检验的未知事实。实际上，这一阶段也就是对经过择优后的初步猜测进行系统论证和推导，一方面用初步猜测来解释通过侦查获得的其他案情事实材料，弄清楚该初步猜测的解释能力如何；另一方面从择优后的初步猜测出发，运用相关理论知识和案件事实，推导新的未知案情，以此指导进一步的侦查工作。一般而言，对已知案情事实能够解释得越多，该侦查假说也就越可能真实；预测的未知案情得到证实的越多，该侦查假说也就越可能真实。

如果在侦查思维中尚未或者一时不能形成侦查假说，则会形成所谓的“无头案”。无头案是思维停顿于案情发现阶段，无法建立倾向性侦查假说的案件。无头案在逻辑上多体现出紊乱的特征。有时是毫无线索，没有什么有价值的想法；有时是线索纷乱，猜测歧出却无定见；有时某些重要线索没有被注意，重拾线头时已经无从进展。总之，无头案使侦查困顿于猜测或者茫然，不可能建立侦查假说，因而也没有强有力的求证方向。

在某些无头案中，警方也会有嫌疑人，甚至会对其采取强制措施，但是，是否内心相信业已形成的侦查假说，是有“头”无“头”的实质区分标准。任何无头案都意味着侦查人员的束手无策，因而也是使侦查人员最尴尬的案件。但实事求是地讲，侦查人员未必都有过错，特别是一些重大影响案件，刑事侦查可能会受到制约，破案不单纯是方法问题和技术问题了。

三、侦查思维中选择和评价侦查假说的标准

侦查假说的提出与很多主客观因素有关。与侦查假说的提出有关的客观因素主要是指通过侦查业已获得并且查证属实的事实材料，侦查假说的提出建基于通过侦查业已获得并且查证属实的事实材料，侦查中获得并且查证属实的事实材料数量越多、质量越好，由此形成的侦查假说无疑更加接近案件各个要素的真相。因此，通过侦查获得量多、质优的事实材料对于能够提出侦查假说以及提出什么样的侦查假说具有至关重要的意义。与侦查假说的提出有关的主观因素包括侦查人员的背景知识、相关经验和思维素质等。面对同样的事实材料，由于侦查人员的背景知识、相关经验和思维素质不同，提出的侦查假说也可能不同。这就使得侦查假说的提出具有某种主观性。对于某案件的某个要素而言，只有一个侦查假说是最接近该案件的该要素的真相的。因此，尽管可能存在着多个侦查假说，也只有一个侦查假说是最可靠的，无论这些不同的侦查假说之间是否相容。当然，面对针对同一案件的同一要素的不同侦查假说，在检验侦查假说之前就对它们进行筛选是必要的，也是可能的，其中存在着一些试验性的接受标准。

哲学上或者科学上的理论假说的证实或者确证需要很长的时间，甚至永远不能得到证实。与此不同，作为一种经验假说，侦查假说的证实或者检验不可能也不必要需要很长时间。这样，在侦查假说的提出与证实、检验之间的这段时期，就产生了侦查假说的试验性接受的问题。如前所述，这一步不仅是必需的，而且是可行的。侦查假说试验性可接受的标准是：一致性、充分性、简洁性。

在侦查思维中，对于同一案件事实，不同侦查人员甚至同一侦查人员在不同的情况下可能会提出不同的甚至对立的侦查假说。在刑事侦查中，两个不同的侦查假说也许对犯罪事实都有很好的解释，但是这两个侦查假说不可能都真。这时就涉及如何选择的问题。侦查假说的选择和试验性接受本质上是一个问题。对于两个都是相关的和可检验的侦查假说，存在着额外的标准进行选择。

（一）侦查思维中评价侦查假说的一致性标准

一致包括内部一致和外部一致。内部一致也称内部融贯性，是指一个侦查假说的各个构成要素合理地联系在一起的程度，其基本要求就是侦查假说必须自身一致，即不矛盾。侦查假说本身必须是自我相容的，因为没有一个包含矛盾的判断能够是真的。如果一个侦查假说引起矛盾的结论，那就是自身不一致的侦查假说。也就是说，一个侦查假说首先必须自身是“可能的”。可能与真不同，真假是它是否能够解释事实、是否有效，这是其证实问题，不真不妨碍其可能，但是不可能（自身不一致）则必定不真。内部融贯性无疑是最基本的标准和条件。

外部一致是指一个侦查假说符合已经被确证的科学理论或者其他侦查假说的程度。也就是说，提出的侦查假说不能与相关的科学理论或者其他已经被证实的侦查假说相悖。通过逐渐发展侦查假说以解释越来越多的事实，这样的侦查假说必须与已经得到确证的科学理论或者其他侦查假说相一致。因为得到确证的科学理论或者其他侦查假说在一定程度上是真实的，任何与之不相容的侦查假说自然是不真实的，只有与之相容的侦查假说才可能是真实的。

侦查假说的使命是解释案情事实，不仅要求能够合情合理地解释侦查假说赖以形成的已知事实或者某个疑点，而且还要求能够圆满解释案情中的已经发现而且查证属实的其他相关事实，彼此不冲突，这是接受一个侦查假说的重要条件。解释意在表明形成的侦查假说与案情中其他事实是不矛盾的，能够使得这些事实得到合情合理的解释。由此，该侦查假说可以接受；否则，该侦查假说就不能接受。也就是说，一个真正有成果的侦查结论不仅要求能够解释激发侦查结论形成的原初事实以及许多其他新的和不同的事实，而且要求能够预测即将发生的案件事实。

该标准具有否证作用。如果一个侦查假说与某个已经查证属实的事实不一致，那就表明该侦查假说至少不能解释该事实，该侦查假说就是错的，应该予以拒斥。侦查假说能够解释新发现的已经查证属实的事实，而且这种解释应与已经掌握的事实不相矛盾，否则就不能自圆其说；侦查假说也不能与相关科学中已经证实的原理、定律相矛盾，否则也不能成立。侦查假说还必须具有一定的预见性。这也正是侦查假说的本质意义所在。也正是侦查假说的预见性，使之成为侦查思维的重要方法。

侦查假说至少不能与已知事实或者已被确证的侦查假说相冲突。凡是与已知事实或者已被确证的侦查假说相冲突的侦查假说，其可能性无疑相对更低。

（二）侦查思维中评价侦查假说的充分性标准

充分是指一个侦查假说与其要统一或者解释的事实材料相吻合的程度，包括数量和精确性两个方面。这里的侦查假说与事实相吻合是指每个事实都可以被解释为侦查假说中的某一思想或者词句的例子。侦查假说的使命在于解释案件事实，要为所探索的问题提供答案或者解释性说明。如果一个侦查假说在解释某个案情事实方面是充分的、足够的，那么该侦查假说通常会被接受；如果无法解释所研究的事物现象，或者出现与侦查假说相违背的反面事例，那么侦查假说或者被否定或者被修改。很明显，一个侦查假说所能解释的事实数量越多，该侦查假说就越是充分的；一个侦查假说是不充分的，大体上是指存在该侦查假说不能解释的事实。侦查假说的充分性还包括侦查假说解释事实的精确性。如果一个侦查假说比其他侦查假说解释事实的精确性更高，那么它的充分性就更大。充分除了包括解释力之外，还包括预测力。侦查假说的预测力显示了侦查假说的富有成果性，表明一个侦查假说提出在将来进行分析和确证的新事实的程度。这要求它必须圆满与周到，足以充分地解释已知的事实，并足以有效地预测同类新事实。充分也可以说是中肯。如果只是沾边，那就不是一个充分而中肯的假说。

每个侦查假说必须是可检验的；如果某个可观察到的事实能够从侦查假说中演绎出来，那么该侦查假说就是可检验的。对于两个不同的侦查假说，如果其中一个比另外一个演绎更大范围的事实，那么该侦查假说就具有更大的解释力和预测力。从一个给定侦查假说中演绎出一个可观察的事实，我们说该事实被该侦查假说所解释和预测。一个侦查假说的解释力和预测力越大，它对于所侦查的刑事案件的贡献也就越大。侦查假说的可能性与它能够解释的事实或者现象的数量保持相符。侦查假说能够解释的事实或者现象的数量越多，人们对它的置信度就越高。如果需要考虑的事实存在着一个以上的假说，那么包含最多数量的事实的那个侦查假说是最有可能正确的。为了验证一个侦查假说，我们必须证实它能够解释所有的案情事实。如果事实数量繁多、形式多样，并且主题已经完全被研究透彻，不重要的事实被忽略，那么侦查假说就是成立的，它也因此得到验证。这是惠威尔和许多其他逻辑学家和科学哲学家在验证一个侦查假说时提出的观点。而密尔则认为：为了验证一个假说，我们不仅要证明这个假说能够解释所有的事实和现象，而且还要证明不存在能够解释所有的事实和现象的其他假说。

如果侦查人员提出的侦查假说是多元的、穷尽的和彼此不相容的，必然仅有一个最终完全符合案情事实的。也就是说，这些侦查假说中只可能有唯一一个侦查假说是真的。因此，对于多元的侦查假说，侦查人员必须进行比较择优，否则侦查人员就会难以抉择甚至无所适从。侦查人员根据相关的法学理论知识、法律规定以及与案件有关的事实材料（包括初步猜测形成之后获得的新案情事实材料），逐一比较这些初步猜测的解释力，从而确定一个更可能真的猜测。这一推理过程可以表示为：

H_1或者 H_2；

H_1比 H_2更有解释力，即解释更多的案情事实；

所以，H_1更可能真。

这种推理过程显然不具有必然性，所以被称为“似然选择推理”。

例如，在一起杀人、抢劫、纵火案中，家庭主妇被烧死在其独生女儿的床上，室内多处被翻动。经清点，照相机、手机、存款单等大量财物被劫走，柜内的一些存折和大批贵重衣物未被劫走。死者系被窒息死亡后再用刀戳，然后移尸至其独生女儿的床上焚烧。

根据这些情况，案件既可以提出财杀的初步假说，也可以提出仇杀的初步假说，并比较择优，即：

假定该案件是财杀或者仇杀，

仇杀比财杀更有解释力（因为，嫌疑人让被害人窒息死亡后再用刀戳，然后移尸至其独生女儿的床上焚烧；柜内的一些存折和大批贵重衣物未被劫走）；

所以，假说该案件是仇杀更可能。

可见，在该案件的多个侦查假说中，用第一个侦查假说难以给现有案情事实材料以完美的解释，而第二个侦查假说却能够对现有案情事实材料进行比较完美的解释。所以，第二个侦查假说比第一个侦查假说的可能性更大。

（三）侦查思维中评价侦查假说的简洁性标准

侦查假说的相关性要求侦查假说必须“当机”，必须与所解释的案情事实有关。侦查假说的简洁要求它不能超出“必须”之外。充分要求侦查假说要足够，简洁要求假说要必须，就是侦查假说要合乎经济原则。中世纪的奥卡姆·威廉曾说：若无必要，勿增实体。侦查假说的数目和预设越少越好。简洁性包括两个含义：一是规律或者规则的简洁性，二是根据假定最少的实体或者过程的简洁性。

从表面上看，简洁性似乎是一个可以满足的自然标准，但是，“简洁性”概念本身确实是一个难以捉摸的观念。因为只有在很少量的情形下，容易比较出两个竞争性侦查假说中的一个比另一个更简单，而大量的实际情形是：对于两个竞争性侦查假说，在不同的方面一个比另一个更简洁，从而使得简洁性比较变得十分复杂，难以操作应用，难以公式化。尽管如此，简洁性仍然是一个重要的标准，有时甚至是决定性的。它需要侦查人员根据实际情况去比较两个竞争侦查假说的简洁性程度。在侦查工作中，侦查人员倾向于接受符合所有事实的最简洁的侦查假说。对同一犯罪事实提出两种不同的侦查假说，最终在该案件上更简洁、更自然的侦查假说被支持或者应该被支持。

如果两个不同的侦查假说都满足这三个标准，那么仍有可能在它们之间作出选择。方法是建立一个判决性检验，从这两个相互竞争的侦查假说中分别演绎出可检验的但是不相容的可检验判断。也就是说，根据其中一个侦查假说，在确定条件下确定结果将发生；根据另一个侦查假说，在同样的确定条件下确定结果就不发生。可以通过观察该确定结果是否实际上发生在这两个侦查假说之间作出选择：如果该确定结果事实上发生了，那么第二个侦查假说得到否证；如果该确定结果事实上没有发生，那么第一个侦查假说得到否证。由于各种主、客观因素的限制，制定一个判决性检验是不容易实现的。

当然，这些都是理论上的选择和评价侦查假说的标准。除此之外，刘洪波教授还创造性地提出了选择和评价侦查假说的优先性原则：可能性原则、可把握性原则、可操作性原则和效率性原则。①

第三节　直觉思维方法在形成侦查假说中的应用

直觉思维方法是古今中外思想家们一直十分重视的思维方法。直觉一词源自拉丁文“intueri”，原本词义为“凝视，聚精会神地看”。译自拉丁文的英文是“intuition”，原本词义为“直观，直觉，本能”；从构词法上看，它是由“tuition”（学费）加上否定前缀“in -”构成，意思是“不交学费（不用学习）就能够获得的能力”。从这些词义看，直觉是一种内在直观，即通过观察直接把握对象本质属性的活动。然而，不同领域的人在使用直觉一词时，会根据自己的理解和需要，赋予它不同的含义。笔者认为，作为一种非逻辑的思维方法，直觉是直接感知对象时迅速做出判断的思维活动，是理性洞察力和思维透视力相结合的思维状态，是知其然而不知其所以然的思维方式。

尽管对直觉的理解和界定不尽相同甚至相反，但人们在一点上达成了共识：直觉思维方法是认识发展和科学创新的一种重要方法，并且起到其他思维方法难以取代的特殊作用。而侦查假说又是侦查思维的基本方式，如何形成、检验、发展侦查假说是侦查思维的基本和核心内容。侦查实践和侦查逻辑理论的研究都表明：直觉思维方法在形成侦查假说的过程中发挥着重要的、无法替代的作用。虽然直觉就像有些思想家所说的那样“可遇而不可求”，但是绝非像有些人所说的那样“可望而不可即”。

一、直觉思维方法在形成侦查假说中的方法论意义与本质特征

直觉思维是人们不经过分析而迅速对问题的答案做出合理猜测、设想或者顿悟的非逻辑思维方法。它同逻辑思维方法有很大的不同，它的作用是逻辑思维方法难以取代的。在侦查假说的形成中，直觉的作用是巨大的。

---

① 刘洪波等：《侦查思维谋略》，中国政法大学出版社 2016 年版，第 81 ~ 89 页。

（一）直觉思维方法在形成侦查假说中的方法论意义

具体来说，直觉思维方法在形成侦查假说中主要具有以下几个方面的方法论意义。

1. 快速形成侦查假说

由于侦查人员是根据自己的经验和知识对案件进行迅速的判断，而不经过复杂操作的逻辑过程，从而能够迅速地作出侦查判断，形成侦查假说。直觉思维方法有利于侦查人员从一些偶然的事件中迅速猜测、预感或察觉隐藏在扑朔迷离的案件表面现象背后的事物的本质属性或联系。例如，侦查人员对犯罪嫌疑人逃跑方向的辨别和判断有时靠的就是直觉思维方法。运用直觉思维方法办案，特别是查办经济、刑事案件，往往能从一些偶然事件、异常现象、细小线索中发现大的经济违法违纪、刑事犯罪问题，从而抓住案件的突破口。运用直觉思维方法形成侦查假说要求侦查人员具有很强的敏感性和洞察事物的敏锐性，要仔细观察，认真思考，不放过任何一个疑点和线索；要善于合理猜测、大胆设想，从而迅速发现关键问题，抓住案件问题的实质；如果对偶然的事件或客观存在的问题不敏感，甚至视而不见、听而不闻，即使是摆在面前的线索，也会与我们失之交臂。

例如，南京市公安局白下分局刑警大队从警20年的一位资深刑警，根据死者遗物床单上的一块相当刺眼的红色印记和与犯罪嫌疑人谈话时嫌疑人的飘忽不定的眼神，凭直觉大胆地形成了一个假说：死者之死很可能是犯罪嫌疑人所为，至少也与嫌疑人有关。① 后来的侦查和审查结果证明了该刑警的猜测。

2. 推动侦查假说的选择

它能够帮助侦查人员形成一些新颖性、反常性的侦查假说，从而取得侦查工作上的重大进展。直觉思维的过程并不是根据一定的逻辑规则按部就班地进行的，它不是那种归纳式的概括，也不是演绎式的推理。同分析与综合等逻辑方法也不一样，它主要依靠思维中的想象、猜测和洞察力等非逻辑的因素去直接地把握对象；它并不遵循固定的逻辑规则，而是有意无意地打破固定的逻辑规则的束缚，充分发挥其想象的空间，从而提出一些新颖性、反常性的问题，取得侦查工作上的重大进展。而且它有助于发现一般人不易觉察，容易忽视的侦查假说。直觉能力强的人，一般具有敏锐的洞察力，从细微处形成侦查假说；往往能够在机

① 秦健：《和对手较量一夜后，他揭开一个隐藏极深的秘密——火化证明背后的继母遇害案》，载《金陵晚报》2006年12月12日。

遇到来的一瞬间抓住，触类旁通，形成侦查假说。另外，在选择侦查工作的突破口时，直觉思维方法的作用也十分重要。在解决问题的多种思路中选择正确的突破口，以及从许多可能的方案中选择最佳方案，特别是在各种可能性和各种方案很难分清优劣的情况下做出抉择，一定程度上取决于直觉思维能力的高低。

例如，2006 年 5 月，在江苏南京的某条高速公路上发生了一起致人死亡的交通事故，由于事后司机驾车逃逸，现场只留下一只鞋子。关于这只鞋子的归属问题，形成了四个侦查假说：鞋子是司机的、鞋子是路人的、鞋子是死者的、鞋子是司机所运送的货物中的一只。到底选择哪一个呢？最终，直觉启示侦查人员：鞋子是司机所运送的货物中的一只。这一侦查假说后来为进一步的侦查实践所证实。

3. 丰富侦查假说，准确认识案情

每一起刑事案件的发生，都有其具体的、客观的条件和原因；同时，每一起刑事案件本身又构成一个“体系”，包括现场、现场四周的环境与案件有关的人、事、物等。只是由于种种客观原因，呈现在人们面前的现场情况是中断的、零散的甚至是矛盾的。因此，在分析案件情况时，需要侦查人员根据现场情况运用推理、想象提出侦查假说，找出其中内在的必然联系，然后按各个情况出现的先后顺序或因果关系，一环紧扣一环，将其串联起来，客观地恢复和反映案件的本来面目，准确认识案情。而直觉思维方法作为一种潜意识的活动，则可能根据侦查人员的工作经验、科学知识水准和判断能力，充分运用想象力，有根据地提出侦查假说，达到准确认识案情的目的。

例如，某县发生一起杀人案件，一位进驻某村的乡干部被人用木棒打死后推下高 11 米的岩坎。侦查人员根据现场勘查和调查访问得知：死者是一位在农村基层工作的乡干部、案件发生在偏僻的山村、现场就在山路边、路下就是高 11 米的岩坎、凶手对杀人现场有选择，提出了如下假说：这是一起有预谋的杀人案件（关于案件性质的假说）；凶手是本地人（关于作案人的假说）；凶手是在死者不留意的情况下，采取突然袭击的方法实施犯罪的（关于作案方式的假说）；凶手与死者相识且有深刻的矛盾冲突（关于作案动机的假说）。这些假说为找寻作案人提供了侦查方向且破案后证明都是正确的。

（二）直觉思维方法在形成侦查假说中的本质特征

既然直觉思维方法在形成侦查假说方面具有如此重大的方法论意义，那么侦查人员就必须善于、敢于利用直觉思维方法为侦查工作服务。而要想做到这一点，就必须首先研究直觉思维方法的本质特征。

1. 这种思维方法具有非逻辑性或超逻辑性

直觉思维方法是一种非逻辑思维方法，它的思维过程或者无固定推理程序，或者思维过程省略了推理的中间环节，表现为逻辑的中断或者跳跃。在直觉思维过程中，因为是自由自在、直接迅速地得出结论，所以其间的逻辑分析和推理过程往往被不合常规地压缩甚至省略。在演绎逻辑中，前提条件和推导的结论有着必然的蕴含关系，而由于直觉思维单刀直入地跳跃或跨越式的想象和猜测，往往压缩了前提和结论必然联系的逻辑结构，甚至有时根本不存在形式逻辑的必然联系。这种省略了“理性的长链”的思维方法，也是直觉思维者难以描述结论形成过程的原因。

2. 直觉思维的形成在方法上需要借助于联想、类比等逻辑思维方法

虽然直觉思维方法是非逻辑的或者超逻辑的，但是它绝对不是反逻辑的，而且直觉思维方法等非逻辑思维方法与逻辑思维方法是相辅相成的。直觉的思维过程是未经过严密的逻辑程序的，但是这并不等于它没有严密的逻辑程序，更不能因此而把直觉思维与逻辑思维对立起来。正是因为我们能够熟练地应用逻辑思维，得心应手，摸清了其特点与规律，才能在此基础上产生直觉思维。直觉的生成有其生成条件的差异性和内容的特殊性，但是它们都会借助于联想和类比这些逻辑方法，而不是凭空产生的。它是理性与非理性的交融，是逻辑思维之间的非逻辑的思维跳跃与质变。“它以逻辑为基础，又超越于逻辑思维之上；它既是逻辑的中断，又是更高逻辑的发展台阶。”① 它的产生和存在是不能离开逻辑思维方法的。

3. 直觉思维方法属于与新质有关的突发性的、瞬间性的理性飞跃

这种理性飞跃具有直接性、迅速性、预感性、猜测性、敏感性和综合性等特征。如果说逻辑的归纳思维方法和演绎思维方法主要表现了认识基于旧质的缓慢及其有步骤的进化，那么直觉思维方法则主要表现了跨越常规的飞跃。应该注意的是，作为直觉思维的飞跃，不同于通常意义下感性材料量的积累后的渐进中断和飞跃，而是由于与新质有关的理性飞跃而不与旧质的量直接关联的飞跃，这是直觉的含义所在。所以，直觉思维是在与烦琐的推论方法没有任何共同之处的某

① 朱武：《警察思维素质》，中国人民公安大学出版社2002年版，第48页。

种内在的豁然顿悟中，突然帮我们点破。当出现了摆脱旧式推论的牢固束缚的能力时，在原理和方法上仅借助于智慧突然飞跃之途径，就可能取得最出色的成果。现代人工智能的研究表明，人类大脑的思维本能比按程序工作的计算机的高明之处在于，它不仅有能力处理逻辑过程把推理和证明分析成一个个组成部分，更在于它有能力处理这些部分构成的一些整段和整段的组合，即“跳过”证明的一些个别环节而做出综合结论。正因为直觉思维方法的这个特征，直觉思维者往往只记住了全部思维活动最重要的部分——最后的结论。

二、直觉思维方法在形成侦查假说中发挥作用的基础和形式

（一）直觉思维方法在形成侦查假说中发挥作用的基础

在形成侦查假说中，直觉思维方法发挥作用的基础主要基于三个方面。

1. 实践基础上“潜识元素”再组合的结果

直觉思维能力是以实践经验为基础的，实践积累了无意识中的种种“潜知”，实践又激活了这些“潜知”。任何人的直觉能力都与先天遗传因子有着一定关系，但主要是后天知识和经验的积累。在各种形式的侦查实践中，侦查人员自觉或不自觉地形成各种各样的丰富“潜知”储存在他们大脑的不同层次中。这些“潜知”因素的某些部分可能与侦查人员的某种侦查实践需要产生偶然的巧合，故而被不自觉地“激活”起来，成为作出侦查判断和形成侦查假说的基础；也有一部分会永远地潜伏于侦查人员大脑无意识的深处而不能被“唤醒”。侦查人员的“潜知”越丰富，则被唤醒、被纳入直觉思维过程而形成成果的概率则越高。当然，这里的侦查实践经验既包括侦查人员亲身经历的直接经验，也包括侦查人员具备的相关的侦查方面的专业理论基础以及侦查人员从其他侦查人员的侦查实践中总结出来的经验等间接经验。这二者是相辅相成和缺一不可的。这体现出直觉思维方法对侦查实践和侦查方面的专业理论素养的依赖性，因此，侦查人员必须积极地、大量地参与侦查实践活动并且善于在侦查实践中总结和学习。没有大量的相关的侦查实践工作的经验或者经历，是不大可能真正地发挥直觉思维方法在形成侦查假说中的作用的。这就是人们常说的“实践出真知”“厚积而薄发”。

2. 对所要侦查的案件长期专注与沉思的结果

直觉思维来自对所要侦查的案件的长期专注与沉思，也就是说对于某一类型

的案件进行了艰苦的思维劳动。直觉思维的一个重要基础是长期思索、不懈追求，而后才能瞬间获得成果。虽然直觉思维的结论的显现既具有必然性，也具有偶然性，但是直觉思维产生的基础条件之一是“有准备的头脑”。这说明，只有对所要侦查的案件进行过长时间的认真研究，十分渴望侦破该案件，才会在做无关事情或处于轻松状态时，对渴望的东西突然领悟；直觉产生在大脑的潜意识活动中，这时大脑也许不再自觉关注问题，但还在通过“潜在的自我”（the subliminal self）思考它；直觉显现在意识的边缘，而不是出现在意识的中心，要善于不失时机地抓住它。另外，直觉出现的一刹那往往是在“不自觉工作”之中。直觉思维及其成果要有自觉的专注和沉思为先导，然后不自觉工作的机器才会开动起来，使“不自觉的我”“潜伏的我”显现出来，形成选择、作出判断，即思维过程的非自我意识性明确为我的目的意识性。为了使“机遇降临于有准备的头脑”，侦查人员必须对要侦查的案件进行系统的、艰苦的、持续的“三思”即直觉思维的三种依次递升的思维境界：“沉思”“奇思”“神思”。

3. 求知欲望所积累的能量释放的结果。直觉知识的成熟与显现，首先要对所要解决的问题本身有一个清晰、明确的了解，进而产生解决问题的迫切愿望，以便把自身注意力和研究方向集中起来，形成深化认识的推动力。这是积累“下意识”能量的基础。愿望是动力，思考是能量，而对有关侦查现象、资料、数据的反复研究以及思考的饱和度则是能量的积累。掌握情况越全面，研究越深入，思考越集中，则能量的积累越呈现出高态势，慢慢一步步达到近乎爆炸的边缘。当问题及其推测答案在脑海中反复滚动，时而清晰、时而模糊、时而飞远、时而走近之时，则必然造成“能的突然释放”，这就是直觉思维的结论。可见，直觉思维的基础来自愿望动力和思考能量的积累。当然，求知欲望所积累的能量释放是需要一种特定的情境的：侦查人员或者处于特定的场景之中，或者发现了特定的侦查证据，或者在突发性的压力之下，或者处于“欲罢不能，欲进不得”的思维愤悱状态的暂时“缓冲”。只有这样，才能从反常或者不易为人察觉的细微之处“豁然开朗”，形成侦查假说。

（二）直觉思维方法在形成侦查假说中发挥作用的形式

当然，从逻辑的观点来看，这三个要素只是使直觉思维在形成侦查假说中发挥作用的必要条件，而不是充分条件。为了发挥直觉思维在形成侦查假说中的作用，我们还必须把握直觉思维方法在形成侦查假说中发挥作用的形式。直觉思维方法是一个十分复杂的过程，其表现形式也会随当时不同的侦查背景、不同侦查人员的主观条件以及思维习惯等因素而各有差异。但是从一般情况看，直觉思维方法在形成侦查假说中的表现形式主要有三个：

1. 直觉想象

它能够冲破时间和空间的限制而开阔思维活动的张度；能够克服事物或概念在意义上的差距，把不同事物、形象、概念联系起来悟出新的见解。因为人在积累经验、理解事物、获得新知时都是由暂时联系开始的。在许多情况下，尤其是在对待复杂的案件时，客观外界给予的信息并不是全面的、充分的，往往具有许多必需的而现实又不具备的空白点，且主观具备的既有知识中也查寻不出相应的“模块”来补充空白。由此就需要借助丰富的想象、猜测，用直觉思维迅速过滤、组合、筛选出一个相对有理的侦查判断。想象作为人脑特有的一种功能和属性，即使在没有任何现实条件和信息符号刺激的情况下，也能够自由地构想出许多新的联系。这些联系虽然并未为侦查人员所感知，但它们会通过各种渠道零星、片面地储存于记忆之中。这些思维元素在特定情况下便会由“隐性”到“显性”，做出非逻辑的随机组合。特定环境下的想象则可以激活这些思维元素，把这些“隐性”和“显性”调动起来，且机灵地组合成新的联系。这种新联系则是弥补信息不足而形成侦查假说的绝对必需的条件。侦查实践表明，直觉想象往往是形成侦查假说的“思想实验室”。

2. 直觉类比

直觉类比不同于形式逻辑的类比推理，它是跳跃性极大的非逻辑的思维。在一瞬间，它将本来互不相干的、无可类比的事物或信息符号联系起来进行类比，从中领悟出新的理解。直觉类比及其启发的内容往往并不是由思想中原存知识“块”的搜索引发的，也不是原存“潜知”思维元素的调动与重新组合，而是在某一时刻受到外部某一形式的信息刺激或诱导，思路顿时接通，产生出的似乎不合乎逻辑推理关系的认识。这时的类比，实际上是一种不落窠臼的跳跃式自由联想与认识跨越。

3. 直觉判断

即侦查人员的思维在刚刚接触外来实体或抽象信号刺激时，就做出直接理解、直接辨别、直接形成侦查假说。直接判断是人的思维洞察力敏锐程度的表现。这种判断是整体性的，它来得十分突然、快捷，往往又难以区分出感觉、知觉、表象等感性认识形式和概念、判断、推论等逻辑思维形式。用直接判断把握事物整体轮廓或发展方向，是认识创新中的一种方法。它看起来高深莫测、欲觅无踪，其实并不神秘，它与一个人的经历、经验、大脑储存的知识、预感能力等积累都有着密切关系。

在侦查过程中，直觉想象、直觉类比和直觉判断是三种依次递升的直觉思维方法表现形式，它一般首先形成对所面临案件进行整体性解释的“侦查假说”。这种侦查假说是未经纯化的猜测和假定。侦查假说的提出需要直觉思维方法，而在多种侦查假说中选取其一也有赖于直觉思维方法。

三、科学对待侦查假说形成过程中的直觉思维

从直觉思维方法在形成侦查假说中发挥作用的基础来看，我们必须辩证地对待直觉思维方法在形成侦查假说中的作用。如前所述，直觉思维的发生基础主要是侦查人员的经验基础和理论基础，它们是直觉思维发生的必不可少的基础的条件，使得直觉的发生成为可能。但是，我们必须同时看到，在特定的场合下，它也可能转换为侦查人员的一种思维定式或思维习惯，从而影响甚至阻碍侦查人员的直觉思维能力的发挥，结果要么形成了错误的或者不全面的侦查假说，要么暂时无法形成侦查假说。

在形成侦查假说中，直觉思维方法发挥作用的同时，也存在着局限。这主要表现在：

第一，直觉思维是对具体案件客体的直观产生的，也就容易使观察和思考局限在有限的范围内。在观察和思考有限，案件客体不足时，仅凭直觉思维方法形成的侦查假说具有很大的猜测性。

第二，由于直觉思维主要靠思维的想象力和洞察力去形成侦查假说，因此侦查人员的主观色彩比较浓厚，形成的侦查假说往往缺乏科学性。直觉思维能力高的人提出的侦查假说的正确概率就高些，而直觉思维能力较低的人则提出的侦查假说的正确概率就低些，从而决定了直觉思维方法同其他思维方法一样，其结论未必都是正确的；而且直觉思维往往带有更大的或然性。

第三，直觉形成的侦查判断是否是侦查假说、是否具有意义，还需要逻辑和实践的确认。这是因为：一方面，直觉思维方法的非逻辑性特征使它所产生的结论具有某种程度的过渡态性质。直觉思维方法是产生整体的、模糊的、轮廓性的结论的过程，这个侦查假说作为对问题的综合选择、把握，只是到达更高层次、

更新结论的中介。因此，这个侦查假说不能作为案件认识的最终定论来对待，它需要通过进一步分析、论证和推导等，才能摆脱中介性质具有科学性和应用性。另一方面，直觉思维的或然性导致其侦查假说可能正确也可能不正确两种情况同时存在，致使直觉思维这种“智力上的跃进”方法得出的侦查假说往往存在许多不可靠性。例如，它缺乏论证的力量，具有较多的理想性质，结论笼统而不够精细。正因如此，对直觉思维方法形成的侦查假说除要做出详细论证和数学推导外，更重要的是还要接受侦查实践的检验。

直觉思维方法的作用和局限，需要我们科学地对待直觉。一方面，反对将直觉思维方法的作用无限夸大，说什么直觉是高于理性的一种最高级的、最深刻的认识形式（柏格森），直觉“在与烦琐的三段论法没有共同之处的某种内在的豁然顿悟之中突然给我们点破……科学仅借助于智慧的冒险的突然飞跃，就可以取得出色的成果”（德·布罗意），而忽视逻辑思维和其他思维形式的作用。另一方面，不能因为它的局限而贬低甚至否定直觉思维方法的作用。如前所述，直觉思维方法在形成侦查假说中具有很大的方法论意义；而且直觉思维方法的重要性已经为侦查实践中的无数事例所证明。

通过以上分析，我们可以知道，虽然直觉思维方法作为一种非逻辑思维方法，具有跳跃性、突发性、瞬间性、整体性、创造性等特征，但是它并不神秘，而是有章可循、有案可稽的；虽然部分来自遗传因素，但是更多的是后天习得的，是可以通过训练获得或者提高的。侦查人员要想提高自己的直觉思维能力，需要从这几个方面做起：第一，积极参与侦查实践并且及时总结经验，吸取教训。第二，加强逻辑思维素质的培养，增强逻辑思维能力。第三，系统学习侦查方面的理论知识，提高理论素养。第四，对案件要进行积极、深入、全面的思考和关注，提高敏感性。

第十一章　侦查思维中的假说演绎法和侦查证据

在侦查思维中，对侦查假说进行检验不仅是必要的，而且是可能的。就其检验的必要性而言，侦查假说具有猜测性，虽然侦查人员给予其一定的置信度，但是其在事实上的真假是不确定的；就其检验的可能性而言，存在一种特定的程序或者方法可以对侦查假说的真假进行判定。这种特定的程序或者方法就是假说演绎法。经过假说演绎法检验后，能够确证或者支持侦查假说的那些案情事实构成支持侦查假说的侦查证据，它可以借助于条件分析法进行相关性分析。

第一节　侦查思维中的假说演绎法

在侦查思维中，对形成的侦查假说进行间接检验的方法被称为假说演绎法，它是科学思维中的假说演绎法在侦查思维中的具体运用。

一、侦查思维中的假说演绎法概述

（一）侦查思维中的假说演绎法的含义和作用

如前所述，侦查假说一般表现为一个关于犯罪嫌疑人的单称判断。一般而言，单称判断可以借助于经验事实进行直接检验。但是，由于各种主客观条件的限制，单称判断有时也难以甚至不可能直接诉诸经验事实进行直接检验。侦查假说必须接受经验事实的检验，但是又不能直接诉诸经验事实进行检验，于是，侦查假说只能进行间接检验。由于多数侦查假说是难以甚至不可能进行直接检验的，它需要运用推理方法推导出可用经验检验的事实陈述，然后通过进一步的侦查来验证所导出的事实陈述，进而验证原侦查假说。这种方法就是假说演绎法。

假说演绎法的操作过程正如英国著名科学史家丹皮尔所说："根据事实确立一个初步的假说……然后再用数学的或者逻辑的推理演绎出实际的推论，并用观察或者实验加以检验。如果说假说与实验的结果不相符合，我们必定要重新猜度，形成第二个假说，如此继续下去直到最后得到一个假说，不但符合（或如我们常说的能够'解释'）最初的事实，而且符合为了检验这个假说而进行的实验的一切结果。这个假说于是可升格到理论的地位。"①

有些论著认为假说演绎法是提出、评价、检验和修正侦查假说的方法。笔者粗浅地认为，这一界定过于宽泛，包括许多原本不属于假说演绎法的内容。侦查思维中的假说演绎法是从待检验的侦查假说演绎出一个可以直接诉诸事实进行检验的可检验判断，由该可检验判断的真假来反推该待检验的侦查假说之真假的推理方法。

有不少学者认为假说演绎法是一种独立的推理类型，并将其置于很高的地位。其实，假说演绎法不是一种独立的推理类型，而是假言直言推理的一种表现形式而已，并无逻辑上的特殊性可言。如果非要说假说演绎法的特殊性，只能这样说，假说演绎法不仅具有假言推理形式上的特征和要求，而且还具有自身实质上的特征和要求。关于这一点，后文将会详细论述。

假说演绎法的作用就在于间接检验侦查假说。事实上，假说演绎法不仅只是检验侦查假说的推理方法，而且只是间接检验侦查假说的推理方法，提出、评价和修正侦查假说的方法和标准并不属于假说演绎法的内容。假说演绎法将侦查假说所能逻辑推出或者真实蕴含的一个事实判断与其他案情事实直接对照，确定该事实判断是否完全符合其他案情事实，从而反推侦查假说之真假。这种推理不是将侦查假说直接与案情事实进行对照，而是将侦查假说的一个可检验推论与案情事实进行对照，以侦查假说逻辑蕴含的可检验推论的真假来间接确定侦查假说的真假。

（二）侦查思维中的假说演绎法的必要性和可能性

侦查假说即使是基于已经查明的案件事实和相关科学原理提出来的，也具有很强的猜测性和假定性。在解释某个案情事实的过程中，侦查假说是被假定为真的而非证实为真的，其真实性有待检验。只有侦查假说被证实时，它对于解释事

① ［英］W. C. 丹皮尔：《刑事侦查学随笔》，李珩译，科学出版社2010年版，第78页。

实或者现象才真正具有意义。侦查假说从提出到被证实，应当有无懈可击或者无可辩驳的侦查证据，或者有比以前更加有力的和充分的侦查证据，或者有超越一切现有竞争性侦查假说的明显的优越性，才能使得侦查假说获得人们普遍的认可和接受。在侦查思维中，随着掌握的事实的不断增多、技术手段的不断改进和认识水平的提高，会出现侦查假说不断修改、补充和完善的过程。有些侦查假说可以通过有关的侦查直接得以检验；而有些侦查假说不具备可直接检验的条件，就只能进行间接检验，即从侦查假说和一般性知识逻辑地引申出某一可检验判断，然后通过各种方法验证可检验判断是否与已经查证属实的侦查证据相符。可检验判断是具体的，是可以直接加以检验的。但是侦查假说固有的可检验性有时并不等同于侦查假说现实的可检验性，因为有的侦查假说尽管推出了可检验判断，具备了逻辑上的可检验性，但是未必具备技术上的可检验性，这就需要假以时日了。

1. 侦查思维中的假说演绎法的必要性

假说演绎法有何必要？假说演绎法的必要性之一在于其逻辑意义重大。假说演绎法的逻辑意义在于通过检验侦查推理的结论判定侦查推理所依据的前提是否真实以及推理形式是否有效或强度大。对于演绎推理而言，如前所述，如果一个演绎推理的前提真实并且形式有效，那么其结论必然是真实的。因此，虽然结论真实不能反推出推理的前提是否真实和推理形式是否有效，但是结论不真实却可以反推出该演绎推理的前提不是真实的，或者该演绎推理的形式不是有效的。在侦查思维中，侦查推理的结论正确自然是侦查人员追求的目标，但是结论错误更具有启发意义，因为错误的结论迫使侦查人员回头检查演绎推理的前提是否真实、形式是否有效：如果结论错误但是推理形式是有效的，那么一定是前提出了问题即前提是不真实的；如果结论错误但是前提是真实的，那么一定是推理形式出了问题即推理形式是无效的，违反了相关的推理规则。对于归纳推理而言，假说演绎法同样具有重要的意义。由于归纳推理容许反例的存在，因此通过假说演绎法发现侦查推理的结论错误就是很正常的事情了。即便如此，也可以通过再次审查前提的质量（真实性、关联性、典型性、严格性）和前提的数量（充分性）、审查推理形式是否具有较高的强度、修改结论等方法重新审视整个归纳推理过程。

假说演绎法的必要性之二在于其现实意义重大。假说演绎法的现实意义在于只有通过假说演绎法才能判定侦查推理的结论的真假，进而为进一步的侦查提供帮助。侦查推理的结论既是上一阶段侦查工作的成果总结，又为下一步侦查工作提供指导意义。因此，侦查结论的真假就很重要：如果经过检验表明为真，那么它就可以保留下来，为下一步侦查工作提供指导；如果经过检验表明为假，那么它就应该被放弃或者修改。此外，假说演绎法是警务信息研判的重要内容。警务信息研判的内容很多，其中一个最重要的方面就是对信息的真实性进行判定，而这必须借助于假说演绎法。

2. 侦查思维中的假说演绎法的可能性

假说演绎法何以可能？假说演绎法的可能性在于侦查推理的结论本身必有真假。侦查结论总是以判断的形式出现的，判断是对思维对象进行断定的思维形态。判断的两个特征是有所断定和必有真假。判断的特征之一是有所断定，有所断定是指要么肯定、要么否定，这是对判断内容的要求。判断的特征之二是必有真假，这是由第一个特征决定的。既然判断有所断定，那么就存在着判断断定的内容是真还是假的问题，这个问题就导致了判断的真假问题。侦查结论作为判断，也许当下不知道其真假，但是它必然是有真假的，而且其真假正是需要通过假说演绎法来确定的。

由于侦查假说是针对特定的案件提出的，因此具有一定的可检验性，也就是侦查假说最终会被证实或证伪。任何一个案件的侦破都在某种程度上意味着在该案件中提出的侦查假说得到了检验、确证甚至证实。例如，推测某人可能是某一盗窃案件的犯罪嫌疑人之后，接下来的侦查工作总是可能检验该侦查假说的真假；推测犯罪嫌疑人可能会将赃物藏匿于某处，那么通过搜查也总能判定该推断的真伪。

（三）侦查思维中的假说演绎法的特征

从侦查思维中的假说演绎法的上述程序可以看出，侦查思维中的假说演绎法具有非对称性、动态性和复杂性等特征。

1. 侦查思维中的假说演绎法具有逆推的非对称性

侦查思维中的假说演绎法在形式上采用的是假言直言推理的肯定后件式和否定后件式，即通过肯定或者否定作为大前提的假言判断的后件来逆向肯定或者否定作为大前提的假言判断的前件，具有鲜明的逆向推理特征。具体而言，假说演绎法确证式采用的是假言直言推理或然式中的肯定后件式，假说演绎法否证式采用的是假言直言推理确然式中的否定后件式。无论哪种推理式，都具有逆推或者倒推特征。

但是，假说演绎法确证式和假说演绎法否证式具有不对称性。因为，对于假言判断而言，肯定后件不足以肯定其前件，只能或然性地肯定其前件；但是，否定后件却足以否定其前件，能够确然性地否定其前件。基于此，侦查假说的确证和否证具有不对称性，否证优于确证。我们与其致力于确证侦查假说，不如致力于否证它，设法使得提出的侦查假说经受尽可能多的检验，有意识地冒侦查假说被否证的危险。这具有重要意义：如果这种努力没有成功，无疑使得被检验的侦查假说获得了很高程度的支持和为真的概率，也提高了我们对它的置信度；如果这种努力成功了，该侦查假说就得放弃或者修改，其他假说特别是新提出的侦查假说无疑也获得了更高的概率和置信度，这将使得侦查工作少走弯路。

2. 侦查思维中的假说演绎法具有动态性

一方面，侦查假说是从一系列初步假定的提出，到否定一些初步假定后再提出假定，然后在竞优中完善、修改、补充，直到经侦查实践否证或者确证这样一个连续的、动态的发展过程。侦查假说不断深入发展的过程，也正是侦查实践活动深入发展的过程。侦查假说也是一个不断解决矛盾的过程，一个矛盾解决了，又会出现另一个新矛盾。因此只要案件还未侦破，案件事实还没有查清，侦查假说的新旧交替势必连续进行。

另一方面，如果把侦查假说视为一个有机系统，在整个侦查工作中，系统又是在外部信息（新获取的案情事实材料）不断输入、处理和内部各组织的迅速反馈中运行的。这里的“反馈”是指在预定的侦查目标下，由推理而得出的信息与新获取的外部信息进行交流，以显示出其与客观事实之间的“结构差”，将其回输到系统中去，然后通过迅速调整系统内部结构，逐渐消除或缩小两者之间的“结构差数值”，逼近和达到侦查的“目标值”。这种反馈机制也决定了系统的开放性特征。外部信息的不断吸收，为系统及时提供了新的“能源”，促进了各子系统之间渐次渗透，导致系统内部组织结构的不断调整、补充和更新，使整个侦查假说系统始终处于一种异常活跃的兴奋状态，从而展现出一种全面开放的动态的系统格局。

总之，侦查思维需要侦查假说，而侦查假说的归宿在于侦破案件，查明犯罪事实，查找犯罪嫌疑人。无论是在侦查假说的形成过程还是在侦查假说的检验过程之中，侦查假说的初步猜测与侦查推论及新旧侦查假说不断交替，构成不断演变深化的复杂进程。因此，对形成的侦查假说进行科学的、合法的检验，通过否证和确证，有的侦查假说被放弃，有的侦查假说被不断修正、补充、完善。随着侦查假说获得的确证度的不断提升，侦查人员不仅能够从中为侦查破案找到可靠的思维导向和途径，而且侦查的效率、质量和效果也会得到不断增强。

3. 侦查思维中的假说演绎法具有复杂性

侦查假说的检验是一个比较复杂的过程，这不仅是因为不同类型的证据对于同一侦查假说的支持度是不尽相同的，而且还因为每个证据难以用精确的数值来刻画。正如亨佩尔所言：“一个证据陈述 E 对假说 H 提供的归纳支持，在多大程度上能够用一个具有概率的形式特征的精确定量的概念 C（H，E）来表示，则仍然是一个引起争论的问题。”①

不仅如此，在侦查假说的检验中，侦查人员不同的信念、文化水平、经验、心理特征等主观因素也影响着对侦查假说的支持度。这就使得侦查假说的检验变得复杂起来，并无一套完整的、详尽的准则可以借鉴。笔者认为，侦查假说的检验不能仅仅从证据的数量或者质量方面进行考察，而是应该既从证据的数量方面考察，又从证据的质量方面考察。也就是说，侦查人员不仅要考虑证据的增加而对侦查假说的支持度的影响，而且还要考虑其中不同类型的结构变化对侦查假说的支持度的影响，同时，还得考虑社会学、心理学等因素的作用。

提出侦查假说的思维过程主要是一个发现过程，而检验侦查假说的过程主要是一个检验过程，这就是科学方法论史和逻辑学史中注重区分的“发现的前后关系”和“证明的前后关系”在刑事案件侦查思维中的具体表现。检验是指以侦查假说为起点又为终点的验证性推理。具体而言，假说检验是指确立侦查假说之后的案情认识阶段，是对基本案情解释给予逻辑检验和提出完整案情解释的过程。检验的思维方向是逆推求证，从试图接受的侦查假说出发，寻求其根据（相较推证而言，推断是由根据顺求结论）。检验的过程是，先从侦查假说推演出经验结论（即侦查假说的根据），然后对推演结论进行验证，最后根据推演的条理和验证结果构成检验性推理。检验在推演环节中，主要依靠逻辑推理，但也需要直觉、猜测和想象力的辅助。

二、侦查思维中的假说演绎法的要求和步骤

（一）侦查思维中的假说演绎法的要求

在用假说演绎法检验侦查假说的操作中，需要遵守若干要求。

---

① 洪谦：《逻辑经验主义》（上卷），商务印书馆 1982 年版，第 302 页。

1. 侦查证据与侦查假说必须具有语义上或内容上的关联

该原则和标准可以称为相关原则。该原则要求侦查假说的证实中只能提出其真实性对于侦查假说的真实性有所贡献的侦查证据，也就是要在侦查假说证实中尽量提供与待证实的侦查假说直接相关的侦查证据。很明显，这是侦查证据关联性在侦查假说证实中的具体要求。一个能够证实侦查假说的侦查证据，一定与侦查假说的真实性有关。如果一个侦查证据与侦查假说之真实性毫无关联，就没有任何必要去花时间考察侦查证据之是否真实。侦查证据与侦查假说相关，意味着如果侦查人员援引该侦查证据，就会有助于证实某个侦查假说。一条侦查证据和侦查假说不相关，意味着即使侦查人员援引它，它对侦查假说的真实性也无所支持甚至与之毫无联系。许多情况下，某个特定侦查证据与侦查假说的相关性，是由它与其他侦查证据的关系来决定的；适当地强调侦查证据与侦查假说之间的相关性，会使得侦查证据和侦查假说之间的相关性更加明显。在刑事案件侦查中，侦查人员为了证实其侦查假说，不得不增加新的侦查证据以增加该侦查假说的真实性。

为了判定侦查证据与侦查假说之间的相关性，可以考察两个问题：第一个问题是，如果侦查证据真实，是否使侦查人员更加相信侦查假说的真实？如果答案是“是”，那么侦查证据与侦查假说就可能是相关的；如果答案是“否”，则侦查证据与侦查假说很有可能不是相关的。第二个问题是，当侦查人员证实侦查假说时，是否需要参考侦查证据的真实性？如果答案是“是”，那么该侦查证据与该侦查假说就是相关的，否则就可能是不相关的。

2. 侦查证据必须已经查证属实

该原则和标准可以称为真实原则。要证实一个侦查假说，相关的侦查证据必须是已经查证属实的。侦查证据是真实的，意思是指，对理智的人而言，在所有能够获得的其他相关证据面前，应当能够确定该侦查证据是真实的。很明显，这是侦查证据的客观性即“证据必须确实”在侦查假说证实中的具体要求。为了确保侦查证据的真实性，《中华人民共和国刑事诉讼法》第五十条到第五十五条从程序、主体、形式、条件等各个方面进行了详细的规定。特别是《中华人民共和国刑事诉讼法》第五十条第二款规定，证据必须经过查证属实，才能作为定案的根据。在这里，所谓“定案”就是侦查证据能够证实侦查假说，可见，侦查证据真实性是定案即证实侦查假说的必要条件之一。无论哪种侦查证据，都需要查证属实。也就是说，它的真实需要其他侦查证据的证实，即所谓“侦查证据的相互印证”。

3. 侦查证据对于侦查假说的支持必须是充分的

该原则和标准可以称为充分原则。该原则要求侦查人员应该尽力提出相关的、已经查证属实的侦查证据从而在数量上和质量上使得侦查假说得到最大限度的支持。很明显，这是侦查证据的充分性即“证据必须充分”在侦查假说证实中的具体要求。这里需要考察的问题是：给出的侦查证据，虽然是相关的和查证属实的，但是足以支持侦查人员提出的侦查假说吗？是否存在颠倒侦查证据和侦查假说的瑕疵呢？支持侦查假说的最关键的、不可或缺的侦查证据在侦查假说的证实中是否根本就不存在呢？

4. 侦查证据对侦查假说的确证必须能够有效排除各种合理怀疑

该原则和标准可以称为排除合理怀疑原则。所谓“合理怀疑”就是有理由、有依据的针对侦查假说的真实性或者侦查证据的真实性的质疑。该原则要求侦查人员在证实侦查假说的过程中，对该侦查假说的所有可以预见的关键性质疑或者非难，应该有所辩驳。在否证某一侦查假说时，不应该回避其最强有力之处。

毋庸置疑，满足这条原则是最困难的，缺乏对否证的辩驳也正是大多数侦查假说证实过程的普遍弱点所在。侦查假说之所以需要侦查证据的证实，乃是因为存在着对该侦查假说真实性的各种质疑。既然如此，一个良好的证实就应该排除这些质疑。一个证实，如果未能预测到并且有效反驳或者削弱对其侦查假说或者侦查证据的最有力的诘难，就不能算是一个良好的证实。一个完整的证实甚至需要一一驳回所有合理怀疑。

《中华人民共和国刑事诉讼法》第五十五条第二款对侦查证据确实、充分的条件进行了规定：（1）定罪量刑的事实都有证据证明；（2）据以定案的证据均经法定程序查证属实；（3）综合全案证据，对所认定事实已排除合理怀疑。

当然，上述这些标准仅仅是采用侦查证据的逻辑标准；鉴于侦查工作本身的法律属性，侦查假说证实中采用的侦查证据还必须具有合法性。为此，《中华人民共和国刑事诉讼法》也在事实上确立了“非法证据排除规则”。这四条原则合力构成了侦查假说证实中采用侦查证据的原则或者标准。一个满足了上述所有四条标准的侦查证据就能够充分地、无可辩驳地确证某个侦查假说，经过这般证实的侦查假说应该是真实的、可接受的，进而作为侦查人员定案的依据；否则侦查假说无法得到充分的、无可辩驳的证实或者支持，将会使得公安机关无法按期结案，不得不延期结案、销案或者补充侦查，甚至形成疑案等不利情形。

（二）侦查思维中的假说演绎法的步骤

关于侦查思维中的假说演绎法的步骤，学界提出了多种不同的观点：（1）由提出侦查假说、从侦查假说得出推论、验证推论三个环节构成；[①]（2）由问题的发生、提出侦查假说、从侦查假说中得出推论和验证推论四个步骤构成；[②]（3）由形成侦查假说、否定侦查假说和验证侦查假说三个环节构成；[③]（4）由确认反常、创设解释性侦查假说、从侦查假说演绎出经验推论、通过观察或者实验检验这些推论、侦查假说被支持或者削弱五个步骤构成；[④]（5）包括侦查假说的形成、侦查假说的展开和侦查假说的检验三个步骤。[⑤] 笔者认为，侦查思维中的假说演绎法的基本程序包括三个不可或缺的、前后相继的过程：从侦查假说演绎出经验推论、收集侦查证据检验经验推论和由经验推论的真假逆推侦查假说的真假。

1. 从侦查假说演绎出经验推论

侦查假说必须是可检验的，否则由于侦查假说不可判定真假而失去其价值。侦查假说的可检验性包括实践可检验性和理论可检验性：前者是指侦查假说必须存在一个可以检验的可行程序；后者是指能够从侦查假说中推出经验推论。从侦查假说演绎出经验推论，是指从侦查假说 H 中推出一个经验推论 C，形成一个形如“如果 H，那么 C”那样的真实可靠的假言判断。

这里的经验推论 C 有两种类型。一种类型是未知的案情事实，从而扩展证据。另一种类型是已知的案情事实，即用侦查假说解释已经查证属实的其他相关事实，从而将已知事实变为证据。

形成“如果 H，那么 C”那样的假言判断有两种方式。一种方式是将案情事实与相关科学原理、法律条文、经验常识进行匹配得出一个相关刑事个案的假言判断。另一种方式是借助于合乎逻辑的演绎推理，它是形成“如果 H，那么 C”的主要手段。

---

① ［美］帕特里克·赫尔利等：《简明逻辑学导论》（第 10 版），陈波等译，世界图书出版公司 2010 年版，第 444 页。

② ［美］欧文·M. 柯匹、卡尔·科恩、丹尼尔·E. 弗莱格：《逻辑要义》（第 2 版），胡泽洪等译，世界图书出版公司 2013 年版，第 65 页。

③ 刘洪波等：《侦查思维谋略》，中国政法大学出版社 2016 年版，第 62 页。

④ 张成敏：《案史：西方经典与逻辑》，中国检察出版社 2002 年版，第 36 ~ 37 页。

⑤ 陈波：《逻辑学概论》，北京师范大学出版社 2007 年版，第 284 页。

这里的要求是：（1）假言判断“如果 H，那么 C”必须是确保真实的，特别是 C 陈述预测会发生的未知事实时；（2）假言判断的前件侦查假说 H 和后件经验推论 C 必须具有内容上或者实质上的充分的相关性；（3）假言判断的后件经验推论 C 必须是可以直接检验的，不能是特设性的或者不可证伪的，即可以直接诉诸侦查证据对照以判定真假。

2. 收集侦查证据检验经验推论

经验推论的真假必须诉诸侦查证据才能判定，其真假可以强化或者弱化侦查假说。刑事个案中的证据称为刑事证据。对刑事证据的分类方法有很多，其中笔者比较赞同的一种分类就是根据刑事诉讼的不同阶段，将刑事证据分为侦查证据、庭辩证据和判决证据。刑事个案侦查中在侦查假说形成之后收集的用于支持侦查假说的法律事实就是侦查证据。也就是说，侦查证据一定是相对于关于待证事实的侦查假说的，先有侦查假说，后有侦查证据，而不是相反。侦查假说形成之前侦查人员收集的用于推断出侦查假说的那些法律事实不能称为侦查证据，虽然它们也可以转化为侦查证据。

检验侦查假说演绎得出的经验推论旨在对经验结论进行调查和科学鉴定。其目的是判明经验推论事实上是真是假。如果无法判明，则推论对侦查假说是没有支持意义的。检验经验推论是受科学水平、经验水平、组织能力、时空条件乃至检验成本制约的。同时，检验还有法律和伦理的限制。检验这些推论必须认真、仔细而慎重，甚至需要采用多学科的知识和技术合理确定其真假。侦查证据虽然可能不能直接判定侦查假说的真假，但是可以直接判定侦查假说演绎出的经验推论的真假。因此，这一步是为了确定经验推论 C 的真假。检验经验推论的结果是：

（1）经验推论 C 假；

（2）经验推论 C 真；

（3）经验推论无法确定真假。

经验推论的真假非常重要和必要，因为它的真假可以逆推侦查假说的真假。因此，侦查人员在这一步必须非常谨慎。

3. 由经验推论的真假逆推侦查假说的真假

（1）从经验推论 C 的假逆推侦查假说 H 假

由“经验推论 C 假”结合“如果 H，那么 C”可以推出“H 假”，这意味着侦查假说 H 被经验推论所证伪。如果经验推论是侦查假说严格演绎出的，那么侦查假说因为经验推论不成立而被推翻。譬如，刑事案件中的“不在场”或“没有作案时间”的事实或者鉴定的人身否定是对侦查假说指及对象的否定。

刑事个案侦查的目的是探求个案案情事实真相，而不是维护侦查人员业已形成的关于该刑事个案案情事实的某种信念。一个侦查假说被证伪，特别是导致侦查人员某个信念的侦查假说被证伪，在认知上就是减少了一种错误或者犯错的可能性，在接近真理的道路上就前进了一步，所以并不能强调这是认知的失败。所以，侦查人员应该解放思想，放弃偏见和思维定式，把侦查假说证伪的考验视为机遇，反而可能取得新的认识。

如果所有竞争性侦查假说均被证伪而又暂时不能提出新的侦查假说，就会出现所谓的“断线案”，它是思维停顿于侦查假说被证伪之后，无法建立新的案情假说的案件。

（2）从经验推论 C 的真逆推侦查假说 H 可能真

由“经验推论 C 真”结合“如果 H，那么 C”可以推出“H 可能真”，这意味着侦查假说 H 被经验推论所确证。确证推理是并非绝对肯定的推理，从形式上看，它采用的是假言直言推理的肯定后件式，从演绎的角度看，是无效的；从归纳的角度看，称为逆推理，是或然的。由于这个推理不是必然的，侦查假说只能得到或然性的支持，因此只能说侦查假说被确证，而不能说侦查假说被证实。有人把侦查假说的确证归结为一个回溯推理过程。特别是，如果基于侦查假说的预测被证实为真了，那么就倾向于表明侦查假说是真的。

确证的结果应当达到完整地提出案情基本解释和过错解释。从本质上说，侦查假说的确证是指每一条侦查证据与侦查假说形成的逻辑关系，确证需要若干侦查证据形成一个体系，它们必须使得侦查假说为真的概率极高，而反面合理怀疑的概率极低，这样解释，是因为逻辑确证的推理形式无论如何都是或然的，这便留下了依靠侦查人员经验和全面职业素质来判断的一个非逻辑空间。

有侦查证据证实的经验推论 C 对于侦查假说 H 而言确实是一个有力的证据，但支持方式是或然的。因为可以有多种解释，要排除与侦查假说 H 不同的其他竞争性侦查假说，一种方法是提高经验推论 C 和侦查假说 H 之间的逻辑联系强度；另一种常规的方法是增加证据，通常的方式是扩大推演的线索，比如：

$(H \to C_1) \land C_1 \vdash H$；

$(H \to C_2) \land C_2 \vdash H$；

$(H \to C_3) \land C_3 \vdash H$；

……

$(H \to C_n) \land C_n \vdash H$。

这样的侦查假说 H 为真的可能性更大，侦查假说 H 接近于唯一的解释，但是这种方式永远达不到必然确证，只能达到最大限度的确证——最大限度的确证意味着侦查人员可以移送侦查起诉，提出诉讼建议了。

为了提高侦查假说的确证度，可以采用综合鉴定法，必要时诉诸侦查实验。综合鉴定法从实验角度回到了消除侦查假说确证模式或然性问题的实际方案。虽然侦查假说的证实是不可能的，但是提高侦查假说的确证度确实是可能的和可行的。

如果侦查假说不能被确证，需要重复上述过程。已经提出的侦查假说如果得不到确证，必须考虑其他竞争性的侦查假说或者提出新的侦查假说。

（3）从经验推论 C 的真假不确定逆推侦查假说 H 真假不确定

侦查假说 H 真假不确定意味着侦查假说既不能被证实也不能被证伪，这时就会形成所谓的“悬案”，它是思维停顿于确证的抉择，案情论证陷入无法否证又无法确证状态的案件。这种情况下，推定抉择是不可避免的。

如果说侦查假说是存在被推翻的可能性的，不然它就不能称为侦查假说，这是一般人都能接受的观点，但是很多人忽略了侦查假说检验的第三种情况，即确证的努力不是那么成功，而证伪的努力也不是那么成功，侦查假说的真假处于悬疑状态。这对于个案侦查来说，非常正常。因此，侦查假说可以悬疑，并非必然可以确证。

在承认证伪与确证逻辑地位平等的基础上，优先考虑证伪。所谓平等的地位，是指确证的思想和证伪的思想都要在理性上受到同等重视，从方法论上看，支持一个侦查假说并不一定要从正面确证开始，也可以从反面反驳开始。因此，并非一个思想先被接受（也只是倾向接受，而非确定了的），其他反驳的思想就理所当然地没有了逻辑对立的力量。须知，证伪和确证是澄清一个问题的两个方面，如果不给证伪以平等地位，必然就意味着让确证的思想逃避检验。在对侦查假说的确证过程中，其实主张确证的一方应当有两面思维，即既努力确证，又努力反驳。后者是不可忽略的，认知意义显而易见：如果一个侦查假说是不可反驳的，那么它等于被确证；如果一个侦查假说在反驳中有些许的动摇，那么确证的难度就不是些许增加而是严重地增加了；如果一个侦查假说可以被反驳（不等于一定证伪），那么确证就必须消除这个反驳，在没有消除它之前，侦查假说是存在疑问的，从而不能得到确证。

三、侦查思维中的假说演绎法的合理性原则和基本模式

侦查假说对案情未知属性的断定范围超出了作为其依据的现有案情事实的范围。因此，即使提出的案情事实已经查证属实，也不能确保侦查假说之真实。也就是说，侦查假说是或然的甚至可错的，而不是确然的或者必然的：在诉诸事实之前，一个侦查假说仅仅可能或者大概是成立的，但是不能肯定是确实成立的。为了确定侦查假说是否成立及其成立程度，必须从侦查假说回到案情事实。

从侦查假说到案情事实的过程是将侦查假说诉诸新的案情事实进行检验或者验证的过程。侦查假说的提出需要以事实为依据，侦查假说的验证同样需要以事实为依据。侦查假说在本质上是一个必有真假但是真假暂时未知的判断。侦查假说必有真假，才有可能诉诸检验判定其真假；侦查假说真假未知，才有必要诉诸检验判定其真假。

侦查假说主要是为了解释为何一个案件现象会如此发生，它为预测和倒推提供基础。预测是宣称某一现象将会在一组特定情况下出现，倒推是宣称某一现象已经在一组特定情况下出现。侦查假说的检验是通过倒推和预测来实现的，基本理念是：如果侦查假说预测和倒推的某一现象最后被证实，那么该侦查假说可能为真；如果侦查假说预测和倒推的某一现象最后被证伪，那么该侦查假设很可能甚至必然为假。在这个意义上，预测和倒推为检验侦查假说提供基础。从某种程度上说，侦查假说的证伪比证实更有价值，因为证伪的侦查假说越多，表明剩余的侦查假说的可靠性越大，侦查人员向刑事个案的真相又逼近了一步。如果一个侦查假说是难以证伪甚至不能证伪的，那么该侦查假说的可靠性无疑更高。因此，侦查假说的检验应该遵守先证伪后证实的原则。一个恰当的侦查假说必然是可检验的，也必须接受检验。

（一）侦查假说证伪的合理性原则和基本模式

在侦查初期，侦查人员对案件相关信息掌握得不全面，或者无法厘清若干信息中哪些与案件有关，或者未能理顺案件信息之间的关联关系，可能导致提出的侦查假说不符合客观事实，或者会形成若干竞争性的侦查假说。随着侦查工作的逐步深入，侦查人员掌握的案情事实材料也会越来越丰富、全面和深入，侦查人

员对案件的认识也会越来越清晰、全面和深刻。于是，错误的侦查假说必然被排除，或者重新提出另一侦查假说，或者在多元竞争性的侦查假说中排除其中的若干个，保留暂时未被证伪的侦查假说。

如同提出侦查假说需要以事实为依据一样，证伪侦查假说同样需要以事实为依据。二者区别在于：提出侦查假说所依据的事实可以是不充分的，但是证伪侦查假说所依据的事实必须是充分的。

1. 侦查假说证伪的合理性原则

（1）如果某一侦查假说不能解释同一刑事个案中的其他大多数案件事实，那么它应该被排除

侦查假说不能解释某一案情事实包括两种情况：一种情况是侦查假说与某一案情事实之间丝毫不存在内容上或者实质上的关联，或者即使侦查假说与某一案情事实之间存在内容上或者实质上的关联，但是这种关联极其微弱乃至可以忽略不计；另一种情况是从某一侦查假说推导或者蕴含出了与某一案情事实对立甚至矛盾的推论。

有学者认为，否定一个侦查假说比提出一个侦查假说要求更严格，也更困难。[①] 在提出侦查假说时，侦查人员只需要根据已有案情事实材料和相关背景知识即可提出可靠性不同的侦查假说；而否定一个侦查假说，必须具备足以证伪该侦查假说的充分事实才行。一般而言，提出侦查假说是或然性的，而证伪侦查假说则是必然性的，至少在特定的刑事个案的特定时空环境下，侦查假说的证伪是必然的。这里需要区别非事实和未知事实的差别。

（2）避免对侦查假说进行“特设性”修正

当侦查假说面临不利证据而被证伪时，为了使得侦查假说不被证伪，有些侦查人员倾向于引进新的特设性因素来修正该侦查假说，如果修正后的侦查假说仍然面临不利证据的证伪威胁，继续引进特设性因素来修正修正后的侦查假说……这些修正就称为特设性修正，因为它们只是单纯为覆盖某些问题或者解释提出侦查假说时没有发现的异常而引入的。之所以被称为特设性修正，是因为未经任何证实或者论证的这些修正被不恰当地加入侦查假说之中。特设性修正的问题之一在于它的目的是使得面临证伪的侦查假说被不断修正后能够获得证据支持。当侦查假说被不断修正时，侦查假说逐渐变成了自我支持而不再需要什么证据了，变

① 刘洪波等：《侦查思维谋略》，中国政法大学出版社2016年版，第75页。

成了纯粹的自圆其说。特设性修正的另一问题在于：由于不断增加特设性修正，侦查假说势必变得越来越复杂，以致侦查假说的检验变得越来越难乃至于不可能。

2. 侦查假说证伪的基本模式

参照波利亚提出的合情推理，按照结论的虚假性逐渐递增的顺序，侦查假说证伪的基本模式可以分为两种。①

（1）弱化证伪模式

如果H真，那么E真；

E较不可能为真；

所以，H较不可能为真。

（2）强化证伪模式

如果H真，那么E真；

E假；

所以，H假。

该模式采用的推理是假言直言推理的否定后件式：大前提为一确定真实的假言判断，小前提是对大前提的后件的否定，结论是对大前提的前件的否定。从逻辑上看，基于真实前提的结论具有必然性，并且H为假的可能性不可能低于E为假的可能性。

（二）侦查假说确证的合理性原则和基本模式

1. 侦查假说确证的合理性原则

（1）如果某个侦查假说能够解释已有案情事实并且能够预测先前未知的事实，那么该侦查假说很可能为真

如果某一侦查假说不仅能够解释大多数甚至所有新发现的已知案情事实，并且还能够把它要解释的那些所有事实合理地联系在一起，那么该侦查假说很可能为真。如果某个侦查假说是真的，就能够解释已经查证属实的案情事实何以如此。不仅如此，这些事实还要能够被侦查假说串联起来。侦查假说不仅要能够解释已知案情事实，而且解释的已知案情事实还要尽量多。换句话说，就是侦查假说必须涵盖所有该侦查假说所要解释的事实。

---

① 张成敏：《案史：西方经典与逻辑》，中国检察出版社2002年版，第346～347页。

此外，如果某个侦查假说能够预测先前未知的事实，那么该侦查假说更有可能为真。一个侦查假说如果能够正确预测先前未知的现象，就是富有成果的。有很多案情事实，已经发生或者存在着，只不过侦查人员由于主客观因素的制约尚未发现或者觉察到。这种案情事实称为未知的既成事实。如果某个侦查假说预测到了这些未知的既成事实，那么该侦查假说的可靠性无疑会增加不少。

（2）如果基于侦查假说的预测为真，那么倾向于表明该侦查假说为真

所谓预测是指对尚未发生但是未来可能发生的事件的断言，所谓基于侦查假说的预测是指以侦查假说作为前提之一，运用有效的思维方法推出的预测性结论。如果基于侦查假说的预测最终未成为事实，那么倾向于表明侦查假说为真，该预测也就成为支持侦查假说的证据。但是，需要注意的是，成功的预测也仅仅倾向于表明侦查假说真，并不表明侦查假说必然真或者事实上真。

2. 侦查假说确证的基本模式

参照波利亚提出的合情推理，按照结论的真实性逐渐递增的顺序，侦查假说确证的基本模式可以分为五种。①

（1）极弱确证模式

如果H真，那么E真；

E几乎总是可能真；

所以，H微乎其微地多一点可能真。

（2）弱化确证模式

如果H真，那么E真；

E更可能真；

所以，H稍微更可能真。

（3）基本确证模式

如果H真，那么E真；

E真；

所以，H更可能真。

（4）平衡确证模式

如果H真，那么E很可能真；

如果H假，那么E几乎不可能真；

① 张成敏：《案史：西方经典与逻辑》，中国检察出版社2002年版，第342～346页。

E 真；

所以，H 更可能真。

（5）强化确证模式

如果 H 真，那么 E 真；

如果 H 假，那么 E 几乎不可能真；

E 真；

所以，H 极有可能真。

这些确证模式采用的推理都是假言直言推理的肯定后件式：大前提为一确定真实的假言判断，小前提是对大前提的后件的肯定，结论是对大前提的前件的肯定。从逻辑上看，基于真实前提的结论仅仅具有或然性，且 H 为真的可能性不可能高于E 为真的可能性。从实际上看，能够导致某种结果 E 的因素或者条件未必就是或者未必仅有侦查假说 H。这样，在从某种结果逆推产生该结果的可能条件时，得到的关于可能条件的判断就不是确然的，而只能是或然的。尽管如此，E 的真实还是为侦查假说 H 为真提供了某种程度的证据。

当证据在数量上和质量上达到充分支持或者确保侦查假说真实时，侦查假说就得到了证实。

（三）多元竞争性侦查假说选择的合理性原则和基本模式

1. 多元竞争性侦查假说选择的合理性原则

（1）如果相互竞争的多个侦查假说中的某个侦查假说比其余侦查假说能够解释更多的现象，那么该侦查假说更可能为真

在相互竞争的侦查假说中，谁能够合理解释的已知事实越多，谁的可靠性也就越高。在侦查思维中，当一个侦查假说要解释反常现象即一个不能基于已接受的假说或者理论来解释的事实时，该原则尤其重要。如果某一侦查假说能够解释反常现象，还能够解释基于另一侦查假说所能解释的事实，往往宣示了该侦查假说优于其余侦查假说的基础。

（2）如果相互竞争的多个侦查假说中的某个侦查假说比其余侦查假说能够更精确地解释现有已知事实，那么该侦查假说更可能为真

如果相互竞争的侦查假说中某一侦查假说比其余侦查假说解释事实或者数据的精确度更高，那么它的可靠性也越大。精确性以一种间接的方式增加侦查假说的可靠性。如果一个侦查假说的预测仅仅是由于无关的因素偶然地被证实，那么

这就是一个巧合。而一个侦查假说的预测越精确，出现这种巧合的可能性也越小，侦查假说由预测成功得到的支持也越强。侦查假说预测的精确性体现在预测的事件发生的时间、地点、人物、过程、后果、可能性等具体和可以量化的要素上。

（3）如果相互竞争的多个侦查假说都能较好地解释某一现象，但是其中一个侦查假说牵涉较少的理论假定，那么这个牵涉较少理论假定的侦查假说更有可能为真

两个竞争性侦查假说可能都是相关的和可检验的，可能都与原有理论协调得一样好，甚至可能具有大致相当的预测力和解释力。在这样的情形下，侦查人员会倾向于选择比较简单的那个侦查假说。

该准则也称简洁性准则。该准则来源于中世纪的逻辑学家威廉·奥卡姆提出的“若无必要，勿增实体”，所以也称“奥卡姆剃刀”，意即剃掉一些不必要的理论假定，保持最简单、最核心的因素。

2. 多元竞争性侦查假说选择的基本模式

参照波利亚提出的合情推理，按照结论的真实性逐渐递增的顺序，多元竞争性侦查假说选择的基本模式可以分为四种。①

（1）两个侦查假说 H_1 和 H_2 不可能同真；

H_2 真；

所以，H_1 假。

（2）两个侦查假说 H_1 和 H_2 不可能同真；

H_2 更可能真；

所以，H_1 较不可能真。

（3）两个侦查假说 H_1 和 H_2 不可能同真；

H_2 较不可能真；

所以，H_1 稍微更可能真。

（4）两个侦查假说 H_1 和 H_2 不可能同真；

H_2 假；

所以，H_1 更可能真。

---

① 张成敏：《案史：西方经典与逻辑》，中国检察出版社 2002 年版，第 347～349 页。

（四）侦查假说证明的基本模式

侦查假说的证实和证明是不同的：侦查假说的证实表明了一个侦查假说何以为真，侦查假说的证明表明了一个侦查假说为何必真①；侦查假说的证实表明了一个侦查假说事实上的真，而侦查假说的证明表明了一个侦查假说逻辑上的真。

1. 反证法

如果 H 假，那么 E 必然也假；

但是，E 真；

所以，H 假是不可能的，

即，H 必然真。

2. 独立证明法

两个侦查假说 H_1 和 H_2 不可能同假；

H_2 假；

所以，H_1 必然真。

【案例】2017 年 5 月 2 日下午，某镇村民孙先生向当地派出所报案称，5 月 2 日早晨，他到去世多年的父母的坟墓前看看时，忽然发现父母的坟墓被人刨开，里面的两个骨灰盒不翼而飞，神秘失踪。更让孙先生感到愤怒的是，犯罪嫌疑人竟然直接将父母的骨灰胡乱抛撒在坟墓旁边。

究竟何人如此丧心病狂，胆大妄为，猖狂至极，挖人祖坟呢？其目的又是什么呢？办案民警对犯罪嫌疑人的作案动机进行了初步的分析研判：有人认为是犯罪嫌疑人与孙先生家有仇；有人认为是犯罪嫌疑人漫无目的地恶作剧；有人认为是犯罪嫌疑人想偷盗骨灰盒拿去卖；有人认为是犯罪嫌疑人想偷盗坟墓中的随葬品。

就在当地警方展开侦查后，先后不断又有好几户村民报警称，他们家的祖坟也在同一天被撬开过。经过初查，这些村民所言皆为事实。那么犯罪嫌疑人到底是谁呢？警方注意到，似乎有些巧合的是，这些离奇的案件不仅是在同一天发生的，而且这些坟墓位于同一片。于是当地警方认为，这些案件应该是同一个犯罪嫌疑人作为。

当地警方经过询问后发现了新的案情事实，侦查人员先前所作的推断多数也

① 张继成：《证据基础理论的逻辑、哲学分析》，法律出版社 2011 年版，第 74～75 页。

因此不再成立。“犯罪嫌疑人与孙先生家有仇”的推测不能解释犯罪嫌疑人为何挖了这么多坟墓，因为犯罪嫌疑人不是和这些受害人都有仇；“犯罪嫌疑人漫无目的地恶作剧”的推测不能解释为何有些骨灰盒被偷走而有些骨灰盒没有被偷走；“犯罪嫌疑人想偷盗坟墓中的随葬品”的推测不能解释多数坟墓中本来就为数极少的随葬品并没有被偷走的事实。当地警方最后认为，犯罪嫌疑人极有可能想偷盗骨灰盒卖钱。

这一推测部分地得到一些村民的证词的支持。一位村民认为，犯罪嫌疑人之所以干扒人坟墓这样缺德的事情，是为了盗取骨灰盒卖钱，而且有人收购。村民孙先生说，犯罪嫌疑人只偷走了好的骨灰盒，不好的骨灰盒没被偷走。此外，孙先生还回忆说，父母坟墓被挖的前一天即5月1日晚上，邻村颜某到孙先生开办的小店买东西时，孙先生偶然听到颜某给另一人打电话说：“今天有生意了。”

综合这些事实，当地警方认为孙先生口中的邻村颜某具有重大作案嫌疑，而且推测颜某在不知道警方已经展开侦查的情况下，极有可能心存侥幸地再次作案。侦查人员叮嘱村民严守秘密，当作什么事情也没有发生过，以免打草惊蛇，惊动犯罪嫌疑人致使其逃之夭夭。

果不其然，5月3日晚上，有恃无恐、急不可耐的颜某再次出现在孙先生家的小店附近踩点时，被守候多时的当地警方一举抓获。经过审讯，颜某对自己的所作所为供认不讳，而且供出了5月1日晚上与他通电话的同村朱某。当地警方顺藤摸瓜，将伙同颜某盗卖骨灰盒的朱某抓获归案。

在这个离奇案件的侦查中，在办案初期由于掌握的案情事实有限，办案人员提出了四个有竞争性的关于犯罪嫌疑人作案动机的侦查假说。所谓有竞争性，是指这些侦查假说中只可能有一个是真实的，反映了案情事实的真相，它们不可能都成立，因此是不相容的。这个过程是一个从案情事实到侦查假说的过程。随着掌握的事实材料的增多，三个侦查假说因为不能合理地解释新增的案情事实而被证伪排除，剩余的侦查假说的可靠性大大增加，甚至获得了逻辑上的保证，村民的证词成为支持该侦查假说的有力证据。同时，办案人员运用类比推理形成了“偷盗骨灰盒者乃同一人”的另一关于犯罪嫌疑人的侦查假说，并结合孙先生的证词锁定了犯罪嫌疑人的身份。在这两个侦查假说的指引下，办案人员继续侦查，最终将犯罪嫌疑人颜某及其同伙朱某抓获归案。归案后的两名犯罪嫌疑人的供述以及其他相关的案情事实使得上述两个侦查假说得以证实。

第二节 侦查思维中的侦查证据及其相关性的条件分析法

一、侦查思维中的侦查证据

与侦查假说相对应的概念就是所谓的侦查证据，它是能够证实侦查假说或者能够判定侦查假说真假的已经查证属实的案情事实。那么，到底何谓“侦查证据”？为此，首先得弄清“（刑事）证据”的内涵和外延。《中华人民共和国刑事诉讼法》第五十条第一款分别从内涵和外延角度对证据进行了界定：“可以用于证明案件事实的材料，都是证据。证据包括：（一）物证；（二）书证；（三）证人证言；（四）被害人陈述；（五）犯罪嫌疑人、被告人供述和辩解；（六）鉴定意见；（七）勘验、检查、辨认、侦查实验等笔录；（八）视听资料、电子数据。”刑事证据有很多分类方法，其中比较可行的一种分类方法是根据诉讼阶段的不同将刑事证据分为侦查证据、庭辩证据和判决证据。侦查证据就是公安机关的侦查人员在刑事案件侦查中收集的可以证实关于案件事实的侦查假说的事实材料。

侦查证据的价值就在于证实侦查假说，它与侦查假说之间是证实和被证实的关系或者支持和被支持的关系。根据侦查证据效用的不同，侦查证据大致可以分为三大类型：提出侦查假说所依据的事实、侦查假说所能解释的已知事实、侦查假说所能预测的未知事实。

（一）提出侦查假说所依据的事实

如前所属，侦查假说是侦查人员根据相关的科学原理，结合现场勘查获得事实材料所提出的针对犯罪嫌疑人以及案件其他要素的猜测性判断。侦查人员在形成侦查假说时，总是要预先选择出一些已知的查证属实的案情事实，并且以解释它们的方式提出侦查假说。被选择的用于形成侦查假说的案情事实必定与侦查假说一致，因为侦查人员正是在这些已知案情事实的基础上形成侦查假说的。既然可以根据这些案情事实形成侦查假说，那么这些案情事实实际上就是支持该侦查假说的，从而构成能够支持该侦查假说的证据。但是，这些在形成侦查假说时援引的案情事实，不过是侦查人员提出侦查假说的理由，它们对于某个侦查假说的支持度是非常微弱的。因此，如果用侦查假说赖以形成的那些案情事实对侦查假说进行确证或者检验，其说服力是有限的，所提供的也可能仅仅是一种虚假的确证。这种在侦查假说形成前作为侦查假说提出理由而存在的证据，只是为侦查假说的可行性进行论证，是一种先验的评价而已。如果侦查假说赖以形成的这些案情事实能够作为确证侦查假说的有力证据，那么就表明侦查假说在其形成之时就已经得到了某种程度的确证。如此，再对侦查假说进行检验或者确证岂不是变得可有可无甚至多余?

（二）侦查假说所能解释的已知事实

一个侦查假说形成之后，侦查人员就要着手用未曾考察过的相关案情事实来检验其真实性。这些相关事实如果与侦查假说的推出的可检验陈述一致，就表明该侦查假说能够对这些案情事实作出解释，从而使侦查假说本身得到一定程度的支持。如果与侦查假说相一致的其他案情事实越多，侦查假说可以解释的案情事实越多，那么侦查假说获得的支持也就越多。

在侦查思维中，侦查人员常以侦查假说能否解释侦查假说所涉及的案件的其他案情事实作为接受或放弃该侦查假说的一个重要标准：如果某侦查假说不仅能够解释侦查假说赖以形成的那些案情事实，而且还能够解释该案件的其他相关案情事实，那么该侦查假说暂时就是可以接受的，直到出现新的否证性案情事实为止；如果某侦查假说只能够解释侦查假说赖以形成的那些案情事实，但是不能够解释该案件的其他相关案情事实，那么该侦查假说暂时就是不可以接受的，直到出现新的确证性案情事实为止。所谓侦查假说能够解释其他案情事实，就是指从某侦查假说能够合乎逻辑地推出某案件的其他案情事实；如果侦查假说不能合乎逻辑地推出某案件的其他案情事实，甚至合乎逻辑地推出了与某案件的其他案情事实不相容的可检验陈述，那么就表明侦查假说不能解释其他案情事实。

侦查假说所能解释的已知事实包括两类：一类与原有的证据是相似的、同类的——可以称为解释同类事实而获得的新证据；另一类与原有证据不相似、不同类——可以称为解释异类事实而获得的新证据。显而易见的是，这两类证据的价值是不同的：后者的价值高于前者。解释同类事实而获得的新证据对侦查假说的确证作用可以表述为：

侦查假说 H 推断 E_{n+1}；

E_{n+1}与 E_1、E_2……E_n是类似的；

所以，侦查假说 H 得到的支持度稍大。

解释异类事实而获得的新证据对侦查假说的确证作用可以表述为：

侦查假说 H 推断 E_{n+1}；

E_{n+1}与 E_1、E_2……E_n是不同类的；

所以，侦查假说 H 得到的支持度更大。

可见，解释同类事实的证据的增加无异于简单地扩大了原有证据的数量，这只是证据的数量有所增加，其侦查假说得到的支持度的提高并不明显。但是，如果将证据扩展到解释异类的事实，那就不仅仅是证据数量的增加了，而且是增加了新质的证据。因此，解释异类事实的证据对侦查假说提供了更有力的支持。把这两个方面结合起来看，侦查假说所能解释的案情事实越多而且越广，侦查假说得到的支持度也就越高。

（三）侦查假说所能预测的未知事实

对侦查假说进行检验最为重要的不是解释已知的案情事实，而在于预测未知的事实。如前所属，侦查假说的可检验性就在于能够从侦查假说合乎逻辑地推导出可以与案情事实进行对照的可检验陈述。如果侦查假说所预测的未知事实最后被证实了，那么侦查假说得到的支持度无疑比侦查假说成功地解释已知的案情事实获得的支持度要大得多。尤其是那些通过预测所获得的精确事实和新颖事实，对于侦查假说的检验而言是最强有力的证据。

侦查假说所成功预测的未知事实也可以分为两类：一类是精确的案情事实，另一类是不可几的案情事实。精确的案情事实是由可控的、严格的侦查实验所提供的。设计侦查实验来检验侦查假说的预测，就可以提供非常精确的事实判据，所以，它的要求不是实验次数的多，而是实验的高度精确。精确的案情事实对侦查假说的确证作用可以表述为：

侦查假说 H 推断 E_{n+1}；

E_{n+1}比 E_1、E_2……E_n更为精确；

所以，侦查假说 H 得到的支持度更大。

不可几的案情事实是通过侦查假说的预测而发现的特别新颖的未知案情事实。它们是背景知识难以预见到的或者不可能预见到的，所以称为不可几的案情事实。但是，这种连背景知识或者其他相竞争的侦查假说都难以甚至不可能预见的（不可推出的）而侦查假说却能够预见的（可推出的）新颖事实，自然为侦查假说提供了不寻常的支持。不可几的案情事实对侦查假说的确证作用可以表述为：

侦查假说 H 推断 E_n；

E_n被证实为真；

除非 H，否则 E_n几乎不可能被推导出来。

所以，侦查假说 H 得到的支持度极大。

由于证据的新颖性对于侦查假说的检验至关重要，因此对于提高侦查假说的支持度而言，大胆地预测未知的新颖事实并使之得到证实，已经成为检验侦查假说最有效的途径。

二、侦查思维中的侦查证据相关性的条件分析法

侦查证据的相关性是侦查证据的一个基本属性，也是侦查证据理论的核心问题之一，它关系着侦查证据的选择、侦查证据的效用差异性等问题。如果一个侦查证据与侦查假说没有相关关系，那么它会因对侦查假说没有支持作用而失去作为侦查证据的资格。英美司法界对侦查证据的相关性极为重视，不仅把它作为侦查证据排除的根据，而且把它作为采用侦查证据的标准。我国诉讼法立法中既没有对侦查证据的相关性的含义做出明确的界定，亦没有像英美等国那样制定具体的相关性的操作规则。有鉴于此，笔者尝试从逻辑学和方法论角度对侦查证据相关性的含义、确认及相关强度作初步的探讨。

（一）侦查证据相关性与因果关系

对于侦查证据的相关性，国外立法及理论界对其表述差异极大。笔者赞同英美司法界对侦查证据相关性的定义。美国《联邦侦查证据规则》第四百一十一条规定："相关侦查证据，指侦查证据具有某种倾向，使决定某项在诉讼中待确认的争议事实的存在比没有该项侦查证据时更有可能或更无可能。"有无关联性不是侦查证据的内在特征，它仅仅作为侦查证据与侦查假说之间的一种关系而存在。正如美国法学家威廉斯所说："关联性是指侦查证据与意图证明的争议案件事实之间存在着合理的关系，如果侦查证据与该事实关系极为微小，或者没有足

够的证明价值，那就是无关联的。”

是否存在检验侦查证据相关性的方法呢？笔者的回答是肯定的。这可以从以下几个方面来考虑：(1) 提出的侦查证据是针对哪个侦查假说的？(2) 该侦查假说在本案件中是一个实质性问题吗？(3) 如果侦查证据指向的侦查假说在本案中具有实质性，那么该侦查证据对该侦查假说具有证明性或者反驳性吗？如果对这些证明性问题的回答是肯定的，那么相关性问题也就得到了回答，因为实质性和证明性加在一起就是相关性。既然侦查证据的相关性包括实质性和证明性两个方面的内容，那么就应该用相应的方法来分析、测度它们。英国侦查证据学家塞耶教授明确指出：“相关性是一个经验和逻辑问题，而完全不是法律问题。”许多侦查证据学家也持有相同或者类似观点。既然相关性是一个经验和逻辑问题，理应用经验方法和逻辑方法来研究。当然，这两种方法在研究侦查证据相关性时总是缺一不可、相辅相成的。

侦查证据与侦查假说的实质性关系应由经验方法来研究，即由案件当事人，尤其是侦查人员运用已有的经验和掌握的各种科学知识来分析、测度。所谓实质性，是指准备运用侦查证据予以证明的侦查假说符合案件要求并且具有特定侦查意义的特性。实质性并非对侦查证据本身的要求，而是相对于侦查假说的要求。判断侦查证据是否具有实质性的关键在于侦查证据是否指向本案件的焦点问题。如果某一项侦查证据并非指向本案的焦点问题，该侦查证据在本案件中就不具有实质性，属于不具有相关性的侦查证据。在华尔兹教授看来，侦查人员在决定大多数相关性问题时都根据：(1) 关于侦查证据的“感觉”。侦查人员有时对侦查证据有一种感觉、直觉的反应，其基础是他们的经验、常识，以及对事物转变方式的知识。例如，依据法医学知识判定现场指纹与嫌疑人指纹是否同一等。(2) 已确立的司法判例或法典化规则。值得指出的是：能否判明侦查证据与侦查假说之间是否具有实质性关系，主要取决于当时的科学技术的发达程度和办案人员的认知水平。

侦查证据的证明性则应由逻辑方法来解决。所谓证明性是指提出的侦查证据依据事物间的逻辑或经验关系具有使侦查假说可能更为真实或不真实的能力。逻辑学是关于推理的科学，其作用是“发现和论证”，那么要使侦查证据支持侦查假说，必须具有可操作性，否则就无法做到“发现和论证”。也就是说，这种发现和论证不能是思辨的，而必须是经验的、分析的，是可以逐步实现的。在运用侦查证据支持侦查假说时，都是利用侦查证据与侦查假说间的实质性关系作为其推理、论证的逻辑基础。例如，依据判断间的矛盾关系，可由肯定一判断而否定与之相反的判断，也可以由否定一判断而肯定与之相反判断；依据判断间的条件关系，可由前件推及后件，由后件溯及前件；依据一般到个别的关系，可以推出个别事物必然具备一般事物的性质；由个别到一般的关系可以由个别有条件地得出一般性的结论。可见，运用侦查证据支持侦查假说必须遵循逻辑思维规律和推理规则。

怎样从逻辑的角度研究侦查证据的相关性呢？笔者认为，应按以下步骤进行：第一，必须明确相关的对象是侦查证据还是侦查假说；第二，分析这两者之间具有何种实质性关系，如因果关系、矛盾关系等；第三，提供刻画出这种实质性关系的逻辑表达式；第四，给出两者之间的相关强度。这是一个层层相扣的环节，其中第二步起着关键的作用：实质关系不同，其逻辑表达式及侦查证据与侦查假说间的相关强度也不同。

侦查证据与侦查假说之间的联系具有多样性。侦查证据可以是侦查假说发生的方式、方法，如在杀人现场找到了用于杀害被害人的菜刀；也可以是案件发生的条件，如燃烧的油炉倾倒所引起的房子着火。侦查证据可以是侦查假说发生的原因，如交通事故中犯罪嫌疑人供述的酒后驾车的事实；也可以是引起侦查假说的结果，如杀人案件中被害人的尸体。在侦查证据与侦查假说的多样性联系中，因果关系是非常重要的，也是最普遍的。因此，如何刻画侦查证据与侦查假说之间的相关性，在很大程度上也就转化为如何刻画侦查证据与侦查假说之间的因果关系。

（二）因果关系条件化分析的种类

探讨因果关系是科学的基本目标之一，科学离不开因果概念，侦查思维当然也不例外。对于因果关系的分析，我们可以从不同的角度、采用不同的方法进行，如传统的因果推理、溯因推理等归纳法以及演绎、类比等。如果借助于现代归纳逻辑的方法和理念，那么我们可以采用条件分析方法来刻画因果关系，在传统形式逻辑的条件判断和条件推理的框架内，把因果关系作为一种条件关系来处理。

按照迈克尔（J. L. Maekie）的理论，我们可以在条件关系的角度上对因果关系有一个更加清晰的界定和刻画。迈克尔指出，原因可以是非充分条件原因，也可以是非必要条件原因。所谓侦查证据 e 是侦查假说 h 的非充分条件原因，就是说 e 出现不是 h 出现的充分条件，e 和另一案件事实 b 的共同出现才是 h 出现的充分条件：也就是说，仅 e 出现不会导致 h 出现，e 出现要导致 h 出现还需要 b 出现这个条件。值得一提的是，这里 b 也是 h 的非充分条件原因。所谓侦查证据 e 是侦查假说 h 的非必要条件原因时，就是说 e 出现或 e 与 b 共同出现并不是 h 出现的唯一充分条件，这时还存在能使 h 出现的其他的不包含 e 的事实 c，c 的出现也是 h 出现的充分条件。也就是说，其他事实 c 的单独出现也可以导致 h 出现。值得一提的是，这里 c 也是 h 的非必要条件原因。这样，根据迈克尔的理论，我们就可以把原因分为以下四种：

1. e 是 h 的非充分且非必要条件原因

e 是 h 的非充分且非必要条件原因是指侦查证据 e 和另一事实 b 的共同出现是侦查假说 h 出现的一个充分条件原因，其他事实 c 的出现是 h 出现的其他充分条件原因。于是 e 和 b 的共同出现或 c 的出现才是 h 出现的充分且必要条件原因，其逻辑表达式为 $h=(e\wedge b)\vee c$。也就是说，有 e 未必有 h，无 e 不一定无 h。例如，素有仇怨 e 是有人被杀 h 的非充分且非必要条件原因，因为素有仇怨 e 本身不能导致有人被杀 h；同时，有人被杀 h 还可以有其他原因，如感情纠葛。

其中，素有仇怨 e 导致有人被杀 h 所需的条件 b 可能存在若干组（如出于报复、出于安全考虑、为人收买利用等）。我们用 b_1 表示其中一组条件，该组条件是由若干个事件的合取所构成的，即 $b_1=a_1\wedge a_2\wedge a_3\wedge\cdots\cdots a_n$。这样，素有仇怨 e 导致有人被杀 h 所需的一组条件 b_1 是由 n 个事件的合取所构成的。

从性质、地位和作用上看，b_1 的最低限度条件是：

（1）b_1 的存在不足以导致 h 的出现；

（2）在 b_1 存在的情况下，e 的出现一定能导致 h 的出现；

（3）b_1 的构成事件的数目 n 必须是最低限度的，当数目小于 n 时，e 的出现就不一定能导致 h 的出现。

所以，e 和 b_1 就构成了导致 h 的一组充分条件，即 $e\wedge b_1\rightarrow h$。除了 b_1 之外，还可能存在着其他若干组最低限度条件，因此 e 导致 h 的条件 b 是由若干最低限度条件的析取所构成的，即 $b=b_1\vee b_2\vee b_3\vee\cdots\cdots b_m$。e 和 b 就构成了 m 组导致 h 的充分条件。

其他事实 c 是导致有人被杀 h 出现的其他充分条件原因（如出于报复、出于安全考虑、为人收买利用等）。同理，c 可以是导致 h 出现的某一组充分条件，也可以是由若干最低限度条件的析取所构成的。

2. e是h的充分但非必要条件原因

e是h的充分但非必要条件原因，是指侦查证据e是导致侦查假说h出现的一个充分条件原因，其他事实c的出现是h出现的其他充分条件原因，于是e的出现或者c的出现就是h出现的充分但非必要条件原因。其逻辑表达式为$h=e\vee c$。也就是说，有e必有h，无e不一定无h。

3. e是h的必要但非充分条件原因

e是h的必要但非充分条件原因，是指侦查证据e出现时，侦查假说h不一定出现；当侦查证据e不出现时，侦查假说h一定不出现。也就是说，侦查证据e和另一事实c的共同出现才是侦查假说h出现的充分条件原因。其逻辑表达式$h=e\wedge c$。也就是说，无e必无h，有e不一定有h。

4. e是h的充分且必要条件原因

e是h的充分且必要条件原因，是指侦查证据e出现时，侦查假说h一定出现；当侦查证据e不出现时，侦查假说h也一定不出现，除此之外，再没别的事实能导致侦查假说h的出现。其逻辑表达式为$h=e$。也就是说，有e必有h，无e必无h。

由此可知，当e是h的原因时，e和h之间就存在上述四种关系：e是h的非充分且非必要条件原因、充分但非必要条件原因、必要但非充分条件原因、充分且必要条件原因。

（三）侦查证据相关性条件化分析的概率测度

侦查证据的因果相关性强度的含义是指侦查证据e与侦查假说h之间相随共变或相随共现的程度，从侦查证据e和侦查假说h的出现情况来看，只存在四种状态：$\neg e\wedge\neg h$，$\neg e\wedge h$，$e\wedge\neg h$，$e\wedge h$；从侦查证据e与侦查假说h的逻辑关系看，只存在三种关系：归纳确证、演绎否证、不相关。在某一个域中，这四种状态出现的概率可分别表示为：$P(\neg e\wedge\neg h)$，$P(\neg e\wedge h)$，$P(e\wedge\neg h)$，$P(e\wedge h)$。需要指出的是，对相关性有意义的是这样的情形：在其中e和h分别都有出现和不出现两种情况。这时，e的出现与h的出现在统计上相互独立的条件是：$P(h/e)=P(e)+P(h)$；e的出现与h的出现在统计上不相互独立的条件是：$P(h/e)=P(e)+P(h)-P(e\wedge h)$。

借用统计学理论，在逻辑上，e的出现与h的出现的非独立性，即e和h相随共现的程度的值为$P(e\wedge h)\times P(\neg e\wedge\neg h)-P(\neg e\wedge h)\times P(e\wedge\neg h)$。

显而易见，我们可以用 $s = P(e \wedge h) \times P(\neg e \wedge \neg h) - P(\neg e \wedge h) \times P(e \wedge \neg h)$ 来作为侦查证据相关性强度的指标。s 值越大表明相关性越强，s 值为零表明没有相关性。而且可以证明：当 $P(\neg e \wedge h) = P(e \wedge \neg h) = 0$ 即 s 取最大值时，e 和 h 之间具有完全相关性。这种情况下，侦查证据 e 就完全确证侦查假说 h 即证实（verification）。反之，当 s 取最小值时，e 和 h 之间就具有完全不相关性，侦查证据 e 也就完全否证侦查假说 h 即证伪（falsification）。当然，s 为零时，由于 e 和 h 之间没有相关性，我们就说 e 中立于 h。这样，当我们知道了侦查证据相关性强度的值时，也就知道了侦查证据 e 确证或否证侦查假说 h 的程度。

根据 e 与 h 的相关性关系式 s，通过概率演算，我们可以得到以下三个结论，

①如果 $s > 0$，$P(h/e) > P(h/\neg e)$；

②如果 $s < 0$，$P(h/e) < P(h/\neg e)$；

③如果 $s = 0$，$P(h/e) = P(h/\neg e)$。

这三种情形可用来刻画侦查证据 e 对侦查假说 h 的支持强度，即：

1. e 确证 h

（1）e 完全确证 h：当且仅当 $P(h/e) = 1$，$P(h/\neg e) = 0$。确证度（confirmation）$= P(h/e) - P(h/\neg e)$。这就是说，侦查证据 e 完全确证侦查假说 h 的条件是：在侦查证据 e 出现的情况下侦查假说 h 出现的概率为 1；在侦查证据 e 不出现的情况下侦查假说 h 出现的概率为 0。也就是说，e 是 h 出现的充分必要条件。另外，对 $P(h/e) - P(h/\neg e) = 1$ 的进一步分析可以发现，它其实在一定程度上表示了 e 和 h 出现的相随程度，即侦查证据 e 对侦查假说 h 的支持强度为 1。

例如，火炉爆炸引起房子着火。在火炉爆炸的情况下房子才着火，否则没有。我们就说火炉爆炸是房子着火的充分必要条件，也就确证了火炉爆炸与房子着火之间有完全相关性。

（2）e 不完全确证 h：当且仅当 $0 < P(h/e) < 1$。确证度 $= P(h/e) - P(h/\neg e)$。$P(h/e) - P(h/\neg e)$ 的值越大，证明力越大；反之越小。这就是说，在侦查证据 e 出现的情况下，侦查假说 h 出现的概率大于 0 小于 1。这时，e 对 h 的确证存在两种情况：当 $P(h/e) > P(h/\neg e)$ 时，即在侦查证据 e 出现的情况下侦查假说 h 出现的概率大于在侦查证据 e 不出现时侦查假说 h 出现的概率。这时，e 对 h 有一定的确证作用；当 $P(h/e) < P(h/\neg e)$ 时，也就是在

e不出现的情况下h出现的概率大于在e出现时h出现的概率，这时，e对h有一定的否证作用。

例如，火炉爆炸有可能引起房子着火。在火炉爆炸的情况下房子着火的可能性，大于在火炉不爆炸的情况下房子着火的可能性。我们就说火炉爆炸与房子着火之间有一定的相关性。但是不能排除其他的原因的存在，如小孩玩火引起房子着火这种可能性，所以它只是一定程度的确证。反之，当火炉不爆炸时房子着火的可能性，大于火炉爆炸时房子着火的可能性，这就否证了火炉爆炸与房子着火之间有完全的相关性。

2. e否证h

（1）e完全否证h：当且仅当P（h/e）=0，P（h/￢e）=1。确证度=P（h/e）-P（h/￢e）=-1，亦即否证度=P（h/￢e）-P（h/e）=1。这就是说，在侦查证据e出现时侦查假说h出现的概率为-1，在侦查证据e不出现时侦查假说h出现的概率为1，侦查证据e完全否证侦查假说h，其否证度为1。

例如，火炉爆炸没有引起房子着火（抢救及时）。当火炉爆炸时由于得到及时控制没有引起房子着火，但随后房子还是着火了，经查明是电路短路。这种情况下，我们就说火炉爆炸与房子着火之间完全没有相关性。

（2）e不完全否证h：当且仅当0<P（h/￢e）<1。否证度=P（h/￢e）-P（h/e）。它的值越大，否证作用越强；否则否证作用就越弱。这就是说，在侦查证据e不出现的情况下侦查假说h出现的概率大于0小于1。这时，e对h的否证也存在两种情况，当P（h/￢e）>P（h/e）时，即在侦查证据e不出现的情况下侦查假说h出现的概率大于在侦查证据e出现时侦查假说h也出现的概率，这时e对h有一定的否证作用；当P（h/￢e）<P（h/e）时，也就是在e出现的情况下h出现的概率大于在e不出现时h出现的概率，这时，e对h有一定的确证作用。

例如，火炉爆炸有可能不引起房子着火。当火炉不爆炸时房子着火的可能性大于火炉爆炸时房子着火的可能性，我们就说火炉爆炸与房子着火之间没有完全的相关性。但不排除火炉爆炸与易燃物的共同存在引起了房子的着火，所以它只是一定程度的否证；反之，当火炉爆炸时房子着火的可能性，大于火炉不爆炸时房子着火的可能性，这就确证了火炉爆炸与房子着火之间有一定的相关性。

3. e中立于h

当e中立于h时，也就是说侦查证据e与侦查假说h没有相关关系。这时，我们不能计算 P（h/e）或 P（h/﹁e）的值，也就不能计算其确证度。

以上分析表明相关强度的值与侦查证据对侦查假说的支持度是一致的。当然，当已知侦查证据 e 与侦查假说 h 间的相关强度的值时，我们也就确立了侦查证据 e 对侦查假说 h 的支持程度以及确证、否证、中立这三种具体结果。

可以看出，对因果关系条件化的这种概率分析满足经典概率演算的基本原理：P（h/e）+P（h/﹁e）=1，侦查证据 e 对于侦查假设 h 的归纳确证度就等于非侦查证据 e 对于侦查假设 h 的归纳否证度，二者之间存在着此消彼长的反变关系。

参考文献

论文类

1. 马前进：《侦查证据相关性的条件分析法》，载《吉林公安高等专科学校学报》2007 年第 4 期。

2. 马前进：《侦查工作中的假说方法探析》，载《江苏警官学院学报》2007 年第 5 期。

3. 马前进：《科恩的归纳支持分级理论及其背景分析》，载《重庆师范大学学报》2007 年第 6 期。

4. 马前进：《直觉思维方法在形成侦查假说中的作用》，载《江苏警官学院学报》2008 年第 5 期。

5. 马前进：《侦查证据严格性的逻辑分析》，载《广州公安管理干部学院学报》2009 年第 2 期。

6. 马前进：《论经济犯罪侦查辩证逻辑思维活动特征》，载《江苏警官学院学报》2009 年第 5 期。

7. 马前进：《关于侦查实践中证明活动的逻辑探讨》，载《辽宁警官学院学报》2009 年第 5 期。

8. 马前进：《论侦查讯问中采用侦查证据的逻辑标准》，载《辽宁警官学院学报》2010 年第 2 期。

9. 马前进：《侦查中的逻辑思维：侦查解释和侦查预测》，载《中国人民公安大学学报》2010 年第 3 期。

10. 马前进：《侦查中的逻辑思维：侦查假说和侦查检验》，载《武汉公安干部学院学报》2010 年第 3 期。

11. 马前进：《民警临场处置中的逻辑思维：侦查推理和侦查检验》，载《广州公安管理干部学院学报》2011 年第 3 期。

12. 马前进:《民警临场处置中的二难推理运用》,载《武汉公安干部学院学报》2012 年第 3 期。

13. 马前进:《刑事案件侦查中的“C-H-D”法和疑案剖析》,载《广州公安管理干部学院学报》2013 年第 1 期。

14. 马前进:《民警临场处置中认知案件原因的逻辑方法》,载《武汉公安干部学院学报》2013 年第 4 期。

15. 马前进:《侦查逻辑若干基本问题探析》,载《江苏警官学院学报》2014 年第 3 期。

16. 马前进:《讯问言语交流的实质、原则和推理》,载《广州公安管理干部学院学报》2014 年第 3 期。

17. 马前进:《大数据背景下警务信息研判中的统计推理》,载《公安学刊——浙江警察学院学报》2016 年第 2 期。

18. 马前进:《公安机关刑事案件侦查中的假说、推理和证据》,载《广州市公安管理干部学院学报》2016 年第 2 期。

19. 马前进:《试论侦查思维的基本模式》,载《武汉公安干部学院学报》2016 年第 1 期。

20. 马前进:《刑事案件侦查思维中的假言推理》,载《贵州警官职业学院学报》2016 年第 3 期。

21. 马前进:《侦查思维中的回溯推理》,载《政法学刊——广东警官学院学报》2016 年第 3 期。

22. 马前进:《侦查思维中概念间关系和判断间关系之异同及其推理价值》,载《江苏警官学院学报》2016 年第 5 期。

23. 马前进:《浅议侦查思维中的常用推理》,载《公安学刊——浙江警察学院学报》2017 年第 4 期。

24. 马前进:《试论相似并案侦查中的类比推理》,载《湖北警官学院学报》2017 年第 5 期。

25. 马前进:《犯罪信息研判中的概率推理》,载《政法学刊——广东警官学院学报》2017 年第 3 期。

26. 马前进:《刑事个案犯罪信息研判中直言判断之间的对当关系及其推理》,载《江苏警官学院学报》2017 年第 2 期。

27. 马前进：《刑事个案犯罪信息研判中的选言三段论和摸排方法》，载《江苏警官学院学报》2018 年第 1 期。

28. 马前进：《刑事个案犯罪信息研判中的直言三段论》，载《江苏警官学院学报》2019 年第 2 期。

29. 马前进：《刑事个案犯罪信息研判的基本思维方法》，载《湖北警官学院学报》2019 年第 3 期。

30. 李丽：《论司法实践中的法律推理》，载《山东青年管理干部学院学报》2008 年第 5 期。

31. 冯棉：《含有预设的推理和推理的有效性》，载《华东师范大学学报（哲学社会科学版)》2003 年第 4 期。

32. 徐海晋、郭良明、张良：《从动态认知逻辑的角度看侦查推理中的信息更新》，载《贵州警官职业学院学报（哲学社会科学版)》2014 年第 1 期。

33. 刘莹：《从一起杀人案的侦破看侦查推理的应用》，载《贵州警官职业学院学报（哲学社会科学版)》2002 年第 5 期。

34. 印大双：《论侦查推理中的形式推理和辩证推理》，载《广西公安管理干部学院学报》2002 年第 4 期。

35. 印大双、张力锋：《归纳推理在侦查中的应用》，载《江苏警官学院学报》2008 年第 3 期。

36. 印大双：《假言推理在侦查实践中的应用》，载《广西公安管理干部学院学报》2011 年第 2 期。

37. 印大双：《论侦查假说的三个支点》，载《湖北警官学院学报》2009 年第 5 期。

38. 印大双、张力锋：《论侦查假说的时间层次、空间层次和人物层次》，载《广西公安管理干部学院学报》2007 年第 4 期。

39. 印大双：《论侦查假说建构与确证的逻辑方法》，载《黑龙江省政法管理干部学院学报》2008 年第 6 期。

40. 印大双：《论侦查实践中的合情推理》，载《政法论丛》2009 年第 4 期。

41. 印大双：《论侦查实践中的排疑法与选言推理》，载《广西公安管理干部学院学报》2009 年第 4 期。

42. 印大双：《论侦查实践中类比模型建构方案》，载《重庆理工大学学报(社会科学)》2011 年第 6 期。

43. 印大双：《西方推理探案历史考察与启示》，载《湖北警官学院学报》2012 年第 1 期。

44. 印大双：《类比理论研究：现状与展望》，载《探索》2010 年第 1 期。

45. 印大双：《并案侦查缺陷分析与改进措施》，载《湖北警官学院学报》2011 年第 5 期。

46. 印大双：《现代归纳推理在侦查实践中的应用》，载《重庆理工大学学报（社会科学）》2009 年第 6 期。

47. 印大双：《中国法律推理研究现状与展望》，载《法律》2009 年第 5 期。

著作类

1. ［英］L. J. 科恩：《可证的与可几的》，牛津大学出版社 1977 年版。

2. 金岳霖主编：《形式逻辑》，人民出版社 1979 年版。

3. ［俄］拉·别尔金：《世界奇案新探：刑事侦查学随笔》，李瑞勤译，外语教学与研究出版社 1983 年版。

4. ［波］齐姆宾斯基：《法律应用逻辑》，刘圣恩等译，群众出版社 1988 年版。

5. 任晓明：《当代归纳逻辑探赜——论科恩归纳逻辑的恰当性》，成都科技大学出版社 1993 年版。

6. 张大松等：《科学推理的艺术》，浙江科学技术出版社 1994 年版。

7. 鞠实儿：《非帕斯卡概率逻辑研究》，浙江人民出版社 1993 年版。

8. 朱武：《侦探的智谋》，南京出版社 1995 年版。

9. 张大松：《科学确证的逻辑与方法论》，武汉出版社 1999 年版。

10. 张大松、张掌然：《思维训练（第 2 版）》，华中科技大学出版社 2005 年版。

11. 王洪：《司法判决与法律推理》，时事出版社 2002 年版。

12. 朱武主编：《警察思维素质》，中国人民公安大学出版社 2002 年版。

13. 黄顺基主编：《逻辑与知识创新》，中国人民大学出版社 2002 年版。

14. 熊立文：《现代归纳逻辑的发展》，人民出版社 2004 年版。

15. 牟宗三：《理则学》（修订版），江苏教育出版社 2006 年版。

16. 邓生庆、任晓明：《归纳逻辑百年历程》，中央编译出版社 2006 年版。

17. ［美］鲁格罗·亚狄瑟：《法律的逻辑——法官写给法律人的逻辑指引》，

唐欣伟译，法律出版社2007年版。

18. 张大松、马前进等：《科学辩护的沉思：科学确证与科学接受的方法论》，科学出版社2008年版。

19. 张大松、马前进等：《科学思维的艺术：科学思维方法论导论》，科学出版社2008年版。

20. 朱武、马前进等：《职务犯罪侦查逻辑思维》，中国检察出版社2008年版。

21. ［英］格雷厄姆·普里斯特：《简明逻辑学》，史正永、韩守利译，译林出版社2013年版。

22. ［英］查顿、史基特：《门萨横向思维与逻辑推理》，丁大刚等译，华东师范大学出版社2013年版。

23. 王墨耘编著：《当代推理心理学》，科学出版社2013年版。

24. 晋荣东：《逻辑何为：当代中国逻辑的现代性反思》，广西师范大学出版社2015年版。

教材类

1. 吴家麟主编：《法律逻辑学》，群众出版社1990年版。

2. 朱武主编：《逻辑学》，警官教育出版社1999年版。

3. 雍琦主编：《实用司法逻辑学》，群众出版社1999年版。

4. ［美］欧文·M. 柯匹、卡尔·科恩：《逻辑学导论》（第13版），张建军、潘天群译，中国人民大学出版社2014年版。

5. 陈波主编：《逻辑学概论》，北京师范大学出版社2007年版。

6. 张大松主编：《法律逻辑学案例教程》，复旦大学出版社2009年版。

7. ［美］帕特里克·赫尔利：《简明逻辑学导论》（第11版），陈波译，世界图书出版公司2010年版。

8. 黄华新、张则幸编著：《逻辑学导论》（第2版），浙江大学出版社2011年版。

9. 黄伟力主编：《法律逻辑学导论》，上海交通大学出版社2011年版。

10. ［美］欧文·M. 柯匹、卡尔·科恩、丹尼尔·E. 弗莱格：《逻辑要义》（第2版），胡泽洪、赵艺译，世界图书出版公司2013年版。

11. 周建武主编：《逻辑学导论——推理、论证和批判性思维》，清华大学出版社 2013 年版。

12. 张大松、蒋新苗主编：《法律逻辑学教程》（第 3 版），高等教育出版社 2013 年版。

13. 何向东主编：《逻辑学教程》（第 3 版），高等教育出版社 2014 年版。

14. 张大松主编：《逻辑学》，中国人民大学出版社 2016 年版。

后 记

说“十年磨一剑”可能有些夸张，但是笔者从事逻辑学教学和研究工作十余年来，一直在不断思考一些问题：侦查思维中的推理与一般意义上的推理有何不同？侦查思维中的推理对于侦查思维和侦查工作有何现实意义？侦查工作对侦查推理提出了哪些新的要求？在当今大数据时代背景下，如何利用云计算技术实现德国数学家莱布尼茨早就提出的“推理演算化”的思想？在这些思考的基础上，笔者发表了一些侦查逻辑方面的论文，着重探讨了侦查推理中的一些问题。

侦查工作是需要思维的，侦查工作中的思维具有不同于日常思维的特征，可以称为侦查思维。侦查思维是一个包括很多方面的案情信息处理过程，其中推理是其最主要的方面和最重要的过程。正是在这一思路指引下，笔者按照从归纳到演绎、从或然到确然、从定性到定量的顺序对侦查思维中的侦查推理进行了初步探究。

宋代思想家张载曾说：“为天地立心，为生民立命，为往圣继绝学，为万世开太平。”我等凡夫俗子，纵使有此志向，用尽平生“洪荒之力”，恐怕也只能望其项背。有幸借着“江苏高校优势学科建设工程资助项目（PAPD）”之东风，不揣浅薄，经数年笔耕，笔者的一些粗浅想法终于以专著的形式与读者见面，机会委实难得。是以，笔者也相当珍惜。

笔者接到任务之时，就深感重担在肩，常有“如履薄冰”“如临深渊”之感。在构思、参阅乃至执笔过程之中，笔者力求有所创新，曾经数次调整思路甚至更改大纲和标题。任务之艰巨远超笔者当初之想象，让人萌生“做学问之难，难于上青天”之感，以致笔者险生放弃之念，幸有领导、同事和家人时时勉励，方能攻坚克难，终于按期付梓。

本着工匠精神，崇尚完美的笔者对拙著进行了十数次大大小小的修改，现在终于完稿了。所谓的成就感倒是没有多少，因为我本身也没有期望借此获取多少成就感，写作的初衷仅仅在于将自己思考多年的一些可能新颖也可能不太成熟的想法表达出来而已。现在有一种如释重负的感觉，一种久违而又难得的感觉，一种“偷得浮生半日闲”的感觉。从事学术研究确实不易，除了时间、身体、物质等各种条件之外，还得有浓厚的兴趣和持久的毅力。虽然做到“板凳要坐十年冷，文章不写半句空”着实不易，但是笔者多年来一直坚持，从未放弃。一路走来，虽然备尝艰辛，但是始终不忘初心！

笔者是在繁重的课务之余抽时间执笔的，时间上难免有些仓促；笔者也是首次担当执笔专著之大任，先前并无任何经验；笔者才疏学浅，对于一些问题的观点也许不太成熟；再加上客观上可以借鉴的相关主题的参考文献数量有限，因此笔者在书中提出的一些观点可能不太成熟，其中必有诸多不足之处，但这毕竟是笔者数年之心血，故以敝帚自珍。

虽说“世事洞明皆学问，人情练达即文章”，但是知易行难，做到又谈何容易？为了写作本书，笔者放弃了很多，也牺牲了很多。幸好，古语有云：失之东隅，收之桑榆；西谚也说：当上帝向你关闭一扇门的时候，也必然会向你打开另一扇窗。所以，如果本书能够实现其应用价值，发挥其应有功能，则笔者觉得放弃得当、牺牲值得。能够得到同行的赞誉或者鼓励，这自然是笔者所希望看到的景象；但是如果能够获得诚恳而善意的批评指正，那么即使“板砖齐飞”，笔者也都会虚心领受，正所谓“朝闻道，夕死可矣”。

在书稿即将付梓之际，笔者特地对中国法制出版社的同志、提出宝贵修改意见的院内外审稿专家和与我就相关问题进行探讨的同行、江苏警官学院领导和学科办的同志以及对我理解和支持的家人，一并表示衷心的感谢。

诗，言志也！至今仍然清晰记得多年前从教满十周年之际，曾经感慨万千地写过一首名为《十年》的诗：

斗转星移又十年，寻章摘句得数篇。

立心立命承术学，传道传知解疑难。

两袖清风伴余志，一轮明月连地天。

光阴似箭寒暑易，三尺讲坛事业传。

不忘初心，方得始终！深有同感，诚如是言！

马前进
2020 年 10 月 12 日

图书在版编目（CIP）数据

侦查思维中的推理方法／马前进著．—2 版．—北京：中国法制出版社，2020.11（2022.12重印）

ISBN 978－7－5216－1301－8

Ⅰ．①侦… Ⅱ．①马… Ⅲ．①刑事侦查－思维方法 Ⅳ．①D918

中国版本图书馆 CIP 数据核字（2020）第 185731 号

策划编辑　李小草　王　熹

责任编辑　王　熹　赵律玮　　封面设计　杨泽江

侦查思维中的推理方法

ZHENCHA SIWEI ZHONG DE TUILI FANGFA

著者/马前进

经销/新华书店

印刷/北京虎彩文化传播有限公司

开本/710 毫米×1000 毫米　16 开　　印张/ 22.75　字数/ 309 千

版次/2020 年 11 月第 2 版　　2022 年12月第 3 次印刷

中国法制出版社出版

书号 ISBN 978－7－5216－1301－8　　定价：88.00 元

北京市西城区西便门西里甲 16 号西便门办公区

邮政编码：100053　　传真：010－63141600

网址：http：//www.zgfzs.com　　**编辑部电话：010－63141793**

市场营销部电话：010－63141612　　**印务部电话：010－63141606**

（如有印装质量问题，请与本社印务部联系。）